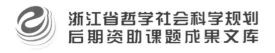
浙江省哲学社会科学规划
后期资助课题成果文库

革命情境中的大众传媒与乡村民众
——以"群众办报（1927—1949）"为视点

Geming Qingjingzhong De Dazhong
Chuanmei Yu Xiangcun Minzhong

田中初　著

中国社会科学出版社

图书在版编目（CIP）数据

革命情境中的大众传媒与乡村民众：以"群众办报（1927—1949）"为视点 /
田中初著 . —北京：中国社会科学出版社，2017.4

ISBN 978 - 7 - 5161 - 8657 - 2

Ⅰ.①革…　Ⅱ.①田…　Ⅲ.①大众传播 - 传播媒介 - 研究 - 中国 - 1927 - 1949
Ⅳ.①G219.296

中国版本图书馆 CIP 数据核字（2016）第 174956 号

出 版 人　赵剑英
责任编辑　宫京蕾
责任校对　秦　婵
责任印制　李寡寡

出　　版　中国社会科学出版社
社　　址　北京鼓楼西大街甲 158 号
邮　　编　100720
网　　址　http：//www.csspw.cn
发 行 部　010 - 84083685
门 市 部　010 - 84029450
经　　销　新华书店及其他书店

印刷装订　北京市兴怀印刷厂
版　　次　2017 年 4 月第 1 版
印　　次　2017 年 4 月第 1 次印刷

开　　本　710×1000　1/16
印　　张　21.5
插　　页　2
字　　数　381 千字
定　　价　86.00 元

凡购买中国社会科学出版社图书，如有质量问题请与本社营销中心联系调换
电话：010 - 84083683

本书试图勾画的，是中共领导下的革命根据地民众如何通过"群众办报"机制实现与大众传媒联结的图景。

序

王晓梅

2016 年 5 月中的一天中午，接到在复旦新闻学院读博时的同班同学、现在浙江师范大学文化创意与传播学院任教的田中初教授的电话，托我为他的新著《革命情境中的大众传媒与乡村民众——以"群众办报（1927—1949）"为视点》作"序"。我以为他开玩笑，就直言相拒："这应该由已经功成名就的专业翘楚来作，仍在探索路上艰难前行的我辈，怎有资格为你作序?!"中初兄则言："找你写，一来是我们近年研究的问题有共通之处，并且在问题涉及的时段上前后相续、有连贯性，你对我写的话题'有感觉'；二来，我们是同辈同学，在关注彼此研究的同时，更要有实际的交流、切磋甚至争论，这样才不致自说自话、卡拉 OK。"他的肺腑之言，表明了一个学者对待研究的诚恳、谦慎和踏实，于是打消了我拒绝的念头，更让我对这一次写作有了未曾有过的期待。

作者这部二十几万字的专著——《革命情境中的大众传媒与乡村民众——以"群众办报（1927—1949）"为视点》，全面细致地勾勒出"革命根据地的乡村民众在党的鼓动和推动下与报纸进行互动的历史图景"。作者在已有的对中国共产党党报理论的核心内容"全党办报、群众办报"阐述的基础上，聚焦于"群众办报"——前人多有涉及却少有深挖的内容，在总结、归纳"群众办报"的同时，采用革命史、社会史、传播史相结合的视角和方法，挖掘、整理了大量档案、文献和回忆录等一手资料，再现发生在革命根据地的"群众办报"实践的多重面相。试图在研究立意、问题提出、研究方法、结论阐释等方面进行着"挖深井"式的尝试，这也切中国现、当代新闻传播史研究的基本命意和主题，符合本学科研究的发展趋势，其探索应该说是一次有益的尝试。

"挖深井"式的研究，是本学科研究者们清醒审慎反思的结果。新闻史研究在当下新闻传播学研究中呈现"队伍庞大、成果卓著"的特点，因而其自我反思、批判能力也最强。2007 年初由"复旦大学信息与传播中心"联合《新闻大学》编辑部举办了"中国新闻史研究的体例、视野和方法——中国新闻史研究现状笔谈"，① 方汉奇、宁树藩、丁淦林、吴廷俊、吴文虎、黄瑚、黄旦、程曼丽、吴予敏、张昆、李彬等知名学者纷纷撰文，在肯定中国新闻史研究成绩的同时，更多地指出它存在着"史学意识不强，新闻史观不明确，学术视野呆板，研究范式单一"②等缺点，表现在研究者主体性不明确、主动性不够，对新闻史研究的主体和内容很模糊，导致"中国新闻史无论在史观、整体思路、历史分期、人物评说等方面，都存在着以革命史为蓝本，依葫芦画瓢的状况"。③ 为此，他们迫切呼吁，今后的研究要以新闻事业发展为主体、为主线，以深入挖掘原始资料和一手资料为基本前提，"多打深井、多作个案研究"。④

方汉奇教授指出，"打深井，意味着开掘要深，要达到前人没有达到的深度，要有重要的新的发现和新的突破"。⑤ 具体研究中，它首先需要"问题"导引。提出一个"好问题、真问题"，相当于预测性地找到了这口"井"的大致位置，这也成为整个研究的关键。而任何一个真问题或好问题的提出，都是一个从"描述现象的过程中寻求理论的视角并提炼出理论问题"⑥ 的过程，这驱使作者要对研究对象先有一个理论视角下的轮廓勾勒，将搜集、挖掘的档案、文献等资料放到历史场景中进行逻辑思考和串联，通过建立史料间的联系，来尽可能完整地描述历史事件发生的基本过程。可见，"打深井"的研究贯穿着"史料与描述""理论与解释"不停的互动，从事研究的人都知道这个过程异常艰辛。令人欣喜的是，本

---

① 具体参见《新闻大学》2007 年第 1、2、3、4 等各期上刊登的相关文章。

② 吴廷俊、阳海洪：《新闻史研究者要加强史学修养——论中国新闻史研究如何走出"学术内卷化"状态》，《新闻大学》，2007 年第 3 期。

③ 以上表述和引语请参见吴文虎《本体迷失和边缘越位——试论中国新闻史研究的误区》，《新闻大学》2007 年第 1 期。

④ 参见方汉奇、曹立新《多打深井多作个案研究——与方汉奇教授谈新闻史研究》，《新闻大学》2007 年第 3 期。

⑤ 同上。

⑥ 潘忠党为"传播·文化·社会译丛"所作的"总序"，这套丛书由华夏出版社 2003 年陆续推出，第 7—8 页。

书作者在成书之前就根据自己大量的资料积累，通过较完备的理论思考对研究对象有了较为真切的认识。作者没有就事论事地将艰苦找到的资料罗列、拼凑起来，再在宏大叙事框架下做出应然论证，而是从中国革命发生、发展的基本逻辑出发，指明知识分子与民众结合的必然性。正如作者"引论"中所说的："甲午海战之后短短的几年间，随着报纸、学堂、学会的大量出现，'开民智'从理念转向行动，掀起了由知识分子主导的面向下层社会的社会启蒙运动。①"紧接着，作者在李孝悌先生指出的"这个运动的重要性不仅在于它是中国历史上第一次以这么密集而多样的方式对下层社会做启蒙的工作，同时也因为它是中国现代史上最引人注目的文化思想和社会运动——知识分子**走向**人民的'民粹运动'——的源头"②的基础上，进一步指出"走向"既预示中国革命发生的基本特点，也说明日后党领导中国革命的基本路径——与群众相结合，走"群众路线"，表现为开展对群众的"鼓动、动员"。作者以此作为研究"群众办报"的实践情境和理论基础，进而追问党在革命历史进程中"为什么要'群众办报'、如何开展'群众办报'、'群众办报'怎样进行"等有关基本逻辑、政策策略、方式方法等"实然性"问题。而以往的中国新闻史研究，更多着墨于群众动员的必要性、党的推动政策解读等领域，对如何动员群众（特别是农村群众）以及群众如何在动员过程中确立自身作为中国革命主体的过程等话题都略显不足或少有涉及。

　　本书作者立足于这样的理论脉络和研究语境来提出问题，弥足珍贵。而研究问题决定了研究视角。针对已有研究中自上而下研究多、自下而上研究少的现状，作者试图将自上而下视角与自下而上视角结合起来：既强调中国共产党在革命中的"主体"地位，自上而下地聚焦具有先进理念的中国共产党如何动员处于经济文化非常落后地区、"最为消极、最无精致目标、最少组织性"③的农民，又自下而上地将"农民"等底层群众作为"主角"，看"芸芸众生如何在革命的洪流中纷纷卷入'群众办报'的相关实践"。④两个视角的双向互动，共同映照出一幅幅生动的"群众办

---

　　① 本书"引论"第1页。

　　② 本书"引论"第1页。着重号为本"序"作者加。

　　③ 参见［美］S. N. 艾森斯塔得《帝国的政治体系》，阎步克译，贵州人民出版社1992年版，第211页，转引自本书"引论"第10页。

　　④ 本书"引论"第8页。

报"的历史画卷。

同时，研究视角又决定了研究方法。作者在"引论"中指出，"本研究试图采用社会史的方法展开研究，力图做到社会史与革命史的结合以及社会史与传播史的结合"。① 就是说，作者在具体研究中着眼于"社会史研究方法"，希望通过"革命史·社会史·传播史"的结合、融通，凸显党领导的、群众参与其中的党的新闻事业在具体的历史场景中发生、发展的真实图景。

将社会史研究的视角和方法引入到革命史、新闻史的研究中，是近年来相关研究的一种趋势。研究者们看到了过往的革命史研究在取得丰硕成果的同时，也存在着只考察重要的历史事件和历史人物，以"党发布政策、群众实现"的"政策—效果"模式来框定历史过程的缺陷，② 这也是一直以来宏大叙述下"必然性"思维的延续，③ 它忽略了历史事件在发生、发展过程中的复杂性、多样性和蕴含的各种可能性，忽略了具体的"人"根据具体的历史场景和历史条件做出选择的过程，这也是导致对"群众办报"历史进程和实践内容缺乏切实研究的观念性原因。有关"革命史与社会史结合"的必要性，作者在"引论"中做了详尽阐述。由这种观念引领，作者将中国革命与具体的社会变迁以及民众具体的日常生活内容结合起来，通过呈现这些内容之间的互动，"不仅可以校正宏观历史的片面与谬误，更在于呈现共产主义文明如何以一种史无前例的方式将宏观的意识形态、社会制度与普通人的日常生活紧密联系起来"。④ 这样，将千千万万的革命主力——"群众"纳入到革命历史进程中去加以生动、详尽的描绘和揭示，不但能展示革命历史进程的丰富性和多样性，还将破除"指示—跟从""带领—响应"等简单、教条的思维模式。⑤ 这种多面向互动图景的呈现，更能帮助我们清晰地理解中国革命成功的内在逻辑和原因。

---

① 本书"引论"第17—18页。

② 具体思路和论述参考了李金铮《向"新革命史"转型：中共革命史研究方法的反思与突破》，《中共党史研究》2010年第1期。

③ 参见同上。

④ 本书"引论"第18页。

⑤ 参考自李金铮《向"新革命史"转型：中共革命史研究方法的反思与突破》的相关论述，《中共党史研究》2010年第1期。

　　同时，革命过程中党在农村的宣传、动员活动离不开媒介和传播。为此，作者也强调"社会史与传播史的融合"，认为"这种研究方法把传播活动作为社会运动的一个有机环节，既关注传播本体的内在联系，更探究传播与社会的外在关涉"。① 如果将哲学家约翰·杜威所说的"社会不仅因传递（transmission）与传播（communication）而存在，更确切地说，它就存在于传递与传播中"② 引申开去，在社会行动展开的场景和过程中，传播不仅"建构"了传者与受者间的关系，也赋予了他们各自不同的"角色"和责任，并使他们共同形成促进、推动社会行动的力量。同时，传播也形塑着社会行动与整个社会进程的关系。如果说传播理论为社会史与传播史的结合提供了充分性的话，那具体传播实践则为其结合提供了必要性。在"革命"的农村，党领导下的宣传、动员既是具有"仪式性""庄严感"的媒介传播活动，又很大程度上是党领导下的农村日常生活的新鲜内容。群众为配合党的宣传、动员，就地取材将日常生活中的生产工具、生活用品当成"媒介"，像茶缸、毛巾、草帽上印的口号，随着人的移动带入到各种场景，房前屋后印的标语让过往的人们驻足，集市上的演讲向尽可能多的赶集群众宣传，游戏性的"谜语"成为老少皆宜的宣传形式，像"红面公公真奇怪，五角星儿挂胸怀，舌头伸长做笑脸，劳苦儿童都敬爱"的"谜面"，③ 经口口相传及互动猜谜（"谜底"是"儿童团帽子"），使群众快速了解、熟知和亲近红军……这样看，传播行为成为日常生活的基本内容，并与生产、生活合二为一。要研究它，就非以社会史的视角和方法不可。进一步看，引入社会史研究的视角和方法，既拓展了研究的历史纵深，使"革命"落脚于更为宽阔的"现代化"情境中，又立足于具体的历史场景中。

　　这些研究视角和方法都落实到了本论著的研究内容上。作者在抛弃简单堆砌材料，以"编年体"方式、笼统谈论"党对群众开展宣传、动员的方针、措施"及"群众在接受党的宣传、动员后展开行动的大致情况"等研究方式的同时，立足于"革命微观史层面"和"大众传播史层面"，详尽地

---

① 本书"引论"第19页。

② ［美］詹姆斯·W. 凯瑞（James W. Carey）：《作为文化的传播》，丁未译，华夏出版社2005年版，第3页。

③ 1932年7月30日《青年实话》，第一卷第23号。本"序"作者于2013年底查阅于复旦大学新闻学院资料室。

分析"动员的具体机制"。不但以群众为主要研究对象，还将之作为叙述主角。在整体上考察"群众办报"的具体内容、行动逻辑和运行机制的同时，更以"读报活动"为中心来考察群众如何"接触"媒体，以"工农通讯员"为中心考察群众怎样成为传播者，又以"黑板报"为中心考察群众在自办媒体过程中的种种创新做法，更以儿童为例，看各社会阶层如何被纳入到"群众办报"的过程中去。[1] 这样一来，作者从"微观"入手，细致地展现了群众在因应"全党办报"的过程中如何创造性地开展"群众办报"的实践活动。特别是，作者按照"群众接触媒体（读报活动）""群众成为传播者（工农通讯员）""群众自办媒体（黑板报、壁报）"的顺序过程和基本框架，展现了群众从认识媒体、认识现代传播活动到动手自办媒体进行传播活动的连贯过程。可见，该著作立足于微观，但不局限于微观，有效地避免了社会史学研究中可能出现的"碎片化"现象。

当然，探索中的成果总有其缺漏。譬如说，作者对"群众办报"多实践内容的梳理，而少有理论情境下的分析和归纳。作者在论著中未能详尽地梳理、分析中国共产党"党报理论"的基本内容，这有可能使"全党办报、群众办报"缺乏更坚实的理论依托。同时，作者在论著中没有对"群众办报"概念本身的历史做较为详尽的爬梳，亦少有对之的"语境化"解读。总体而言，本论著在理论阐释上还有提升的空间。

总之，中初兄的这部著作通过其问题的提出、史料的贯穿和方法的运用，不但力图"从理论层面上探源中共'群众办报'思想的形成和发展，从实践层面梳理'群众办报'的运行机制"，[2] 更为我们呈现了中国现当代新闻传播史"挖深井"研究的一次努力，可以启发我们在已有新闻史研究成果基础上做出新的探索。

（作者为西北大学新闻传播学院教授）

---

[1] 以上参见本书"引论"的"研究内容"部分，第16—17页。

[2] 本书"引论"第16页。

目　　录

插图说明

图序	内容	来源
1－1	1942年阜平齐家沟模范冬学	晋察冀文艺研究会编：《人民战争必胜——抗日战争中的晋察冀摄影集》，辽宁美术出版社1988年版，第259页
1－2	沂蒙山区妇女识字班	王克霞：《革命与变迁——沂蒙红色区域妇女生活状况研究（1938—1949）》，山东大学出版社2011年版，第159页
1－3	她能认600字了	《新中华报》1937年8月26日第4版
1－4	推磨识字	晋察冀文艺研究会等编：《晋察冀画报影印集（下）》，辽宁美术出版社1990年版，第915页
1－5	识字一千年画（作者：张晓非）	李浩章编：《延安文艺丛书（第12卷）美术卷》，湖南文艺出版社1987年版，第219页
1－6	家庭识字牌（作者：夏风）	中国革命博物馆编：《抗日战争时期宣传画》，文物出版社1990年版，第123幅
1－7	小先生（作者：彦涵）	《解放日报》，1944年4月8日第4版
1－8	变工队读报（作者：龙行）	中国革命博物馆编：《抗日战争时期宣传画》，文物出版社1990年版，第114幅
1－9	晋察冀边区出版的各种报纸	河北省新闻出版局出版史志编委会、山西省新闻出版局出版史志编委会编：《中国共产党晋察冀边区出版史》，河北人民出版社1991年版，插图
1－10	晋察冀根据地用马运报纸做发行工作	晋察冀日报史研究会编：《晋察冀日报史》，人民日报出版社1993年版，插图
1－11	列宁室	洛易斯·惠勒·斯诺著，王恩光等译：《斯诺眼中的中国》，中国学术出版社1982年版，第121页
1－12	看《红色中华》报	《红色中华》1936年9月13日第1版
1－13	胜利的消息到处传（作者：武德祖）	李浩章编：《延安文艺丛书（第12卷）美术卷》，湖南文艺出版社1987年版，第87页
1－14	青年战士读《抗敌报》	晋察冀文艺研究会编：《人民战争必胜——抗日战争中的晋察冀摄影集》，辽宁美术出版社1988年版，第96页
1－15	读报（作者：林军）	林军：《林军版画选》，四川美术出版社1985年版，第3页

续表

图序	内容	来源
1-16	打谷场上读报（作者：夏峰）	李浩章编：《延安文艺丛书（第12卷）美术卷》，湖南文艺出版社1987年版，第97页
1-17	午憩（作者：黄山定）	李浩章编：《延安文艺丛书（第12卷）美术卷》，湖南文艺出版社1987年版，第109页
1-18	读报讨论	本人拍自延安革命纪念馆
1-19	战斗间隙读报（作者：孔望）	《革命战争摄影作品选集》编辑小组编：《革命战争摄影作品选集（抗日战争和解放战争部分）》，人民美术出版社1974年版，第32页
1-20	《活跃在农村的读报组》一书封面	中共西北中央局宣传部编：《活跃在农村的读报组》，新华书店晋察冀分店1946年版
1-21	晋察冀小学教育非常普及——山沟小村都办有学校	晋察冀文艺研究会编：《巾帼英豪——抗日战争中的晋察冀妇女儿童摄影集》，辽宁美术出版社1989年版，第113页
1-22	农家的夜晚（作者：古元）	《解放日报》1944年4月20日第4版
1-23	小学生宣传队（作者：力群）	李浩章编：《延安文艺丛书（第12卷）美术卷》，湖南文艺出版社1987年版，第163页
1-24	阜平县王块镇小学宣传队	晋察冀文艺研究会编：《巾帼英豪——抗日战争中的晋察冀妇女儿童摄影集》，辽宁美术出版社1989年版，第115页
2-1	加里宁《论通讯员的写作和修养》	《新中华报》1939年8月22日第4版
2-2	《解放日报》通讯员分布图	《解放日报》1944年7月23日第4版
2-3	《大众日报》通联科分阅通讯员来稿	《绿叶对根的深情——纪念〈大众日报〉创刊70周年寻根活动纪实》，大众网2008年11月9日
2-4	新华社冀中分社通联科合影	杜敬编：《冀中报刊史料集》，河北教育出版社1995年版，插图
2-5	山东《大众日报》记者记述工农通讯员的口述稿	《大众日报五十年（1939—1989）》，HongKong Man Hai Language Publication，插图
2-6	钱毅遗像	钱毅：《怎样写》，山东新华书店1947年版，插图
2-7	1945年冬在山东临沂地区举行的工农通讯员座谈会	《大众日报五十年（1939—1989）》，HongKong Man Hai Language Publication，插图
2-8	《新浙东报》作者优待券	浙东抗日根据地革命文化史料编纂委员会编：《浙东抗日根据地革命文化史料选编》，1992年，插图
2-9	"稿"字邮票	上海市新四军历史研究会编：《大江南北——新四军抗日战争革命史料画集》，上海人民美术出版社1987年版，第67页
2-10	新华社山东分社免费信封	山东省集邮协会编：《齐鲁集邮学术文选1993—1998》，气象出版社1999年版，插图
2-11	《解放日报》表扬模范通讯员	《解放日报》1946年5月16日第2版

续表

图序	内容	来源
2－12	钱相摩的通讯员证书	中共盐城市委党史办公室等编：《相摩烈士作品选》，东南大学出版社1990年版，插图
2－13	《工农通讯员》刊物	《新华通讯社史》编写组编：《新华通讯社史》（第1卷），新华出版社2010年版，第92页
2－14	《工农写作》刊物	本人拍自延安新闻纪念馆
2－15	《通讯往来》刊物	河北省新闻出版局出版史志编委会、山西省新闻出版局出版史志编委会编：《中国共产党晋察冀边区出版史》，河北人民出版社1991年版，插图
2－16	《通讯与学习》刊物	杜敬编：《冀中报刊史料集——纪念抗日战争胜利五十周年》，河北教育出版社1995年版，插图
2－17	《工农通讯》刊物	黑龙江报社《工农通讯》封面
2－18	《为什么要当工农通讯员》一书封面	冀鲁豫书店编辑部：《为什么要当工农通讯员》，冀鲁豫书店1947年版
3－1	晋察冀根据地的黑板报	晋察冀文艺研究会等编：《晋察冀画报影印集（下）》，辽宁美术出版社1990年版，第915页
3－2	《怎样办好黑板报》一书封面	冀南行署教育处编：《怎样办好黑板报》，冀南教育社1947年版
3－3	延安新市场黑板报	本人拍自延安革命纪念馆
3－4	捷报（作者：吴耘）	陈烟桥等：《新美术选集》，大东书局1950年版，第16页
3－5	黑板报主编苗得雨	苗得雨：《解放区少年的歌》，中国少年儿童出版社1980年版，第60页
3－6	随时随地学文化（作者：韩茂堂、张树德）	王大斌主编：《血与火的洗礼——抗日根据地木刻集》，山西人民出版社2005年版，第329页
3－7	农村宣传员（作者：王志云）	户县文化馆编：《户县农民画选》，人民美术出版社1973年版，24页
4－1	延安农民读报（作者：王式廓）	李浩章编：《延安文艺丛书（第12卷）美术卷》，湖南文艺出版社1987年版，第131页
4－2	1945年邯郸解放后人们在阅报	太行革命根据地画册编辑组编：《太行革命画册》，山西人民出版社1987年版，第137页
4－3	山东解放区青年劳动模范高洪安当上《鲁中日报》通讯员并经常给大家读报	《文化翻身》1946年第2期

续表

图序	内容	来源
4-4	《红色中华》的出现	《红色中华》，1933年8月10日头版，转引自王晓岚《中国共产党报刊发行史》，中国社会科学出版社2008年版，第145页
4-5	保卫延安（作者：牛文）	李浩章编：《延安文艺丛书（第12卷）美术卷》，湖南文艺出版社1987年版，第15页
4-6	胜利鼓舞着群众的心（作者：张映雪）	晋察冀文艺研究会等编：《晋察冀画报影印集（上）》，辽宁美术出版社1990年版，第654页
4-7	区政府办公室（作者：古元）	李浩章编：《延安文艺丛书（第12卷）美术卷》，湖南文艺出版社1987年版，第20页
4-8	学习土地改革法令（作者：杨涵）	上海木刻研究会编：《1950年木刻集》，华东人民出版社1951年版，第99页
4-9	延安街头时事宣传	中国延安精神研究会、晋察冀文艺研究会编：《延安精神》，辽宁美术出版社1991年版，第79页

引　论

　　近代的中国，经历了"数千年未有之大变局"。从晚清到民国到共产党建政，社会状貌呈现出巨大的变迁。在此社会变迁中，大众传媒应时局而生，又推时局而进，发挥着无可替代的沟通上下、沟通中外的作用。而大众传媒要发挥社会作用，其前提就是要最大程度地实现与民众的关联。对此，一批批志在改变中国的社会精英都有明确的认识，也做出了相应的努力。

　　在晚清内忧外困的时局中，一批站在时代前端的知识分子开始鼓吹社会启蒙，并且愈发注意到启发民智的重要性。甲午海战之后短短的几年间，随着报纸、学堂、学会的大量出现，"开民智"从理念转向行动，掀起了由知识分子主导的面向下层社会的社会启蒙运动。李孝悌先生认为："这个运动的重要性，不仅在于它是中国历史上第一次以这么密集而多样的方式对下层社会做启蒙的工作；同时也因为它是中国现代史上最引人注目的文化、思想和社会运动——知识分子走向人民的'民粹运动'——的源头。"[①] 同时，李先生也延伸性地提出，到民国年间，原来以"开民智"为目的的启蒙运动，因为不同政治力量的介入，成为战斗意味强烈的文化动员和政治宣传。特别是中国共产党创建之后，"知识分子与人民的关系又被导入一个全新的境地"，中共精英不仅把宣传转化为一种组织化的行动，形式上也更为民间化、技巧化，所以"共产党巧妙地利用这些形式，将新的讯息更有效地带到民间，在种种因素的配合下，重新建立了一个统

---

　　① 李孝悌：《清末的下层社会启蒙运动：1901—1911》，河北教育出版社 2001 年版，第7—8 页。

一的中国"。① 限于研究视域的设定,该书未对此着墨展开,但显然提出了一个他也认为"还缺乏系统性的研究"的问题。

李孝悌的研究注意到对下层社会动员过程中大众传媒所发挥的功用。② 大众传媒的发育、发达,既是社会发展的一个结果,同时又是牵引社会变迁的巨大推力。报纸作为近代社会情境中最主要的一种大众传媒形式,自晚清问世以来开始改变中国社会的信息传播格局,打破了受众在空间分布和社会阶层方面的隔绝,"睁眼看世界"也越来越多地成为人们的共识。中共精英人士显然也不会漠视报纸在社会动员过程中呈现的威力,事实上对此还非常重视。为了实现报纸与革命群众的联结,在无产阶级党报理论指导下,中国共产党结合民众需求,探索出一种细密的"群众办报"机制,努力把报纸当作党的理念、路线、方针、政策的传布工具,努力把报纸当作提高民众综合素养的工具,从而使得上下交融空前频密,最终转化为民众的行动支持而促成革命运动的成功。由此,"群众办报"既是中共推动大众传媒与普通民众联结的路径,也可以说是实现革命动员的方式。本书试图勾画的,就是中共领导下的革命根据地民众如何通过"群众办报"机制实现与报纸这一大众传媒联结的图景。

第一节　理论溯源

要理解"群众办报"首先要了解中国共产党的群众路线。群众路线是中共的重要创造和基本方针,是有别于苏俄革命道路的一种本土化探索,它"不仅实现了中国共产党的生存和发展,也完成了中国现代国家的生成与运作,更实现了对于社会底层的多数人的发动和解放"。③ 因此,群众路线与实事求是、独立自主一起被视为毛泽东思想"活的灵魂"。国外也有不少学者对中共的群众路线给予了极高的评价。如米奇·迈斯纳在《大寨:实践中的群众路线》一文中认为"群众路线是中国在理论上和实践上最具威力的创造。在中国革命过程中采用群众路线,乃是马克思主义

---

① 李孝悌:《清末的下层社会启蒙运动:1901—1911》,河北教育出版社 2001 年版,第 248、250 页。

② 其第二章内容为"白话报刊与宣传品",第三章内容为"阅报社",第四章内容为"宣讲、讲报与演说",报纸在近代启蒙中的作用成为该研究的核心内容。

③ 李华:《"群众路线"与中国现代国家构建》,复旦大学博士论文 2012 年,第 28 页。

中国化的一个核心问题"。虽然"群众路线这一概念在中国并非一个完全新的发明，马克思、列宁和其他共产主义先驱的著作已为群众路线的产生提供了一个相当好的理论基础，其他国家的革命经验也曾体现出类似的思想……但是，中国的榜样，对各种革命运动乃至整个世界，都产生了极其强大的影响"。马克·塞尔登在《革命中的中国：延安道路》一书中指出"延安道路"的精髓就是群众路线。詹姆斯·哈里森在《夺取政权的长征：中共党史（1921—1972）》一书中把群众路线称作"中国共产主义运动的一大支柱"。①

在中国共产党领导社会革命的进程中，底层民众起初对于共产党及其意识形态都是陌生的，而且这种陌生感与生俱来、难以打破，因此，没有先进党组织的灌输和唤醒，则人民群众将永远泯灭在历史的浪底，成为历史不自觉的工具——这种"灌输"和"唤醒"并不是西方意义上的权利赋予和代议，而是党的"领导"和"动员"。② 所以，实施群众路线的主要目的之一，就是为了动员群众。虽然群众路线在不同时期和不同语境下含义多变，但其围绕社会动员的表述却清晰定型："一切为了群众，一切依靠群众，从群众中来，到群众中去。"不管是"从群众中来"，还是"到群众中去"，群众路线强调与群众交换想法，强调与群众沟通，但更为重要的是，它强调要将群众纳入中国革命的中心，让群众在中国政治中扮演更为真实的角色，因而成为动员群众的一种手段。③ 海外学界对中共的这种群众动员手段有过相当热烈而深入的研究，而其基本关怀在探寻中共革命"成功"的要素。④ 鲍大可曾经指出："中共政权一个最让人印象深刻的特点就是它有能力运用革命的'群众路线'，组织和发动千百万人按照党的社会改造和经济发展目标积极地工作。"⑤ 王国斌认为，通过动

① 梁怡、李向前：《国外中共党史研究述评》，中共党史出版社2005年版，第200—201页。

② 李华：《"群众路线"与中国现代国家构建》，复旦大学博士论文2012年，第25页。

③ 张孝芳：《革命与动员——建构"共意"的视角》，社会科学文献出版社2011年版，第47页。

④ 王奇生：《革命的底层动员：中共早期农民运动的动员参与机制》，载徐秀丽、王先明主编《中国近代乡村的危机与重建：革命、改良及其他》，社会科学文献出版社2013年版，第273页。

⑤ 许静：《大跃进运动中的政治传播》，香港社会科学出版社2004年版，第58页。

员，让人民主动参与党的政策的形成与实施，赋予人民以史无前例的力量。① 显然，中外诸多学者已经注意到党的群众路线具有十分强大的社会动员功能。然而，动员能力的落实又需要各种精巧的实现策略。有学者曾经把群众路线的社会动员分为调查研究、宣传鼓动、利益赋予、组织领导四个层面。② 而在宣传鼓动层面，在当时的社会条件下，报纸作为最现实的大众媒体，理论上可以到达每一个社会角落，影响每一位社会成员，所以当然成为实现群众路线的一种可能路径。与此相应，群众路线在新闻传播领域的体现，就是"群众办报"机制的形成和实施，并被视为"中国媒体有别于其他任何国家媒体的重要标志"。③

有关"群众办报"的思想源流，张春林先生做了相应的梳理。他认为，作为马克思主义新闻观的创始人，尽管马克思、恩格斯的著作里面没有"群众办报"这个词汇，但是他们提出的"人民报刊"观点以及重视工农通讯员的实践，就是"群众办报"的思想源头。有丰富办报经历的列宁则在实践中较系统地完善了"群众办报"的内容和运作机制。④ 特别是在十月社会主义革命之后，苏俄的多位领导人都对此有所论述和阐释，进一步丰富了对"群众办报"机制的认识，于是，"工人、农民和知识分子与报刊的合作达到了真正最广泛的规模。以巨大的速度扩展着的工人通讯员和农村通讯员运动，已普及于日益增多的劳动群众中。给报纸写特约通讯和信件的习惯已成为我国人民的生活常事。高尚的发表热情变成了苏维埃人的爱国行动"。⑤

1921 年中国共产党成立之后，其新闻思想和新闻实践一开始就直接受到苏俄模式的影响。"随着瞿秋白、张闻天、蔡和森、博古等一批在苏联学习或工作的中共党员归国并先后走上党的领导岗位，党大量引进列宁党报理论，以指导新闻工作，从此，党的新闻管理思想进入了一个新的阶

---

① ［美］王国斌（R. Bin Wong）著，李伯重、连玲玲译：《转变的中国——历史变迁与欧洲经验的局限》，江苏人民出版社 1998 年版，第 243 页。

② 李华：《"群众路线"与中国现代国家构建》，复旦大学博士论文 2012 年，第 49—50 页。

③ 尹韵公：《党与党报》，《新闻与传播研究》2001 年第 3 期。

④ 张春林：《群众办报思想的源流及其延伸》，《重庆社会科学》2008 年第 8 期。

⑤ ［苏］葛烈勃涅夫著，李龙牧译：《怎样组织报纸编辑部的工作》，三联书店 1954 年版，第 65—66 页。

段，即'引进与借鉴阶段'。"① 在苏俄党报理论的指导下，毛泽东等一批中共领导人提高了对新闻事业作用的认识，创造性地提出了"全党办报""群众办报"的口号，并且摸索出一套成熟的运行机制，"群众办报"由此成为新闻传播领域群众路线的实现方式。

革命意味着用暴力手段打碎陈旧的上层建筑，一般要通过武装斗争的形式来解决革命势力和反革命势力之间的政权交替。而革命要想在整个国家获得最终成功，还必须借助于大众传媒的舆论宣传和思想渗透。② 并且，在共产党的党报理论架构中，报纸并不只是一个宣传鼓动的中心，同时还是一个组织中心。"一个无产阶级政党的党报，他必须深入于无产阶级群众中间。在他的宣传与鼓动之下，自然可以扩大党在无产阶级群众中政治影响，可以更加紧密党与群众的联系，这就是一种伟大的组织作用。再加以供给党报的材料，必须有经常的采访，必须在各工厂、农村、兵营中，都有党报的通讯员。为了适当地分配报纸，必须有经常的发行交通网，他又必须与各个工厂、农村、兵营有密切的联系，以使党报能很快的经常的传到读者手中。党与群众的关系，因为党报的作用而要更加的巩固与扩大，这就是伟大的组织作用。"③ 因此，报纸是"党的政治路线和工作方针的传播者，是党动员群众和组织群众的一个犀利武器"④。要实现报纸的宣传者和组织者的功能，就必须要有一套密切群众与报纸关系的运行机制。在革命根据地时期，"群众办报"机制在不断探索的基础上定型，依托此种机制，"群众办报"活动势态强盛、空前彰显，于是也给后人留下一个值得研探的话域。

有关"群众办报"机制的具体内容，陈力丹先生认为包含四个方面：第一，要意识到党报也是人民事业的一部分，群众的积极参与和关注是立足之本；第二，要鼓动群众参与报纸的工作，保证报纸能够反映群众和指导群众；第三，组织通讯员队伍，通过他们与群众建立广泛的联系；第

① 刘江船：《建国前中国共产党新闻管理思想研究》，吉林大学出版社2006年版，第75页。

② 刘华蓉：《大众传媒与政治》，北京大学出版社2001年版，第52页。

③ 《提高我们党报的作用》，原载《红旗》1930年3月26日第87期，转引自解放军报社编《新闻工作文集》，1979年印行，第87—88页。

④ 杨尚昆：《阅读党报推销党报应当是每个党员的责任》，原载《新华日报》（华北版）1940年1月1日第6版，转引自姚文锦等编《晋冀鲁豫边区出版史》，山西人民出版社2009年版，第157页。

四，编辑部要有常设的群众工作部门，答惑解疑，听取各种意见和帮助反映问题。① 也有学者认为，"群众办报"是我党群众路线在新闻工作中的延伸，是毛泽东人民性、亲民思想的一个体现。"群众办报"的深刻内涵可从三个方面解读：第一，报纸内容要反映人民利益，为群众说话，办报的目的是为群众谋幸福；要面向群众办报，报纸是贯彻我党群众路线的一个渠道，报纸要成为联系群众的桥梁。第二，办报的方法是依靠群众。第三，群众自发办报。② 还有学者认为，群众路线在毛泽东新闻思想中也有表现，这主要体现在"群众办报"的观点上。关于"群众办报"，毛泽东同志赋予它两个含义：第一，要办好一张报，必须面向群众，依靠群众（如建立通联队伍），同时要替群众说话；第二，群众自发办报，毛泽东曾主张解放区每一个机关、学校、工厂、连队都办报，以油印报、墙报为主。③ 综观以上论点，可以明确，在中共的"群众办报"机制中，于办报者而言，就是要为群众办报，通过报道内容、报道形式方面的努力，办群众所喜闻乐见的新闻媒体；于群众而言，就是不仅要积极阅读报纸，还要积极参与办报。通过这两方面的努力，报纸作为一种大众传媒就可以成为联结党和群众的桥梁。

第二节　研究回顾

文献回顾的主要目的并不仅仅是通过陈述以往的相关研究表示对前辈、同行或知识产权的尊重，而是把自己的研究放到一个学术史的脉络中去进行定位。④ 那么，"群众办报"的研究已经如何？尚存哪些问题？

长期以来，"群众办报"已经成为中国共产党新闻理论体系中的关键词汇。与之相应，"群众办报"历来就是新闻学研究中的一个显要领域，似乎是一块锄挖锹掀来回耕耙、基本形状面貌早已定型的园地，但这并不意味着对其研究就没有另辟新境的必要。综观现有研究成果，主要存在以

---

① 陈力丹：《马克思主义新闻学词典》，中国广播电视出版社2002年版，第84页。

② 董锦瑞：《从"群众办报"思想看毛泽东的亲民性》，《毛泽东思想研究》2005年第5期。

③ 刘国云：《试述毛泽东关于群众办报的新闻思想》，《南昌职业技术师范学院学报》1994年第1期。

④ 熊易寒：《文献综述与学术谱系》，《读书》2007年第4期。

下一些问题：

——从研究对象看，多"全党办报"研究，少"群众办报"研究。李文先生认为，以往的许多新闻理论教科书将"全党办报，群众办报"的办报方针作为一个重要问题进行论述。但是，对这一方针形成的实践基础，关于"全党办报"论述得较多，而关于"群众办报"形成的实践基础语焉不详，甚至"群众办报"的基本内涵也论述不甚清晰。①造成这种结果的原因在于毛泽东曾经提出的指示："我们的报纸也要靠大家来办，靠全体人民群众来办，靠全党来办，而不能只靠少数人关起门来办。"②后人对此阐释、理解时侧重点几乎都落在"全党办报"思想上，而对"群众办报"关注相当不够，好像后者已为前者所包容，只是前者的"陪衬"而已。因此，有人认为，"这样的阐释是不够确切的。即便从毛泽东上面那段话来看，'群众办报'也是与'全党办报'分别阐述的；两者固然有联系，但还是有区别的。事实上，前者的内容也确非后者所能涵盖得了的"。③

——从研究范围看，多着眼现实研究，少检视历史研究。出于政治现实的需要，新中国成立之后的十七年里，新闻学期刊中曾经发表过大量关于"群众办报"的文章。改革开放以后，相关研究陡然有冷落趋势，检索中国期刊网可以发现，题名中含有"群众办报"的论文大多是关于新时期新闻媒体如何做好群众工作。因此，以社会发展的实际需求为出发点来论述群众办报是这些论文的共同点。需要指出的是，尽管服务现实是任何研究都需怀有的一种学术旨趣，但是这种研究如果漠视历史的厚度，也往往会困陷于知其然不知其所以然的窘境，以致解释当下和预知未来都容易产生偏颇。可喜的是，近些年来，又有一些学者尝试往这方面开拓，并取得相当的成果。如朱清河的《"群众办报"的逻辑起点与未来归宿》以及《马克思主义群众办报思想的形成逻辑》等文章从历史的进路考辨"群众办报"的内涵变迁、逻辑缘起，继而分析当下困局以及寻绎未来的价值归宿，既有深度，又有启示意义。

---

① 李文：《群众办报思想的重要实践基础——黑板报》，《新闻知识》2008 年第 3 期。

② 毛泽东：《对晋绥日报编辑人员的谈话》，载《毛泽东新闻工作文选》，新华出版社 1983 年版，第 150 页。

③ 淳风：《"群众办报"与新闻改革》，《苏州大学学报》1994 年第 2 期。

——从研究视角看，多自上而下研究，少自下而上研究。按现有一般理解，"群众办报"的主要内容就是指新闻媒体要开门办报，要依靠群众办报。也许正是这种缘由，相关的研究视角大多自上而下，即聚焦于专业的新闻媒体如何实行群众办报，而把参与"群众办报"的"群众"置于缺席的地位。对"群众办报"的研究，如果仅仅聚焦于专业传播者，而不把"群众办报"中的主角——群众作为主要的研究对象，那么难免就有以偏概全之嫌。"群众办报"是党的新闻从业者与无数民众共同演绎的一幕历史活剧，新闻从业者的领导、组织、动员、指导固然重要，但芸芸众生如何在革命的洪流中纷纷卷入"群众办报"的相关实践，也应该是一个值得尝试的自下而上的研究视角。当然，自下而上并不是完全取代自上而下，上下互动的研究方法才比较可取。由此，从目前的格局来说，自下而上的研究显然需要加强。

——从研究内容看，多"从群众中来"的研究，少"到群众中去"的研究。按照群众路线"从群众中来，到群众中去"的内涵，"群众办报"也同样包含这两层含义，它不仅仅关涉通讯员、读者来信等"从群众中来"的实践，还应包括读报、非专业媒体等"到群众中去"的实践，它们一起构成一幅"群众办报"的立体图景，但以往的研究主要集中在专业媒体如何做好通讯员工作以及处理群众来信等内容。而在群众路线模式中，"群众是群众路线的主角"。[①] 因此，考察新闻传播如何"到群众中去"也不应该被忽视。

——从研究立意看，多就事论事阐释，少关联社会研究。总体来说，"群众办报"的相关研究深度是不够的，发表在专业期刊上的很多文章呈现出的是一种总结性的写作特征，由此带来的结果是：一是不注重已有的研究成果，论述内容重复也就屡见不鲜，所以论文的数量和质量并没有一种均衡的态势；二是研究缺少理论支撑，很多文章都是就事论事、泛泛而谈，缺少一种系统的研究视角，把"群众办报"的实践与社会的发展勾连起来，结果导致文章深度不足，立意欠高。近年来，随着新闻传播学科的逐步成熟，对研究的科学要求也有显著提升，不仅研究方法日益规范，理论阐释也日渐厚实。在这种背景下，把"群众办报"置于社会变迁的宏大画卷之中，用相应的理论来解释实践的意义，正是学科发展提出的必

---

① 王绍光：《毛泽东的逆向政治参与模式——群众路线》，《学习月刊》2009 年第 23 期。

然要求。

第三节　研究立意

一　革命微观史层面

有学者指出，"20 世纪 90 年代以来，随着对中国共产党动员政治研究的深入，关于中国共产主义革命运动的研究出现了一个新趋势，即对中国革命过程的考察放在重新建构共产党革命的实际过程。这一转向意味着对中国革命的思考从宏观层面的阶级关系视角转向具体动员过程的微观视角，即动员的具体机制分析，意味着将对中国共产党的动员问题的思考扩展到具体环节和操作过程。"当抛却宏大的意识形态化的阶级斗争范式，将视野放在微观的具体的个体身上时，有关革命动员的许多更有意思的画面将呈现在我们面前。这些生动而鲜活的内容和分析无疑将进一步扩宽和深化中国革命运动研究的视野。"①"群众办报"正是一个拓展革命动员研究视野的"有意思画面"。

近代以来，许多重大社会运动的组织者均重视利用各种信息传播媒体进行社会动员，这俨然已经是中国近代社会发展的基本特色。"运动将大众传媒牵连其中，也相应地成为一个回音室——行动者们在这里可以听到其他人是怎么理解他们的纲领、身份和立场诉求的。"② 在中国共产党领导的革命过程中，虽然有多重原因促成革命的胜利，但却无法忽视革命动员的维度。美国学者小巴林顿·摩尔曾经说过："存在着革命条件并不意味着革命会自动爆发。"③ 革命本身不会不胫而走，要燃起革命的烽火，就需要各种各样的社会动员，特别是大众传媒在其间要扮演重要的动员角色。美国学者喻德基在 1964 年出版的《共产党中国的大众说服》一书认为，历史上任何政府都会借助于某种形式的说服来达到一种或几种目的，

---

① 张孝芳：《中国共产党对乡村社会的政治动员：一种建构主义分析》，《中共宁波市委党校学报》2008 年第 2 期。

② ［美］查尔斯·蒂利著，胡位钧译：《社会运动，1768—2004》，上海人民出版社 2009 年版，第 117 页。

③ ［美］巴林顿·摩尔著，拓夫等译：《民主与专制的社会起源》，华夏出版社 1987 年版，第 176 页。

而中国共产党对大众说服的运用，特别是在群众性的思想转变中对大众说服的运用，却更为独特和重要。1977 年朱谦在《巨变：毛泽东中国的传播》一书中认为，中国共产党经过几十年的努力实现了社会转变，其手段不是技术革命，也不是暴力，而是对传播的运用。作者强调，中国发展的模式在于人民的参与而非对物质和资本的运用。中国传播模式不是少数领导通过大众传媒告诉群众该做什么，而是综合运用了全国范围的媒介传播和基层中强化了的人际传播。中国传播体制就是广泛的媒介传播与严密组织的人际传播渠道的有效结合。①

特别值得深思的是，中共革命动员的主要对象是身处经济文化相当落后地区的农民。而"传统社会内的农民无疑是一种恒久的保守势力，他们禁锢在现状之中"，② 在政治上"通常是最为消极、最无精致目标、最少组织性的阶层"，"很少在政治上变得积极起来"。③ 因此，"一个外来的政治力量如何把农民动员起来，使其成为社会变革的积极参与者，这是近代中国政治舞台上任何力图有所作为的政治力量面临的一个最具挑战性的问题"。④ 在中国共产党之前的任何政治力量都没有解决这一难题，但国内外相关领域的研究者又大致都能同意，20 世纪中国历史发展的主题是社会和政治革命，而中国革命的基本动力来自农村和农民。在分析农民何以变成革命者的原因时，一种模式认为中国乡村社会拥有强大的革命潜力，中共通过群众路线来唤醒农民，释放这种潜力。另外一种模式则强调革命政党在动员和组织农民方面所发挥的决定性作用。这种观点认为，"自1930 年代起，中国共产党比前代的政治领袖更能在广泛且延续的基础上，动员农民投身政治活动。到1940 年代，'群众路线'的理想在于让人民

---

① 许静：《大跃进运动中的政治传播》，香港社会科学出版社 2004 年版，第 9—11 页。

② ［美］塞缪尔·P. 亨廷顿著，王冠华等译：《变化社会中的政治秩序》，上海人民出版社 2008 年版，第 244 页。

③ ［美］S. N. 艾森斯塔得著，阎步克译：《帝国的政治体系》，贵州人民出版社 1992 年版，第 211 页。

④ 何高潮：《地主·农民·共产党——社会博弈论分析》，牛津大学出版社 1997 年版，第 1 页，转引自王友明《山东莒南县土地改革研究：1941—1948》，上海社会科学院出版社 2006 年版，第 87 页。

主动参与党的政策的形成与实施，赋予中国农民以史无前例的力量"。①正是中共强大的动员能力和组织效率使传统中国社会中分散的、远离政治的、由一个个细胞组成的单位（家庭、宗族、村庄等）被纳入规范的、等级制的严密结构中，从而使现代意义上的革命得以形成。② 因此，学者李康认为，"在研究共产党的组织动员对农村革命的作用时，不能泛泛地谈意识形态和国内外局势，不妨对党在实施动员时逐步摸索出的一些具体技术细加考究。可以研究这些技术的创造、示范、推广、演变，研究上级、具体执行者和群众之间在这些技术方面彼此作用的过程"。③ 那么，大众传媒到底在革命过程中利用哪些"技术"持续发挥对农民的劝服、动员作用？"群众办报"恰恰是一个可以提供印证的微观切入点。

　　虽然半个多世纪以前革命的红尘就已经在中国基本落定。然而，革命中形成的"群众办报"传统，仍然在新中国成立后很长一段时间里表现出一些顽强的结构性特征。时至今日，社会发展出现巨大变革，"群众办报"的传统做法似乎也在天翻地覆的媒介生态环境中慢慢消退。那么，如何评判这些曾经习以为常的社会现象？要回答这个问题，如果我们能回到历史，去理解特定情境下的特定路径选择，就会更有助于为当下"群众办报"的现实以及未来趋势寻求合理的阐释和预判。

二　大众传播史层面

　　从革命动员的视角来观测"群众办报"也不排斥从现代化的视角来切入。正如美国政治学家塞缪尔·亨廷顿指出的那样，革命是现代化所特有的东西，是一种使一个传统社会现代化的手段。④ 因此，"革命与现代化具有相辅相成的辩证统一关系。现代化是世界各国或主动或被动走上的历史发展过程，革命是现代化进程中社会矛盾激化的产物，能够推动现代

　　① ［美］工国斌著，李伯重、许玲玲译：《转变的中国——历史变迁与欧洲经验的局限》，江苏人民出版社 1998 年版，第 243 页。

　　② 李里峰、王明生：《革命视角下的中国农民政治参与研究》，《江海学刊》2008 年第 6 期。

　　③ 李康：《西村十五年：从革命走向革命——1938—1952 冀东村庄基层组织机制变迁》"附论"，北京大学博士论文 1999 年。转引自张佩国《20 世纪中国乡村革命研究中的叙事困境》，载唐力行主编《国家、地方、民众的互动与社会变迁》，商务印书馆 2004 年版，第 181 页。

　　④ ［美］塞缪尔·P. 亨廷顿著，王冠华等译：《变化社会中的政治秩序》，上海人民出版社 2008 年版，第 220—221 页。

化的发展。新民主主义革命是中国现代化发展的内在逻辑要求，实现现代化是新民主主义革命的历史使命"。① 如果考虑到本研究所指涉的内容，更多的还是关切革命与乡村现代化问题。学者姜义华认为，研究中国现代化的理论和实践，必须全面而系统地研究中国乡村社会的全面转型，只有将乡村变迁与革命进程结合起来考察，才能比较清楚地认识中国乡村的现代化路径和比较真实的场景。②

现代化是一个多层面的进程，它涉及人类思想和行为所有领域的变革。对此，不管是现代化理论研究者和传播学学者都毫无异议地肯定了大众传媒的重要功用。美国现代化研究学者布莱克指出，"传统社会大多数成员相对静态的生活也使他们没有去适应孩提时代未曾碰到的人与境况的要求，人们几乎没有关于山外青山或水外绿水的更广阔世界的概念"。但是，"通过多种多样的传播媒介，热心人能够不断接触到许多领域的发展状况"。传播手段的不断发展，不仅提高了人们对国家利益方面以及外部更广大世界的认识，也大大促进了社会的整合，"使得社会中众多分散因素维持一种密切的关系"。③ 传播学者对这一问题的论述显然更为深入，其中的发展传播学派对此着墨颇多。美国学者丹尼尔·勒纳在 1958 年出版《传统社会的消失：中东的现代化》一书中特别强调了传播对社会经济发展和人的现代化的作用，并将大众传播媒介称为社会发展过程中的"奇妙的放大器"，认为它能大大加速社会发展速度，提高现代化程度。传播学鼻祖施拉姆则把大众传媒比作社会发展的"原动力"。"创新与扩散"理论的提出者罗杰斯也把社会变革视为西方的思想观念与科学技术的传播推广过程。④ 这些观点都肯定了大众传媒促进社会变迁的作用。所以，梅尔文·德弗勒、桑德拉·鲍尔·洛基奇在《大众传播学诸论》一书中有如下的曼妙遐想也不足为奇：

　　　　我们现在具有了不起的能力，把信息即刻传送到遥远的区域，让

① 张菊香：《新民主主义革命与中国现代化》，复旦大学博士论文 2008 年，第 13 页。

② 姜义华：《〈革命与乡村〉总序》，转引自黄琨《从暴动到乡村割据：1927—1929》，上海社会科学出版社 2006 年版，总序第 1—2 页。

③ ［美］C. E. 布克莱著，段小光译：《现代化的动力》，四川人民出版社 1988 年版，第 31、33、35 页。

④ 钟瑛、余红：《传播科技与社会》，华中科技大学出版社 2006 年版，第 237 页。

千百万人同时感知相近的意义。我们对这种能力已司空见惯，很容易漠然视之。然而，纵观以往的人类生活，我们今天所做的一切，诸如翻阅报纸，听收音机，看电影或者看电视，都代表了人类传播行为的非同小可的变化。

尽管在过去半个世纪中，传播学者苦心孤诣研究分析，我们仍未能确切认识这一变化的意义，未能确切认识它是如何影响我们的个人和集体？它又将如何影响我们的未来？换而言之，我们对大众媒介飞速发展的含义、影响和后果尚未完全了解。不过有一点目前已很清楚：我们的大众媒介确实影响传播对象，也的确影响整个社会。我们所不完全了解的是这种影响的方式和程度。①

回到近代中国的社会情境中，大众传媒与现代化同样也是一个值得品味的主题。在当时，报纸是最典型的大众媒介，而且基本上办在城市中，城市人是大众传媒的主要消费者。而中共领导下的革命根据地建立在贫困、落后的乡村地区，"处于长期的经济文化的落后状态，比起同一个国度的平原和沿海地带，它们要落后几十年甚至上百年，清末新政以来，农村的旧式教育瓦解，新式教育又没有成型，本来农村的教育和文化状况就江河日下，而落后地区农村的情况就更加不堪"。② 在这样的环境中，共产党不仅创办了大量报刊，"实现报刊与农村人民的结合，真正成为农村人民群众自己的报刊。在中国报刊史上，这是前所未有的"。③ 而且还通过"群众办报"的形式，客观上拉近了普通乡村民众接触媒介、使用媒介、参与传播的距离，让人们亲身感受到传播媒介在社会生活中的存在价值，进而，"现代传播方法进入传统村落后所能够产生的力量，是所有见到过的人都不会怀疑的"。④ 媒体与民众的关系是传播事业发展的核心驱

① ［美］梅尔文·德弗勒、桑德拉·鲍尔-洛基奇著，杜力平译：《大众传播学诸论》，新华出版社1990年版，第3页。

② 张鸣：《乡村社会权力和文化结构的变迁（1903—1953）》，广西人民出版社2001年版，第221—222页。

③ 丁淦林：《十年内战时期中国共产党党报工作的新道路和党报理论的发展》，载《丁淦林文集》，复旦大学出版社2005年版，第28页。

④ ［美］韦尔伯·施拉姆著，金燕宁、蒋千红、朱剑红译：《大众传播媒介与社会发展》，华夏出版社1990年版，第43页。

动力，也是衡量社会发展水平的一个重要标志，因此，能够拉近媒体与民众关系的任何一种努力都应该享受到后人的"敬意"。对群众办报实践这一问题展开研究，可以厘清文化、经济落后的中国近代社会中媒体与民众实现互动的一种特殊路径——政治催动下的媒体普及化、大众化。如果说市场催动下的媒体普及化呈现的是内生性特征的话，政治催动的媒体普及化则更加凸显外生性的特征，但它们都密切了普通民众与大众传媒的关系。

传播学者拉斯韦尔提出的"5W"模式奠定了传播学研究的五大领域：传播者研究、传播内容研究、传播渠道研究、受众研究、传播效果研究。依照此种模板，是否可以凝练出大众传播史研究的四条主线：大众传播者对自身角色不断认知的历史；争取传播自由的历史；媒介技术推动传播发展的历史；大众媒体与受众发生关联的历史。四条主线中，前三条已经有很高的能见度，在大众传播史的书写中已经笔墨颇多。独独第四条，似乎有弱视之憾，此中原因，大概在于大众传播受众的"大量""复杂""隐匿"等特点，故而难以在历史的书写中呈现。但这种缺席并非是理所当然，美国学者迈克尔·埃默里曾在《美国新闻史》一书中言及：对于大众传播史来说，"同样重要的是那些正面和反面的主角，还有那些微不足道的配角，正是有了他们，传播业才能发展成为今天这个样子"。[①] 所以，借助革命时期"群众办报"的窗口，也试图使万千民众浮现在大众传播史的画卷中，了解许多"微不足道的配角"是如何融入大众传播事业发展的历史。

第四节　研究思路

一　研究视域

本研究以 1927—1949 年期间的中国革命根据地为考察视域。在这段时间里，中国共产党独立领导中国革命，走农村包围城市的道路，在广大农村地区开辟了众多的革命根据地。也正是在革命根据地，执政的共产党

---

① ［美］迈克尔·埃默里等著，展江、殷文译：《美国新闻史：大众传播媒介解释史》原序，新华出版社 2001 年版。

才能公开地把自己的理论和思想、政策和主张转化为具体的实践，以自己的意愿来合法地改造社会，"群众办报"就是在此环境中生长起来的一种特殊现象。

中国共产党领导创建的革命根据地，在不同的时期有不同的称谓以及不同的规模。

1927年大革命失败后，中国共产党在各地举行了武装起义，在起义胜利的基础上，创建了一批农村革命根据地。到1930年上半年，全国已建立了井冈山、鄂豫皖、湘鄂西、湘鄂赣、左右江、东江、湘赣、闽西、赣东北、琼崖等大小十几块农村革命根据地。红军发展到约7万人，连同地方武装共约10万人，分布在湖南、湖北、江西、福建、广东、广西、河南、安徽、江苏、浙江等10多个省的边界地区或远离中心城市的偏僻山区。1930年12月至1934年间，各地农村革命根据地获得了迅速发展，一些小块根据地连成大块根据地，一些地方创建了新的革命根据地，主要有中央革命根据地和闽浙赣、川陕、湘鄂川黔、鄂豫陕、西北等革命根据地，为农村革命根据地鼎盛时期。据不完全统计，到1934年止，在中华苏维埃共和国临时中央政府直接领导下的根据地人口约为900万，加上游击区人口，总计约1000余万人。①

抗日战争爆发后，中共领导建立一批抗日民主根据地。"在国民党不情愿的默许之下，共产党巩固了对广大地区和众多人口的切实控制。"②到1940年，除陕甘宁边区以外，在华北、华中和华南建立了晋察冀、晋冀豫、晋绥、冀鲁豫、山东、苏南、皖中、皖东、皖东北、豫皖苏、苏北、苏中、豫鄂边、琼崖等16块抗日民主根据地（包括游击区），共拥有近1亿人口。1941年至1942年间，中国共产党领导的抗日民主根据地出现了严重的困难局面。抗日民主根据地面积缩小，总人口由1亿减少到5000万以下，八路军、新四军由50万人减为约40万人。从1944年起，抗日民主根据地军民在华北、华中、华南地区对日伪军发起局部反攻。到1945年春，全国已建立了陕甘宁区、晋察冀区、晋冀豫区、冀鲁豫区、山东区、晋绥区、冀热辽区、苏北区、苏中区、苏浙皖区、浙东区、淮北

---

①　谭克绳：《中国革命根据地史（上）》，福建人民出版社2007年版，第3—4页。

②　［美］西达·斯考切波著，何俊志、王学东译：《国家与社会革命：对法国、俄国和中国的比较分析》，上海人民出版社2007年版，第310页。

区、淮南区、皖中区、河南区、豫鄂皖区、湘鄂区、东江区、琼崖区等19块抗日民主根据地（亦称解放区），总面积约95万平方公里，人口9550余万。这是抗日民主根据地发展的极盛时期。[①]

全国解放战争初期，争夺解放区成为国共两党斗争的主要内容之一。这期间，中共领导的军队保卫了原有的解放区，并建立了强大的东北解放区。1947年，人民解放军挺进大别山，接着又创建了拥有3000万人口的中原解放区。东北、中原两大解放区的创建，为中国人民解放军夺取全国胜利创造了极为有利的条件。1948年9月至1949年1月，辽沈、淮海、平津三大战役之后，解放区获得迅猛发展，并逐步连成一片，形成了东北、华北、西北、中原、华东等几个战略区。到1949年9月下旬，除西南和广东、广西部分地区外，全国大陆绝大部分地区获得了解放。至此，建立农村革命根据地，以农村包围城市，武装夺取全国政权的历史任务最后宣告结束。[②]

虽然各个时期革命根据地的称谓不同，但把1927年至1949年间三个时期的根据地统称为中国革命根据地，比较符合实际情况。[③] 该时间跨度包括十年土地革命时期、八年抗战时期和三年解放战争时期，本课题将依据"群众办报"的具体内涵分类进行专题研究，每个专题纵跨三个时期。而革命根据地都建立在农村，因此，中共主办的大众传媒的受众基本上就是乡村民众。

二　研究内容

沿着上述理路，尽管"群众办报"可以从多个维度加以剖视，但本研究聚焦于革命根据地时期报纸与民众的关联，所以在内容展列上自然就紧密围绕论题进行布局，扼要交代如下：

——考察群众办报的行动逻辑。一是从理论层面探源中共"群众办报"思想的形成和发展，二是从实践层面梳理"群众办报"的运行机制。按李文先生的观点，从群众层面看，"群众办报"的实践活动大致发展为

---

① 谭克绳：《中国革命根据地史（上）》，福建人民出版社2007年版，第6页。

② 同上书，第7—8页。

③ 同上书，第2页。

三个方面：群众读报、群众办黑板报、工农通讯员。① 本研究认同其归纳，以读报、写稿、办报为三大核心环节搭建总体研究框架。

——以读报活动为中心考察"群众办报"如何推动民众接触媒体。革命根据地处在经济、文化均十分落后的农村地区，中共为推广报纸做了种种努力。但民众文化素养低下并不能保证信息的有效接收。本部分即以组织化读报为中心，论述"群众办报"背景下中共如何为群众创造读报条件以及群众如何被组织起来参与读报等实情。

——以工农通讯员为中心考察"群众办报"如何鼓励群众成为传播者。工农通讯员制度是"群众办报"实践中的一个承上启下环节。通过本部分论述，一方面可以了解普通民众（特别是文化素质低下的农民）如何成为新闻的传播者，另一方面也可以发现革命知识分子如何通过与通讯员结合这种特殊的文化路径实现与普通民众的联盟。

——以黑板报为中心考察"群众办报"如何促成群众自办媒体。在"群众办报"理念的指导下，革命根据地存在着大量由基层群众自己主办的非专业新闻媒体，如墙报、壁报、黑板报等，它们同样也属于"报"的范畴。这些非专业的"报"不仅数量庞大，而且"大家办、大家看"的"群众办报"特征也表现得更加鲜明，促进了党的新闻事业真正大众化、普及化。本部分即以黑板报为例展开研究，描述民众的办报实践活动。

——以儿童群体为中心考察"群众办报"如何向其他社会群体辐射。儿童群体不是革命运动中的主流群体，但也是参与革命的重要成员，"群众办报"的实践同样在他们身上起到辐射作用。本书的相关章节中也附带探讨根据地学校教育如何与媒体紧密结合，以组织化的方式开展读报、办报等活动，促进了儿童与媒体的关系，也促进了儿童政治社会化过程。

——考察群众办报的实际效果。从大众传媒普及、媒体与民众观念启蒙、媒体与革命动员等维度考察群众办报机制运行给根据地民众带来的推动作用，并对"群众办报"实践的一些偏差做出分析。

三　研究方法

在理论方法上，本研究试图采用社会史的方法展开研究，力图做到社

---

① 李文：《群众办报思想的重要实践基础——黑板报》，《新闻知识》2008年第3期。

会史与革命史的结合以及社会史与传播史的结合。

革命史与社会史的结合，是革命史研究的新趋向。20 世纪 90 年代，中共历史研究专家张静如先生主张"以社会史为基础深化党史研究"，"利用中国近现代社会史研究的成果，从社会生活诸方面进行分析，找出形成某个重大历史现象的复杂的综合的原因，并描述其产生的影响在社会生活诸领域的反映"。① 这种观念与专注中共党史和中国抗日战争史研究的美国学者范力沛的意见相合，他认为以前对革命史的研究和对社会史的研究是互相脱节的，研究革命史的学者不注意吸取中国社会史研究的成果，两者应该结合起来。② 基于这些判断，不少学者开始把目光驻留在中国革命和乡村社会变迁、农民意识变化的关系上，这也可以说是整个中国革命史研究的一个新趋势，被称为"新革命史范式"。李金铮指出加强中国革命史和中国乡村史的连接可以成为革命史研究的一个突破口。"中共革命与中国农村、中国农民的这一密切关系，决定了它在中国乡村尤其是中国近现代乡村史上具有十分重要的地位和意义。也正因为此，才使得我们有可能也必须从乡村史视角考察中共革命问题，也只有将中共革命纳入乡村史范畴，才能避免就中共革命论中共革命，从而真正理解中共革命的起源与变迁。"③ 学者孙立平也认为，社会史关注平常人的"日常生活史"，这是增进我们对"宏观历史"认识的一个途径。它不仅可以校正宏观历史的片面与谬误，更在于呈现共产主义文明如何以一种史无前例的方式将宏观的意识形态、社会制度与普通人的日常生活紧密联系起来。"当一个不识字甚至没有进过城的农民决定为一个宏大的制度和抽象的'主义'而献身的时候，当一个没有迈出过乡土社会一步的农民将党的'秘密''上不告父母，下不告妻子儿女'，但却通过接头的暗号将其交给组织上派来的人的时候，你无法不为这种奇异的宏观微观关系所震惊。"④

---

① 张静如：《以社会史为基础深化党史研究》，《历史研究》1991 年第 1 期。

② ［美］范力沛：《西方对中国革命研究的过去、现在与未来》，载中国社会科学院近代史研究所《国外中国近代史研究》编辑部编《国外中国近代史研究（第 25 辑）》，中国社会科学出版社 1994 年版，第 261 页。

③ 李金铮：《向"新革命史"转型：中共革命史研究方法的反思与突破》，《中共党史研究》2010 年第 1 期。

④ 孙立平：《探寻实践中的机制和逻辑》，载《社会学家茶座（第 14 辑）》，山东人民出版社 2006 年版，第 37 页。

革命的红旗不会呼啦一展即应者云集，更多的时候是由上下层之间的有效互动来酿成革命洪流。通过描绘贯穿其间的一幅幅动感的历史画面，有助于更好地揭示中共与群众在革命过程中的互动关系，从而饱满对于中国革命之所以取得成功的认识。

社会史与传播史的融合也是近年来兴起的一种研究路径。这种研究方法把传播活动作为社会运动的一个有机环节，既关注传播本体的内在联系，更探究传播与社会的外在关涉。研究针对的是千百万人的日常生活和历史实践，追求的是一种综合的、历史的、全面的总体史。这种总体史小中有大、以小见大，把握和审视是宏观的，切入和描述是微观的。当我们将焦点放在微观的具体的个体身上时，大众传媒如何嵌入人们的日常生活将会细密地呈现眼前，那些默默无闻的小人物以及微不足道的生活细节，往往会有利于更加深刻地理解大众传媒与社会变迁的关系。如果回到这项研究本身，将更多呈现的是乡村民众与大众传媒的联结，而这一数量庞大的群体，在传播史的绵绵长河中，往往是无人暇顾的失踪者。

在技术方法上，本研究主要采用文献研究法，借助文字资料来寻迹觅踪、探赜索隐。社会史的研究方法对文献资料提出了更高的要求，所以在资料的收集上，本研究以"群众办报"中的群众为视点，运用报刊、个人回忆录、地方文化史料以及原档等各种零散、细碎的文献资料，尽力复原"群众办报"的具象图景。在搜集资料的过程中，翻阅了《红色中华》《解放日报》《人民日报》《晋察冀日报》等报纸中的相关报道，查看了大量根据地时期新闻工作者的回忆录。鉴于图片在社会史研究中的特殊作用，在搜集资料时特别留意了此类资料。本研究还从山西省档案馆、山东省菏泽市档案馆等地调阅了部分档案。总体而言，有关"群众办报"的零星资料多如牛毛、杂不胜捡，虽穷力搜罗，但也只能是冰山一角，囿于时间和精力，也就只能适可而止了。

四　研究目标

研究将试图在以下三个方面有所创新：

视角层面：社会动员是中国共产党进行革命和建政的显著特点，当前的相关研究已从宏观层面的阶级关系视角转向具体动员过程的微观视角，即动员的具体环节和操作过程。本课题受这一研究转向的启发，试图以"群众办报"为例，采用自下而上的视角，尽力复原中共在革命根据地实行的一种社会动员模式。

内容层面：本研究试图拼凑出传媒动员视角下"群众办报"的一幅完整图景，其中的读报研究、黑板报研究、群众办报对儿童群体的影响等专题是以往的薄弱甚或空白领域。在资料利用上，本研究将汇集文件总结、新闻报道、个人回忆录、地方史志、原始档案等方面的琐碎资料，还将展现反映"群众办报"场景的一批图片，其中很大一部分资料在以往的学术研究中并没有被挖掘利用。

观点层面：中共通过"群众办报"的制度设计来吸纳民众参与相关实践，作用有二：客观上看，党以政治力量拉近了底层民众与媒体的距离，改善了他们的信息环境，这是一条有别于以市场为动力的媒体普及化、大众化路径；主观上看，"群众办报"有助于党对基层社会的全面改造和资源动员，它以信息传播—改变观念—影响行动的模式，促进了革命精英意志向普通民众行动的转化，增强了民众对中国共产党的认同聚合，为最终的革命成功奠定基础。

第一章

组织化读报：群众“触”媒

一般说来，读报是一种凭借个人兴趣而作出的自主媒介消费行为，但在文化水平尚不发达的社会环境中，这种行为无疑会受到极大制约。晚清以降，伴随着报纸这种大众媒体在中国的逐步发生发育，许多贤人志士逐渐认识到报纸对社会变革的深刻影响。为此，许多办报者施行种种努力，比如创办白话报，在官方的配合下推广阅报社等。① 然而，即便如此，人们对民众阅读报纸的普及程度还是普遍感到悲观。到了 20 世纪 30 年代，有一位久居中国的外国人克耳罗对报纸读者作过调查，认为中国每份报纸的读者为 5 至 10 人，中国每天看日报的人数在 900 万到 1800 万之间，占总人口的比例 2.5%—4.5%，与美国阅报的人至少占人口五分之一的比例相比，相差还是很远。②

报纸是以文字为传播符号的大众传媒，而文字符号具有较高的抽象性。对于革命根据地的民众来说，限于文化素养的低下，要认知、理解报纸上传递的信息显然困难重重。但是，中共在当时的条件下又对报纸的宣传鼓动寄予很高的期望，所以在“群众办报”的机制中，组织化读报就成为一个重要的环节。通过各级组织开展的读报活动，吸纳更多的民众直接或间接参与使用报纸，从而提高报纸的传播效果。在各个时期的革命根据地，由于读报是作为推动革命的手段而开展的，并且具体落实到读报的各个环节之中，因此在实施的过程中也就更加凸显了组织化的特征。那么，开展读报的先决条件如何落实？组织读报又是如何展开的？

---

① 李孝悌：《清末的下层社会启蒙运动：1901—1911》，河北教育出版社 2001 年版，第 59 页。根据李孝悌的研究，阅报社的设置在 1905 年、1906 年达到高峰。到民初时期，其功能和重要性已经普遍受到认同。

② 张素民：《中国之阅报人数》，《商兑》1933 年第 7 期。

第一节 识字与读报

文字是报纸的传播符号，如果要使报纸成为推动革命的工具，必须首先提高根据地民众阅读报纸的能力。为此，识字教育就成为一项基础性的工作。

一 中共组织识字

革命精英往往是从政治角度来看待识字教育问题的。早在 1921 年，列宁在《新经济政策和政治教育委员会的任务》一文中就指出，苏维埃政权建立以后每一个政治教育工作者将面临三个敌人："至于第二个敌人——文盲，我可以这样说：只要在我国还存在文盲现象，那就很难谈得上政治教育。这并不是政治任务，这是一个条件，没有这个条件就谈不到政治。文盲是站在政治之外的，必须先教他们识字。不识字就不能有政治，不识字只能有流言蜚语、传闻偏见，而没有政治。"[①] 由于革命根据地多处偏僻的农村，广大民众甚至连基本生存都难以维持，更遑论读书识字。同时教育机构也非常匮乏，因此文盲现象十分普遍。这成为中共动员根据地民众投入革命战争和各项建设的一个重大障碍。在此背景下，把识字与政治关联起来成为中共领导层的共识。在各个革命时期，对推动扫盲运动都不遗余力。

从苏区时期开始，中共就提出开展识字运动的任务，对扫盲工作下了很大决心。1927 年 11 月江西省临时苏维埃政府成立时，其《临时政纲》中就规定："实行普及义务教育及职业教育""注意工农成年补习教育及职业教育""发展农村教育，提高乡村文化""发展社会教育，提高普通文化程度"。[②] 闽西苏区 1930 年颁布的《闽西苏维埃政府目前文化工作总计划》中明确提出"开展社会教育、厉行扫除文盲运动"的任务。1931年赣东北苏维埃扩大会议决定举行普遍的识字运动和读报运动。在闽浙赣

---

① 列宁：《新经济政策和政治教育局的任务（节录）》，载华东师范大学《列宁教育文集》编辑组编《列宁教育文集（下卷）》，人民教育出版社 1986 年版，第 272 页。

② 《江西省苏维埃临时政纲》，载江西省档案馆、中共江西省委党校党史教研室编《中央革命根据地史料选编（下）》，江西人民出版社 1982 年版，第 14 页。

苏区 1932 年的一份报告中，要求苏区各村都设立农村俱乐部、工农补习夜校、识字班等，以普及文化，扫除文盲。1932 年湘赣省苏维埃决议中更是将发展识字运动作为苏维埃文化教育工作总方针的内容之一。[①] 1933 年，苏维埃中央文化教育建设大会作出消灭文盲的决议，使得全民性的识字扫盲运动在苏区蓬勃开展起来。1934 年，毛泽东在第二次全国苏维埃代表大会报告中指出："苏维埃政府要用一切方法来提高工农群众的文化水平"，苏维埃文化建设的中心任务是要广泛地发动社会教育、努力扫除文盲。[②] 为此，中共开展了包括党政军民在内的根据地的全民识字扫盲运动。抗战时期以及解放战争时期，革命形势不断发生变化，但中共对民众的文化教育一直予以重视，未敢懈怠。

在革命根据地，开展识字教育的形式是多样的。学校教育当然是最主要的形式，但是，学校的教育对象主要是青少年，仅仅依靠学校教育无法解决承担生产劳动重任的成年民众的识字问题。为了更好地解决民众的识字问题，在各个时期根据地的实践中，中共探索出灵活机动的教学形式，创造了识字班、识字牌、夜校、冬学、庄学户等多种教学类型。

在苏区根据地，凡未参加夜学、半日学校或业余补习学校的群众，如孩子多、年纪大、家务重或离学校远的文盲，都得编入识字组或识字班，依生活（如住所、饮食、生产、工作）方便，少的 3 人、多的 10 人编为 1 班（组）。随时、随地、随人数都可以进行教学。[③] 在川陕苏区，"天黑了，都要念书。区、乡办有识字班，凡不识字的，不管男女、大人小孩，都要去学习"。[④] 毛泽东曾经对福建上杭县才溪乡的识字班作过具体的考查：上才溪除 4 所夜学外，还有识字班 24 组，每组 10 人，共 240 人。识字组每 5 天由夜学教员发 5 个新字去认，每组设一个组长，男女均有。因

① 黄国华、陈廷湘：《苏维埃时期中国共产党执政经验研究》，四川人民出版社 2009 年版，第 227 页。

② 毛泽东：《中华苏维埃共和国中央执行委员会对第二次全国苏维埃代表大会的报告（1934 年 1 月）》，载《毛泽东同志论教育工作》，人民教育出版社 1958 年版，第 13、15 页。

③ 李国强：《中央苏区教育史》，江西教育出版社 2001 年版，第 159 页。

④ 《访巴中恩阳杨昆山记录》，载《川陕革命根据地历史长编》编写组编《川陕革命根据地历史长编》，四川人民出版社 1982 年版，第 523 页。

年纪大、工作忙或因小孩牵累而不能入夜学的，便编入识字班。① 1933 年6 月，闽浙赣省在《关于识字班的工作》的通告中认为，识字班"是用最灵活的方式，吸收在各种工作万分忙碌当中的最大多数的革命群众，他们在扫除文盲运动当中，应当是最精干最有效果的一支军队，在完全消灭文盲的过程中，它将是一个最有力量者"。② 识字牌是苏区识字教育的又一重要形式。在村头、路边、圩场、树下、交通要道以及其他一些过往行人多的地方，到处可见识字牌。每次写三五个字，每隔三五天更换一次。先教会站岗的人，再由站岗的人考问过路行人。有些识字牌，遇有难字，还运用图画简易说明。如"鸟"字难认，就在字的旁边画只鸟，看图识字，以图助教。毛泽东很赞成这种识字方法，认为"此法效大"。③ 在川陕苏区，每逢赶场，少先队、童子团便在岗哨和十字路口设识字牌。"赶场的人从那里过，都要认几个字才准通行。认不得就教你，一定要学会。还叫你回家好好学。"④ 夜校（也称民校）是为成年人创办的具有扫盲性质的学校。"夜校村村都办，不收学费，也没有专职的教师，谁的文化高一点就请谁来教。夜校一般设有读报班、识字班。教学内容，有识字、唱歌、讲解革命道理、党和政府的政策、国内外形势等。"⑤ 为调动苏区民众学习文化的积极性，鄂豫皖苏区确定从 1932 年起，每年从 1 月 21 日列宁纪念日到 28 日为识字运动周，宣传动员广大群众识字。由于识字运动深入持久地开展，不少工农群众不仅分了田分了地，又脱了文盲帽，能读书看报，感到无比的喜悦。当时流传着《革命真快活》的歌谣："分田又分土，自种又自吃；读读文化课；看看列宁报；口唱革命歌，人人真快活。"⑥ 识字运动的开展取得了良好的成效。据 1932 年 8—9 月统计，中

---

① 毛泽东：《才溪乡调查（1933 年 11 月）》，原载《斗争》1934 年 2 月 23 日第 48 期，载《毛泽东文集（第一卷）》，人民出版社 1993 年版，第 341 页。

② 《闽浙赣省苏维埃文化部关于识字班的工作（1933 年 6 月 17 日）》，载江西省文化厅革命文化史料征集工作委员会等编《闽浙赣苏区革命文化史料汇编》，江西人民出版社 1997 年版，第 61 页。

③ 李国强：《中央苏区教育史》，江西教育出版社 2001 年版，第 160 页。

④ 许世堂：《访巴中明阳公社》，载《川陕革命根据地历史长编》编写组《川陕革命根据地历史长编》，四川人民出版社 1982 年版，第 523 页。

⑤ 《鄂豫皖苏区历史简编》编写组：《鄂豫皖苏区历史简编（1927—1937）》，湖北人民出版社 1983 年版，第 210—211 页。

⑥ 熊贤君：《湖北教育史（上）》，湖北教育出版社 1999 年版，第 549—550 页。

央苏区江西省胜利、会昌等十四县，共有夜校 3298 所，学生 52292 人，识字小组 19812 个，组员 87916 人。① 到 1933 年底，江西、福建、粤赣三省苏区共设有夜校 6462 所，受教学员达 94517 人，江西、粤赣两省共有识字组 32388 个，组员 155371 人，其中兴国县识字组组员就有 22529 人。② 据统计，1934 年秋天红军撤离中央革命根据地时，那里的文盲已减少到占总人口的 20% 以下。③

抗战时期，在原来识字班、夜校的基础上，中共又实行了冬学、庄学户等教学组织形式，进一步促进了民众识字活动的开展。冬学运动是根据地社会教育中"最大量、最经常、最有效果的一种组织形式"，"天寒地冻把书念，花开水暖务庄农"，利用冬季农业生产休整时期开展文化教育活动符合劳动人民的需求。④ 为了营造良好的识字学习的氛围，很多地方都以歌谣、戏剧的形式来推动识字运动。湖北红安地区曾经传唱着这样一首《扫盲歌》："农友们，快入校，读报组，识字班，每个农友都争先。我来学宣言，你来学捷报，革命的生活呱呱叫。"⑤ 1943 年大生产运动开展后，晋察冀根据地群众要求学习的愿望更加迫切。走进每个村庄，到处可以听到青年男女们愉快地唱着"冬学歌"："北风急，雪花飘，冬天到，农事了，放下锄头上冬校。村里的庄稼收割完哪，上冬学啊要争先，多学生字好写信，学会记账打算盘……"⑥ 在晋察冀、晋冀鲁豫抗日根据地流行的《识字歌》，到现在还可以找到完整的记录："睁眼的瞎子谁愿意当，翻开了书本两眼慌，好像那蚂蚁爬在热锅上。邻家的虎儿年纪小，他还笑俺大文盲。文盲，文盲，咱一定要把学来上，不到半年六个月，保管咱也

---

① 陈元晖：《老解放区教育简史》，教育科学出版社 1981 年版，第 31 页。

② 毛泽东：《中华苏维埃共和国中央执行委员会与人民委员会对第二次全国苏维埃代表大会的报告》，载江西省档案馆、中共江西省委党校党史教研室编《中央革命根据地史料选编（下）》，江西人民出版社 1982 年版，第 329—330 页。

③ 董明传等：《成人教育史》，海南出版社 2002 年版，第 39 页。

④ 董纯才：《中国革命根据地教育史（第二卷）》，教育科学出版社 1991 年版，第 222 页。

⑤ 红安县革命史编写领导小组办公室：《红安革命歌谣选》，武汉大学出版社 1986 年版，第 246 页。

⑥ 许世平：《青年的责任在学习》，载高淑铭、许小明主编《许世平纪念文集》，同心出版社 2004 年版，第 37 页。

1-1　1942 年阜平齐家沟模范冬学

会读书、看报、写文章。"① 安徽皖中抗日根据地也流行着上冬学的小曲："上冬学，上冬学，提着油灯邀大伯，从前只认扁担一，如今认字好几百，革命道理也会说。要不是恩人共产党，一辈子做个睁眼瞎。"② 在太行抗日根据地，当时群众最爱唱的《上冬学歌》这样唱道："不识字害处可说不尽，几千年睁眼瞎子痛苦深。站岗认不了路条，报纸和布告也都看不懂。工作起来不方便，脑筋不开胜利的道理想不通。"③ 山西有的地方还以百姓喜闻乐见的戏剧形式来推动冬学。晋西北抗日根据地兴县黑峪口秧歌队为了宣传冬学，以村中不愿参加冬学的一个神婆、一个懒汉二大流和一个顽固老汉的故事为素材，在新年前几天集体编排了秧歌戏《上冬学》。小戏演出时，"一些观众不自然起来了，低下了头，像在想什么。不少人在议论，'那神婆就是××家婆姨！那个歪戴帽儿的二大流和刘××一模样样，哼！就是刘××'"。这时有不少的"刘××"红着脸从圈里退出场外去。④ 晋冀鲁豫边区道蓬庵农村剧团根据一个家庭因为媳妇上

① 王瑞璞：《抗日战争歌曲集成·晋察冀·晋冀鲁豫》（第 2 卷），中国文联出版社 2005 年版，第 331 页。

② 房列曙：《安徽敌后抗日根据地社会史研究》，安徽人民出版社 2007 年版，第 185 页。

③ 姬忠林等：《中原革命根据地成人教育史略》，河南大学出版社 1990 年版，第 157 页。

④ 辛酉：《集体的突击——记黑峪口秧歌队》，原载《抗战日报》1945 年 1 月 25 日，载山西省文学艺术工作者联合会编《山西文艺史料（第二辑）》，山西人民出版社 1959 年版，第 118—119 页。

冬学而发生婆媳争吵的事情，创作了新剧《开脑筋》来宣传冬学。在村里演出后，有个吴老太婆找到剧团说："你们要啥就给你们啥，你们可不要再演我的戏了，我以后可要叫俺媳妇去冬学念书哩！"① 在革命根据地乡村，识字内容进入歌谣、戏剧等"流行文化"的传播渠道，客观上也佐证了根据地民众学习文化的热度。

在中共的组织发动下，抗战时期、解放战争时期根据地民众的识字学习取得巨大的成效。晋察冀边区 1938 年开始冬学运动，当年有冬学 3966 所，学员 18 万多人。1939 年有冬学 5379 所，学员 39 万多人。1940 年，冬学迅猛发展到 8373 所，学员多达 52 万多人。在晋察冀的冀中区，认得 120 字以上的学员有 13 万人，其中认 400—600 字的有 2.1 万余人，识字 600—1000 的有 1.7 万余人。② 在晋察冀近 40 万的民校学生中，每个人平均识字 157 个，其中青年和妇女识字多至 150—250 个，"一般的对抗战形势、民主政治、坚持敌后抗日根据地等重大问题，都有一般的了解"。③ 晋冀鲁豫边区抗战前文盲约有 470676 人，占人口总数约 95%—97%，抗战以来经过多年的冬学运动，文盲人数逐年减少，到 1940 年，已办起冬学 1801 处，有 73824 人入学，占文盲总数的 23.5%。1941 年 3 月至 10 月，增加民众学校 525 处，又有 15850 人脱盲。晋绥边区的冬学运动从 1940 年开始有较大的发展，到 1941 年，据 19 个县的统计共开办冬学 3116 处，学员接近 18 万。④ 1944 年冬，淮北根据地有 20 万人参加冬学，占全区总人口的 10%。1945 年 4 月，淮南抗日根据地参加各种学习组织的群众有 18 万，占人口总数的 8%。⑤ 1946 年，全鲁中解放区 7078 个村庄（边沿区除外）即有民校 9200 处，学员 23 万人左右。妇女识字班 5000 多处，学员约 12 万人。⑥ 1948 年 11 月东北全境解放后，各地普遍开展冬学运动。1948 年冬，吉林省所辖 19 个市县总共 330 多万人口中，参

---

① 璧夫：《道蓬庵农村剧团的经验——关于农村剧团方面问题的研究》，载山西文学艺术工作者联合会编《山西文艺史料（第三辑）》，山西人民出版社 1961 年版，第 268 页。

② 齐红深：《日本侵华教育史》，人民教育出版社 2002 年版，第 530—531 页。

③ 丽生：《敌后的社会教育》，原载《新华日报》1941 年 2 月 16 日，转引自宋恩荣、余子侠主编《日本侵华教育全史》（第二卷），人民教育出版社 2005 年版，第 602 页。

④ 魏宏远、左志远：《华北抗日根据地史》，档案出版社 1990 年版，第 302—303 页。

⑤ 房列曙：《安徽敌后抗日根据地社会史研究》，安徽人民出版社 2007 年版，第 184 页。

⑥ 山东解放区教育史编写组：《山东解放区教育史》，明天出版社 1989 年版，第 391 页。

加冬学人数超过 37 万，占人口总数的 11%。经过 3 个多月的学习，原来一字不识的最多能认识 300 多个字，最少不下 50 个字。整个东北入学人数多达 120 多万，学员中贫雇农、中农占了绝大多数。[①]

1－2　沂蒙山区妇女识字班

二　民众积极识字

识字运动是中共出于革命鼓动的需要而组织民众参与的运动。虽然主观意图明显，但也契合了民众学习文化的内心需求，因此得到了积极的响应，不少琐碎的材料都能印证当时人们努力学习的热情。

在革命根据地，许多民众非常刻苦、勤奋地参加识字学习。陕甘宁边区淳耀县领底村人人订出识字计划，并提出"忙一闲二""忙二闲五""忙三闲六"等识字口号，这样两年就可以识得 1000 字。[②] 1944 年 10 月，《解放日报》还专门报道过陕甘宁边区靖边县镇靖区瓦房变工队识字组的识字进度：

姓名	年龄	识字时间	识字数	会写字数
张秉彦	19	34 天	62 个	36 个
王万昌	20	同上	65 个	58 个

---

①　苏甫主编：《东北解放区教育史》，吉林教育出版社 1989 年版，第 117 页。

②　《淳耀领底村个个订出识字计划 三年内做到每人识字一千》，《解放日报》1944 年 8 月 20 日第 2 版。

续表

姓名	年龄	识字时间	识字数	会写字数
王万贵	23	同上	124 个	106 个
王志诚	17	同上	14 个	14 个
王志谦	20	同上	52 个	50 个
王六娃	17	同上	99 个	90 个
王万福	27	同上	82 个	50 个
高步青	25	同上	188 个	172 个

　　表格显示，平均每人每天识字两个半，如果一直坚持下去，只需一年零两个月，就可以识字一千零五十个。这个识字组的识字情绪很高，在锄草时，大家赶着往地头去，站下就学写字。中午也不休息，在地上学写字。唱起歌来，互相对着唱字，如一个唱麻子，一个唱黑豆等。① 在晋察

1－3　她能认 600 字了

冀抗日根据地，民众识字的氛围也非常浓厚。定县有一个青年晚上从民校回家睡下后，还把胳膊从被子里伸出来练习写字，过一会儿冷了又缩回被窝，在自己的肚皮上划拉。唐县一个青年在厕所里大便时还蹲着写字。在阜平冬学运动中，也出现了不少渴求识字的事迹：有一位妇女为村民聘请教员教字，就义务包下了教员的伙食；有一个哑巴恳求要参加识字，最终

① 鲁直：《靖边的识字组和黑板报》，《解放日报》1944 年 10 月 6 日第 4 版。

以实物比划的方式识了三四十个字；有一位女青年剪下自己刚买的腰带，抽出线絮做灯捻，用于晚上学习照明。① 在晋冀豫抗日根据地左权县上武村，参加冬学的学员们情绪高涨，每次上课人都到得很多，义务上课的教员有时无立足之地，还有人竟然不得不钻到桌子底下听课。② 在晋察冀抗日根据地望都的一个村子里，有一位快六十岁的老太太和她八岁的孙女手拉手地去识字班上课，祖孙两个相互开展识字竞赛，结果两个月就认识了二百个以上的生字。③ 山东莒南县被称为"小延安"，各项工作都非常模范。1944 年春节，该县有一个村子放了三声大炮："一炮庆军民大团结，二炮庆群众大翻身，三炮庆文化大进步。"果然，那年这个村的冬学就办得特别活跃。莒南莲子坡村一个初婚的妇女，家里人少活多，脱不开身学习，识字班的几次动员她都推掉了。"庄户学成立后，分配了一个小姑娘每天上门给这位妇女教识。"后来，这位妇女一面烙着煎饼，一面在煎饼墩子旁用柴枝习字，又在纺线车旁边放了块小识字牌，再以后房间里、锅台上也写满了字。麦收以后按照当地习俗，"割完麦，打完场，抱着鞋底

1-4 推磨识字

走老娘"。妇女们要回到娘家纳鞋底去。行前她特意向学校要了介绍信，

① 马占春：《阜平冬运的新气象》，《晋察冀日报》1945 年 1 月 18 日第 4 版。

② 郭夏云：《简论抗战时期晋冀农村冬学教育的意义》，《晋阳学刊》2007 年第 2 期。

③ 李公朴：《华北敌后——晋察冀》，生活·读书·新知三联书店 1979 年版，第 143 页。

以便回到娘家之后还能得到那边学校的帮助，不致使自己的学习中断。①
根据地严酷的战争环境并没有消减人们的学习热情。1942 年日寇对冀中
地区进行大扫荡，整个冀中平原布满了封锁线，星罗棋布的据点、炮楼把
乡村分割开来。于是，当地青年就把识字活动从地面转移到了地道。有人
回忆了这样的场景："在夏天的晚上，青年们三五个人聚集在一块，手里
拿着大枪、手榴弹、红缨枪、切菜刀，胳膊上还夹着书，有的人拿着油
灯，向学习的地点——地道里走去。拿灯的青年先钻进去引路，其余的青
年一个一个地跟下去，老年人在上边把洞口盖好。青年们曲着腰走到洞里
睡觉的地方，有的坐在被子上，有的坐在乱草上，无论敌人在上面如何疯
狂，青年们安然地学习，认真讨论着'谁要碰上了鬼子就坚决抵抗，宁死
也不让他们抓走'等问题，你一句我一句直到夜深，然后他们把书收拾起
来，枕着刀枪入睡。天亮了，老年人掀开洞口叫道：'没有事！出来吧！'
把他们从沉睡中唤醒，于是又开始了新的一天的生产和战斗。安平县马营
村的张晓来就在这样的地洞里学习了 2000 多生字。"②

　　解放战争时期，解放区民众在经济翻身、政治翻身之后，更要谋求文
化翻身，因此学习文化的兴趣更加浓厚。冀南解放区的宁南东汪三镇妇女
们每天都于百忙中抽暇练习写生字：有的在吃饭时用筷子当笔，饭汤作
墨，在桌子上练习；有的在做活时用针当笔，在坑上划。有一位妇女每晚
开会回去还带走几个生字，回家和她的儿媳、公婆一起学习，结果不仅自
己和儿媳能认写五十多个字，连七十岁的老公婆也学会了写自己的姓名和
"毛主席""共产党"等字。③ 1946 年，山东解放区的菏泽市共有八处小
学，每处都附设成年班，教贫苦农民和小贩识字。为了有效地学习，不少
小贩的篮子上都贴上了生字。曾经有一个卖油条的小贩，在篮子上贴着
"毛主席"和"油条"等字样，其学习劲头可见一斑。④ 山东解放区的莒
南县金沟官庄是文化学习的模范村，这里的人们也时刻不忘识字：有些人

---

　　① 洪林：《忆庄户学》，载上海教育出版社编《老解放区教育工作回忆录》，上海教育出版
社 1979 年版，第 76、85 页。

　　② 许世平：《青年的责任在学习》，载高淑铭、许小明主编《许世平纪念文集》，同心出版
社 2004 年版，第 27 页。

　　③ 《冬学中改变强迫办法　冀南翻身农民纷纷自愿入学　妇女识字班竞赛取得很大成绩》，
《人民日报》1946 年 12 月 28 日第 2 版。

　　④ 《菏泽社会教育活跃　焦作市成立文联》，《人民日报》1946 年 5 月 26 日第 2 版。

1-5 识字一千年画

推粪时，把字写在车把上，一边走，一边念；割庄稼时，把字刻写在镰把下，写在自己的腿上；锄草时，把字写在肚皮上，一面锄，一面读；还有的人实行白天划地皮、晚上划肚皮的方法苦学识字。① 河南濮阳四区宁家村组织有 22 个互助组，每个互助组就是一个识字组。村民大多以种菜为生，他们在菜园干活时，就将各种菜名写在凉棚柱子上学习。卖菜时，将菜名写在菜车上，一面卖菜，一面学习。有的青年妇女做啥学啥，将各种菜名写在木板上插在菜田旁，忘记了就到菜田旁的木板上去看一看。有个叫杨春福的村民，吃饭、休息、屙屎的地方，都有他写的七歪八扭的字样，结果不到半月时间，他就认了一百多字。②

由于教师资源的缺乏，参与识字学习的人们便采取了互教互学的方式，老少互学、男女互学的现象非常普遍。如晋察冀边区的"小先生制"很活跃，在民众学校或民众夜校里面担任教师或副教师的有很多是小学

① 李西恚、徐军：《金沟官庄文化大翻身》，《人民日报》1947 年 2 月 20 日第 2 版。
② 《濮阳四区翻身农民生产中学文化》，《人民日报》1947 年 9 月 21 日第 2 版。

生。他们把不识字的母亲、弟妹以至亲友等组织起来，进行识字教育。①
在冀中还实行了"住户教育"，即在每家门口设立识字牌，每天早上由小

1-6　家庭识字牌

学生写好，家人进出时，都得抬头去看看。②阜平县五区的田子口村创造
的"日月牌"识字法更是体现了全民识字的特色。每家都挂一个用来写
字的木牌，全家老小必须一天内学会一个字，第二天把牌子传给另一户人
家，在传递木牌时，传牌户要告诉下一户牌上的字怎么念，这样一家传一
家，每天都可换成新的生字，30户为一组，一个月正好轮一圈，每月可
学会30个字。③冀中根据地特别重视扫除文盲工作，按期在《冀中导报》
上公布认字目录，供各村路口识字牌使用。绝大部分村庄的重要路口都设
了识字牌，村小学根据报上的目录按日写出，由小学生轮流看守，让过路
人认读。任何人出入村口，必须当场学字，学会了才能通过。这是全县各

①　汉章、小波：《挺进中的晋察冀边区的文化教育》，原载《西线》1939年5月1日第5
期，载延安时事问题研究会编《抗战中的中国文化教育》，上海人民出版社1961年版，第
209页。

②　郭洪涛：《论敌后抗日根据地的政治、经济、文化的建设》，原载《解放》1941年2月1
日第124期，载延安时事问题研究会编《抗战中的中国文化教育》，上海人民出版社1961年版，
第210页。

③　许世平：《青年的责任在学习》，转引自高淑铭、许小明编《许世平纪念文集》，同心出
版社2004年版，第39页。

1-7　小先生

村的统一行动，在一个村认识了当天的字，到别的村就没有困难了。①
1941年3、4月间，冀中根据地发动了"冀中一日"写作运动，为配合运动，当时的"街头识字牌"上都写着"冀中一日"四个字，站岗放哨的儿童、妇女见行人来往时，除了查清"通行证"，还得叫行人念念"冀中一日"四个字，念完之后再问问"冀中一日"指的是哪一天，并且提醒在那一天要写一篇"一日"的文章，所以到了那一天，有不少不识字的老太太拿着早已经准备好的纸张去找人"代笔"。② 山东莒南地区以"庄户学"的形式开展文化学习，当时的一首"庄户学三字歌"生动地反映了人们互助学习的氛围："庄户学，真正好；群众办，党领导。边识字，边割草；庄户活，误不了。又写算，又读报；天下事，都知道。大组大，小组小；看闲忙，分老少。子教母，姑帮嫂；自动手，互相教。要自愿，

---

① 董东：《我的报业生活小记》，载杜敬编《冀中报刊史料集——纪念抗日战争胜利五十周年》，河北教育出版社1995年版，第343页。

② 王林：《回忆"冀中一日"写作运动》，载河北省新闻出版局出版史志编辑部编《中国共产党晋察冀边区出版史资料选编》，河北人民出版社1991年版，第352页。

随需要；人人夸，都说妙。"① 解放战争时期苏北地区兴化县的冬学运动也开展得十分活跃，当时的一篇题为《冬学视导记》的通讯报道了当地民众积极识字的事迹：

（一）老太婆的话

我们到草冯区东林镇的那天晚上，了解了一些情形后，便决定先到西北村和赵家村的一所冬学里去看。到了那儿，只见作为课堂的一家堂屋里挤满了人，门口还围着许多少年人和孩子。我找到一位五六十岁的老太婆，和她谈谈冬学的情形。她见我问，便很高兴地谈起来了：

"这发子冬学好得凶，不像打头那样马虎了……去年吗？去年全庄七八百家也不过一个冬学。……不瞒你同志说，去年子有头没尾，我家细小伙也上的，先还高兴跑，后来黄猫看鸡，越看越稀，庄子大，每天等你等他，等上多早晚，白把油糟蹋了。……这发子可不同啦，河南河北一起办上四个冬学，一班男的，一班女的……嗨，哪个说婆婆妈妈不派念书？现在民主世界，国家大事，人人要懂，上冬学教人开通脑筋，识上多少个字，哪个说没得用处的……从前，老百姓苦日子过得抬不起头，人也不敢想念什么书，识什么字。打从民主政府来减了租，穷人才得翻身，还办冬学堂，又不要人一个钞，教人来上，你看这种好处哪块去找？你看哪个人不想学？……是的，我家细小伙也在里边，他这两天晚饭碗一丢就跑来上冬学啦！前天舅爹家里带媳妇，请他吃喜酒，他还不高兴去呢！……我老太婆也欢喜来听听道理。这个先生讲的教人要听，我天天来，倒听出瘾来了！……

（二）卖糖的小华两天念上48字

一天，西北村的冬学上课了，老师正在教着大家识字。有一个民兵，学字不大紧张，老师问他认识多少字，他老实地说："才认识十来个。"

有一个背着篮子的小伙子插了上来说："晦气下来啦，倒有七八天哩，怎么才识上这几个儿？"大家不约而同地望了他一下，原来是卖糖的小华。

---

① 《莒南县教育志》编纂委员会：《莒南县教育志（1840—1997）》，山东人民出版社1999年版，第361页。

他又说："我打前天起在旁边跟你们一同学着念，倒认识四十来个字啦！"大家惊疑地望着他。老师也不相信，便把他手里的一个眼眼大的小本子拿过来，看见上面写着歪七斜八的许多字，便一个一个指给他认，居然全都会认，数数足有48个。教他写，也能照着一笔一笔地写下去，谁都知道他很穷，从来没有念过书，到冬学里来旁听，也正是前天才开始的。

我们到了东林镇，一听到这么一回事，也都不大相信。有一位同志特地去访问他，见他正用铅笔写着字，虽然写得不好，却也一笔不少。教他念，他完全能够念出并且还默写出20多个字。

现在他已经自动要求入了冬学。在课堂上，他依然背着他卖糖的篮子，他的名字叫华纯仁，今年十七岁。

（三）袁翠云说服婆婆

永登区朱龙家的冬学妇女组最能起骨干作用。尤其是组长袁翠云，更是一个出色的好模范。

她婆婆不许她上冬学，说她年轻轻的，心又太巧，便阻止她去。她左思右想，犹疑不决，只得跑到冬学里来想把书退给老师。大家看她很难过，问她为什么原因。她告诉大家说，婆婆不允许她再上了。大家一听，都不赞成。

因为她平日学习很努力，便一面劝告，一面用话激她："妇女组长怎么能开小差？""你一走妇女组不但垮台，连成人组也受影响了。"她是积极要求进步的人，终于听从了大家的劝告，仍旧把书带了回家。

谁都要猜想到她会和婆婆哭闹一场的，然而她没有这样做。相反，她居然用真诚感动了婆婆。回到家后，她就先和颜悦色地把书上的字一个一个念给婆婆听，慢慢地打通了婆婆的思想。而且对于日常的家事更加耐心去做，因此婆婆深深地受了她的感动，便说："也好，多认几个字到底是好，民主政府原来这样待老百姓啊！"

袁翠云学习非常虚心，并且帮动其他的妇女识字，给别人讲解。她不但推动了妇女组的学习，而且使得整个朱龙家的冬学向前推进一步。[1]

---

① 流垒：《冬学视导记》，原载《人民报》1946年1月22日，载江苏省文联资料室编《江苏革命根据地文艺资料汇编（通讯·报告苏北部分下册）》，1984年印行，第20—22页。

三　识字读报结合

识字的目的之一就是为了能够读报用报，因此，能不能看报纸是检验识字成效的重要标准。另一方面，报纸也成为民众进行识字学习的辅助教材。读报活动往往与识字、学文化关联在一起，读报也成为革命根据地从实际条件出发几经摸索所找到的开展群众性文化教育的好形式。[①]

在革命根据地中，俱乐部、冬学、夜校、庄学户、民众学校等都成为民众接受文化教育的重要形式，读报活动自然成为识字教育的重要内容。早在土地革命时期，苏区就有列宁室这样的文化俱乐部，其功用就如《红军识字课本》中描述的那样："列宁室，真正好，他是我们的学校"（第二十六课）；"到列宁室去，学写字，读报纸，做墙报"（第二十七课）；"努力学习政治、看书、看报、武装头脑"（第二十八课）。[②] 在中央苏区，16 岁以下的儿童一般入学校学习，16 岁以上的青年与成年人入夜校和各种识字班学习。学员除上课之外，还进行编墙报、做记录、写信、写报告等练习。学员毕业后，一般都能阅读《红色中华》报。[③] 1934 年 7 月 21 日出版的第 217 期《红色中华》曾经报道红军家属夜校读报课的情况。报道中说，因为《红色中华》报每三天出版一期，因此读报课差不多隔两天就轮流一次。[④] 当时苏区报刊种类很多，仅中央苏区的大小报纸就有三四十种，夜校学员尤其爱看《红色中华》报。[⑤] 群众识字以后自然就与报纸有了更多的接触机会。据江西苏区兴国高圩黄岑乡汇报，该乡有识字班九十多个，四五个人组成一班，"十六岁到四十五岁的男女都加入，现在七岁以上的男女都识得字"。"阅报班——全乡五组，人数不定。读报班——全乡五组，经常读《红色中华》，由群众自己出钱买报读。"[⑥] 闽西苏区上杭县的个案统计也能佐证此种情形。至 1934 年 1 月，该县才溪乡

---

① 赖伯年：《陕甘宁边区的图书馆事业》，西安出版社 1998 年版，第 193 页。

② 文史组抄录：《红军识字课本》，载中国人民政治协商会议宝兴县委员会文史组编《宝兴文史资料（第 2 辑）》，1989 年印行，第 98 页。

③ 王予霞等：《中央苏区文化教育史》，厦门大学出版社 1999 年版，第 138 页。

④ 《介绍中央劳动部的红属夜校》，《红色中华》1934 年 7 月 21 日第 3 版。

⑤ 陈元晖：《老解放区教育简史》，教育科学出版社 1981 年版，第 36 页。

⑥ 《一个模范支部的工作报告（节录）》，载赣南师范学院、江西省教育科学研究所编《江西苏区教育资料汇编 1927—1937（六）》，1985 年印行，第 88 页。

全乡有 8782 人，除小孩外有 6400 余人，能看《斗争》的约有 8%，能看《红色中华》与写浅白信的约有 6%，能看路条与打条子的约有 8%，能识 50 到 100 字的约占 50%，不识字的只有 10%。通贤乡有 7248 人，文盲减少了 65%，能看《斗争》的占 4%，能看《红色中华》与写浅白信的占 7%，创造了文化方面的奇迹。①

抗战时期，毛泽东在陕甘宁边区文化教育工作座谈会上特别强调了报纸对于开展组织工作的重要性，并说明识字与读报的密切关系。他建议："我们大体上有这样一个计划，就是说陕北三十五万户，一百四十万人，十年之内消灭全部文盲。一天识一个字，一年三百六十五天识三百六十五个字，十年识三千六百五十个字。十年又可以分作两个五年计划，一个五年计划识两千字左右，如果能够识两千字，就接近消灭文盲。在这个基础上，我们提出一百四十万人口在五年之内都可以看群众报，即使再拖延五年，十年之内，人人都可以看群众报，也可以。我们共产党是以有雄心著名的，在十年之内，我们要使老百姓人人都可以看群众报，有三分之一的人能看解放报。"为此，"要提高文化，消灭文盲，要靠识字组"。② 随着边区形势的稳定，老百姓有了学习文化的自觉性，陕甘宁边区也由此成为一个读报识字的典型根据地。

延安第九行政组读报员张健红利用读报的过程给大家教生字。他提出每天认一个字，结果听报的人都说每天要认两个。积极分子王万泉还垫出五千元钱买了本子和铅笔，分给愿意学的人，大家都很高兴。由于读报和识字满足了他们的要求，所以参加读报的就由 8 人发展到五六十人，参加识字的由三十人发展到五十多人。③

延安县柳林区王家沟村村民某天晚上念了安塞马家沟陈德发读报组竞赛认字的情形后，本村劳动英雄李树英马上就从怀里掏出一个小本本，说："嗨！我早就想认字咧！来！咱们大家都认字吧！咱们总要赶人家强的，我一天学两个字！"梁志德说："能行！咱也一天两个！"罗文焕兄弟

① 《才溪消灭文盲运动成绩》，原载《青年实话》1934 年 1 月第 3 卷第 8 号，转引自谢济堂《闽西苏区教育》，厦门大学出版社 1989 年版，第 57 页。

② 毛泽东：《报纸是指导工作教育群众的武器》，载中共中央文献研究室、新华通讯社编《毛泽东新闻工作文选》，新华出版社 1983 年版，第 116—117 页。

③ 《第九行政组的读报识字组》，载中央教育科学研究所编《老解放区教育资料（二）抗日战争时期（下册）》，教育科学出版社 1986 年版，第 64—66 页。

两个更大声说："咱俩文化多一点，一天认五个生字！"大家马上就讨论
开了，连四十多岁的曹银法也说："唉！咱一满没记性，咱就先把咱名字
学会吧！"说着他从怀里掏出张纸叫罗文焕帮他写上，这时李树英也凑过
来说："来！帮我写上，我要学'革命'两个字！还学'牛''羊''上
山掘地'那几个字！"①

　　子洲县苗家坪区下属的周家圪崂变工队组织起来后，队员杜修仪从乡
上拿回几张报纸在变工队里读报。后来大家对读报的兴趣提高了，便自己
订了一份《群众报》和《抗战报》。但当时只有三人能看报，其余都是文
盲或半文盲，随着读报热情的增长，识字的要求也被提出来了。于是成立
了一个读报识字班。由变工队长杜修业任班长，杜修仪任指导员，请本村
知识分子杜修仁当教员。识字按程度分两组，共十四人。一组是粗识字而
看不懂报纸的，就把报纸当课本，遇到不清楚的地方请教员解释。一组是
文盲，每人订一册生字本，每七天由教员教字一次。他们读报识字的兴趣
非常高昂："读报识字时，由杜修仪打钟集合。八月考试时，已读了二十
三次，有六次下雨，但每次都是到齐的。虽在十里外揽工，刮风下雨，也

1-8　变工队读报

一定要回来集合人家学习。只有胡文齐一次没到，受到了大家的批评。"②
他们识字进度非常快。据1945年统计，原来识200至600字的那7个人，
有的已能读《群众报》，最低也识600多个字；原来识字不到200的10

① 柯蓝：《关中延县等地变工队普遍识字读报》，《解放日报》1944年5月4日第1版。
② 刘传弗、黎智、袁英亮：《周家圪崂冬学》，《解放日报》1945年2月3日第4版。

人，现在最高的已识 400 个字，最少也识 100 多个；原来 15 个文盲，现在最多识 140 个，最少也识 10 个字，并出现了许多学习模范、模范学习夫妇、模范学习家庭。①

这样的例子不胜枚举。1944 年，美国记者斯坦因到延安访问时，难怪他会感到惊讶："'认字'在边区成为疯狂，第一个目的是去阅读一千字编印的《边区群众报》，这已经成了一切渴求知识的老小的理想。""《边区群众报》只用一千个最简单的中国字和字句，比起《解放日报》来，它更是千万老百姓的教科书，在小学、成人补习学校及日益增加的读报小组中，广泛地被利用着。""……百分之八十的老百姓现在至少认识三百到四百个字。而一年以前不认字的各处的活动分子，现在都能读《边区群众报》，甚至快能读《解放日报》了。"②

通过读报识字，提高了民众参与文化活动的能力。陕甘宁边区子长县涧峪岔区二乡杨家老庄的读报组是由一个秧歌队转变而来的，在开展读报活动之后，配合读报识字编排了很多新秧歌，改进了该村的娱乐生活。③据胡绩伟回忆，遍布陕甘宁边区农村的群众读报组，确实成了农村文化活动的活跃力量。有的读报组还办夜校，教识字，扫除文盲；有的办小的演唱组，配合中心工作搞宣传；有的通过读报组了解新情况新问题，为报纸写稿；有的为报纸搜集民歌、民谣、民间故事。读报组更广泛更深入地发挥了《边区群众报》的宣传教育作用，推动大众化运动，提高了人民群众的政治文化水平。④ 山东根据地滨海区的莒南县的一般农民，少则能识300 字，多则千余字，大多能记账、写路条、日用杂字及简单信件。该县金勾官庄老农纪丕福曾以求乞为生，翻身后现已认得 1500 多字，一月中向当地报纸投稿 25 篇，成为全县有名的学习模范。全县共 879 村订阅《滨海农村》报二千余份，莒南《生产小报》一千余份。被称为农村"广播电台"的黑板报，计有 600 余处。⑤ 莒南张家莲子坡农民周纪友"天天

---

① 阎树声、胡民新等：《毛泽东与延安教育》，陕西人民出版社 1993 年版，第 280 页。

② ［美］斯坦因著，李凤鸣译：《红色中国的挑战》，新华出版社 1987 年版，第 128、155 页。

③ 张廷祥：《子长涧峪岔区杨家老庄秧歌队转变为读报组》，《解放日报》1945 年 11 月 26 日第 2 版。

④ 胡绩伟：《青春岁月——胡绩伟自述》，河南人民出版社 1999 年版，第 204 页。

⑤ 《文化之门为人民而开 莒南农民多能记账写信》，《解放日报》1946 年 7 月 14 日第 2 版。

把小报装在口袋里，锄地歇歇也念，和民兵集体睡觉也念，和青年在一起念的更带劲"，结果参加识字学习不久已经能读《滨海农村》报。[①] 在晋冀鲁豫边区，据太行40个县的统计，全边区男女群众几乎都已普遍入校。在民众学校里进行时事、生产、识字三种教育。大家经过在民众学校里学习，任何一个老百姓都可以谈论时事问题，人民的思想已获得彻底解放，并有部分地区已做到消灭文盲。除此之外，全边区村村办起了大众黑板，很多城镇都有民教馆、大众广播台。[②]

第二节　报纸的推行

要实现根据地民众读报的目标，还必须满足有报可读的条件。在近代中国的社会情境中，报纸只是在都市化程度相对较高的一小部分城市中才比较普遍，而在广大的乡村地区要达成这种目标毕竟是一种有心无力的奢望。中国共产党成立后，高度重视利用报纸来开展宣传工作，将报纸作为革命的文化工具，因此就在局部执政的根据地大力发展报刊事业，并不遗余力地推动报纸在乡村社会的普及，从而形成了一条以政治为动力，促进报纸与乡村民众联结的独特路径。

一　推行的意义

报纸对于无产阶级革命来说是非常重要的文化武器，革命导师马克思、恩格斯的一生都和报刊活动紧密关联。在办报过程中，他们十分重视报纸的发行工作，并提出了依靠工人群众做好发行的观点。列宁在领导苏俄革命的过程中同样注重报纸的作用，认为光认得几个字是成不了大事的，需要大大提高文化，"必须使每个人真正能够运用他的读和写的本领，必须使他有东西可读，有报纸和宣传小册子可看"。[③] 由此他认为报纸的发行工作是一个极端重要的任务："训练好了的发行者，有组织的去

---

① 《周纪友爱读滨海农村》，原载《滨海农村》1945年8月6日第14期，转引自管庆霞《〈滨海农村〉研究》，山东大学硕士论文2013年，第69页。

② 《晋冀鲁豫边区政府杨主席谈边区一年来的和平建设》，《人民日报》1946年8月10日第2版。

③ 列宁：《新经济政策和政治教育局的任务（节录）》，载华东师范大学《列宁教育文集》编辑组编《列宁教育文集（下卷）》，人民教育出版社1986年版，第269页。

做网一般的发行工作，以便迅速的适当的去分配宣传品、传单宣言等等，便是做了最后示威暴动的准备工作的大半。"① 由于共产国际对早期中共组织的密切指导以及早期中共领导人的留苏背景，苏俄的党报新闻理论深刻地影响了中共领导下的新闻事业，对报纸发行方面的认识和做法当然也有影响。建党之后，由于党报党刊实际上承担了中央与地方的信息联络功能，因此党中央陆续制定了一些相关文件来指导报刊发行工作。1924 年 9月，中共中央下文向各地方党组织分配及推销中央机关报，认为"此事关系党内教育党外宣传均极重要……切勿玩忽！"② 鉴于各地执行不力的情况，中央又于 1925 年 3 月再次下文予以催促。但由于中共早期报纸在国统区出版，其发行受到很大限制，特别是面向民众的党外发行更是艰难，其影响自然微小。随着党组织的壮大，从 1929 年开始中央意识到了报纸发行从党内系统向党外扩散的问题，要求各地建立秘密发行路线，把党的机关报扩大推销到广大群众中去，直接给予群众政治的指导。③ 1930 年 3月，《红旗》上专门刊文认为，"目前中国党报在全国广大群众中还不能起有力的领导作用，其中一个最根本的原因，就是没有建立普遍全国的发行网。这种现象是不能允许的，尤其到中国革命继续扩大发展的时候，扩大党报的发行，成了一个非常迫切的亟待解决的问题"。④ 同时，随着地方党报的发展，中共认为，要使群众走向正确的道路，认识正确的路线政策，除了提高中央党报的作用之外，地方党报也负有异常重要的责任，因此，地方党报的发行也是一个亟待解决的很严重的问题。⑤ 1931 年 3 月，中央通过《关于建立全国发行工作决议案》，"自省委直到群众建立整个发行网"，并以建立巡视制度、开展发行竞赛等办法督促发行工作的开

---

① 问友：《提高我们党报的作用》，《红旗》1930 年 3 月 26 日第 87 期第 2 版。

② 钟英：《各地方分配及推销中央机关报办法》（1924 年 9 月 25 日），载中国社会科学院新闻研究所编《中国共产党新闻工作文件汇编 1921—1949（上）》，新华出版社 1980 年版，第15 页。

③ 《中共六届二中全会宣传工作决议案》（1929 年 6 月 25 日），载中国社会科学院新闻研究所编《中国共产党新闻工作文件汇编 1921—1949（上）》，新华出版社 1980 年版，第 56 页。

④ 问友：《提高我们党报的作用》，《红旗》1930 年 3 月 26 日第 87 期第 2 版。

⑤ 柳昆：《提高地方党报的作用》，《红旗》1930 年 5 月 10 日第 100 期第 3 版。

展。① 可见，中共建党以来尽管面临重重困难，但还是把报刊发行摆到了重要的地位，以期报刊起到革命的"宣传者和组织者"之效。

在后来的历史进程中，革命根据地的相继出现，为党报的发行，特别是在农村地区的发行创造了可能的环境。在土地革命时期，中央要求报纸必须有很多的发行部或发行员，大规模地散发到群众中去。② "要建立和健全发行工作，保障党的每一个决定和定期出版的刊物深入到广大工农群众中去，使我们的刊物真正成为群众的集体宣传者与组织者，使每个工农群众都了解政治上的任务，使我们提出的每一个战斗任务，更胜利的来完成！"③ 1934 年 5 月，第五次反"围剿"失利，革命形势十分严峻，即使在这样的情况下，中共在 5 月 28 日的《红色中华》第 194 期上还是发出了《中央发行部紧要启事》，要求各级发行科对于每期报纸收到的时日若有延误，"应报告来中央发行部审核"，同时还指示各地要保证在任何情况下仍能使报纸正常发行。④ 抗战时期，中共通过延安整风不断强调群众路线，作为担负宣传鼓动功能的报纸自然必须实现"从群众中来、到群众中去"的政策要求，不仅要依靠群众办好报纸，更要注重让报纸贴近群众。1941 年 7 月 14 日，中共中央宣传部发出的《关于各抗日根据地报纸杂志的指示》要求："各边区可以出版一种作为社会教育工具的通俗报纸（如晋西北的《大众报》及陕甘宁的《群众报》），其读者对象是广大的群众和普通党员，它担负着政治的、社会的、科学的和大众文化的有计划的启蒙任务。"并指出这"是必须办的"。⑤ 解放战争时期，随着解放区面积的不断扩大，各地党政组织把报纸的发行和军事斗争、社会治理紧密结合。如冀鲁豫边区要求各级党委以全党办报精神，加强报纸发行工作，

---

① 《中共中央关于建立全国发行工作的决议案》，载中国社会科学院新闻研究所编《中国共产党新闻工作文件汇编 1921—1949（上）》，新华出版社 1980 年版，第 75 页。

② 《中共中央关于苏区宣传鼓动工作决议（1931 年 4 月 21 日）》，载江西省文化厅革命文化史料征集工作委员会、福建省文化厅革命文化史料征集工作委员会编《中央苏区革命文化史料汇编》，江西人民出版社 1994 年版，第 39 页。

③ 刘象宾：《克服对发行工作的怠工 向博生各区发行站作严厉斗争！》，《红色中华》1933年 12 月 11 日第 3 版。

④ 《中央发行部紧要启事》，《红色中华》1934 年 5 月 28 日第一、二版中缝。

⑤ 鄂豫边区革命史编辑部、湖北日报社：《楚天号角：抗日战争和解放战争时期鄂豫边地区的革命报刊》，武汉大学出版社 1990 年版，第 71 页。

"须知这一工作，是全力支援前线的一部分，是争取爱国自卫战争胜利不可缺少的条件之一"，并提出今后报纸发行工作的努力方向，应该是面向农村，增加农村订户，相对地缩小机关订户的比例。[①] 东北局曾下文令示："目前东北党领导着复杂而多方面的工作，分散的手工业式的工作方法和领导方法已不能适应今天的工作规模；同时为克服无纪律无组织的状态，统一意志和行动，就必须善于利用党报这个发行广泛、传播迅速、影响巨大的宣传武器。"[②] 在华北解放区，为利用报纸推进土改运动，于1948年2月发布《关于大量发展党报推进土改的通令》，要求村村有报，"消灭"空白村，《人民日报》的订阅必须发展到80%以上的村庄，村村都要有《新大众》报。[③] 应该说，中共对报纸作用的认识的深化直接导致了对发行工作的重视。由于各个时期的革命根据地都建立在农村地区，这就为报纸在乡村地区的推广创造了主观上的有利条件。

二　推行的策略

在中共的重视之下，革命根据地克服了物资匮乏、经费紧张、人员缺少等种种困难，创办了大量报纸。如在中央苏区，各地的党、团、政府、军队及群团分别出版了党报、政府机关报、军报、团报、工人报、青年报、儿童报等共有203种，影响最大的《红色中华》发行4万至5万份，《青年实话》发行2.8万份，《斗争》发行2.7万份，《红星》发行1.73万份。其他苏区报刊，主要有湘鄂西的《红旗日报》《工农日报》，湘赣的《湘赣红旗》《红色湘赣》，闽浙赣的《突击》《工农报》《红色东北》，鄂豫皖的《列宁报》《鄂豫皖苏维埃报》，川陕的《共产党》《赤化全川》《苏维埃》《红军》，琼崖的《琼崖红旗》《红潮周报》《特委通讯》《工农兵》等。[④] 抗日战争、解放战争期间，在"全党办报、群众办报"口号的鼓动下，各个根据地出版的报刊数量更是大量增加，并形成了从中央到地

---

① 《冀鲁豫区党委关于加强报纸发行工作指示（1946年11月15日）》，载管春林主编《冀鲁豫边区宣教工作资料选编》，河北教育出版社1991年版，第171—172页。

② 《东北局指示各级党委开展东北日报通讯工作》，载《安东日报》社编《党报工作文选》，1949年印行，第5页。

③ 成安玉：《华北解放区交通邮政史料汇编（冀南区卷）》，人民邮电出版社1993年版，第172—173页。

④ 余伯流、何友良：《中国苏区史（下）》，江西人民出版社2011年版，第908页。

方的比较完备的报纸体系。如在陕甘宁边区，当时创办的报纸约有近百种，除先后作为中共中央机关报的《新中华报》《解放日报》和《边区群众报》等全边区性的大报之外，还有边区有关单位和部门、各分区甚至某些县办的《陇东报》《关中报》《战声报》《抗战报》《三边报》《进步报》《民先报》《新边墙报》《新文字报》《新神府》《米脂报》《子洲报》《延川报》《赤水报》《靖边报》《佳县报》《战力报》《生产报》《塞锋报》《前进报》《勇敢报》《战旗报》《猛进报》《胜利报》《延市通讯》，等等。边区的部队也创办了《部队生活报》《战士导报》《边防战士报》《先锋报》等。① 抗战以前，太行根据地各县区没有自办报纸，抗日战争、解放战争期间，除影响很大的《新华日报》在各县境内发行外，各专署、县、区、学校、机关、厂矿、部队出版了许许多多的小报。涉县是边区部分党政军机关的驻地，流行境内的报刊竟有 20 种之多。② 从此种情形已可窥见根据地报纸出版的繁荣景象，由此也就形成了乡村社会变迁的基本动力。"大量报纸的出版并非与教育无关，它使人民知悉现代的发展，有助于群众在军事、政治和经济斗争中加强团结和增强目的性，开阔他们的眼界，塑造他们的意识。"③ 那么，如此之多的报纸，又是如何在革命根据地所处的农村地区发行的呢？

1-9 晋察冀边区出版的各种报纸

---

① 王晋林、秦生：《新民主主义模型》，中共党史出版社 2007 年版，第 275 页。

② 《边区各县创办小型报多种》，《解放日报》1944 年 7 月 31 日第 2 版。

③ ［瑞典］达格芬·嘉图著，杨建立等译：《走向革命——华北的战争、社会变革和中国共产党（1937—1945）》，中共党史资料出版社 1987 年版，第 275 页。

　　从发行制度上看，革命根据地创办的报纸名义上采用征订制，但考虑到革命的广泛宣传的需要以及乡村民众的生活水平，很多报纸即使标有明确的定价，免费的情况实际上普遍存在。报纸的发行基本上从免费赠阅发展到赠阅和征订两者并行。1931年6月，闽西苏维埃政府红报社为《红报》的发行工作给各级苏维埃政府致信，说明除各级政府不要钱订外，其他无论什么团体机关都要拿钱来订，各级政府要切实负责发动大家起来订购。① 《红色中华》报每期一部分赠送给各机关，其余部分零售或实行订购，价格为大洋三厘，零售铜圆一枚，后一度改为定价大洋七厘，零售铜圆二枚，价格低廉。1932年7月16日，中央苏区临时政府内务人民委员部还决定以报纸寄费减价的方式来推广报纸，以此发动群众普遍读报。1933年7月，中央局发行部规定报刊赠送办法：《斗争》报省委和省政府十份，县委和县政府五份，区委和区政府二份；《红色中华》报加倍。② 而在鄂豫皖苏区，党、政、军先后办了二三十种报刊。到1931年春，这些报刊部开始在苏区内订阅、发行，为此鄂豫皖苏区筹办了赤色邮政负责报刊的发行工作。苏区各乡苏维埃几乎都订有报刊，甚至许多村苏维埃也订了报。③ "这些报纸的印制是不很精致，但是群众非常爱看，而且愿意出来购买。"④ 湘赣苏区苏维埃政府为了使《红色湘赣》报成为群众的报纸，"指示所属各级苏维埃政府都要抓好动员大家购买《红色湘赣》的工作，各列宁室、夜校都要购置《红色湘赣》报，各机关购置该报的报费，从机关经费中开支"。⑤ 山东根据地自1943年冬提出报纸实行预订制度，到1944年才开始真正实行，当时滨海区、鲁南区、鲁中区各预订《大众日报》4000多份。⑥ 淮南抗日根据地的《新路东》报出油印版时，开始每期最多印300份。为了把有限的报纸分发到整个路东根据地，就实行分配法，首先保证本地区党、政、军、民领导机关、领导干部的需要，然后

---

① 严帆：《中央苏区新闻出版印刷发行史》，中国社会科学出版社2009年版，第434页。

② 程沄：《江西苏区新闻史》，江西人民出版社1994年版，第160、162页。

③ 《鄂豫皖苏区历史简编》编写组：《鄂豫皖苏区历史简编（1927—1937）》，湖北人民出版社1983年版，第201页。

④ 《鄂豫皖边界苏区概况》，《红旗周报》1931年6月20日第10期第41页。

⑤ 程沄：《江西苏区新闻史》，江西人民出版社1994年版，第63页。

⑥ 山东省地方志编纂委员会：《山东省志第42卷邮电志（上）》，山东人民出版社2000年版，第448页。

逐级分配到县、区、乡，每乡最多摊到一份。《新路东》改为铅印报后实行订阅制，发行数剧增，到1944年时发行数达5000份。①

从发行渠道上看，各个时期的革命根据地因时、因地制宜地建立了各种类型的面向乡村的发行方式：

1. 依托组织系统

1932年4月，在《红色中华》报社发行科的基础上，苏维埃临时中央政府成立中央出版局总发行部，统一管理苏区的报刊发行工作。② 此外，《红色中华》报在地方上也建立了一些委托发行机构，主要是各级政府的发行科。1933年，川陕苏区强调“从支部到区委、县委、省委均要建立发行工作系统。在政权机关、群众组织中，同样要建立这一工作。使党的宣传力量，经常达到最辽远最广泛的范围去”。③ 抗战时期苏南根据地创办了《江南》和《大众报》，在发行上建立起“一般市镇设发行站，大的村庄设发行员”的网络体系。④ 太行根据地的《新华日报》由边区政府交通总局承办发行，各县有报纸发行委员会，负责建立农村报刊发行网，健全沿村转送制度。小学教员在收订、分发报纸、组织群众读报方面发挥了很大作用。⑤ 晋察冀根据地的《晋察冀日报》还创造了沿村传送的做法，即由报社驻村的村政府派人传送到四邻村庄，再由他们传到下一个村庄，一村传一村，一直传到读者手中。⑥ 抗战时期和解放战争时期的鄂豫边区的报纸是通过机关、部队和交通员发行的，报纸先由印刷厂管发行的同志按各地需要量分别打捆，标明送往地点和收件人，然后交给交通站分送各地。⑦ 冀中抗日根据地还利用师生搞发行。报纸出来后，由各区中心小学分发出去，送报纸像送鸡毛信，由报社发行人员按村卷好，卷面上

---

①　沈文英、田野：《〈淮南日报〉简史》，载《淮南日报》史料集编纂委员会编《淮南抗日根据地党的喉舌——原〈淮南日报〉史料集》，中共党史出版社1992年版，第20页。

②　王晓岚：《中国共产党报刊发行史》，中国社会科学出版社2009年版，第143页。

③　王文彬：《中国现代报史资料汇辑》，重庆出版社1996年版，第718—719页。

④　萧和、子江：《〈江南〉〈大众报〉及其抗日救国宣传》，《苏州大学学报》1987年第3期。

⑤　河北省地方志编纂委员会：《河北省志（第82卷新闻志）》，中华书局1995年版，第33页。

⑥　刘莹：《〈晋察冀日报〉传播效果分析》，《采写编》2009年第2期。

⑦　鄂豫边区革命史编辑部、《湖北日报》社：《楚天号角：抗日战争和解放战争时期鄂豫边地区的革命报刊》，武汉大学出版社1990年版，第42页。

写好由某村经哪几个村到哪村，用箭头示意，由小学老师派学生送达，报纸免费发送，不收分文。①

2. 依托邮政系统

邮政办理报刊发行业务，发轫于土地革命时期，当时革命根据地出版的报刊有一部分通过邮政传递。1932 年，苏区红色邮政在中华苏维埃临时中央政府的领导下，建立了"中华苏维埃邮政总局"，并在各根据地设邮务管理局，当时在中央苏区出版的《红色中华》及其他几十种报刊，均有通过邮政人员传递，开始了邮局发行报刊的雏形体制。② 抗日战争时期，晋冀鲁豫边区政府交通总局于 1940 年首先将邮件传递和报刊发行合为一体，继之山东、晋察冀等抗日根据地也先后将边区政府的战时邮局（或连同各级党委的交通科）同报刊社的发行部门合并，成立邮政、交通、发行三位一体的战时邮政，通称"邮交发合一"。战时邮政除传递邮件外，也办理收订和发送报刊，使党的报刊不仅能普遍发行到解放区，而且能散发到敌占区。③

3. 依托代派代售

推销代派处、代售处是各出版发行单位的固定发行点，一般由地方上机关团体和个人兼营，按比例获取手续费报酬。如 1932 年 7 月 21 日，中央总发行部就为各地推销代派书报的推销费折扣问题在《红色中华》报上颁布了有关规定。有的代派处门口，通常会贴叫群众订报、买报的广告。④ 1932 年，《青年实话》在福建上杭农村设有代售处 43 所，每期可销售 800 份。⑤ 1937 年，新华书店在延安成立后，逐步发展成为遍布革命根据地的书报销售网络体系，大大促进了报纸的发行。

4. 依托零售发行

苏区《红色中华》《青年实话》等报刊都设有叫卖队。叫卖队一般由

---

① 董东：《我的报业生活小记》，载杜敬编《冀中报刊史料集》，河北教育出版社 1995 年版，第 345 页。

② 姜怀臣：《报纸营销学（上）》，新华出版社 2004 年版，第 140 页。

③ 王化隆、王艳玉：《中国邮政简史》，商务印书馆 1999 年版，第 107 页。

④ 严帆：《中央苏区新闻出版印刷发行史》，中国社会科学出版社 2009 年版，第 431 页。

⑤ 《团闽粤赣省委三个月工作报告》，载中央档案馆编《闽粤赣革命历史文件汇集（1932—1933）》第 169 页，转引自黄道炫《张力与限界：中央苏区的革命（1933—1934）》，社会科学文献出版社 2011 年版，第 136 页。

当地群众担任，沿街推销书报，一律按比例折扣收取一定的劳务费。如
《青年实话》1933 年 7 月出版的第 2 卷第 21 号上发表陈丕显《〈青年实
话〉发刊两周年纪念的礼物》一文，号召广大读者都来参加《青年实话》
的发行工作："我们苏区的弟妹们，立即起来组织儿童叫卖队，热烈进行
叫卖《青年实话》作我们皮安尼儿庆祝《青年实话》的一点礼物。……
中央儿童局，为着拥护《青年实话》特别出了通知。关于组织叫卖队的
问题，讲得很详细，我们应该很快的完成它。要做到每期的《青年实话》
和我们见面后，叫卖队立即分头出发，进行叫卖工作。要运用能鼓励群众
兴奋听的小小的演讲，唱叫卖歌等。《青年实话》报刊，不但要使个个青
年人，人人都买去读，而且个个儿童、团员都应该这个样子。……叫卖队
组织起来，要很紧张的进行工作，队和队，人和人，举行推销竞赛，什么
地方叫卖队最好，在七月底检查时，要求本报编委会给奖，我们共产儿童
团年纪小小，志气倒很大，我们要在推销《青年实话》推广团报销路的
事件上，表示我们真正是马克思列宁的孩子。"① 抗战时期，《解放日报》
的发行采取自办发行、新华书店代售等方式推广报纸。为方便往来商贾和
过往旅客阅读报纸，《解放日报》在延安也采取零售形式，分别在新市场
口和文化沟两处特设"卖报员"，每日下午 5 时左右在这两个地方叫卖
零售。②

　　从发行策略上看，革命根据地采取多种方式加强报纸在乡村地区的
推广：

　　1. 实行价格优惠。为了扩大发行，《红色中华》及其他一些报刊在各
地设立了推销代派处，各推销代派处推销《红色中华》等报刊有统一规
定的回扣比例：五百份以上七折，一千份以上六折半。③ 1931 年湘赣苏区
创办的《湘赣红旗》规定，订购 100 份至 500 份为八折，500 份至 1000
份为七折半，1000 份以上为七折。④ 1941 年《晋绥日报》曾经开展过
"征求三千个基本订户"的活动，规定"凡基本订户，一律以原订报价之

---

① 严帆：《中央苏区新闻出版印刷发行史》，中国社会科学出版社 2009 年版，第 433 页。

② 王敬：《延安〈解放日报〉史》，新华出版社 1998 年版，第 19 页。

③ 程沄：《江西苏区新闻史》，江西人民出版社 1994 年版，第 160 页。

④ 《中国共产党江西出版史》编写组：《中国共产党江西出版史》，江西人民出版社 1994 年
版，第 152 页。

九折优待，并保证按期将报送到"。① 1945 年山东《滨海农村》创刊时，在《关于滨海农村改版小报对大家的几个要求》中规定，"每区工农青妇各一份或两份，根据地内每个行政村一份"，订阅半年的可以赠送两个月。②

2. 扩充发行人员。《红色中华》报就曾利用工农通讯网来扩大发行。1933 年 1 月 27 日苏区中央局等四单位发出的《"关于红色中华的通讯员问题"的联合通知》规定：帮助报纸的推销、建立代派处与推销处是通讯员的主要任务之一。通过基层通讯员的网络，《红色中华》报发行到了革命根据地的各个地方。③ 1933 年 7 月，中央苏区的《红色中华》向每个读者提出号召，每个读者要为该报突破四万份发行量服务，"一个读者介绍五人定（订）用，赠送本报一份，信封信纸各五个；介绍十个者赠品加倍；介绍十个以上者有特别赠品（书籍与文具）。成绩优良的个人或团体除赠报及送奖外，在本报红匾上登载他的名字"。④

3. 培养读者兴趣。1947 年，《人民日报》为纪念出版一周年，特意编写诗歌一首来增进民众对报纸的兴趣："各种精神食粮内，报纸要占第一端。发行多，传播远，大小村庄都普遍。消息灵，故事鲜，天天出版不间断。印刷清，文字浅，识字男女都能看。邮费低，定价廉，花钱不多真方便。每天看报成习惯，不看就像没吃饭。"⑤ 有的报纸为了扩大影响，增加发行量，有时还派记者到农村给群众读报。解放战争时期，太行革命根据地《新大众报》的记者在冀南肥乡一些地方给群众念了宣传土地法的文章后，群众对报纸产生了强烈的兴趣，《新大众报》的发行量在 3 个月内从不到 1 万份迅速增加到将近 5 万份。⑥《新大众报》为了扩大发行，还尝试先看后订的办法，希望各村农会和贫雇小组成为读报小组，然后给

---

① 阮迪民、杨效农：《晋绥日报简史》，重庆出版社 1992 年版，第 129 页。

② 管庆霞：《〈滨海农村〉研究》，山东大学硕士论文 2013 年，第 75 页。

③《新华通讯社史》编写组：《新华通讯社史》（第 1 卷），新华出版社 2010 年版，第 90 页。

④ 红中编委：《推广本报销路！突破四万份!! 大家来参加竞赛呵!》，《红色中华》1933 年 7 月 11 日第 4 版。

⑤ 刘子久：《人民日报周年纪念祝词》，《人民日报》1947 年 5 月 15 日第 4 版。

⑥ 冯诗云：《新大众报四个月》，《人民日报》1948 年 5 月 15 日第 3 版。

每个读报小组试看一个月。① 根据地邮政系统的职工也在工作的过程中积极推广报纸。太行根据地的邮政职工每月到报纸订期，就自动找订户和发展新订户。武安十区过去订报不多，邮工郭从会同志就利用村干部会宣传报纸的好处，结果一次就增订了《人民日报》12份。② 县邮局职工王文举每天想着如何去发展报纸销路，在乡村趁吃饭的时间到群众人群里，带着《人民报》《新华报》与《人民画报》，给群众说报纸上的胜利消息，配合着《人民画报》讲农民翻身问题。他的耐心宣传发展了很多新的订户。③ 山东革命根据地的邮局还以话剧的形式来宣传报纸，观众看了都哈哈大笑、热烈鼓掌。这种艺术形式的宣传效果十分显著，订阅《大众日报》《鲁中日报》的人数大量增加。④

三　推行的效果

在革命根据地所处的乡村地区，虽然民众文化水平普遍低下，接受报纸这种媒介客观上面临巨大的困难，但在中共的努力下，报纸还是在乡村地区得到了较快的普及。

苏区《红色中华》报的发行量由最初的 3000 份，增加到 1933 年至 1934 年间的四五万份（而当时国内著名的《大公报》发行量也只有 3.5 万份）。⑤ 1934 年 1 月，毛泽东在中华苏维埃共和国中央执行委员会与人民委员会第二次全国苏维埃代表大会上，非常高兴地肯定了报刊在苏区的扩散："苏区群众文化运动的迅速发展，我们看报纸的发行也可以知道。中央苏区已有大小报纸三十四种，其中如《红色中华》，从三千份增到四万份，《青年实话》发行二万八千份，《斗争》二万七千一百份，《红星》

---

① 华北新华书店：《为广大贫雇农民服务〈新大众〉预定办法》，《人民日报》1947 年 12 月 21 日第 1 版。

② 药诚：《太行各局站邮工积极推销报纸》，《人民日报》1947 年 5 月 23 日第 2 版。

③ 岳媚德：《学习邮工王文举！组织农民读报组》，《人民日报》1947 年 7 月 10 日第 2 版。

④ 苏春华：《我对战邮工作的回忆》，载山东省邮电史志编纂委员会办公室编《山东战邮回忆资料专辑（第 2 辑）》，1990 年印行，第 183—184 页。

⑤ 《新华通讯社史》编写组：《新华通讯社史》（第 1 卷），新华出版社 2010 年版，第 97 页。

一万七千三百份，证明群众文化水平是迅速的提高了。"①

抗战时期的陕甘宁边区，形成了以延安为中心的报纸发行网络，覆盖了整个边区。当时《解放日报》的最高发行量达到 7600 份，自办发行范围大约为 30 公里。边区党委机关报——《边区群众报》更是由于通俗易懂而深受广大基层群众欢迎，发行量达到 1 万余份。难怪老报人胡绩伟后来回忆，在仅有 150 多万人口且经济文化水平都极为落后的陕甘宁边区，这可以说是一个奇迹。② 多种多样的发行方式和发行宣传也提高了发行成效。报纸逐步走入了根据地民众的日常生活。如在晋察冀边区的太岳根据地，1944 年初报纸发行 3400 多份，到 1945 年 3 月已发展到 9400 多份，增加了将近两倍。所有 110 个区公所，3 个中学、43 个高小都订了报纸。1745 个行政村有 60% 多、2082 个小学校有 90%、257 个合作社有 70%、1039 个读报组有 40% 多订了报纸。还有 262 个自然村、695 个冬校和一

1-10 晋察冀根据地用马运报纸做发行工作

部分互助组订了报纸。甚至在敌占区，伪军、伪组织也订报 73 份。③ 1946 年，太岳地区每村平均有两份《新华日报》。④ 1946 年，晋冀鲁豫根据地

---

① 江西省档案馆、中共江西省委党校党史教研室：《中央革命根据地史料选编（下）》，江西人民出版社 1982 年版，第 330 页。

② 胡绩伟：《回忆〈边区群众报〉》，载《陕西报刊志》编委会编《陕西省志》（第 70 卷报刊志），陕西人民出版社 2000 年版，第 587 页。

③ 成安玉：《华北解放区交通邮政史料汇编》（太岳卷），人民邮电出版社 1993 年版，第259 页。

④ 《太岳文教鸟瞰》，《人民日报》1946 年 8 月 12 日第 2 版。

的清丰县全县 600 多份报纸中，农村订户就占到了 40% 左右。① 该根据地邮政六分局在 1946 年 8 月到 1947 年 7 月的一年中建立村发行网 218 处，增加农村订户报纸 2691 份。八分局 1057 份报纸中，农村订户从过去的 20% 提高到 32%，② 河北各县发行到农村的报纸已经占到发行总数的 50% 以上，③ 报纸成为乡村民众不可缺少的政治文化食粮。1947 年，《人民日报》在晋冀鲁豫边区、太行区就发行了 7.9 万份，占全边区报纸发行量的 64.7%。1948 年报纸发行量更多，仅 4—6 月三个月发行报纸即达 4 万份以上，其中《新大众报》由 9000 份发展到 1.6 万份，达到"村村有报看，街街有报读"。④ 在山东滨海地区，冬学运动促进了报纸的发行，如莒县九里区订阅《滨海农村》报一下子从 70 份增加到 130 份，有妇女"见到人看报急得慌，便合伙了三个妇女，用纺线挣的钱也订了一份"。⑤ 山东渤海地区的《渤海大众》报共发行 6 万份，其中 5 万份是面向广大农村。⑥ 国共全面内战爆发前，东北根据地报纸的总发行量不足 7 万份，全面内战爆发后不久，报纸总发行量迅速上升，到 1948 年已突破 15 万份，仅《东北日报》一家即发行 8 万份，不管是城市街道还是农村乡屯都可读到报纸。⑦ 1948 年 5 月 3 日的《人民日报》报道，《辽东日报》经邮局发行的就有 1.4 万多份，大多送到农村及新区、部队，基本上可以做到村村见报。当时鸡西梨树沟子区的 4 个行政村、30 个屯子，就有 118 户读者，其中有 109 户是农民。⑧ 种种事实表明，在中共的努力推动下，报纸这种大众传媒以超出今人想象的姿态开始与乡村民众建立关联，从而为组

---

① 《中共冀鲁豫区党委关于加强报纸发行工作指示》，原载《冀鲁豫日报》1946 年 11 月 29 日，载《冀鲁豫日报史》编委会编《冀鲁豫日报史》，贵州人民出版社 1993 年版，第 195 页。

② 张伯达：《一年来邮发工作》，原载《冀鲁豫日报》1947 年 8 月 1 日，载《冀鲁豫日报史》编委会编《冀鲁豫日报史》，贵州人民出版社 1993 年版，第 241 页。

③ 《中共冀鲁豫区党委宣传部表扬邮政员工艰苦工作》，原载《冀鲁豫日报》1947 年 9 月 18 日，载《冀鲁豫日报史》编委会编《冀鲁豫日报史》，贵州人民出版社 1993 年版，第 203 页。

④ 山西省史志研究院：《山西通志》（第 23 卷邮电志），中华书局 1996 年版，第 156 页。

⑤ 《报纸是冬学的活教材 九里区各村争订农村报》，原载《滨海农村》1946 年 12 月 17 日，转引自管庆霞《〈滨海农村〉研究》，山东大学硕士论文 2013 年，第 91 页。

⑥ 张树堂：《忆渤海的邮发工作》，载山东省邮电史志编纂委员会办公室编《山东战邮回忆资料专辑（第 3 集）》，1991 年印行。

⑦ 罗玉琳、艾国忱：《东北根据地战略后方报业简史》，1987 年印行，第 25 页。

⑧ 《解放区拾零》，《人民日报》1948 年 5 月 3 日第 4 版。

织化读报的开展创造了有利条件。"所有这些传播媒介，都不是杂乱无章或自由散漫的，而是悉数被整合进中共的宣传体系中，既成为中共动员和说服群众的工具，更成为一个以农民为主体、在农村从事革命斗争的党'创造党的共同经验，树立党的传统和继承性'的工具。"①

第三节　读报的意图

其实，中共在建党早期就有组织读报的设想，但由于当时党的力量还比较薄弱，党组织活动只能在秘密状态下开展，所以，读报活动一般局限于部分党支部。早期中共领导人认为"在有些支部，宣传并讲解《党报》《向导》都有必要"。② 同时，随着革命形势的发展，读报活动逐步在工农群众中推广。1925 年 5 月第二次全国劳动大会《关于工人教育决议案》中，明确提出通过"补习学校，工人子弟学校，工人阅书报社，化装演讲及公开讲演，游艺事等"途径来教育工人提高阶级觉悟和斗争能力。一些地方省区也制定了相关的工农教育纲领，如 1926 年 12 月湖南省第一次农民代表大会通过的《农民教育决议案》提出，省农民协会应设法出版农村白话报、农村画报各一种，各区乡农协均应附设阅报处，并于乡村要道张贴壁报。③ 1928 年，中共六大确定当时的基本任务是准备新的大革命潮流之到来，为此，党的实际任务是组织与实现群众的武装暴动，因此党的工作重心必须移至夺取广大工农兵群众与实施工农群众之政治训育。但是工农群众文化水平普遍低，并有相当一部分人不识字，因此党要求各地党组织"应当尽可能的组织诵读这些书报的小组（公开或秘密的）。宣传委员会即应指派一些不仅能够教读而且政治认识清楚的同志担任小组指导员的工作，以便利用这些小组作宣传的工具"。④ 在加深对读报工作重要性的认识过程中，共产国际也发挥了相应的指导作用。1930 年，共产国际

---

① 黎志辉：《苏区革命的传播媒介——中国苏维埃革命的传播史研究》，《江西师范大学学报》2012 年第 4 期。

② 《对于宣传工作之决议案》（1925 年 1 月），载《中国共产党新闻工作文件汇编 1921—1949（上）》，新华出版社 1980 年版，第 21 页。

③ 李桂林：《中国现代教育史教学参考》，人民教育出版社 1987 年版，第 4、7 页。

④ 《宣传工作的目前任务（1928 年 7 月 10 日）》，载中共中央组织部等编《中国共产党组织史资料第 8 卷文献选编（上）》，中共党史出版社 2000 年版，第 184、188 页。

东方部的第一个决议案——《中国共产党的最近组织任务》中提出："中央对于党的刊物的发行问题，最近应当加以加倍严重的注意，有系统的检查实际上到底是怎样情形，采取一切办法去改良和扩大发行机关。在组织党的刊物发行机关时，必须而且应当事先看到，有大量的党员尤其无党的工人群众是不识字的。因此，必须不仅注意将党的刊物发散到全国各处，而且同时必须做到使党的刊物内容真正能达到一切党员和同情的无产阶级群众中去，要做到这一点必须组织特别的读报的小组，责成识字的党员各个人对于不识字的党员与表同情的工农分子，讲解党的刊物的内容。"[1]在共产国际的提示下，各级党的组织和苏维埃政府重视对群众读报活动的领导。1930 年 8 月《红旗日报》创刊后，中共中央通过了《组织问题决议案》，明确要求"在群众中党的支部应组织读'红旗'的小组以扩大宣传"。[2]

但是，中共组织的早期活动主要在白区，读报活动不可能大规模公开化地进行，否则党组织有可能暴露而招致损失与牺牲。例如，某日高昌庙兵工厂"有四个工友和两个驻厂兵士，正在那很高兴的读无产阶级的红旗日报和赤色工会的传单。不料被厂内党狗晓得了，立命驻军将他们六人逮捕，送交龙华警备司令部去处办"。三天后该厂"又继续捕去读红旗日报及拥护苏维埃传单的工友，共四十余人"。[3] 因此，组织化读报活动的顺利开展，只有在局部执政的革命根据地相继开辟之后，在一个相对稳定的社会环境中才能实现。随着革命根据地的建立，在相关文件的催动下，组织读报活动开始规模化地展开，其要求也越来越具体化、操作化。1931年，中共在《中央关于苏区宣传鼓动工作决议》中明确要求："在党的与苏维埃的机关报下面，必须有很多的工农通讯员与读报小组，经常的教育他们，组织他们，召集工农通讯员会议，读报群众代表会议，从他们中间提出创办报纸与编辑报纸的干部。报纸不论是党的与苏维埃的都要通俗，

① 《中国共产党的最近组织任务》（1930 年 8 月），载中共中央党史研究室第一研究部编《共产国际、联共（布）与中国革命文献资料选辑（1927—1931）》第 12 卷，中央文献出版社2002 年版，第 257 页。

② 《组织问题决议案（1930 年 9 月 28 日）》，载中央档案馆编《中共中央文件选集》（第 6册），中共中央党校出版社 1989 年版，第 315 页。

③ 《军阀混战的残毒！兵工厂白色恐怖可恶！》，原载《红旗日报》1930 年 10 月 20 日，转引自王晓岚《中国共产党报刊发行史》，中国社会科学出版社 2009 年版，第 78 页。

并与群众生活有密切的联系。报纸必须有很多的发行部或发行员，大规模的散发到群众中去。它们必须是反映出群众的生活，斗争，领导与组织群众的刊物。"①

　　中央的指示在各个革命根据地得到了回应。在中央苏区，自1931年11月中华苏维埃中央临时政府成立后，随着革命根据地不断巩固壮大，掀起了文化建设的高潮，设立俱乐部成为遍及整个苏区的文化行动。据不完全统计，到1934年3月，中央苏区成立俱乐部1917个，参加这些俱乐

1－11　列宁室

部文化生活的会员有9.3万余人。在各个基层组织中，文化生活成为工余战后的重要部分，每个组织都附设有列宁室，开展群众性的文化教育工作。② 俱乐部、列宁室是群众开展集体文化娱乐活动并进行政治动员与时事政策教育的场所，其中一项重要内容就是读报。1934年国民党军队攻陷苏区后，一份调查报告中有如此描述："每一伪俱乐部或列宁室，均备有伪宣传品，如《湘赣斗争》《列宁青年》等，供人阅览。不识字者，每天指定一人，在一定时间内，朗读令（聆）听，并于读到重要问题时，

　　① 《中央关于苏区宣传鼓动工作的决议》（1931年4月21日），载中央档案馆编《中共中央文件选集》（第7册），中共中央党校出版社1991年版，第213页。

　　② 谢灼华：《中国图书和图书馆史》，武汉大学出版社1987年版，第319—320页。

特别提出加以讨论。"① 随着中央苏区文教事业的快速发展，在一些乡村里和机关单位内设立了夜校，读报活动也延伸到夜校学习中。1931 年，赣东北苏区（后改为闽浙赣省）在讨论苏维埃文化建设问题时就明确提出要在地方与军队中都普遍设立读报组开展读报运动。② 由于该苏区各村各机关普遍设立了工农补习夜校，在 1932 年一年中就增加了两万识字看报的工农群众，并且读报组工作普遍做得很好。③ 据方志敏的调查，自闽浙赣省苏维埃政府成立后，文化教育工作更加积极进行，闽浙赣省范围内设有读报会的村有 760 个。④ 在当时各地建立的农村俱乐部中，几乎都辟有报纸阅览室。从撰稿编报到读报评报，都有群众积极参加。⑤ 1931 年 4 月，闽西苏维埃政府文化委员会提出红五月当中建立读报团是文化的中心工作。⑥ 为了加快推广读报运动的步伐，1931 年 5 月 7 日，闽西苏维埃政府又发布了关于组织读报团的通知，要求各县各区乡、机关、学校、军队、作坊普遍建立读报团或读报班、读报小组。⑦ 中共闽西特委还要求"各乡应普遍设立《红报》张贴处，规定时间由政府文化部派人向群众宣读"。⑧ 在根据地编印的文化课本中，还有介绍读报的知识，以显示对其的重视，如 1933 年闽浙赣省苏文化部编订印行的《工农读本第二册》中有一篇"读报"的课文："革命的群众，要读革命的报纸，了解经济，明

① 赵可师：《赣西收复区各县考察记（四）》，《江西教育旬刊》1934 年第 8 期。

② 《赣东北苏区文化教育概况》，载江西省档案馆编《闽浙赣革命根据地史料选编（上）》，江西人民出版社 1987 年版，第 562—563 页。

③ 《赣东北省苏维埃报告——关于赣东北省苏文化方面情况》（1932 年 5 月 29 日），载江西省文化厅革命文化史料征集工作委员会等编《闽浙赣苏区革命文化史料汇编》，江西人民出版社 1997 年版，第 36—37 页。

④ 方志敏：《方志敏文集》，江西人民出版社 1999 年版，第 285—286 页。

⑤ 徐弋生、陈家鹦：《方志敏和赣东北苏区的群众文艺》，《江西社会科学》1988 年第 4 期。

⑥ 《闽西苏维埃政府文化委员会决议案》（1931 年 4 月 21 日），载陈元晖、邹光威等编《老解放区教育资料（一）土地革命战争时期》，教育科学出版社 1981 年版，第 132 页。

⑦ 谢济堂：《闽西苏区教育》，厦门大学出版社 1989 年版，第 44 页。

⑧ 《中共闽西特委关于宣传问题草案》（1930 年 8 月），载江西省文化厅革命文化史料征集办公室、福建省文化厅革命文化史料征集办公室编《中央苏区革命文化史料汇编》，江西人民出版社 1994 年版，第 139 页。

白政治，扩充见闻，增加常识，各村组织列宁读报会，大家都来读报。"①
在鄂豫皖革命根据地，中共中央鄂豫皖分局也在1931年5月17日发布通知："各级同志以阅读党报为其政治任务之一，不识字的同志应当组织读报班，党的组织必须在非党员群众中组织读报班，扩大党的影响到群众中去。"② 中共湘赣省委于1932年7月20日作出《关于宣传鼓动工作的决议》，要求各级宣传组织应领导同志划分读报组，使每个同志都明了党报《湘赣红旗》的内容，通过读报活动，提高政治思想水平及文化水平。读报组还应该普遍建立于贫农团、工会及反帝大同盟的小组内，党员要积极领导读报工作。在这个决议中，还明确了针对不同对象要采取不同的读报方法，比如面向贫农团建立读报组，第一步是用适合于他们的听觉的语言把报纸解释给他们听，第二步教他们识字，第三步才教他们自己去看。③
川陕苏区为了突出读报的地位，还专门设置了阅报室。1933年2月第一次工农兵代表大会公布的《川陕省苏维埃组织法》和《苏维埃组织法及各种委员会的工作概要说明》中明示：开办阅报室是各级苏维埃文化教育委员会的一项重要工作，村和乡的苏维埃要进行读报活动，区苏维埃要检查读报的成绩。所以当时在比较大的场镇都设置了阅报室，如在旺苍城内的阅报室内，有《红军》《共产党》《苏维埃》《斧头》《少年先锋》等各种报纸，还有画报、捷报之类的读物，有专人负责读给群众听，又如通江新市场口阅报室，每日人群拥挤，听读报的人来往不绝。此外，当地青年团组织和妇女组织中也组织了读报组，群众性的读报用报制度已经在川陕苏区普遍开展。④

　　抗战时期，党对新闻事业的领导日臻成熟，各抗日民主根据地开展读报活动的条件也更加完备。特别是随着"全党办报、群众办报"口号的提出，土地革命时期苏区形成的组织化读报也被纳入到"群众办报"机

---

① 赣南师范学院、江西省教育科学研究所：《江西苏区教育资料汇编1927—1937（七）教材》，1985年印行，第103页。

② 《中共鄂豫皖中央分局通知第四号——关于党报问题的决议（1931年5月17日）》，载《鄂豫皖革命根据地》编委会编《鄂豫皖革命根据地》（第1册），河南人民出版社1980年版，第223页。

③ 《中共湘赣省委关于宣传鼓动工作的决议》（1932年7月20日），载江西省档案馆编《湘赣革命根据地史料选编（上册）》，江西人民出版社1984年版，第498页。

④ 王文彬：《中国现代报史资料汇辑》，重庆出版社1996年版，第719—720页。

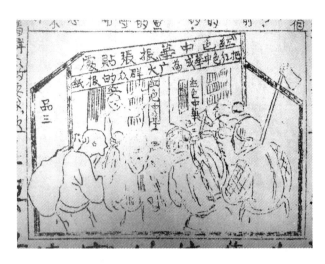

1－12　看《红色中华》报

制中，成为其中的一个重要环节，并不断得到固化和推广。1942 年 10
月，中共晋绥分局在《关于〈抗战日报〉工作的规定》中要求，各地要
"组织读报组工作，使每份报纸，能经常有一百人读到或听到"。① 1943
年，中共中央山东分局在《关于推进大众日报工作的几点决定》中指出：
"各级党委和各级干部，除了自己运用党报指导工作外，并应向群众广为
传播，建立读报会、读报小组，研究讨论大众日报，以便使党的主张变为
群众的主张。"同时为使党报发挥更大的作用，获得更多的读者又不浪费
人力物力，提倡一张报纸至少十人阅读。在各级党委的支持和帮助下，经
过不断的努力，到1944 年，《大众日报》已经在省级机关党政军各部门
和县、区、村基层单位广泛建立了通讯读报小组。② 1944 年 7 月，皖鄂赣
边区党委在《关于动员全党参加党报工作的决定》中估计，因为广大基
本群众、党员还看不懂报纸，又鉴于党对他们的宣传教育工作还很薄弱，
所以组织读报工作实为深入宣传的重要方法。因此，规定各个区委宣传科
及连队政指要在支部、农抗与战士中建立读报制度。③ 当时在华中抗日根
据地负责新闻宣传工作的范长江也积极推动读报工作。他认为，报纸发行

———————————

①　阮迪民、杨效农：《晋绥日报简史》，重庆出版社 1992 年版，第 90 页。

②　山东省地方史志编纂委员会：《山东省志》（第 74 卷报业志），山东人民出版社 1993 年
版，第 354 页。

③　《皖鄂赣边区党委关于动员全党参加党报工作的决定》（1944 年 7 月 20 日），载《皖江抗
日根据地》编审委员会编《皖江抗日根据地》，中共党史资料出版社 1990 年版，第 163 页。

问题解决之后，还必须要经过读报工作才能真正使报纸到群众中去，也只有经过了读报工作，才能提高群众对于报纸的热情。[①] 在陕甘宁边区，1944 年 4 月 15 日，西北局宣传部曾专门召开会议，要求"认真组织各县的读报工作"。[②] 1944 年 11 月，陕甘宁边区文教大会通过的《关于发展群众读报办报与通讯工作的决议》，指示"各地尚未进行读报的识字组、变工队、合作社、妇纺组等，在可能的条件下，均应组织读报；各地区乡干部、小学教师、工作人员及一切文化工作者，均应积极组织这个工作，在工作中应该细心研究群众的兴趣所在，以便引起群众参加读报的热情；应该使读报工作与群众的生产、卫生、识字、娱乐及各种日常问题的解决相联系，并应注意培养群众中的积极分子，以便使读报组成为能够持久的团结群众推动工作的核心"。[③] 1944 年 12 月，陕甘宁边区政府参议会又提出，要"大量推广读报"，"各地尚未进行读报的识字组、变工队、合作社、妇纺组等，应尽可能组织读报"。[④] 在大家办报、大家看报方针的鼓励下，陕甘宁边区随之涌现了一万多人的读报群体。[⑤]

1－13　胜利的消息到处传

解放战争时期，随着解放区范围的不断扩大，比较完善的组织化读报机制日益推广，密切地配合了战争动员、土地改革以及社会治理等工作。到 1949 年新中国成立前夕，在《人民日报》发表的题为《和党报紧紧结

①　范长江：《关于华中文艺工作的几点意见》（1944 年），载中共江苏省委党史工作办公室、江苏省档案馆编《中共中央华中局》，中共党史出版社 2003 年版，第 244 页。

②　《西北局开会决定开展边区文化建设》，《解放日报》1944 年 4 月 23 日第 1 版。

③　《关于发展群众读报办报与通讯工作的决议》，《解放日报》1945 年 1 月 11 日第 4 版。

④　赖伯年：《陕甘宁边区的图书馆事业》，西安出版社 1998 年版，第 194 页。

⑤　周而复：《难忘的征尘》，文化艺术出版社 2004 年版，第 160 页。

合起来》的文章中，号召“每一个共产党员，每一个革命者，都必须把和党报紧紧联系结合作为我们经常的任务之一，在每一个工厂、学校、矿山、机关、农村……都必须把党报更深入地传布到群众中去，和群众结合起来”。[①] 到新中国成立后，组织化读报作为一种制度进行推广，从老解放区弥散到全国，成为了一种全民参与的日常化现象。[②]

从以上的粗线条梳理可以看出，中国共产党高度重视报纸宣传革命、鼓动民众的功效。从建党之初党就依托党组织开展读报活动，随着党组织网络不断完善、壮大，读报活动也不断得到推广，辐射范围也越来越大，参加读报的对象从早期的党的干部最终扩展到“每一个革命者”。这一过程，客观上也是中共以组织化的手段推动普通民众与报纸这种大众媒体联结的过程。

第四节　读报的流程

革命时期中共鼓励“群众读报”，主要是出于宣传鼓动的需要。为了达到这种效果，“读报”就不能是放任自流的行为，必须以组织化的方式加以规约。而这种组织化的特点，不仅体现在读报员的选择上，也体现在听报者的参与上，更体现在双方的互动上。

一　传者角度的读报

组织化读报首先要求选择好的读报人。在革命根据地所处的乡村地区，文化普遍落后，能够读报的人数毕竟不多，“主要是小学教员、乡文书和乡里识字的人”。[③] 因此，读报活动主要依靠这些群体展开。也有的地方识字的人很少，就“从不识字或粗通文字的人中间，选择成分好、政治觉悟高、说话流利的青年，作为读报员”，由小学教师帮助他们准备，

---

① 项伊：《和党报紧紧结合起来》，《人民日报》1949 年 9 月 12 日第 6 版。

② 王晓梅的《建国初党报领导下的“读报组”发展探析——以建国初〈解放日报〉“读报组”发展为基本脉络》一文对新中国成立后的组织化读报做了个案式的精考，可参阅《新闻与传播研究》2010 年第 6 期。

③ 周而复：《难忘的征尘》，文化艺术出版社 2004 年版，第 160 页。

事先给他们讲清楚，再让他们到别处去讲。[1] 当然，读报组的带头人也强调"须在群众中有威信，人们相信他的话"。[2] 否则，会给读报带来负面影响。如在浙东抗日根据地警卫三团，由于部分读报同志威信不高，所以他们在上面读时，下面就有个别调皮捣蛋的听众做鬼脸、打瞌睡，这对读报同志来说是一个很大的打击。[3] 在革命根据地的实践中，很多读报组同时也是通讯小组的成员，在"群众办报"机制中成长起来人数众多的通讯员是一支非常重要的新闻写作队伍，由于他们与报纸的密切联系和相对较高的文化素养，除了写稿之外，读报也是他们需要承担的一项任务。

选好读报的人很重要，而为了保证读报的效果，还必须对读报员提出若干读报要求：

1. 读报准备

读报员为了读好报，事先必须做好准备。如闽浙赣苏区各村辟有阅报室，室内放有苏区出版的各种报刊，区、村还配有读报员。当时要求，"区读报员每一期报来，应召集村读报员开联席会，解释报的内容，讨论读报的技术，并有计划的轮流检查各村读报工作"。[4] 据老报人胡绩伟追述，陕甘宁边区很多读报员结合自己的教师、宣传干事或者文工团员的任务，报纸来了之后先仔细阅读，还做一些必要的准备，因而每到读报的时候，就把读报会变成一次生动活泼的宣传教育会。[5] 陕甘宁边区华池柔远区五乡赵志义领导的读报组是一个模范读报组。为了做好读报工作，他甚至在碾麦的时候，还一手拉缰绳，一手拿着报纸在看。[6] 又如陕甘宁边区吴堡侯家塬读报组由张国宝、李世成、张侯谋三个人组成。开始读报的时候，李世成、张侯谋有许多生字不认得。他们就三个人轮流事先看报，每

① 刘松涛：《华北抗日根据地的农民教育工作》，转引自《人民教育》社编《老解放区教育工作经验片段》，上海教育出版社 1979 年版，第 235 页。

② 《冀东组织群众读报经验》，原载《晋察冀日报》1946 年 1 月 19 日，转引自朱志伟《解放战争时期晋察冀边区宣传民众工作述论》，河北师范大学硕士论文 2007 年，第 28 页。

③ 马青：《我们的读报小组》，原载《战斗报》1944 年 8 月 18 日，载浙东抗日根据地革命文化史料编纂委员会编《浙东抗日根据地革命文化史料选编》，1992 年印行，第 308 页。

④ 黄国诚：《闽浙赣苏区的文化生活》，载《二十世纪中国实录》编委会编《二十世纪中国实录》（第 2 卷），光明日报出版社 1997 年版，第 1879 页。

⑤ 胡绩伟：《青春岁月——胡绩伟自述》，河南人民出版社 1999 年版，第 203—204 页。

⑥ 马古荣：《华池柔远区区政府奖励赵志义读报组》，《解放日报》1944 年 11 月 26 日第 2 版。

十天开一次会，讨论研究不认得的字。通过这样的努力，他们慢慢提高了自己的文化，都能通顺地念读《抗战报》。然后由李世成给变工队的人读，张侯谋给拦羊娃读，张国宝给来往串门子的人读，听报的人总是在二十人以上。① 陕甘宁边区绥德的读报组也要求读报之前做好准备工作。在1944 年 3 月召开的各区文化干事和读报组长会议上，决定读报先念报上的大标题，随后选择部分重要的新闻慢慢地给群众读，还要解释给群众听。② 陕甘宁边区关中新正二区九乡南庄村在 1944 年 4 月成立起两个读报小组，有 21 个人自动要求参加。读报的前一天晚上，组长王保玺、王清海先仔细地读报纸，把重要的两三篇消息记在心里，第二天到地里干活时利用休息时间给大家讲，有时候也带报纸去读。大家听得非常高兴，竟然给他们唱起了赞歌："报纸真正好，老王讲周到，人人努力学，不要轻视了。"③ 晋察冀抗日根据地北岳区平山县的读报小组中，除乡村知识分子外，个别老年士绅亦主动参加。他们在读报之前集体进行准备，如读什么材料、以什么为中心、哪些材料向哪些人读，都先分别整理，再向听众讲解。④ 冀鲁豫抗日根据地的部队中，有很多以一个排或班来组织读报小组。连队文化干部负责把读报内容做上记号并分给小组长。为了解决读报小组长的困难，文化干事经常召开读报准备会。⑤ 浙东抗日根据地警卫三团的战士马青曾在《战斗报》上撰文记述他所在部队读报组的情形：该部每个班由一个文化水准较高的同志来负责读报。由于各个班读报员的文化水准不一，为了使大家能提高读报技术和看报水准，就将所有负责读报的同志组织成一个读报研究商讨组。《战斗报》一发下来，读报的同志马上集合在一起，商讨这期报纸的读报内容。之后大家轮流试读，练习读报时的姿势，纠正解释词句上的错误，力争读得活泼生动。该部在总结读报活动中的经验教训以及克服困难的办法中特别提到，为了避免读报的同志

① 李钧益：《吴堡侯家墕读报组读报写稿还办识字班》，《解放日报》1944 年 11 月 6 日第 2 版。

② 克悠：《绥德专署发出通知 提倡大家读党报》，《解放日报》1944 年 4 月 17 日第 2 版。

③ 《新正雷庄乡农村干部利用报纸推动工作 会写的和不会写的合作为党报写稿》，《解放日报》1944 年 6 月 1 日第 2 版。

④ 新华社：《北岳区读报工作普遍深入民间》，《解放日报》1943 年 8 月 29 日第 2 版。

⑤ 《如何进行时事教育》，载王时春编《旧踪百衲：王时春文稿辑录》，军事科学出版社 2003 年版，第 143 页。

1-14　青年战士读《抗敌报》

碰到生字或认白（别）字而被同志们找碴或有意为难下不了台，建议要使读报研究组更健全起来，不断加强开会读报制度，碰到难题随时反映，使自己在碰壁中提高一步。①

2. 读报内容

读报要取得好的成效，自然得考虑听众的口味，因此，读报的内容选择非常重要。在陕甘宁边区绥德县新店区，读报组刚开始读报时不注意内容的选择，结果听报的人就在下面拉家常、扯胡话。读完报后，问他们刚才读的什么内容，竟然一点也不知道。后来，读报组改变了策略，读报之前首先向群众了解爱听的内容，然后专门找一些他们最爱听的介绍生产方法和介绍模范的文章，结果反映很好。像读到郝家桥的变工队，群众说"咱们要好好搞"。读到刘培润的农作法，大家都说："咱们撒籽不对，按谷时用镢头尖掏一下，把谷子按下去，这种方法也不好，还是学刘培润钵钵掏的大、掏的深才好。"② 绥德县崔家湾区王梁家川的读报组每次读报时，读报员先把报上的标题念一遍，再问大家爱听什么。群众说读哪一段就读哪一段。读报时如果遇到不容易懂的地方，就改用俗话代替。读完一

① 马青：《我们的读报小组》，原载 1944 年 8 月 18 日《战斗报》，载浙东抗日根据地革命文化史料编纂委员会编《浙东抗日根据地革命文化史料选编》，1992 年印行，第 307—308 页。

② 蒲治民：《绥师部分同学将下乡帮助老百姓读报识字》，《解放日报》1944 年 6 月 4 日第 2 版。

段再把大意讲一下，讲的时候联系到群众实际生活举例说明。[①] 对于读报时如何挑选材料，冀晋抗日根据地提出两个原则：第一，要密切结合当前中心工作；第二，要真正为群众所喜闻乐见。在技巧方面，根据阜平、龙华等县的经验，要特别注意读报员的准备工作，把要读的材料，事先反复多看几遍，尽可能多联系本村的实事，讲完之后最好留出一点时间让大家漫谈，这样听众才不会觉得读报枯燥无味，留下的印象也更为深刻。[②] 冀中抗日根据地束鹿二区郭庄有一个模范读报组，读报人郭义昌、郭清远"了解群众爱听什么，知道怎么讲群众才能听得懂"，同时在读报之前自己先看一遍，遇到不懂的地方先和别人讨论清楚再去读报，从而使读报组引起群众的兴趣和好感，连六十多岁的老头都拄着拐杖来听讲。[③] 冀鲁豫抗日根据地的部队读报小组把读报的内容和当时的任务、战士的情绪思想以及文化程度结合起来，有区别地选择读报内容。一般的故事、新闻可在班排去读，社论之类可在全连进行诵读和研究。[④] 晋绥根据地十一支队的读报组还特别注意将读报内容和具体教育对象相结合。战士读报员孙广升给大家读了《张四娃思想弄通了》之后，接着就找落后分子谈话。看到有些战士不愿意擦枪，他就专门挑选相关的文章加以推动。战士读报员狄义勇因有人不相信报纸的真实性，他就把官庄场战斗的消息读给他听，那个战士听着和自己的亲身经历一模一样，高兴得连着要求读了三遍。另一战士说报上只登好的，他又给读了一篇丢枪的教训，那个战士以后就经常要求读报。[⑤]

3. 读报方式

根据地群众向来生活在比较封闭的社会环境中，自给自足的传统生存模式决定了他们对信息缺少需求，加之文化素养低下等原因，造成近代以来中国社会变局中应运而生的大众传媒对广大乡村地区的影响甚少，因此，报纸也就难以与底层民众的日常生活发生接连。在此背景下，要使广

---

① 昌之：《一个农村读报组的创办》，《解放日报》1944 年 9 月 24 日第 2 版。

② 刘松涛：《华北抗日根据地的农民教育工作》，载《人民教育》社编《老解放区教育工作经验片断》，上海教育出版社 1979 年版，第 235 页。

③ 《束鹿郭庄模范读报组读报方法值得学习》，《晋察冀日报》1946 年 2 月 24 日第 4 版。

④ 《如何进行时事教育》，载王时春编《旧踪百衲：王时春文稿辑录》，军事科学出版社 2003 年版，第 143 页。

⑤ 《晋绥十一支队利用读报解决实际问题》，《解放日报》1945 年 4 月 30 日第 2 版。

大民众接受听报行为，就必须在读报的方式上迎合他们的喜爱和需求。这个问题早在苏区时期的读报实践中已经引起注意。《红色中华》报在第216期"宣传工作介绍"一栏中，专门介绍了"瑞金下肖区官山乡的讲报工作"。编者认为官山乡的讲报工作开展得很有特色，因此介绍给大家。而这种特色主要就体现在讲报的形式上："废除了死板的念读，抓住了中心紧要的题目，讲完后再行问答"，中间穿插5分钟的"目前形势和胜利消息"的报告，或唱歌、唱小调、搞问答、做游艺、拉胡琴、变魔术……还有"画报讲演"也是引人入胜的宣传鼓动方式，把宣讲主题绘成图画，一看画就知道讲演的内容，所以受到大家的欢迎。[1] 抗战时期，根据地的读报工作开展得更为广泛，读报方式的形式创新也更为丰富，比如说唱这种切合群众实际的读报方式就非常普遍。老报人胡绩伟这样回忆陕甘宁边区的读报情形：读报的时候，除正式参加读报组的人以外，临时总有很多老人、妇女和儿童前来聆听。读报员一边读报一边作生动的讲解。对于一些故事，就像说书先生那样绘声绘色地讲说，对于一些唱词或歌谣，就边读边唱，对于一些新歌，就教大家一起唱，因此气氛非常热烈。[2] 延安第九行政组的读报组也很活跃。该组有66户居民，共216人。这些人当中，能读《解放日报》的有20人，能读《群众日报》的有25人，其余的不识字。由于读报人张健红用讲故事的方法来讲消息，引起了大家的兴趣，而且读报时间又不妨碍生产，所以很受群众欢迎。为了使群众听报时能知道地名，张健红还自己出钱买了地图，读报时将地图按在墙上，便于大家听报对照。[3] 《晋察冀日报》在报道阜平龙泉关的读报经验时，介绍读报员杜亚为了避免听众对外国的人名、地名记不住，于是就发挥自己的创造性，特意用中国的地名人名来做比喻，方便听众理解。[4] 1945年3月15日《解放日报》刊登了杨茂盛的《读党报和学文化》一文，介绍了作者读报纸的经验，认为由文化程度高的和低的配合起来共同读报也是一种有效的形式，文化低的口念，文化高的来解释，这种方法对于读报的兴趣和

---

① 刘维菱：《主力红军突围转移前夕的〈红色中华〉报》，载江西省文化厅革命文化史料征集工作委员会编《江西苏区文化研究》，2001年印行，第580页。

② 胡绩伟：《青春岁月——胡绩伟自述》，河南人民出版社1999年版，第204页。

③ 《第九行政组的读报识字组》，载中央教育科学研究所编《老解放区教育资料（二）抗日战争时期（下册）》，教育科学出版社1986年版，第64—65页。

④ 阜平抗联宣传部：《阜平龙泉关的读报经验》，《晋察冀日报》1944年6月1日第4版。

文化的提高起了很大作用。很多文化程度较低的同志，在这样读报的进行中得到了具体帮助，"不但根本丢弃了过去那种'害怕'的心理，而且相反的，往往还自动找报来读，或自己一人看"。① 在江苏的苏中抗日根据地，东台县祥丰乡的读报方法采用讲故事的方式，最受听众欢迎。有时还两三人轮流读报，辅以唱歌、表演，使大家不会感到单调厌倦。当群众的听报情绪低落时，又穿插一些三国、水浒等故事。这样大家都感到读报的需要。② 用说唱的方式来进行读报仍需要利用很多技巧。比如陕甘宁边区曲子县的南街读报组组长林老先生读报时声情并茂，讲到日军在山西太原抓壮丁运到太平洋上去打仗时，"激动得声音有些抖颤，听的人紧张的屏着呼吸，然而一会儿读到边区生产建设的消息，又使他们换上了一副笑脸"。③ 延安第九行政组的读报员张健红开始读报是念一段解释一段，群众听了感觉缺少连贯性。后来他先看报，综合报上的消息编出标题并写在黑板上，使群众了解几件大事，讲报时则像说书一样，指地图、做手势、举例子，听的人很容易理解而且感到很有趣，这样听读报的人便多起来了。④ 在晋察冀抗日根据地的中心——河北阜平县五里口村，读报员贾玉发事先研究报上的内容，认真准备之后再用土话讲出来，大家听了都很感兴趣。还有的村用闲谈方式去讲报，如阜平县的沙窝村读报组，读报人不一定带着报纸，而是把报上的内容一段一段地记熟，见哪里有人歇着，他就坐到哪里，用谈话的方式很自然地把报上的内容讲出来，收效不小。⑤

4. 读报态度

许多读报员把读报作为自己分内的工作，积极热情地参与，从而使根据地涌现出一大批读报模范。由于具有一定的文化基础，学校教员和学生往往有担任读报员的优势。陕甘宁边区延县沟门读报员、教师薛民锋为了

---

① 杨茂盛：《读党报和学文化》，《解放日报》1945 年 3 月 15 日第 4 版。

② 效中、象耕：《垦区祥丰乡推动工作的读报组》，原载《江海报》1944 年第 261 期，载中共大丰县委党史工作委员会等编《大丰党史资料（第 4 辑）》，1988 年印行，第 104 页。

③ 《曲子县民众教育馆办得好 成了群众文化活动核心》，《解放日报》1944 年 5 月 21 日第 2 版。

④ 《第九行政组的读报识字组》，载中央教育科学研究所编《老解放区教育资料（二）抗日战争时期（下册）》，教育科学出版社 1986 年版，第 68 页。

⑤ 许世平：《青年的责任在学习》，载高淑铭、许小明编《许世平纪念文集》，同心出版社 2004 年版，第 41 页。

1－15　读报

提高群众的听报兴趣，努力想办法满足他们的需求、增强他们的信心。有的村民反映干了一天的活，再集合听报累得很。他马上说："我到变工队生产的地方，你们吃饭时，我就读给你们听。"这样读了五次报，宣传了识字的好处，就把两个变工队的识字组也组织起来了。还有的人说："人家学得会，我是学不会的。"薛民锋就说："一天学一个字，三年可以看懂《群众报》（边区），一天学三个，一年就可以看懂《群众报》（边区），人家一天学三个，你一天学一个字总可以吧！"这样群众识字听报读报的信心就树立起来了。① 关中区淳耀柳林镇夜校学生崔裕秀，每逢旧历十月十五日香山庙会时，他就拿着报纸，跑三十多里去给香客们讲读。他在《解放日报》上撰文说："天黑哩，我又提灯爬到山顶上，找到三十多个人，利用晚上，给他们念报。当我念到人民要求彻底改组国民政府的消息，一个从友区来的香客老太婆含着眼泪说：'我家三个女人，成天成夜熬工纺线，卖了还不够交捐税，你们看这日子怎样过哩？'我又给她们谈边区要老百姓做到人财两旺，过好日子，办老娘婆新法接生训练班，有两个四十多岁的女人听了，都羡慕边区是世上的一个天堂。"② 还有一些读报员是在学文化的过程中意识到读报的重要，从而自觉地发展为读报

---

① 《延县沟门教员薛民锋同志组织群众读报识字 总结五点教学经验》，《解放日报》1944 年 5 月 27 日第 2 版。

② 《淳耀夜校学生崔裕秀到庙会给群众读报》，《解放日报》1945 年 2 月 1 日第 2 版。

员。陕甘宁边区赤水县二区四乡后沟里读报员李增福上冬学识了四百多字，冬学结束后，他还能积极学习，乡政府就送给他一份《关中报》，要他一边继续学习，一边给沟里人读报。于是每当下雨天，或者在午饭时，李增福就给大家读报。他平常还把报带在身上，走到哪里读到哪里。有一次，他给妇女们读了其他妇女争着给伤兵洗衣服的消息，当时就有妇女感动地说：“可惜伤兵不在咱这里，在这里，我也要给他们洗衣裳。”移民王顺德听了他读《崔宋娃背伤兵》之后，后悔地说：“唉，我那天去迟了，去早也一定要背几个。”他还把报上的药方记录在本子上，学着给群众看病。孟家湾王向富有病，请他去看，他一面给人读报，一面宣传讲卫生。① 陇东根据地庆阳县高迎区妇联会主任刘克秀在四个月内学会了四百字，结果无论到什么地方都带着书报，下乡时就给妇女们读《边区群众报》。② 陇东地区华池白马庙的劳动英雄石怀玉，本来是一个字不识的文盲，1944 年 5 月才正式开始学字，三个月就学会了三百五十个字。他不仅自己学字，同时还推动和领导了变工队的读报组织。“每逢报到区上，他就召集队员都到区政府听，由赵区委念。”“等大家忙了的时候，石怀玉一人去听，他听了上山生产时，再讲给大家听”。③ 这些鲜活的个案，无不反映出读报员对待读报工作认真、热情的姿态。

二　受者角度的读报

抗战时期，中共的新闻理论逐步成熟，明确提出了“群众办报”的口号，并提出了“大家办报、大家看报”的要求。于是，通过读报活动尽可能地把群众组织起来就成了一项重要的任务。然而，革命根据地地处农村，读报的听众基本上都是农民，他们平时忙于生产劳动，另外，客观上报纸离他们的日常生活也比较遥远，所以在农村发展读报的听众并非易事。为此，除了前文所述使读报的内容尽量贴近群众需求外，革命根据地还采取了其他的一些必要措施来推动读报活动。

1. 读报安排

为了不影响群众的生产、工作和生活，组织读报就必须考虑合适的时

① 徐明：《赤水移民李增福热心读报群众爱听》，《解放日报》1945 年 10 月 16 日第 2 版。

② 《高迎区妇联主任努力文化学习助民读报》，《解放日报》1943 年 1 月 8 日第 2 版。

③ 蒋南翔：《陇东文化运动中的新人物》，《解放日报》1944 年 10 月 2 日第 4 版。

间和地点。

　　据周而复介绍，陕甘宁边区的读报组大半是与生产相结合的，劳动组织的变工队同时也就是读报组。在劳动闲余的时间进行读报，既不必重新

1－16　打谷场上读报

召集人，也节省了时间。① 陕甘宁边区绥德县崔家湾区王梁家川村在1944年成立了读报组。参加听读报的主要是变工队的成员，逢五逢十就在中午休息时读报，地点就在村里学校旁边的空场上。参加者听到钟声后自动迅速集合，每次读报的时间大约40分钟到1个小时。② 陇东庆阳三十里铺小寨村读报组长谢恩洲一字不识，但对读报很热心。由于他的年纪较大，村子又零散，挨户叫人读报不方便，于是就想出个新鲜办法：临到读报那天，头晌就把一面鼓晒得干干的，赶晌午"咕咚咚"一阵敲，全村便知道要做啥。头遍鼓是吃饭鼓，二遍鼓催人收拾家具，等到鼓响三遍，十几个庄稼汉一阵子都跑到村边的大槐树底下。群众都称赞他："老组长想的真周全，早把阴凉处扫得干干净净，美气得很。"③ 陕甘宁边区新正县龙头村的读报组长、退伍军人孙邦礼，每当接到乡政府给他的报纸后，就带在身边，只要看到有人，不管是在地里做活还是休息闲谈，就给大家读报。回民乡读报组长王世英，多半利用饭前的一点时间读报，他甚至还利

　　① 周而复：《难忘的征尘》，文化艺术出版社2004年版，第160页。

　　② 赖伯年：《陕甘宁边区的图书馆事业》，西安出版社1998年版，第195页。

　　③ 华山：《不识字的贫农宣传队》，《解放日报》1944年10月3日第4版。

用举行乡民葬礼的时候，在人群集中的地方读报。[①] 老报人胡绩伟回忆，《边区群众报》曾以读报组为核心组织过几次生产娱乐相结合的月光晚会。第一次是在关中地区的一个村里，当时正值中秋，生产互助组把玉米棒子掰下来堆在场上，忙不过来脱粒。读报组就组织了一个劳动和读报相结合的月光晚会。大家先把大堆的玉米分堆成一个个小堆，全村能劳动的男女老少都团团坐在玉米棒小堆的周围，一边劳动一边娱乐。劳动是用两个玉米棒子相互搓擦使玉米粒脱落下来，娱乐是宣传时事、说评书、讲故事、唱小调、教新歌，啦啦队的叫声此伏彼起，掌声笑声融成一片。大家在银色的月光下，不到一个钟头就把成山的玉米棒剥完了，全村老少快快乐乐地完成了生产任务。[②] 为了不影响大家的生产劳动和日常生活，1944年4月17日的《解放日报》曾经刊登了安塞区的读报经验，其中一条就是读报之前要认真了解听众的工作安排，这样才能避免他们的反感并激发兴趣。[③] 由此，很多读报活动都是见缝插针地进行的。如在延安的教堂里，有的时候还利用农民教徒人未到齐、尚未开始弥撒的空余时间进行读报。[④]

晋察冀抗日根据地的读报方式也非常灵活。有的村庄是在开会前人还没有到齐的时候读报，等人到齐马上开会。有的村庄在民校上课前读报，这种形式在当时是最普遍的，报纸成为了民校政治课、生产课的主要教材。平县七区的读报组在生产时把报纸带到农田里、河滩里，利用休息时间读报，读报组有时还把报纸带到山坡上读给放羊、种田的人听。根据地的部分游击区因为环境严酷，不能成立大规模的集体读报组，于是就采用由几个青年知识分子看报，然后再向群众宣传。如果敌人来了，青年们便下到地道里读报。[⑤] 屋顶广播也是扩展读报效果的好方式。晋察冀的许多村庄一到天黑的时候，都有青年负责站在屋顶或高架上，用白铁卷成的扩

① 杨宗万、郭克学、文正明：《新正龙头退伍军人孙邦礼不拘形式随地读报》，《解放日报》1945年11月25日第2版。

② 胡绩伟：《青春岁月——胡绩伟自述》，河南人民出版社1999年版，第204页。

③ 《在县抗联会倡导下安塞成立市民读报组 商人店员家庭妇女都很高兴学习》，《解放日报》1944年4月17日第1版。

④ 周而复：《难忘的征尘》，文化艺术出版社2004年版，第160页。

⑤ 许世平：《青年的责任在学习》，载高淑铭、许小明编《许世平纪念文集》，同心出版社2004年版，第41—42页。

1 – 17　午憩

音喇叭喊："注意啦，现在开始广播！"各街各户不管原来有什么杂乱的声音，一听到招呼都立即安静下来：正在浇水的把辘轳停了下来；吃饭的端着饭碗上到平房顶上边吃边听；谁家的孩子哭了，大人们便哄着说，"广播开始啦"，孩子也就不哭了。大家已经习惯利用这种方式细心倾听边区和国内外新闻。[①] 农忙时节为了不影响读报，解放战争期间晋冀地区的读报组就分散活动，采取"报纸下山、报纸下滩、报纸下乡、报纸长腿"等办法，随生产季节组织形式而转变，由集体到分散，由固定到流动，坚持读报活动不停止。[②] 个别地方还专门设置了读报的场所，为读报创造了更好的环境。晋察冀边区平山县洪子店是个大集镇，为了方便赶集的人听报，村里集资一千多元在镇北庙中开了一个讲报馆，馆里张贴着世界、中国、欧洲、太平洋的抗战形势地图和《晋察冀日报》，地图上面写着"天下大事分明"六个大字，两边还贴着对联："敌后战场到处胜利，共产党救国救民；正面战场节节败退，国民党腐败无能。"第一次开讲就吸引了五六百人，集上的交通都被听报的人所阻塞。[③] 解放战争时期的冀

---

① 齐一丁、刘国华：《晋察冀边区的青年运动》，载《晋察冀抗日根据地》史料丛书编审委员会编《晋察冀抗日根据地第二册（回忆录选编）》，中共党史出版社1991年版，第81页。

② 马杰：《目前冀晋地区的黑板报读报组和屋顶广播》，《新群众》1946年11月25日第三卷第1期，山西省档案馆馆藏编号Z1 – G1 – 286。

③ 傅方式：《洪子店创办讲报馆》，《晋察冀日报》1944年11月18日第2版。

中根据地定县北瞳读报组根据广大民众的生活习惯，读报时选择"在人们自然凑伙的地方和时候讲，如安平杏贡在'场里''茶铺里''槐树下'成了三组"①。读报时间也安排得恰当合理，如有的读报组读报时"时间是在晚饭后，谁也不找谁，出入随意，这样避免了时间上的限制"。② 还有的碰到天气不好时，就选择在家中的炕头上，同时听读报的人不硬性规定，在自愿的前提下来听报。在读报过程中，抓住"群众不愿受拘束的心理，读报组便成为了大家歇乏解闷的场所"。③

读报在部队中也非常普遍。早在中央苏区的红军连队中就有"飞行读报员"。在战士聚集的地方，贴上关于举行读报的地点、时间和读报内容的布告。然后，飞行读报员拿着报纸到处跑："同志们听胜利消息，某团某连打了胜仗，消灭了多少国民党军队，缴了多少地主武装的枪支，分给了农民多少田地和财产……"不等人散，他又跑到别处读报去了。④ 在豫皖抗日根据地的部队中，读报也随时随地进行。当地的《挺进报》印数最多时仅两三千份，但每份报纸的读者却很多。如新四军第五师各连队都组织有三四个读报小组。在学习会上、行军途中，甚至在战斗间隙开展读报活动。在大山寺战斗中，《挺进报》的火线版一送到阵地，连指导员和读报组抓紧战斗空隙，在战壕里宣读，宣传员还利用报上的材料向敌人喊话，展开政治攻势。⑤

2. 开展讨论

组织化读报带有浓厚的苏俄经验，其中一个典型的特征就是读报并不是传者到受者的单向信息流动，而是以讨论的方式强调传受双方的共意建构。对此，俄国革命活动家加里宁曾在《论共产主义教育》一文中专门

---

① 《为了自卫战争的胜利农村宣传工作立即动员起来》，原载《冀中导报》1946 年 8 月 22 日，转引自朱志伟《解放战争时期晋察冀边区宣传民众工作述论》，河北师范大学硕士论文 2007 年，第 28 页。

② 《北瞳村的模范读报组》，原载《冀中导报》1946 年 5 月 21 日，转引自朱志伟《解放战争时期晋察冀边区宣传民众工作述论》，河北师范大学硕士论文 2007 年，第 28 页。

③ 《定县北瞳读报组走群众路线坚持常年》，原载《冀中导报》1947 年 7 月 1 日，转引自朱志伟《解放战争时期晋察冀边区宣传民众工作述论》，河北师范大学硕士论文 2007 年，第 28 页。

④ 江西省赣州地区志编纂委员会：《赣州地区志》，新华出版社 1994 年版，第 2690 页。

⑤ 鄂豫边区革命史编辑部、《湖北日报》社：《楚天号角：抗日战争和解放战争时期鄂豫边地区的革命报刊》，武汉大学出版社 1990 年版，第 63 页。

介绍自己的体会："40 年前我自己就当过读报人。当时在我那个秘密小组里，一共有十四五个人。假如我只是读报，那事情就行不通了。我的办法是，读报只读 15 到 20 分钟，以后就让大家来讨论。我问道：'怎样，你们懂得这个或那个问题吗？'有人回答说：'不懂。'我说：'那我们就来弄清楚'，于是大家座谈起来。一个钟，一个半钟，或者更多的时间不断地过去。当我读着的时候，听的人一个也不打瞌睡，因为他们都知道，读完之后就要进行讨论。"① 以讨论的方式进行读报，不仅能使读报进行得生动有趣，而且可以导引读报的意图，巩固读报的成效，因此，革命根据地的读报活动也就非常强调讨论的重要性。那么，讨论又是如何展开？可以看一个赣东北苏区某村群众读《工农报》的例子：

（1931 年）一个初冬的晚上，（赣东北苏区）列宁小学的赵老师手拿一张《工农报》，正在读报组给大家念一篇关于进一步积极开展节省运动帮助战争经费的社论。念完，他又把社论的精神概括地讲了一遍。

年过半百的老三伯说："我们要积极响应省苏维埃政府的号召，全村来一个节省运动。"

"老三伯说得对，全村来一个节省运动，我们妇女保证不落后。"村妇部长方金香说。

"好了，大家等会再讨论，下边我再念两段。"等大家静下来后，赵老师又用洪亮清晰的声音念道："《值得大书特书的德兴县苏节省成绩》：……从去年十一月至今年二月止，四个月中在伙（食）、杂（费）、临（时）项下，共节省出大洋三百三十六元……各县县苏应该与德兴县苏举行节省比赛，节省不必要的开支，来帮助战争经费的充裕！"

赵老师停了停，说："下边是关于葛源全区妇女在节省运动中做出的成绩：'本月九日，葛源开全区妇女群众大会……最后讨论节省用费帮助战费问题。各乡妇女都很充分的了解节省运动的政治意义，都当场自动承认帮助战费数目，计葛源街乡廿五元五角……共计一百

---

① ［苏］加里宁著，陈昌浩译：《论共产主义教育》，中国青年出版社 1950 年版，第137 页。

二十元八角零三分。'"

"嗬！不简单！"有人不禁发出赞叹。

"下边是个人节省开支帮助战费的典型。"赵老师说了声，继续往下念，"……其中个人节省大洋一元帮助战费的，有葛源街乡周福蓝、蒋春花、刘田荣；考坑乡彭蓝花、许长英、杨有香；枫树坞乡张春香、张香莲；……这些妇女这样热烈的节省用费来帮助战费，真是瓜（呱）瓜（呱）叫，都应该写在红板上！"赵老师越读越起劲，一口气把这段报道念完。

于是，读报组里的人你一言我一语，热烈地议论开了。

又是老三伯先开口。灯下，他那饱经风霜、留下了苦难印记的古铜色的脸庞，显得好像年轻了许多。他一边磕着烟屎一边兴奋地说："听刚才赵老师读的，人家都那样节省开支，帮助战费，难道我们就甘心落后？"他把竹烟筒插回腰间，继续说，"我积在那里准备今年做件新棉袄的两块钱交给政府，帮助战费。"他指着身上那件打破补丁的棉袄说："反正我这件旧棉衣，冬天还可以对付过去。"

……

"赵老师，就这么定，我做主，老两口一人一块，你来给我记上，明天就交。"老三伯头一个报了。村妇部长方金香站起来说："我们妇女一定要走在前头，向葛源区的妇女们学习，向老三伯学习，勤俭节约、精打细算，安排好家庭生活，把省出来的钱交给政府，帮助战费。"她停了停，把手一扬说，"我出一元二角。"

读报组里显得更活跃了。妇女们一个接一个争先恐后地自报了帮助战费的数字。[①]

读报员与听众之间、听众与听众之间的共意就在这样的讨论互动中达成了。

在抗战以及解放战争期间的大规模组织化读报活动中，讨论始终是一个非常重要的环节。如陕甘宁边区安塞马家沟村的模范读报组一个月之中就举行读报与讨论13次（每两晚读一次），读了15篇文章，讨论了怎样

---

① 周德华：《读〈工农报〉》，载中共横峰县委编《赣东北红区的斗争（第2集）》，江西人民出版社1978年版，第86—89页。

1－18　读报讨论

实现农业第一的口号、怎样使本村更模范、怎样使全村男女老少都有组织地劳动，讨论了本村变工组之间的竞赛，讨论为毛主席代耕等问题。大家都用心听，热烈讨论，常常因为大家兴趣高涨而一直讨论到鸡叫。① 1946年3月23日晚饭后，该读报组读到李兆麟同志被国民党反动派杀害的消息，大家非常愤慨。代表主任张中和说："老百姓听说和平就喜欢，听说这号事情就生气！"温汉生和他旁边的人议论着："政协会解决了的事情，反动分子又想反哩！""反动派安上的心根本就想害人民！"年纪较老的谢开诚带着警告大家的语气说："注意！他们（反动分子）说的老好听，做的都是坏事！"年轻的温汉生和劳动英雄陈德法都坚决地大声说："咱们不能让他这样乱干去，要斗争！""对！对！"屋里又嚷又叫，议论不休，情绪非常高涨。② 晋察冀抗日根据地唐县三区下庄的青年读报组有20多个人，他们读报时采用启发式，读一段就让听众提出问题，随时能解答并展开讨论，场面活泼生动。③ 通过讨论环节，即使是不识字的民众也能知晓报纸的内容，并且明晰主观上的偏向。于是，通过读报的耳濡目染，"文盲民众都能运用一套漂亮的术语，什么'可能范围''倾向''观念'，使

　　① 午人：《安塞乌家沟村的读报组推动了生产提高了群众的文化水平》，《解放日报》1944年3月24日第1版。

　　② 翟自强：《安塞马家沟读报组痛悼李兆麟同志》，《解放日报》1946年3月29日第2版。

　　③ 许世平：《青年的责任在学习》，载高淑铭、许小明编《许世平纪念文集》，同心出版社2004年版，第41页。

你粗听起来不相信他是目不识丁的老百姓"。① 此外，这种读报的讨论还不仅仅限于态度的共识，还常常往下一步如何行动方面延伸，由此，观念引发行为也就顺理成章了。

第五节　读报的管理

尽管各个历史时期的革命根据地开展读报活动有先后，规模有大有小，但都得到了各级党政组织的大力支持，还出现了一些有特色的组织管理办法。

一　设立读报制度

要让读报活动经常性、普遍性地开展，就必须以制度化的形式加以保障。中共领导人很早就意识到这个问题。如在赣东北苏区（后称闽浙赣根据地），当地的革命领导人方志敏非常重视读报工作，1932 年 5 月，赣东北苏区恢复成立了读报委员会，并修订了《指导群众读报条例》：

> 第一条，为要加强对苏区向工农群众的政治教育，提高群众的政治水平起见，将苏区内各种报纸（红旗报、列宁青年报、工农报、红军报等），所载的文章消息传达到广大工农群众中去，使他们完全了解。组织读报会是主要办法之一，省苏政府认为有指导群众读报的必要，特制定本条例。
>
> 第二条，每村组织一读报会，凡是革命男女群众自十岁以上均须加入，十岁以下者听其自愿。读报会主任由村苏主席兼任（或其他人兼亦可）。有俱乐部的村乡，读报会即附属于俱乐部，是俱乐部组织的一部分。
>
> 第三条，每村设读报委员一人，就该村挑选识字较多者担任，最好由工农补习夜校教员担任。
>
> 第四条，每区设读报指导员一人，直属区文化委员或由文化委员兼任，或就该区中挑选文化程度较高者担任。

---

① 吕良：《边区的社会教育》，原载《战时教育》1938 年第 9 期，载陕西师范大学教育研究所编《陕甘宁边区教育资料（社会教育部分上册）》，教育科学出版社 1981 年版，第 13 页。

第五条，每县设读报总指导员一人，直属县文化委员会或由文化委员会主席兼或由各该县县苏秘书长担任。

第六条，县读报总指导员均由县苏文化委员会指定。

第七条，读报总指导员每七天须召集各区读报指导员开会一次，即读七日内出版的各报，并解释各报上所载的文字（章）消息的内容及疑难字句。

第八条，区读报指导员到县开会之后，即须召集全区读报委员开读报会，同时详细解释报纸上所载的文字（章）消息的内容（读报后并须将报纸张贴于阅报处），并对于能够读报的群众负指导及解释的责任。

第九条，村读报委员参加全区读报委员会回来，即须召集全村群众开读报会，清晰明朗的读给群众听，同时详细解释务使群众明了报纸上所载的文字（章）消息的内容（读报后并须将报纸张贴于阅报处），并对于能读报的群众负指导及解释的责任。

第十条，村读报委员纯尽义务，区读报指导员每月由区苏给大洋两元，作为津贴。各区读报指导员开联会的伙食由县苏担任，各村读报委员开联会的伙食，由省苏每月津贴每区大洋叁元，乙种米票五张。

第十一条，红军赤警师中，每连组织读报会，读报指导员由连指导员或连部司书担任。游击组织读报会，读报指导员由队指导员或司书担任。各机关（如红军医院、残废院等），各工厂（如被服厂、兵工厂等），均须组织一读报会，读报委员由各该机关工厂内秘书或文书担任。读报委员之任务与村读报委员同。①

从以上规定可以知晓苏区组织读报活动的大略：读报活动紧密依托县、区、村各级党政组织，并在其指导下有序开展工作；读报人员由县区相关职能部门指定，自上而下地分层传达信息；明确提出十岁以上的革命男女群众必须参加读报活动；读报活动要求在农村、工厂、军队、机关等各个基层组织全面展开；党政部门需要对开展读报活动提供必要的物质支

---

① 《指导群众读报条例》，载江西省档案馆编《闽浙赣革命根据地史料选编（上册）》，江西人民出版社1987年版，第562—563页。

持；读报有具体的目标要求，即朗读并详细解释苏区内各种报纸上所载的消息，使广大工农群众完全了解。客观地说，在当时的条件下，要完全达到条例的要求是不现实的，但条例毕竟也折射出赣东北苏区对读报活动的重视，其施行成果不容低估。在闽浙赣革命根据地，由于普及了小学教育，九岁至十五岁的学龄儿童大多进入列宁小学学习，成人教育也普遍开展，他们都可以是读报活动的积极参与者。1933 年下半年，在"左倾"激进路线影响下，省苏维埃文化部甚至提出参加工农补习学校的成人要达到 2 万人，参加识字班的达 4 万人，还有 10 万人要参加固定的读报小组。鉴此，当时苏区苏维埃政府办的一份报纸《工农报》提出要将发行量增加到 1 万份，并对各县发展《工农报》固定读者的数量提出了具体要求，规定每十人成立读报班或读报组，订报一份，让不识字的人也可以加入，由识字的人讲给他听。① 虽然该计划超越了读报活动的现实条件，但仍能从其设想中感知当时闽浙赣革命根据地开展读报的澎湃热情。

二　建立读报组织

苏区就建有很多读报团。如闽西苏区的读报团有以下五个特点：1. 坚持以群众自愿加入为原则。在组织读报团前，做好充分的宣传工作，使群众深刻了解组织读报团的意义和作用，做到自愿加入读报团参加学习。2. 以乡为单位进行组织。各乡读报团设主任 1 人，负责组织、分配宣传品，以及指导推动各小组工作。各读报小组由 5 至 10 人组成，以日常生活比较接近的编成小组，以利于学习和开会。3. 成员以工农为主。凡工人、雇农、贫农、中农及其他人，都可参加读报团。4. 组长负责组织读报活动。每个读报小组推选组长 1 人，负责召集会议，保存和宣读宣传品。5. 各机关均建立读报团。县、区各机关都建立读报团，同时把公差伙夫等不识字的工作人员组织起来，指定专人负责读报。②

读报团组织起来以后，有计划地开展读报活动。读报团根据工农群众午饭后或晚饭后这段较空闲时间进行读报活动。同时，在乡村中选择较集中的地方为读报活动地点。读报团除进行读报活动外，还鼓励群众订阅报

① 《闽赣浙省苏维埃教育部关于七八两月文化教育工作的突击计划》，载江西省档案馆编《闽浙赣革命根据地史料选编（下册）》，江西人民出版社 1987 年版，第 451、455 页。

② 谢济堂：《闽西苏区教育》，厦门大学出版社 1989 年版，第 45 页。

刊，以及经常张贴报纸在识字处或坪场上，让群众自由阅读。读报团还指定专人负责看图识字栏，每天坚持改换。各乡文委、读报团主任、读报小组长经常和团员谈话；了解群众对目前政治形势的认识，以及统计报刊发行的数量等，经常检查读报团的工作成绩，或发现问题加以改正。① 1930年到1933年，毛泽东同志曾经三次到闽西苏区的才溪乡进行社会调查，在后来成文的调查报告中，他这样描述上才溪的读报团工作："读报团，设于俱乐部内，有一主任，逢圩日（五天一圩）读（《斗争》《红中》及《通知》《阶级分析》）等。每次最少五六十人听，多的八九十人。"在下才溪，也设有读报团，五天逢圩日读一次报。② 读报团的任务是把苏区的报刊如《红旗》《红报》等读给不识字的工农群众听，使他们了解政府的政治主张和斗争策略，并能用实际行动去贯彻执行。在对群众进行政治教育的同时，又可以使工农群众提高能读、能写的程度。③

读报团的形式后来演变为读报组，组织起来更加方便。特别是在抗战以及解放战争时期，随着"群众办报"路线的不断明晰，组织化读报成为一种逐渐普遍的文化活动，各个革命根据地涌现了数量众多的读报组。据中共领导人李维汉回忆："当时的读报识字组最受群众欢迎的有四种类型：一种是以生产组织建立起来的读报识字组，它主要依靠劳动英雄或变工队负责人领导，组织村学教员、学生、政府干部当教员，实行民教民的办法；一种是以小学校为中心的读报识字组，这种类型的识字组主要是靠'小先生'开展工作。'小先生制'既适用于分散的农村，也适用于小城镇，既可按小组活动，也可深入到家庭对妇女儿童进行教学，方式灵活多样；还有一种是民教馆领导的识字职业教育，学生不脱离生产，一边读报识字，一面学习手艺，很受群众欢迎；第四种是个人创办的读报识字班。读报识字组在1943年至1944年发展较快，最高时达五六万人，尽管也有强迫命令的事情发生和放任自流的现象。尽管如此，但农民的读报识字教育成绩是很大的。"④ 由于读报组组织形式比较灵活，有的根据居住地点

---

① 谢济堂：《闽西苏区教育》，厦门大学出版社1989年版，第45—46页。

② 毛泽东：《才溪乡调查（1933年11月）》，原载《斗争》1934年2月23日第48期，载《毛泽东文集》（第一卷），人民出版社1993年版，第341—342页。

③ 《闽西苏维埃政府文化部关于组织读报团的通知（1931年5月7日）》，转引自谢济堂《闽西苏区教育》，厦门大学出版社1989年版，第45页。

④ 李维汉：《回忆与研究（下）》，中共党史资料出版社1986年版，第578—579页。

接近组成读报组，有的根据生产劳动接近组成读报组，因此其普及面最广，群众的参与度也最高。如晋绥边区兴县二区李家湾村组织 124 人参加读报，这些人又按不同情况分为八个组，其中基干民兵一个组，主要读民兵与生产的材料；群众两个组，主要读劳动英雄生产的报道；妇女四个组，主要读妇女劳动英雄生产的消息；二流子一个组，主要读二流子改造转变的新闻。① 这样可使得读报便于联系实际，更加有针对性。

在革命根据地的一些文化机构中也有组织起来的读报活动。如在中央苏区，在苏维埃政府的积极鼓励下，很多区、乡、村都设立了俱乐部。俱乐部组织内一般设有组织股、游艺股、展览股、讲演股、文化股。其中文化股主要负责墙报和讲报。② "俱乐部里经常开展各种形式新颖、内容丰富的活动，如做政治报告、讲故事、演戏以及举行各种文娱晚会等。其中比较经常开展的活动是读报学习会和识字组，帮助群众了解时事政治，学习文化。"③ 规模比较大的俱乐部设有讲报队，有总队长一人，分队长若干。"总队长将各种报纸屡期的要文，选择出来，交给分队长，到各夜校小学等去，用讲故事的方式讲给学生听。"④ 之后，再由学生组成讲报队，流动宣讲。在苏区的许多乡村，利用晚饭后的一至两个小时，召集各家各户群众，自觉地有组织地学习报纸的社论、新闻、生产知识、好人好事。俱乐部的读报活动，对苏区扩大红军队伍、拥军优属、购买战时经济公债，以及配合革命战争和苏维埃建设的各项工作，发挥了很大作用。⑤

军队是革命根据地最重要的一支革命力量，读报活动自然也必须在部队中开展。1939 年 6 月 27 日，八路军发布《第十八集团军总部关于加强时事教育的训令》，指示"应在部队中严格建立读报工作，以加强对时事的教育"。具体要求有：1. 所有营以下干部，分小组组织起来，指定识字

---

① 阮迪民、杨效农：《晋绥日报简史》，重庆出版社 1992 年版，第 91 页。

② 中央教育部：《俱乐部的组织与工作纲要》（1933 年 6 月），载江西省文化厅革命文化史料征集办公室、福建省文化厅革命文化史料征集办公室编《中央苏区革命文化史料汇编》，江西人民出版社 1994 年版，第 223—225 页。

③ 谢灼华：《中国图书和图书馆史》，武汉大学出版社 1987 年版，第 320 页。

④ 中央教育部：《俱乐部的组织与工作纲要》（1933 年 6 月），载江西省文化厅革命文化史料征集办公室、福建省文化厅革命文化史料征集办公室编《中央苏区革命文化史料汇编》，江西人民出版社 1994 年版，第 224 页。

⑤ 谢灼华：《中国图书和图书馆史》，武汉大学出版社 1987 年版，第 320 页。

的人读报、书，必须读完并将社、专论加以讨论。2. 所有连排干部以连为单位由指导员、文化教员朗读重要社论、专论，加以讨论，编成教材上课。3. 所有连队战士以排为单位朗读社、专论及重要消息。4. 责成政治机关定出读报时间，每天一小时。5. 发动读报的热潮，深入解释读党报重要，鼓励与组织读报为党宣传。干部以身作则，并进行点名，不到以缺课论，屡次不到者上黑板。其余可在课外、工作中读报办法。以上办法务须切实执行作为制度，不得敷衍了事。① 1942 年 10 月 6 日《解放日报》报道了驻军"刘堡"团认真传达西北局关于报纸工作的决定，以连为单位实行集体读报制。旅部政治部还派人深入各连队调查、了解模范的读报

1—19   战斗间隙读报

者和不看报纸的，分别给予奖励和批评。② 1944 年，广东东江纵队组织读报工作时规定：1. 各单位各连队于接到报纸后，必须有计划地组织读报工作，开展讨论以收教育群众之效。2. 组织能读报的群众成立读者会，研读每期报纸的重要论文、首长的谈话与文告。这种研读就应当有指导员、服务员或其他干部同志的参加，使读者会的群众都能了解其中心内容并与实际工作联系起来。读者会群众的第一步实际工作，就是要分别向不能读报的群众朗诵重要文章及进行解释，对稍能读报的群众帮助其进步。3. 每期报纸的重要文章必须采取为上政治课的重要教材，联系实际在队

---

① 中国人民解放军历史资料丛书编审委员会：《八路军文献》，解放军出版社 1994 年版，第357 页。

② 赖伯年：《陕甘宁边区的图书馆事业》，西安出版社 1998 年版，第 200 页。

员中展开深入的讨论。4. 组织部队驻地的群众读报工作，尽可能在街衢要道张贴报纸供众阅览，除推销外仍须借给群众轮流传阅，政权工作者、民运工作者、部队的干部人员都应实际到群众中去指导与群众组织读报工作。①

三 加强读报管理

对于身处传统社会的民众而言，读报、听报在他们的日常生活中是一种非常陌生的行为。中共出于革命鼓动的需要，需努力促进两者之间的联结，所以就在管理上采取了一些措施来推进读报工作：

1. 注重人员管理

为保证读报实效，就首先要加强对读报人员的管理。1933 年《青年实话》第 2 卷第 8 号刊登文章提出，在乡和区要找出合适的一间房子作为读报室。读报室要设立管理委员会经管一切购报读报事项。管理委员会每 5 天或 7 天召集全体队员来读《青年实话》《斗争》《红色中华》。② 1944 年 3 月，陕甘宁边区绥德市召集各区的读报组长开会，决定每次读报都要点名，读完报后组长要写《读报录》，把大家提的意见寄给市委。③ 1943 年 11 月，陕甘宁边区吴堡刘家沟区在召开的乡长联席会上专门讨论了农村读报问题，并作了具体决定：每期报纸下乡后一定要读给群众听；每村开始时最少要有 70 人听报，村干部必须参加；乡长、文书要负责检查读报情形，群众有何反映要随时记下，汇报给区上；报纸下乡后各村挨次轮流传读，不得耽误时间。通过这样的管理办法，该区的读报活动就广泛而又经常地开展起来了。④ 1944 年，浙东抗日根据地规定，班排长要帮助读报同志落实每个同志都来听报，缺席二三次不听就要登报批评。⑤

2. 开展读报竞赛

以竞赛的方式烘托读报氛围也是革命根据地的一种尝试。1943 年 11 月陕甘宁边区吴堡刘家沟区在讨论农村读报问题时提出要开展读报竞赛，

---

① 《东江纵队志》编辑委员会：《东江纵队志》，解放军出版社 2003 年版，第 661 页。

② 程沄：《江西苏区新闻史》，江西人民出版社 1994 年版，第 163—164 页。

③ 克悠：《绥德专署发出通知 提倡大家读党报》，《解放日报》1944 年 4 月 17 日第 2 版。

④ 赖伯年：《陕甘宁边区的图书馆事业》，西安出版社 1998 年版，第 194 页。

⑤ 马青：《我们的读报小组》，原载《战斗报》1944 年 8 月 18 日，载浙东抗日根据地革命文化史料编纂委员会编《浙东抗日根据地革命文化史料选编》，1992 年印行，第 308 页。

看哪个村听报人多，记下的事多。有的读报组还以测验的方式来进行竞赛，如安塞马家沟是个读报的模范村，全村的男女大部分都参加了读报活动。读报每两晚举行一次。一个月中要读报讨论 13 次，测验 1 次，总结 1 次。①

3. 要求计划总结

为不断推动读报活动，提高读报实效，还要求对读报活动制订计划、撰写总结。1944 年 3 月，陕甘宁边区安塞马家沟村根据大家"还要再搞好些"的意见，制订了新的读报计划：（1）原则上全村劳动者都参加听，事多有病的，可允许请假。（2）读报内容，除各地的生产消息外，还要读抗战的消息，讲些别的实用常识（由区上干部经常参加帮助）。（3）读报次数和时间，因今后农忙，则暂定每三日一次，每次一小时半到两小时。（4）读和讨论，由区委选择和指定该读的文章和讨论的文章，如遇别处的新的办法要详细讨论。（5）发言要普遍，更要反省各人本身。（6）要认真识字做到会读会写解开意思，复习上个月的字。（7）组织相互竞赛，识字、发言、了解问题以及不请假缺课等，都作为竞赛条件。（8）提高干部的学习，更要多识字，要细读每期《群众报》。（9）每个人要将读报知道的东西，经常宣传给妇女和家里人，使他们也受教育。②

4. 刊文指导读报

为了帮助群众读报用报，一些报刊注意刊登报道和文章，及时交流读报用报的工作经验和介绍组织群众读报用报的方法。《红星》报从 1933 年 9 月第 7 期起，连续 8 期刊登《读报工作——译自〈苏联红军课外工作〉》，宣传在红军部队中组织读报的重要性和方法。③ 后来的革命根据地的报纸对读报经验也时有介绍。晋察冀根据地非常重视读报工作，专门出版了一批指导读报的图书：华北新华书店 1942 年出版过《如何读报》一书；1946 年新华书店晋察冀分店出版由中共西北中央局宣传部编的《活跃在农村的读报组》一书，介绍了陕甘宁边区安塞马家沟读报组和庆阳三

---

① 赖伯年：《陕甘宁边区的图书馆事业》，西安出版社 1998 年版，第 194 页。

② 午人：《安塞乌家沟村的读报组推动了生产提高了群众的文化水平》，《解放日报》1944 年 3 月 24 日第 1 版。

③ 江西省赣州地区志编纂委员会：《赣州地区志》，新华出版社 1994 年版，第 2690 页。

1－20 《活跃在农村的读报组》一书封面

十里铺一乡两个读报组的经验；1947 年晋察冀新华书店还出版了《读报常识》一书。

从以上措施可见，根据地的读报活动是一种在政治催动下的组织化读报，由于它更注重集体读报、听报、讨论的方式。民众被组织在一起，过着一种集体阅读的生活，培养了他们集体阅读的共享经验以及对阅读意义理解上的高度一致性。民众由此而获得了基于共同阅读经验之上的公共话语权，得以不断地保持这种共同的话语生活。这种集体阅读方式成为了中国历史上无比珍贵的"乡村阅读经验"。[1] 从某种程度上说，组织化读报也就变成了一种政治仪式，参与其中的个体在这种情境中可以达成认识的共鸣、精神的兴奋、行动的一致。

---

① 田建平、张金凤：《晋察冀抗日根据地新闻出版史研究》，人民出版社 2010 年版，第 260 页。

第六节 儿童与读报

读报活动中也活跃着儿童群体的身影。土地革命战争时期的苏维埃政权公开宣布教育政策是发展阶级斗争和革命战争的一种武器。"在剧烈的革命的国内战争的环境中，教育也只有同革命战争的各方面——儿童的实际生活联系着，方才能够真正培养共产主义建设者的新后代。"[①] 1933 年湘赣省苏维埃政府明令："各级文化部各种赤色学校不是单纯读书机关，要成为省苏维埃共产党的宣传者。共产党苏维埃的政纲法令和各种决议，教职员应经常告诉学生，由学生传达到家庭及广大工农群众中去。"[②] 可见，从土地革命战争时期开始，革命根据地的学校已经把知识教育和政治教育紧密相结合。在后来的各个革命时期，通过学校教育来促进儿童政治社会化这一传统一直得以体现并逐步加强。

学校以组织化的方式聚集了大量的根据地区域的儿童，[③] 而这种组织化的特点又为政治信息传播提供了方便。学校教育不是封闭进行的，特别是在儿童政治社会化方面，它需要与大众传媒紧密配合。大众传媒如果能够与学校合作，那么其政治社会化功能也会得到更大的发挥。"学校的中介作用，主要表现在为新闻媒体提供数量巨大的受众，另一方面，新闻媒体也是学校教育效果的倍增器，新闻媒体关于社会变动信息的传播，可以为学校政治思想教育提供大量的实证材料，使学校的教育不再是空洞乏味的教条式的灌输。由此可见，学校与大众媒介基本上也是加法关系，两者彼此支持。"[④] 在共产党领导下的革命根据地，由于凸显了报纸的组织动

---

① 教育人民委员会：《小学课程教则大纲》（1934 年），载江西省教育学会编《苏区教育资料选编》，江西人民出版社 1981 年版，第 117 页。

② 湘赣省苏维埃执行委员会：《湘赣省苏维埃政府训令》（1933 年），载陈元晖等编《老解放区教育资料》（第一卷），教育科学出版社 1981 年版，第 95 页。

③ 由于革命根据地实行免费义务教育，儿童入学人数激增，如 1933 年、1934 年的时候，苏区的儿童入学率基本上在 60% 左右。（参见陈元晖主编《老解放区教育简史》，教育科学出版社 1982 年版，第 38 页）陕甘宁边区在 1937 年春有小学 320 所，到 1944 年 10 月增至 1377 所，学生人数为 34004 名。晋察冀边区，1938 年有小学 4898 所，学生 220460 人，1941 年增至 800 所，学生 469416 人（参见詹永媛《抗日根据地的文化建设与政治社会化》，《广西大学学报》2005 年第 4 期）。

④ 张昆：《大众媒介的政治社会化功能》，武汉大学出版社 2003 年版，第 115 页。

员作用，因此学校教育除常规化的教学内容之外，还以各种形式鼓励学生主动接触报纸，充分利用报纸资源进行思想政治教育，从而取得学校教育和新闻媒体教育的叠合效应。因此，读报就自然而然地走进了儿童的学习和生活。

1-21　晋察冀小学教育非常普及——山沟小村都办有学校

革命根据地的学校重视通过读报活动来加强学生的政治时事教育。土地革命时期，为方便学生读报，苏区政府要求学校专门开辟读报场所。"各（少先队）大队应找出一乡中适中地点的房子一间，为'少先队某某大队读报室'。组织读报室的管理委员会，经管一切购报、读报等事项。管理委员要每五天或七天召集全队队员来读《青年实话》《斗争》《红色中华》。"① 当时的很多列宁小学都组织了读报组，通过读报，提高儿童的政治、文化水平。② 抗日战争时期，陕甘宁边区一些学校建立了时事学习

---

① 《提高少先队员的文化水平（加紧少年先锋队的教育工作之二）》，原载《青年实话》1933 年第 2 卷第 8 号，载江西省文化厅革命文化史料征集办公室、福建省文化厅革命文化史料征集办公室编《中央苏区革命文化史料汇编》，江西人民出版社 1994 年版，第 49 页。

② 《少共乐安中心县委儿童局九月十五号到卅十号半个月工作计划（1932 年 9 月）》，载赣南师范学院、江西省教育科学研究所编《江西苏区教育资料汇编 1927—1937（六）》，1985 年印行，第 61 页。

室，里面有《边区群众报》《解放日报》等，在规定的时间里，全班学生在时事学习室集中阅读报纸。[①] 在当时的延安中学，晚自习时老师就组织读报，同学们把读报看成非常重要的事，还自动做笔记和摘抄。[②] 解放战争时期苏皖边区在私塾改造过程中，不仅要求采用新课本教学，还要求"每一私塾订《淮南大众》一份，一星期读一次报"。[③]

学校明确把读报能力作为教学的目标之一，以此来督促儿童自觉读报。如陕甘宁边区的八路军抗属子弟小学就提出：二、三年级学生要练习看《边区群众报》，读完初小三年就要达到能看《边区群众报》的标准；四五年级学生学看《解放日报》，高小毕业时要大致上能看懂《解放日报》上的一般消息和通讯。[④] 对于初中学生，要求"一年级以《群众报》为主，要求他们完全看懂。二年级则要求能看懂《解放日报》上二版消息，以《群众报》为辅。三年级以《解放日报》为主，要求他们能看懂《解放日报》"。[⑤]

为了提高学生的读报兴趣，革命根据地的学校以各种形式推动读报氛围的形成。在当时的陕甘宁边区学校中，读报成为习以为常的活动。赤水县的学生组织了十个读报组，每组订《边区群众报》《关中报》各一份，每天下午课外活动的时候，"这里一堆，那里一团，热烈的读报，情绪十分紧张"。[⑥] 延川一完小以组织讲演会的形式来推动学生读报，每星期日开学生演讲会一次，讲演内容以时事为主。学生热情很高，常在课余时间

---

① 潘开沛：《学生在教员的辅导下自学，教员在学生的自学中辅导——中等学校教学法的研究和试验》，原载《边区中等教育资料》1946 年 10 月 1 日第 10 期，载陕西师范大学教育研究所编《陕甘宁边区教育资料（中等教育部分下册）》，教育科学出版社 1981 年版，第 294 页。

② 鲍克明：《抹不去的记忆》，载《中华之魂》编委会编《中华之魂——摇篮曲》，中国民主法制出版社 1995 年版，第 76 页。

③ 方孟：《马集区的私塾改造工作》，载戴伯韬编《解放战争初期苏皖边区教育》，人民教育出版社 1983 年版，第 208 页。

④ 程今吾：《延安一学校——一九四四年九月到一九四六年三月的八路军抗属子弟学校》，新华书店华东总分店 1950 年版，第 103 页。

⑤ 潘开沛：《学生在教员的辅导下自学，教员在学生的自学中辅导——中等学校教学法的研究和试验》，原载《边区中等教育资料》1946 年 10 月 1 日第 10 期，载陕西师范大学教育研究所编《陕甘宁边区教育资料（中等教育部分下册）》，教育科学出版社 1981 年版，第 295 页。

⑥ 禾子：《我们的读报组》，《大众习作》（第一卷）第 5、6 期合刊（1941 年 9 月 15 日），山西省档案馆馆藏编号 Z1 - G2 - 120。

1-22　农家的夜晚

提前做准备。"由于演讲会的建立，促使了学生看报的热情。本校有延川、抗战、群众、解放等四种报纸，学生为要找讲演材料，看报非常踊跃，平素看解放日报的只有三四个人，现在五年级已有二十余人经常看报。虽然他们有很多地方看不懂，但肯去问教员，字不认识，就查字典。"① 绥德师范学校的学生开始时对学习时事情绪较低，对报纸不太注意，后来经过学校的提倡与组织，加上图书馆的宣传，在学生中出现了学习时事的热潮。延安米脂中学图书馆配合形势与任务做好报纸的陈列和宣传，剪贴制作的时事专栏引起了同学们的极大兴趣。许多同学经常到图书馆去读报，并且一再要求学校增加图书馆报纸的数量，在暑假时还有不少同学提出要开放图书馆，以满足大家的读报要求。② 革命根据地学校还以时事讨论会、时事问答等方式来提高读报积极性。在豫皖边区的学校，"每个班拥有边区党委机关报《七七报》和新四军五师政治部出的《挺进报》，经常组织学生读报和讨论。读到我军胜利歼敌的消息，孩子们讨论起来兴高采烈，读到日寇烧杀奸掳的罪行时，他们个个义愤填膺"。③ 陕甘宁边区八路军抗属子弟小学曾规定学生每天要记住几条时事向老师汇

① 姜放天：《延川一完小编新对联破除迷信举行时事讲演会》，《解放日报》1946年1月8日第2版。

② 赖伯年：《陕甘宁边区的图书馆事业》，西安出版社1998年版，第148页。

③ 李实：《抗战时期鄂豫边区的教育工作》，载鄂豫边区革命史编辑部编《鄂豫边区抗日根据地历史资料（第四辑文化教育工作专辑）》，1984年印行，第103页。

报。① 山东胶东解放区小学要求"当时苏、英、美几个同盟国的领导人和德、意、日几个法西斯国家头目的名字,四年级以上的学生都要回答上来"。② 1947 年 10 月,山西平定一高为了配合解放军大反攻,学校在放假前把宣传我军在各地大反攻作为假期作业的主要内容。教员将报纸上登的消息选摘出来进行学习,要求大家回家之后写大众黑板、到民校给群众宣传时事、随时随地开展街头宣传。③

对于儿童而言,通过阅读面向成人的报纸来了解政治信息毕竟有难度,其间学校老师必须发挥引导和帮助作用。④ 1945 年,延安米脂中学就改进时事教育问题曾经作出决议,要求"班主任要加强指导看报方法,指导学生分析时局每一次的变动"。⑤ 在陕甘宁边区的西原小学,教师除平时利用时间给学生读《关中报》和《群众报》外,还明确要求教师每星期给学生读两次报。"新来了报由教员给学生读,学生坐在教员周围听,主要读适合时宜的消息……教员边念边讲,必要时让学生讨论,学生有听不懂的地方可以随时质疑。"在让学生自主读报前,教师要圈画出最重要的阅读内容。学生读完后,教师要进行检查,防止偷懒敷衍。检查时,由教师指定学生讲大意,然后教师指出学生讲错的与讲不完全的地方,并加以补充说明。⑥ 因为教导学生的需要,教师们自觉地加强学习以提高读报的指导水平。在陕甘宁边区清涧城关完小,"教职员十三人成立了学习小

　　① 程今吾:《延安一学校——一九四四年九月到一九四六年三月的八路军抗属子弟学校》,新华书店华东总分店 1950 年版,第 66 页。

　　② 容积川:《胶东解放区的小学教育》,载山东省烟台市政协文史资料委员会、《烟台文史资料》编辑部编《烟台文史资料(第 18 辑)》,1993 年印行,第 89 页。

　　③ 玉珍:《平定一高秋假宣传时事》,《人民日报》1947 年 10 月 28 日第 2 版。

　　④ 在各个时期的革命根据地,有一些专门针对儿童出版的报刊,但基本上以杂志为主,少量的几份报纸如《红孩儿报》《边区儿童》《苏中儿童报》等,存在的时间很短,影响不大。[有关内容可参考刘英杰主编《中国教育大事典》(1840—1949),浙江教育出版社 2001 年版,第 543—545 页]相比之下,面向一般大众出版的报纸由于发行量较大、覆盖面较广,所以对儿童的影响超过专门针对儿童出版的报刊。同时,虽然广播电台也是当时的一种新闻媒体,但由于硬件条件的限制,与普通民众距离遥远。因此,当时儿童阅读的报纸主要还是面向大众的一般报纸。

　　⑤ 赖伯年:《陕甘宁边区的图书馆事业》,西安出版社 1998 年版,第 151 页。

　　⑥ 傅春杰:《雷志霄的西原小学》,原载《边区教育通讯》1946 年第一卷第 3 期,载陕西师范大学教育研究所编《陕甘宁边区教育资料(小学教育部分下册)》,教育科学出版社 1981 年版,第 360 页。

组和通讯小组。每天学习指定的文件和报纸两小时，每星期讨论两次，一次讨论所学的文件或时事，一次讨论业务……决定今后'平常看报要做笔记'"。①

一些教师还把报纸内容引入教材，指导学生进一步深度阅读。陕甘宁边区的教材中大多数课文都来源于当时的报纸，如陇东地区的曲子完小、合水完小、镇原完小等都大量选取《解放日报》《群众报》《陇东周报》的内容作为国文教材，内容有"没有共产党就没有新中国""打倒国民党的特务政策"，等等。② 在1944年的晋绥边区，"各地小学教材，除用翻印或编印的课本外，另从《抗战日报》《大众报》上选择采用。如各校公民课本，是采用报纸上关于边区建设工作和对敌斗争、生产拥军各方面的材料。通过这些实际材料进行思想教育"。③ 山西河曲县一位教师把《晋绥大众报》选作公民课的辅助教材，每次读完还让大家讨论，结果大大帮助了教育工作，学生们"对每期报纸只怕缺下一张，来得迟了，就像儿子想亲娘一般"。④ 解放战争时期，河北的《新大众》也被当地的一些教师运用到教学之中。在上国语课的时候，教员就从报纸上选一些文章，先提出问题，再让学生带着问题去读。读完以后，就以小组为单位进行讨论，将已解决和未解决的问题记下，然后交给教员，教员把问题解释清楚以后再讲解文章。即使是上算术课，也引入报纸的内容。如一篇文章提到蒋介石在东北打了半年内战，打死了三百万人民，教员就出了这样一道题目："蒋介石在东北杀了三百万人民，咱们涉县共有十五万人口，问蒋介石在东北杀的人，等于几个涉县的老百姓？"教员又根据《东北是怎样一个地方》那篇文章内大豆出产的数字出了一道算术题："东北出产的大豆，如果让涉县十五万人吃，每天每人吃一斤，能吃几个月？"⑤ 曾经在《冀中

① 安萍、高生宇：《清涧定边完小教员热心学时事》，《解放日报》1946年5月11日第2版。

② 甘肃教育资料编辑委员会：《陇东老区教育史》（1934—1949），甘肃教育出版社1988年版，第248—249页。

③ 《晋绥边区国民教育概况》，载中央教育科学研究所编《老解放区教育资料（二）抗日战争时期（下册）》，教育科学出版社1986年版，第425页。

④ 邵挺军：《〈晋绥大众报〉的回忆》，载山西省文史资料编辑部编《山西文史资料全编（第26辑—第37辑）》第三卷，1999年印行，第794页。

⑤ 赵振国：《把〈新大众〉作教本》，《新大众》1946年第29期。

导报》工作过的老报人克明这样回忆他读小学时报纸发挥的教材作用：

> 语文教材则主要是从当时仅能见到的油印、四开四版的《冀中导报》上发表的文章中编选的。每当《冀中导报》一来，老师同学们就像是苦旱中得到甘霖，涌上去争先阅读。"给我，先选课文！"胖胖的、矮个子的语文老师张凤举过来了。她把报纸拿到备课室——也是她的寝室的一间小南房里，闩上门。刻写组的同学们，怀着焦急的心情，在门外守候着。终于"呀"的一声，门开了，张老师红润的笑脸闪现着喜悦的光辉：
>
> "同学们，进来吧！"
>
> 她已把要选的篇章用红笔勾了出来：有时是诗歌，有时是小说、故事、通讯，也有时是吕司令、程政委的讲话，报纸的社论……
>
> 同学们开始"战斗"了。有的挥起铁笔，有的推起蘸足油墨的辊子，有的用小刀儿裁起红红绿绿的薄粉连纸，黄色的麦秸纸。我和女同学门焕文是专管翻页子的，张老师风趣地叫我们是"八专署（数）"。沙沙沙，哗哗哗……时间不长，一页页墨迹未干的"语文教材"，就飞到了同学们手里。村边上，树荫下，膝盖做桌，砖头做椅，几十个来自本县农村和邻县博野、蠡县、饶阳的学生，就聚精会神地听老师讲课了。①

这种教学方式，容易使学生们对于时事的了解更深入一步，政治水平与宣传能力也因而提高了。这样，"孩子们爱看报纸的习惯，关心时事的态度，从小就培养起来了"。②

革命根据地之所以如此重视儿童的读报行为，其政治目的十分明确：为了"配合生产、群运等实际工作的需要，指导学生找与工作有关的书报来看"，"从读书读报上学到有用的知识，帮助工作解决实际问题，更有效的参加生产劳动、革命斗争，更有效的为劳动人民服务，才是对于读书

---

① 克明：《我与〈冀中导报〉》，载杜敬编《冀中导报史料集》，河北人民出版社1990年版，第348—349页。

② 程今吾：《延安一学校——一九四四年九月到一九四六年三月的八路军抗属子弟学校》，新华书店华东总分店1950年版，第66页。

的正确见解"。① 读报的效果在儿童身上得到自觉的反映。重大时事新闻对他们影响很大。"当红军进军柏林的时候，莫索里尼被枪毙的时候，苏联对日本宣战、日本投降的时候，孩子们都很感动、很兴奋，自发地涌到教员的房里，和教员谈论这些事情。他们的日记和作文上，也常常出现着'红军进军柏林''莫索里尼被枪毙了'这样的题目。"② 由沟门民办小学发展而来的南区合作职业学校经常讲读报纸上的重要新闻，学生们因此提高了政治认识。有同学听了国民党飞机轰炸延安的消息，就写了一首小诗："蒋机七架，八二来延，机枪扫射，撩下炸弹。延安人民，早有准备，飞机嗡嗡，人人隐蔽。消息传开，各国愤恨，他们批评，我提抗议。老蒋好比，三国周瑜，步步害人，害不了的。听我劝说，把兵撤回，成立联府，赶走美帝。"③ 有一位作家回忆在晋察冀边区学习时，他和他那一代同学就是从《冀中导报》上受到革命教育的启蒙，同时又学习到文化知识。④ 1941 年，在淮北抗日根据地的淮宝举办过一届儿童演说竞赛会，到各学校参加竞赛学生二十一人，演讲题目为"武装保卫麦收"。在比赛过程中，演讲者都表现出对新闻时事的了解。"个别能讲出一篇大道理，其中尤其突出的是蒋坝小学一个女孩子，讲得有条有理，态度稳重自然，俨然像一个有学识的演讲者，她得了第一奖。另外一个大约五六岁的小孩，连爬演讲台都爬不上去，他竟态度慷慨激昂地讲出四个抗战的道理，观者嗟为奇异。"⑤ 这些生动的事例表明，儿童通过读报了解了大量的政治信息，"指引孩子们认识边区、认识中国、认识世界；认识工农、认识阶级；认识压迫、认识斗争，提高他们的政治觉悟、阶级觉悟"。"他们已能注意到较大的政治事件，较重要的革命问题。在抗战时期懂得痛恨民

---

① 程今吾：《延安一学校——一九四四年九月到一九四六年三月的八路军抗属子弟学校》，新华书店华东总分店 1950 年版，第 103—104 页。

② 同上书，第 66 页。

③ 薛民锋：《南区合作职业学校怎样办成功的?》，《解放日报》1947 年 3 月 2 日第 4 版。

④ 杜敬：《冀中报刊史料集》，河北教育出版社 1995 年版，第 12 页。

⑤ 易河：《淮宝抗日根据地的文化教育事业概况》，原载《拂晓报》1941 年 7 月 14 日，载豫皖苏鲁边区党史办公室、安徽省档案馆编《淮北抗日根据地史料选辑（第七辑）》，1985 年印行，第 46—47 页。

族敌人和汉奸；今天懂得痛恨挑动内战的地主、买办资产阶级。"① 因此，读报对儿童的政治社会化确实产生了相当的效果。作家萧军注意到了这种发生在根据地儿童身上的独特现象，虽然他也谨慎地表达了自己的不同看法，认为对儿童进行"政治教育"以及"时事教育"是应该的，"但是如果平时也把每天新闻纸上的军事、政治消息作为教材，像对一个大人那样进行教育或宣传，我认为这是有商榷余地的。……说实在话，我确是不愿看到我的孩子们在这样年龄就太'政治化'，弄成功一个小'政治家'或小'教条'小'八股'的样子——虽然他们现在这习气还不太明显——以至于孩子不再像一孩子样！"② 萧军的思考是以儿童的天性为起点，所以持有不同的看法，但这也恰恰印证了当时的报纸在教学活动中已经显现的重要地位。

在革命根据地，民众文化水平普遍低下，而儿童群体，特别是工农群众的子女却享有接受教育的特殊权益。因为儿童接受了学校教育，文化水平相对较高，所以党组织十分注重让他们成为政治信息的二级传播者。因此，在大力推进民众的政治社会化方面，儿童群体同样发挥了重要作用。通过读报，儿童不仅实现了自身的政治社会化，而且还成为其他社会成员政治社会化的催化剂。

中央苏区的学校儿童俱乐部中专门设有向民众讲演的宣传队，每次外出宣传前，老师就把最近的《红色中华》《青年实话》等报刊讲给学生听，并要求他们把报上的重要消息、观点等记住，在讲演时传达到群众中去。③ 苏区的列宁小学在遇到集市的时候，就组织读报组，到集上去讲读《红色中华》等报刊上的文章，帮助群众提高觉悟。④ 1938 年，陕甘宁边区专门发文要求小学生要担负起战争形势宣传的责任，"务必使学校周围

---

① 程今吾：《延安一学校——一九四四年九月到一九四六年三月的八路军抗属子弟学校》，新华书店华东总分店1950年版，第66页。

② 萧军：《纪念"四四儿童节"》，原载《文化报》1948年第26期，载《萧军全集（12）》，华夏出版社2008年版，第157页。

③ 中央教育人民委员部：《儿童俱乐部的组织和工作》（1934年），载江西省文化厅革命文化史料征集办公室、福建省文化厅革命文化史料征集办公室编《中央苏区革命文化史料汇编》，江西人民出版社1994年版，第227页。

④ 武广久、康文信：《少先队队史讲话》，四川少年儿童出版社1983年版，第21页。

的村庄，都了解目前的抗战形势"。① 1941 年 2 月颁布的《陕甘宁边区小学规程》明确规定：小学生应在课外时间参加抗战宣传活动。根据这一规定，全边区小学组成了一个庞大的农村宣传网，开展关于敌情变化、参军参战、除奸防特、抗战民主等的宣传工作。② 在党强调"群众办报、读报、用报"之后，儿童为民众读报更是一种普遍行为。如延川城市区小学

1-23 小学生宣传队

积极进行时事宣传，马家坪、贺家湾小学学生每星期要给本村群众念报一次。③ 晋察冀抗日根据地唐县还有一种小学生传话的方式，小学教员对学生们讲了报纸上的事情，小学生回家后再讲给他们各自的家人听。④ "比如党七大文件中两条战线的问题，学生回家就说：'俺们老师说国民党开了个六次大会，主要是讨论欺骗人民打内战；共产党在延安开了七次大会，毛主席提出建立联合政府，更快把日本鬼子打出去。'家长很爱听，往往学生还未放下书包，家长就问：'你们老师又给你说什么来呢？快给

① 边区教育厅：《陕甘宁边区抗战时期小学应该注意的几个工作的通告（1938 年 3 月 6 日）》，载教育科学研究所筹备处编《老解放区教育资料选编》，人民教育出版社 1959 年版，第 118 页。

② 詹永媛：《从政治社会化视角论抗日民主根据地的教育》，《广西师范大学学报》2005 年第 3 期。

③ 刘耀明等：《普小配合宣传》，《解放日报》1946 年 10 月 15 日第 2 版。

④ 许世平：《青年的责任在学习》，载高淑铭、许小明编《许世平纪念文集》，同心出版社 2004 年版，第 41 页。

我学学吧！'"① 这样，报纸的内容就渗透入了一个个家庭。解放战争时期的苏北革命根据地，儿童充当民众冬学运动的"小先生"。"小先生进行教学的主要内容，是读报纸谈时事，全校 75 名小先生已订到《大众报》41 份、《苏北报》17 份，平常对时事很关心，所以他们进行工作时，首先动员学习朋友订。如杨回村已订《大众报》5 份、《苏北报》3 份，小先生在该村读报组，谈到新四军坚持华中的任务，群众提出怀疑新四军究竟在苏北走不走的问题？小先生就把 11 月 22 日《大众报》上解答王德清同志新四军在苏北到底走不走的问题，仔细地读一遍，于是大家才了解新四军在苏北是决定不走的。"②

　　为了让读报产生更好的效果，儿童们事先精心准备，探索多种传播形式。陕甘宁边区张村驿完小的模范读报员李银祥曾总结了读报的几点经验："要多看报纸，要多和教员交流时事，读报前要问问群众爱听什么，问好了再读，读报时要给老百姓多加解释，不要死读报纸。"③ 在抗日根据地的一些学校里，班级中专门组织了时事小组。同学们在教师的指导下努力学习报纸，并将重要消息编得重点突出，简单明了，为到街头读报、广播做了很好的准备。④ 以曲艺形式进行读报内容传播也是一种为民众喜闻乐见的形式。陕甘宁边区清涧完小师生曾组织一支秧歌队，在集市上演出秧歌《清涧老百姓任务》，以对话方式说出"蒋介石卖国十大罪状"。小学生们边扭边唱："哥哥弟弟，姐姐妹妹，大家团结起！反动派，要杀你，拿起红缨枪，刺了他的头，打断他的腿……"每个节目演完后，校长和教员们还轮流给群众讲解时事。⑤ 也有不少儿童利用"土广播"来进行时事宣传。解放战争时期解放军攻打天津的时候，河北静海李庄子村的门惠丰当上了少儿队队长。在老师的指导下，他一边念书，一边搞宣传鼓动

① 谷惠、杨克：《高街村的读报经验》，《晋察冀日报》1945 年 7 月 28 日第 4 版。
② 王冠群：《利用小先生办冬学的经验》，原载《新华日报》（华中版）1946 年 2 月 10 日，载中央教育科学研究所编《老解放区教育资料（三）解放战争时期》，教育科学出版社 1991 年版，第 529—530 页。
③ 李银祥：《我做宣传工作的一点体会》，《解放日报》1944 年 10 月 29 日第 2 版。
④ 丁塞：《老区班主任工作回忆》，载《人民教育》社编《老解放区教育工作经验片断（第一辑）》，上海教育出版社 1960 年版，第 39 页。
⑤ 吴江平等：《把蒋介石的罪状到处传 各校师生宣传时事》，《解放日报》1946 年 10 月 6 日第 2 版。

1-24　阜平县王块镇小学宣传队

工作，几乎每天晚上都爬到房顶上，拿着用纸做的喇叭筒，转播新华社发布的新闻，老师在下面点着灯念一句，他就在房顶上重复一句。乡里的群众亲切地称这是"土广播"。①儿童们还把报纸上学习到的内容以戏剧方式进行传播。1946年10月，河北磁县漳滨中学全体师生三百余人组成三个宣传队，停课下乡动员群众全面抵抗内战。他们分成戏剧、标语、读报、妇女、儿童、大众黑板、广播台等各种小组，分头到老鸦峪、临水、彭城等一带各村镇工作。每到一地，即演出自己创作的时事宣传剧给群众看。在老鸦峪演出"蒋美合作""大后方民变""起来保卫解放区"等剧后，当地干部、群众坚决要求续演。在彭城演出"逃难""解放区生活"两剧时，群众认为"戏上告诉咱的，比咱开会学的还多"。各地群众都以蔬菜和其他物品赠送给宣传队队员，南城村老百姓就送了五十斤羊肉。宣传队还给群众读报、谈时事，教妇女识字。半个月的时间，他们走遍了几十个村镇，使群众对蒋介石及美国都有了明确的认识："蒋介石和汪精卫一样；美国和日本一样样；不把他们打走，老百姓就没时光了！"②

　　儿童的读报活动在民众中产生了良好的反响。陕甘宁边区甘谷驿完小学生利用当地举行娘娘庙会的时候去给群众讲时事。"他们刚把《解放日报》和《群众报》贴在墙上，赶会的人就挤满了。晚上他们睡下很久了，

---

①　昌沧等：《四牛武缘》，人民体育出版社2004年版，第179页。

②　《揭穿蒋美反动阴谋 漳中师生下乡宣传》，《人民日报》1946年10月22日第2版。

又从别的村里来了很多男女，要求给他们读报。他们听到轰炸延安的消息都很恼火，并要求常给他们读报。"① 苏北地区张集村学生读完报后，群众说："多听听消息，再不像从前蒙着被子一点不透气。"② 一位在解放区小学工作过的老师回忆："农民们虽然劳动一天，但是经常端着饭碗到街头听学生讲报。有时老乡还提问题，学生也做了解答，学生解答不了的，便去找班主任，所以班主任也经常到街头去讲报，给老乡解答问题。"③ 老百姓也以实际举动来表达对儿童传播信息的谢意。在山东胶东地区的小先生活动中，小学生们趁农民晚上乘凉或休息时进行讲演，内容主要是抗日形势、民族气节、团结抗战等方面，其信息来源多是听教师或八路军的干部讲过或报纸上登的，很受群众欢迎，村民们为孩子们送开水、搬凳子，鼓励他们要经常讲讲。④ 山东临沂地区某村有一个儿童在站岗时进行报纸内容宣传，过路小贩听了很高兴地说："你告诉我的消息很好，我送你点东西。"说完，他就拿出一枚毛泽东纪念章挂在小学生身上。⑤ 毛泽东纪念章当时也应该算是很稀罕的物品，把它作为礼物是对儿童"传"报的特别褒奖。

在近代中国，由于民众的文化水平不高，报纸的普及率相当低。虽然从晚清以来就不断有开明人士呼吁要以普及读报来向导国民，民国时期甚至有不少人提议应该在中小学中专门开设"读报"课程，对学生进行读报知识的教育，⑥ 这样"可以造成许多留心时事欢喜阅报的人才，积极的

<hr />

① 封秀珍、薛占文：《晚间来了一群人 原来是要求完小学生读报》，《解放日报》1946 年 8 月 30 日第 2 版。

② 王冠群：《利用小先生办冬学的经验》，原载《新华日报》（华中版）1946 年 2 月 10 日，载中央教育科学研究所编《老解放区教育资料（三）解放战争时期》，教育科学出版社 1991 年版，第 530 页。

③ 丁塞：《老区班主任工作回忆》，载《人民教育》社编《老解放区教育工作经验片断（第一辑）》，上海教育出版社 1960 年版，第 39 页。

④ 董春兰：《回忆胶东小先生活动》，载共青团烟台市委青运史办公室编《胶东青运史料（第 1 辑）》，1986 年印行，第 109 页。

⑤ 矫庆德：《儿童教育的素描》，原载《大众日报》1946 年 9 月 8 日，载临沂地区教育局编《山东老解放区教育资料选辑》，1982 年印行，第 407 页。

⑥ 顾泰来：《学校增设读报科之商榷》，《教育杂志》1919 年第 2 期。

可以使儿童明了国家的大事"。① 但是，这些想法毕竟很少付诸操作，更缺乏规模化的行动，儿童与新闻媒体的距离还相当遥远。而在共产党局部执政的革命根据地，通过与学校教育相结合，以开展读报为路径，终于使报纸成为儿童日常生活的一部分。

① 涂红霞：《小学应添入"读报"科》，载王澹如编《新闻学集》，天津《大公报》西安分馆1931年版，第149页。

第二章

工农通讯员：群众"写"稿

在新闻事业的发展过程中，作为职业新闻从业者的补充，非职业性的通讯员也发挥着非常重要的信息传播作用。依据阶级斗争的逻辑框架，无产阶级的党报理论体系把通讯员摆到更加突出的地位，而且还特别强调通讯员的工农阶级成分，并随之形成工农通讯员制度。这种制度在中国共产党领导的革命战争时期同样存在并广泛施行，从而出现了成千上万的普通民众成为新闻传播者的独特文化景观。那么，发动工农群众成为新闻传播者的工农通讯员制度由何而来？如何在中国的革命情境中落地生根？近代中国社会中文化素养普遍低下的工农群众（其中约90%是农民）又何以可能加入新闻传播者的序列？

第一节　工农通讯员的制度化

在中共所遵循的无产阶级党报理论框架中，工农通讯员作为职业新闻传播者的补充，一直扮演着非常重要的角色，并且以制度化的形式加以实施。

一　苏俄的影响

在早期无产阶级报刊实践中，马克思、恩格斯等革命导师已经注意到发动工人成为通讯员的问题。马克思在1848年5月着手创办《新莱茵报》时，即把建立通讯员制度写进了该报章程中，这被认为是无产阶级新闻史上最早建立的通讯员制度。[①] 这种制度后来通过苏俄的实践而定型为工农

---

① 李俊：《中国共产党党报通讯员制度的历史演变》，《新闻研究资料（第49辑）》，中国社会科学出版社1990年版，第68页。

通讯员制度。1900 年列宁在德国创办《火星报》时，特别注意从国内的工人队伍中物色和培养通讯员，其中的加里宁、巴布什金等后来都成为职业革命家。1904 年列宁创办《前进报》时，认为要办好机关报，"不仅需要五个从事领导和经常写作的著作家，而且需要五百个、五千个非著作家的工作人员"。1910 年列宁在《关于出版（工人报）的通告》中再次指出要广泛培养工人通讯员才能使报纸站稳脚跟和保证出版。革命胜利后，1921 年 9 月 1 日列宁在给《经济生活报》编辑部的信中又提出要"建立党和非党的地方通讯员网"。① 列宁去世后，有过工人通讯员经历的斯大林在理论上对工农通讯员的地位和作用有所补充。1924 年 5 月，斯大林在俄共（布）第十三大中认为工人通讯员和农村通讯员的组织有很大的前途。② 1924 年 6 月，斯大林在《论工人通讯员》一文中特别分析了如何看待工农通讯员的问题："只有作为有组织的力量，工农通讯员才能在报刊发展的进程中起着无产阶级舆论的表达者和传达者的作用。"因此，不仅要教给工农通讯员最低限度的新闻技术，还要加强锻炼出他们的"新闻记者—社会事业家的感觉"。他还谈到了报纸编辑部与通讯员的关系，认为"对工农通讯员直接实行思想领导的，应当是与党有联系的报纸编辑部"。③ 1925 年在全苏农民通讯员代表大会上，斯大林又要求"如同爱护眼珠一样爱护农民通讯员"。④ 领导人的意图以制度的形式得到了固化和推行。1925 年，苏共中央组织局作出《关于工农通讯员运动的决议》，保证工农通讯员人数的增长和组织的巩固，"使得工农通讯员运动获得重要的社会政治意义"。"党的基本任务是：在政治上教育工农通讯员，把他变为党在改进苏维埃机关的工作中以及同现存的缺点、官僚主义的歪曲作斗争中的积极的助手。遵循着这一点，党必须加强对工农通讯员运动的注意，保证对工农通讯员组织的经常领导，尽量扩大它们中间的政治工作和文化工作。"决议还决定由《真理报》出版《工农通讯员》杂志，以介绍

---

① 徐培汀、吴永文：《资料工作与新闻》，北京广播学院出版社 1988 年版，第 70 页。

② 《长江日报》社：《马克思恩格斯列宁斯大林毛主席论报刊宣传》，1976 年印行，第 37 页。

③ 斯大林：《论工人通讯员》，载《布尔什维克报刊文集》，人民出版社 1955 年版，第 198—199 页。

④ 别尔科夫：《在过渡到恢复国民经济的和平工作时期的布尔什维克报刊》，载《联共（布）中央直属高级党校新闻班讲义汇编》，人民出版社 1954 年版，第 553 页。

工农通讯经验和对工农通讯员实行业务领导。① 在苏共领导的关心和支持下，到 1924 年全国已有 10 万名工人和农民通讯员，1925 年增加到 21 万 6 千人，1927 年十月革命十周年之时，工农通讯员的队伍已经壮大到 35 万人。②

　　在中国共产党领导的革命进程中，无产阶级党报理论和苏俄的新闻实践提供了理念的导向和行动的样本。除了一开始就移植工农通讯员制度外，有关工农通讯员建设的经验和做法也一直得到借鉴。苏联最高委员会主席加里宁的《论通讯员的写作和修养》是指导工农通讯工作的一篇重要文章，1939 年就曾经在《新中华报》上全文刊登，③ 后来该文章反复被

2-1　加里宁《论通讯员的写作和修养》

收录于中共用于指导新闻工作的各种文件汇编之中。1939 年 10 月 1 日，新华社在中央大礼堂召开延安市通讯员大会，被邀请做报告的张闻天在回

---

　　① 《关于工农通讯员运动——一九二五年六月一日中央组织局决议》，载联共（布）中央直属高级党校编《联共（布）关于宣传鼓动的决议和文件》，人民出版社 1953 年版，第 212—213 页。

　　② 别尔科夫：《在过渡到恢复国民经济的和平工作时期的布尔什维克报刊》，载《联共（布）中央直属高级党校新闻班讲义汇编》，人民出版社 1954 年版，第 552 页。

　　③ 加里宁讲，吴敏译：《论通讯员的写作和修养》，《新中华报》1939 年 8 月 22 日第 4 版。值得补充的是，这篇文章在 1942 年 7 月 25 日的《解放日报》第 4 版上再次刊发，由此可见该文在中共通讯员事业发展中的重要指导作用。

顾无产阶级报纸通讯员的工作历史时，就以苏联的《真理报》为例谈到应该如何重视通讯员。[①] 对党报的新闻从业者而言，这种影响更为直接。1941 年，《边区群众报》的穆欣在《通讯员——光荣的称号》一文中对苏联的通讯员进行了介绍，详细转述了列宁、斯大林、加里宁、高尔基等人的相关观点。[②] 1942 年 9 月 1 日《解放日报》发表了杨永直撰写的《健全我们的通讯网》一文，引证《火花报》在俄国党的建立上曾起过的决定作用、《真理报》给俄国革命培植了一批干部、苏联每年都要举行一次全国通讯员代表大会等事实，说明通讯员工作的重要性。[③] 资深报人胡绩伟在回忆办《边区群众报》时也说：“当时我们曾经学习过列宁关于报纸工作的论述，他提出报纸有五个专业工作人员就必须有五百个到五千个非专业的‘编外撰稿人’的教导，在这一点上，我们是十分信奉、坚决实行的。”[④] 老报人匡亚明追述在山东根据地主办《大众日报》时，大家学习列宁重视工人通讯员的办报思想和经验“如降甘雨、如获珍宝”，并且翻译出来在报上摘要连载，供读者学习。[⑤] 基于这种实情，学者李俊先生如此归结：马克思为《新莱茵报》和列宁为《火星报》建立的通讯员制度，是党报通讯员制度的直接历史渊源，尤其是苏联布尔什维克报刊建立通讯员制度的实践与理论，对中共党报通讯员制度的建立与完善产生过极其重要和深远的影响。[⑥]

二　制度的创设

由于共产国际对早期中共组织的密切指导以及早期中共领导人的留苏背景，苏俄的通讯员制度深刻地影响了中共领导下的新闻实践。在中国共产党成立初期，限于各种条件，只能由少数党员来承担新闻出版工作，后来随着党组织的壮大和对新闻工作的逐渐重视，新闻队伍特别是通讯员队

---

① 海棱：《延安初期记者生活回忆片断》，《新闻纵横》1985 年第 6 期。

② 穆欣：《通讯员——光荣的称号》，《通讯生活》九月纪念特辑，1941 年 9 月 20 日出版，山西省档案馆馆藏编号 Z1 - G2 - 50。

③ 杨永直：《健全我们的通讯网》，《解放日报》1942 年 9 月 1 日第 2 版。

④ 胡绩伟：《青春岁月——胡绩伟自述》，河南人民出版社 1999 年版，第 201 页。

⑤ 陈华鲁：《大众日报史话》（1939—1949），山东人民出版社 1995 年版，第 14 页。

⑥ 李俊：《中国共产党党报通讯员制度的历史演变》，《新闻研究资料（第 49 辑）》，中国社会科学出版社 1990 年版，第 70 页。

伍的建设得到了加强。郑保卫先生认为，在中共领导下的新闻体系中有两类通讯员：一种是各省委指定的党员通讯员，还有一种是工农通讯员，在组织、领导及任务布置上没有前一种严格。无论哪一种通讯员，都被看作是党报组织的一部分。这种党务工作通讯员和工农通讯员相结合的党报通信网络，是党报深入群众发挥作用的重要工具。① 因此，发展工农群众成为报刊的通讯员是无产阶级新闻事业的重要特征。

早期的中国共产党就已经开始创设工农通讯员制度。1926 年 7 月，中共第三次中央扩大执行委员会《关于宣传部工作决议案》中设有"工农通信问题"专项，提出"我们的党要能知道审查群众的情绪而与（予）以指导，必须在宣传工作上亟亟实行工农通信的决议"，并介绍了组织工农通讯（信）员的四种方法。② 1928 年党的六大《宣传工作决议案》中列文："工农通讯员对于改善一般政治报纸与党报有极大的作用。中央宣传委员会与一切地方党部对于此等通讯员的组织、选择与领导，应加以最大的注意。在秘密工作条件之下，这些通讯员可以表露出工农群众的政治情绪与要求。因此应当尽量扩展一切党部机关中的工农通讯员的工作，而工农通讯员对于散播报纸与对报纸表示物质上的帮助等事业方面应当特别出力。"③ 1929 年 6 月，《中共六届二中全会宣传工作决议案》第四部分"建立支部的宣传工作"中，又进一步提出"建立与训练工农通信员，是地方党部与支部共同应负的责任"，"训练工农通信员是组织党报重要条件之一。地方党部要训练这些工农通信员，使他们不但能迅速而确实的将工农群众中日常发生的问题供给于党报，并且要使他们能够更正确的认识这些问题的实际意义，从这些问题联系到党的政治宣传上来。所以工农通信员的建立与训练，不但在党报工作方面有其重要的作用，对于养成支部宣传工作的干部人才亦可以有很大的帮助"。④ 1930 年 5 月，在《红旗创刊》100 期之际，时任中共中央领导人的向忠发撰文《党员对党报的责

---

① 郑保卫：《中国共产党新闻思想史》，福建人民出版社 2004 年版，第 98 页。

② 《关于宣传部工作决议案》（1926 年 7 月），载中央档案馆编《中共中央文件选集（第 2 册）》，中共中央党校出版社 1989 年版，第 193 页。

③ 《宣传工作决议案》（1928 年 7 月），载中央档案馆编《中国共产党第二次至第六次全国代表大会文件汇编》，人民出版社 1981 年版，第 302 页。

④ 《中共六届二中全会宣传工作决议案》（1929 年 6 月 25 日），载中国社会科学院新闻研究所编《中国共产党新闻工作文件汇编（上）1921—1949》，新华出版社 1980 年版，第 53 页。

任》认为，党员对党报的第一个责任就是做工农通讯员，尤其是工厂农村中的通讯员。党报在群众中建立通讯网，是绝对而必需的工具。因此，地方党报和支部训练工农通讯员是最重要的教育工作之一。[①] 1931年1月27日通过的《中共中央政治局关于党报的决议》要求建立中央党报的通讯网，并指定各地要发展工农通讯员和读报班。[②] 紧接着，1931年4月21日《中共中央关于苏区宣传鼓动工作决议》中认为："在党的与苏维埃的机关报下面，必须有很多的工农通讯员与读报小组，经常的教育他们，组织他们，召集工农通讯员会议，读报群众代表会议，从他们中间提出创办报纸与编辑报纸的干部。"[③] 这些指示得到各个地方党组织的转达和回应。1931年3月，中共江苏省委计划上海的工农通讯员要在三个月内至少发展到二百名。[④] 1931年6月，中共满洲省委要求各基层党组织要注意征求工农兵群众投稿，"党出的党报必须有工厂、矿山、农村、兵营的同志作党报的通讯员才能使党报办好"。[⑤]

应该说，在苏联的影响下，中共在建党初期已经意识到工农通讯员的重要性，并在相关的文件中做了制度性的安排。但是，由于早期的中共报刊大多创办在国民党统治区，其数量和规模都比较有限，加之政治环境的限制，所以大规模地发展工农通讯员事业客观上缺少条件。

三 苏区的尝试

从1927年开始，中共开辟了一批革命根据地并建立苏维埃政府。由于局部执政的保障，新闻事业的发展相比于国统区更加公开和方便。在具体的办报过程中，新闻从业者一边学习无产阶级政党的办报思想，一边在报刊工作实践中不断总结经验教训，提高了自身的政治思想水平和新闻业务能力。[⑥] 在此背景下，工农通讯员事业也随之不断发展，从制度层面向

---

① 忠发：《党员对党报的责任》，《红旗》1930年5月10日第100期第1版。

② 《中共中央政治局关于党报的决议》（1931年1月28日），载中国社会科学院新闻研究所编《中国共产党新闻工作文件汇编（上）1921—1949》，新华出版社1980年版，第72页。

③ 《中共中央关于苏区宣传鼓动工作决议》（1931年4月21日），载江西省文化厅革命文化史料征集办公室编《中央苏区革命文化史料汇编》，江西人民出版社1994年版，第39页。

④ 《江苏省委关于党报的决议》，《红旗周报》1931年3月10日第3期第3版。

⑤ 张贵：《抗联报纸的编辑通联工作》，《军事记者》2004年第4期。

⑥ 程沄：《江西苏区新闻史》，江西人民出版社1994年版，第151页。

实践层面推进。

在中央苏区，从 1931 年开始，逐步形成了以《红色中华》报为核心的党报体系。但是，《红色中华》创刊后一段时间内，由于缺少专职编辑人员，来自通讯员的稿件也寥寥无几，结果给报纸的出版带来巨大的困难。编辑部在分析原因时认为，"中国字是不适合于广大工农群众的，现在红色中华因为这些'四方块'的中国字，实在减少了它许多的效能"。① 所以，"经常向红中投稿的还只是全部读者同志中的少数的少数，而绝大多数是不曾向我们通过一次讯的——这也正是红中不能完全充实起来的原因"。② 这种局面显然是需要改善的。1933 年 1 月 27 日，中共苏区中央局等五部门联合发布了《关于〈红色中华〉的通讯员问题的特别通知》，指出要组织与教育工农通讯员，发展通讯网到下层群众中去。③ 但是，通知的发出并没有立竿见影，报纸编辑人员显然对此十分着急："中央局、中央政府与全总执行局决定集中力量，充实红色中华后，曾规定各级机关要指定一个同志为红色中华写稿。到现在来说，通知发出已近一月了，但是除了红军总政治部与红校外，别的机关竟毫无回音，很明显的，同志们对于红色中华是完全忽视的。固然，同志们的工作很忙，但是从百忙中抽出一些时间来为红色中华写稿，对于每个同志是帮助革命战争所必须做的工作的一部。所以我们希望各地同志热烈的迅速的寄稿来，为红色中华建立起普遍的通讯网！"④ 于是，1933 年 6 月 10 日，借《红色中华》出版一百期的机会，再次刊登一组文章，呼吁工农通讯员事业的发展。李一氓的《论目前"红中"的任务》文章提出要重视工农通讯员的培养。阿伪在《苏维埃的新闻事业》一文中希望："《红色中华》应该有最广泛的通讯网，这个通讯网包含着许多下层的工农同志，用他们最通俗的词句像群众心中吐露出来的说话似的，反映出各地群众的实际生活及其斗争状况，用最大的篇幅，来登载群众的积极性和创造性。"⑤ 1933 年第 113 期《红色

① 《本报一周年的自我批评》，《红色中华》1932 年 12 月 11 日第 4 版。

② 红中编委：《征求通讯员——以热烈的响应来庆祝"红中"百期纪念呵》，《红色中华》1933 年 7 月 14 日第 4 版。

③ 《特别通知——关于红色中华的通讯员问题》，《红色中华》1933 年 2 月 4 日第 4 版。

④ 《各级机关的同志太忙了！连指定红色中华通信员都没工夫吗?》，《红色中华》1933 年 2 月 25 日第 4 版。

⑤ 阿伪：《苏维埃的新闻事业》，《红色中华》1933 年 8 月 10 日第 4 版。

中华》上，红中社发出呼吁，希望县与县、区与区之间开展发展通讯员的革命竞赛，广泛地吸取工农同志成为通讯员，最终要实现每个区乡都有一个通讯员。①

中共早期领导人瞿秋白对工农通讯员事业的发展极为重视。1933年8月，当时尚在上海主持党中央工作的瞿秋白曾经给《红色中华》报提出建议，认为工农兵通讯运动可以使苏维埃的新闻事业发展到更高的一个阶段，因此要组织每个地方、每个战线的工农兵通信协会，组织士兵、贫农、工人有系统的发稿。② 根据这样的建议，1933年9月，《红色中华》掀起了发展通讯员的革命竞赛活动，要求《红色中华》全体通讯员同志立刻行动起来，县与县、区与区之间开展革命竞赛，让每一个区乡都有《红色中华》的通讯员。③ 1934年，瞿秋白到达中央苏区后，有一段时间曾经主持《红色中华》报工作，于是他就组织成立通讯部，拟订开展工农兵通讯员工作的计划，规定了帮助和培养通讯员的一套办法。报社不仅给通讯员发聘书、定期发报道提示，还在报纸上特设"写给通讯员"专栏。《红色中华》报的通讯员队伍随之不断扩大，由创刊时的200多人迅速增加到上千人，形成了一个包括各地方、各系统的庞大通讯网。④ 1933年瞿秋白在给《红色中华》的建议中提到要办一张文字通俗易懂的《工农报》，这个想法在他到达中央革命根据地后得到实施，1934年3月，该报在瑞金创刊。而创办《工农报》的一个重要目的，就是为推动苏区工农兵通讯运动的开展，培养更多工农兵出身的新闻干部。在创刊号上，有一封给工农兵通讯员的信，明确提出创办《工农报》是为更实际地训练和教育工农兵通讯员并发表他们的文章。此外，红中社还专门油印出版《工农通讯员》的内部刊物，面向工农群众传授新闻业务知识。⑤ 中央苏区的另外一份刊物《青年实话》编委会也要求努力发动工农劳苦青年参加到报纸工作中来。1933年该刊回顾创刊两年来的工作时，指出工作中最大的转变在于克服了关门办报的错误想法，开始吸引广大的工农劳苦青

---

① 红中编委：《为每区建立一个通信员而斗争！》，《红色中华》1933年9月27日第4版。

② 狄康（瞿秋白）：《关于〈红色中华〉报的意见斗争》，载《瞿秋白文集》（政治理论编第7卷），人民出版社1991年版，第632页。

③ 程沄：《江西苏区新闻史》，江西人民出版社1994年版，第153页。

④ 蓝鸿文、许焕隆：《瞿秋白》，人民日报出版社2005年版，第50页。

⑤ 新华通讯社史编写组：《新华通讯社史》，新华出版社2010年版，第19—20页。

年参加报纸工作，建立了基层的、积极的青年工农通讯员制度。①

由此可见，早期工农通讯员事业是在中央和地方党组织的重视和领导下萌生的，起初呈现分散、秘密的小规模发展状态，到局部执政的苏区出现之后，为工农通讯员事业创造了保障条件，于是工农通讯员的规模逐渐扩大，并逐步固化为"群众办报"实践中的一项核心内容。所以，郑保卫先生认为，"全党办报""群众办报"的方针虽然是中共 20 世纪 40 年代才明确提出的口号，但这一时期的办报实践为此积累了丰富的经验，奠定了"全党办报""群众办报"的基础。②

四　实践的推广

抗战全面爆发之后，随着抗日民族统一战线的形成，中共领导下的抗日根据地相对稳定。但从 1941 年开始，由于侵华日军加紧对根据地的进攻以及国民党加强对共产党的限制，中共不得不更加重视对工农群众的依靠，因而强化了对群众路线的执行。在新闻传播领域，以延安《解放日报》改版为起点，党报理论日臻成熟，工农通讯员也被视为群众路线的具体体现而得到空前的重视。

整风运动期间，随着党的群众路线不断被强调，重视工农通讯员的建设成为一项重要的工作。1942 年 8 月 25 日《解放日报》社论《展开通讯员工作》认为："我们的报纸，如果没有广泛的通讯员，如果没有参加实际工作的、生活在群众中间的党和非党的通讯员，是不可能办好的……我们的报纸不仅需要有能干的编辑与优秀的记者，而尤其需要有生活在广大人民群众之中的，参加在各项实际工作里面的群众通讯员。"③ 1943 年 9 月 1 日记者节这一天，当时的《解放日报》总编辑陆定一发表《我们对于新闻学的基本观点》，提出共产党领导下的报纸，不但要有自己的专业的记者，而且更重要的是要有与人民血肉相连的非专业的记者。④ 这种非专业的记者就是广大通讯员。党的领导人李富春也曾提醒《解放日报》还没有很重视培养工农通讯员，因此要求把培养工农通讯员为党报写稿列

---

①　程沄：《江西苏区新闻史》，江西人民出版社 1994 年版，第 155—156 页。

②　郑保卫：《中国共产党新闻思想史》，福建人民出版社 2004 年版，第 86 页。

③　《展开通讯员工作》，《解放日报》1942 年 8 月 25 日第 1 版。

④　陆定一：《我们对于新闻学的基本观点》，《解放日报》1943 年 9 月 1 日第 4 版。

为重要业务之一，同时，每个机关都要帮助培养工农通讯员（如从管理员、运输员、伙夫、马夫中培养），认定对象，具体帮助，进一步和工农结合、和实际结合。① 1943 年 11 月，《中共中央宣传部关于执行党的文艺政策的决定》进一步要求："在目前时期，由于根据地的战争环境与农村环境，文艺工作各部门中以戏剧工作与新闻通讯工作为最有发展的必要与可能，其他部门的工作虽不能放弃或忽视，但一般地应以这两项工作为中心。"因此，"新闻通讯工作者及一般文学工作者的主要精力，即应放在培养工农通讯员，帮助鼓励工农与工农干部练习写作，使成为一种群众运动"。② 这些直白性的呼吁莫不流露出对发展工农通讯员事业的期盼。作为对号召的呼应，1943 年 12 月 14 日的《解放日报》上刊登了一篇热情洋溢地赞美工农通讯员的文章："作者大半都是没有进过学校的工农同志，根据这些事实，可以相信许多参加了实际工作而文化不高的工农兵同志是能写新闻的，而且能写得好。因此，我们希望大家都动起手来，把你们的工作成绩，生产经验、运输队工作经验，大灶伙食改善方法，练兵习武的成绩……写成新闻，写成通讯，投寄给报馆。现在报馆每天都收到很多的稿件了，报纸对于边区人民生活的反映，对于党的政策的反映，更加具体了，这是极好的现象。事实已经证明，大量发展工农通讯员这个方针，是完全正确，而且是办得到的。我们以后还要坚持这个方针。在工农通讯员中，将会涌现出许多新的新闻工作人才。"③ 部队战士也是发展工农通讯员的重要群体。1944 年 12 月，陶铸在《关于部队的报纸工作》的讲话中指出必须大力培养部队的工农通讯员。他说："尽管我们部队的战士和下级干部，几乎完全是工农成分，文化程度一般很低，但只要耐心，加上方法好，困难是可以克服的。"④ 由此，部队中工农通讯员也开始源源不断地涌现。

　　重视工农通讯员的观念迅速辐射到各个根据地。1943 年 12 月 2 日，淮北抗日根据地的《拂晓报》在纪念创刊五百号的社论中表明，要把培养和教育工农通讯员当作各级领导部门的"一个严重的斗争任务"，因此

---

① 延安整风运动编写组：《延安整风运动纪事》，求实出版社 1982 年版，第 447 页。

② 中共中央宣传部：《关于执行党的文艺政策的决定》（1943 年 11 月 7 日），《解放日报》1943 年 11 月 8 日第 1 版。

③ 《编者的话》，《解放日报》1943 年 12 月 14 日第 4 版。

④ 陶铸：《关于部队的报纸工作》，《解放日报》1944 年 12 月 21 日第 4 版。

今后《拂晓报》的目标，"是把通讯工作变成为一种群众运动，在今后一年内培养和创造一百个工农通讯员"。① 根据地领导人邓子恢在《献给〈拂晓报〉五百期》中提出希望："我们的通讯网，就要创造与培养大批工农通讯员，让他们写出自己要说的话，好懂的文章。"② 1944 年，党的新闻工作领导人范长江在《关于华中文艺工作的几点意见》中，批评华中各地报纸对于发展工农兵通讯员工作还不够重视，今后必须以极大力量发展工农兵首先是工农干部作为通讯员。他认为这是报纸"从群众中来"的主要道路，应当好好地去开辟。③ 在各级领导的鼓动下，1944 年，中共盐阜地委宣传部为培养工农通讯员专门发出指示，就发展工农通讯员提出具体的规定：要通过培养工农通讯员，让工农在文化上翻身，使工农群众掌握文化，学会自己办自己的报纸，并使之成长为工农干部；凡是实际参加工业或农业劳动者，或工农出身的工作干部，而文化程度在识两千字以下者均可以做工农通讯员。④ 华北冀中区党委关于地方党报工作的指示中也要求，有重点地培养工农通讯员，鼓励他们的写作兴趣和信心，应该成为今后通讯工作上一个重要的发展方向。⑤ 1944 年 1 月 29 日太行《新华日报》发表的一封《给通讯员同志的信》中明确提出，"贯彻为工农兵服务，是报纸今后的基本方针，培养工农兵通讯员，又是贯彻这一方针的具体办法"。⑥

　　通过整风运动，各个根据地都明确树立了专业的新闻工作者与非专业新闻工作者相结合的群众路线，把开展通讯员运动当成全党的任务，并作

　　① 社论：《纪念本报五百号》，载豫皖苏鲁边区党史办公室、安徽省档案馆编《淮北抗日根据地史料选辑（第 7 辑）》，1985 年印行，第 211 页。

　　② 邓子恢：《献给〈拂晓报〉五百期》，载豫皖苏鲁边区党史办公室、安徽省档案馆编《淮北抗日根据地史料选辑（第 7 辑）》，1985 年印行，第 200 页。

　　③ 范长江：《关于华中文艺工作的几点意见》（1944 年），载中共江苏省委党史工作办公室、江苏省档案馆编《中共中央华中局》，中共党史出版社 2003 年版，第 243 页。

　　④ 《中共盐阜地委宣传部为巩固发展通讯组织、充实稿件内容、培养工农通讯员的指示（1944 年）》，载《盐阜大众报》编辑部编《盐阜地区报史资料（第 2 辑）》，1983 年印行，第 4—5 页。

　　⑤ 《冀中区党委关于地方党报工作的指示》，载杜敬编《冀中报刊史料集》，河北教育出版社 1995 年版，第 91 页。

　　⑥ 陈业劭：《为工农兵服务是党报的传统》，《新闻战线》1962 年第 5 期。

为实现"全党办报"的一条重要途径。[1] 为此，1942 年 9 月 9 日中共中央西北局《关于〈解放日报〉工作问题的决定》、1943 年 3 月 20 日中共中央西北局发出的《关于解放日报几个问题的通知》、1944 年 2 月 16 日《解放日报》纪念创刊一千期的社论中，都明确要求各级党组织加强对通讯工作的领导。在这些规定的促进下，各级党政组织领导普遍认识到新闻通讯对推动具体工作的重要作用，并由此重视通讯员队伍，特别是工农通讯员队伍的建设，形成了高度组织化的通讯员网络体系。在随之而来的解放战争中，随着中共领导下的新闻事业的不断壮大，工农通讯员事业进入到一个更加身份化（强调通讯员的工人、农民的政治身份）、系统化（紧密依靠各级党政组织）、规模化（大力发展工农通讯员并开展各种写稿竞赛运动）的新阶段。

第二节　群众成为新闻写作者

早期的中共虽然制定了发展工农通讯员的相关制度，但是其实际效果是在大力提倡群众路线之后得以充分显现的。在中国共产党的高度重视和大力推行下，广大群众以工农通讯员的身份投入新闻通讯网络，成为革命根据地一道蔚为壮观的文化景观。

一　群众的参与

由于无产阶级党报理论的指导，在苏区就已经有不少工农群众投身通讯员队伍。不过，工农通讯员事业发展的高潮，是在抗战时期"全党办报、群众办报"口号提出之后。据《解放日报》1944 年 7 月统计，在过去的一年中，《解放日报》在边区的县和区上建立了强大的通讯员网，"拥有 1020 名农村通讯员，有些地区已经深入到乡上，现在报上每天所登载的边区的新闻和文章，有五分之四是由他们写来的"。[2] 关中分区 1944 年 8 月份的一份统计显示，参加写稿的同志已达 640 人，其分布在村里的

---

① 杭州大学新闻系：《中国新民主主义革命时期新闻事业史》，中国地图出版社 1962 年版，第 284 页。

② 通讯采访部：《对于县委领导通讯工作的意见》，《解放日报》1944 年 7 月 23 日第 4 版。

2-2　《解放日报》通讯员分布图

占41%，区里的占20%，县和分区的占30%多。① 1944年陕甘宁边区文教会召开后，冬学运动大规模地展开，从中涌现出的许多群众文教模范、冬学积极分子积极参加写稿。关中分区在文教会结束后的7个月内，工农通讯员来稿总量较上一年的8个月增加了8%。② 工农通讯员的踊跃写稿改变了通讯员的来稿比例。1945年9月，陕甘宁边区延川县对半年来的通讯工作曾进行总结，结果表明，该县在1月至3月发出的稿件中，知识分子通讯员占70%，而工农通讯员只占30%，但自4月初至7月底却起了一个相反的变化，工农通讯员的稿件达到全县稿件的81%以上，而知识分子通讯员的稿件只占18%。③《关中报》在1944年边区文教会上被评为边区地方报纸模范之后，对发展工农通讯员更加重视。据该报统计，1945年7月至1946年2月，投稿者共达856人，较前年同时增加33%。其中淳耀县在该报发表过稿件的77人中，33%为边区的知识分子，18%为边区工农干部，21%为群众及其他干部，而外来知识分子仅占22%。④

---

① 《关于分区通讯工作——关中通讯工作经验之一》，《解放日报》1945年8月30日第2版。

② 《关中分区的通讯工作》，《通讯工作的典型经验》，山西省档案馆馆藏编号Z1-G2-15，第50页。

③ 张弗予：《延川培养工农通讯员》，《解放日报》1945年9月5日第2版。

④ 《关中报创刊六年 坚持报纸与实际结合 深得干部和群众欢迎》，《解放日报》1946年5月4日第2版。

陕甘宁边区工农通讯事业的蓬勃发展，让作家周而复十分感叹，他曾经作过这样的归纳："每一种报纸，在每一部门，在边区每一个角落，都有它的通讯员……培养工农通讯员，成为报纸的方针，有许多通讯员他们一方面看报识字，提高文化；一方面又为报纸写稿。现在全边区一共有一千九百五十二个通讯员，平均每七百七十个人中就有一名通讯员。"①

其他根据地的工农通讯事业也发展很快。1942年，《抗战日报》在晋绥分局的大力支持下专门发布了加强通讯工作的指示，此后通讯工作发展大为飞跃，到1945年4月已有通讯员一千多人，其中有三分之一是工农通讯员。② 晋察冀根据地的情形也大体相仿，1944年太行区的《新华日报》（华北版）发展了301个通讯小组，两千多个通讯员，其中有一半以上是工农通讯员，真正使报纸在群众中生了根。③ 而在华中抗日根据地，工农通讯员群体的壮大也十分迅速。如《淮海报》就有成千上万的工农通讯员，每天有几百篇、每月有一两万篇来稿。曾在该报工作的老报人葛雨笠回忆，一场造成几里宽、上百里长的龙卷风灾害，在两三天内各地通讯员就能从头到尾地把灾难全部报道上来。那时既无电话，又无汽车，报道能做到那样准确、及时，全靠各村庄的广大通讯员对党报的热爱和支持。④ 据山东鲁中区1944年1月的统计，全区共有工农通讯员1100名，他们中有工人、佃农、贫农、中农，也有区村干部、劳动模范、变工队队长、指导员、编匠、妇女识字班学员、农救会会员等，每个月向《鲁中日报》投稿达到500余篇。⑤ 新华社是中共领导下的标志性媒体，它在1945年抗战胜利的时候，已经拥有一支由近3万名通讯员组成的业余通讯大军。⑥

---

① 周而复：《难忘的征尘》，文化艺术出版社2004年版，第158页。

② 廖井丹：《〈抗战日报〉的战斗岁月》，《新闻研究资料（第29辑）》，中国新闻出版社1985年版，第67页。

③ 刘松涛：《华北抗日根据地的农民教育工作》，载《人民教育》社编《老解放区教育工作经验片断》，上海教育出版社1979年版，第233页。

④ 葛雨笠：《我在〈淮海报〉的采编生活》，载新四军和华中抗日根据地研究会、江苏印刷分会编《江海激浪（第3辑）》，1986年印行，第46页。

⑤ 姜丕之：《一年来鲁中工农通讯运动》，原载鲁中文协编印《工农通讯工作（1944年5月）》，转引自吕伟俊等著《山东区域现代化研究》，齐鲁书社2002年版，第589页。

⑥ 刘云莱：《新华社史话》，新华出版社1988年版，第52页。

解放战争期间，随着解放区面积的不断扩大，翻身工农越来越多地加入到通讯员队伍（具体情况将在本章第六节中展开）。这种工农群众积极参与新闻传播的盛况，让一些来自国统区的人士颇感震惊："在'解放区'，中共报纸上，通讯员、特约记者，异常的多，而且有工人通讯员，农民通讯员，士兵通讯员等名义。……'解放区'内原没有什么科班出身的新闻人才的，而现在，则是人材（才）济济，他们是从不断地工作学习中被锻炼和培养起来的。"[①]

二　工农通讯员的实现

革命根据地的大众传媒主要就是报纸。报纸以文字作为传播符号，因此，发动广大工农群众成为通讯员并为报纸写稿，客观上存在文化水平限制的巨大困难，那么，他们又是通过怎样的努力去实现通讯员的角色呢？

1. 心理障碍的克服

普通群众要成为舞文弄墨的报纸通讯员，首先要克服信心不足问题。非常关心工农通讯员培养工作的《盐阜大众》报编辑钱毅曾经这样分析工农群众的心理："我们工农写稿子，心里难处真多。你想，我们没日没夜的田里滚田里爬，谈谈种田经，能十八天说不完。如今要我们抓起笔杆子画画，写稿子上报，岂不是生来乍到，摸不着锅灶。怎么办哪？大家只好看报上怎么写，自己也穿娘衣裳描娘样，好歹怎样，自己也不晓得。"[②]盐阜区从 1943 年开始发展和培养工农通讯员，当时遇到最大的困难就是工农兵群众和乡村干部不敢动笔。他们对写稿有一种神秘感，认为写文章是有学问的知识分子的事，"斗大的字不认几箩筐"的大老粗是弄不来的，"拿锄头的手捏不来笔杆子"。[③] 如该区后来成为模范通讯员的颜景詹在没有写稿之前就认为："别的号召我不怕，能克服困难，写文章不是一件容易事情。"[④]《解放日报》通讯员姚进贤也曾撰文剖析自己开始写稿之前的真实想法："以前看到报纸上发表过提倡工农干部写稿子，我自己总

---

① 龚汉：《"解放区"的报纸状况》，《新希望》1949 年第 9 期。

② 钱毅：《怎样写》，山东新华书店 1947 年版，第 20 页。

③ 王维：《革命战争年代江苏盐阜地区的通讯工作》，载中国社科院新闻研究所编《抗日战争时期的中国新闻界》，重庆出版社 1987 年版，第 26 页。

④ 颜景詹：《我是怎样参加做工农通讯员的》，载《盐阜大众报》编辑部编《盐阜地区报史资料（第 2 辑）》，1983 年印行，第 80 页。

认为虽说提倡工农干部写作，但多会儿也数不上咱这号人。心想，自己是个粗人，又笨，写的字也难看，白字也很多，材料归纳不在一搭，怕人家笑话。想来想去有一大堆困难，因此在思想上就不打算写它。"① 有的工农同志认为，自己文化水平低，写稿是知识分子的事情，"咱工作埋头苦干就是了，为什么一定要在报纸上吹吹打打顶啥哩！"甚至认为"工作做不好，专搞新闻政策，是夸夸其谈"。② 所以，对写稿的畏难是一种普遍的情绪。有的通讯员即使文章写好了，对质量如何也没有底数，对能不能发表更是瞻前顾后："自己既非'名人'又非'专家'，如此'无名人物'不成熟的稿件，担忧着它的命运，不是垃圾堆，就是下茅坑的前途，而终于没有发出去，把它束之高阁了。"③《解放日报》通讯员陈玉珂的记录生动地描述了他第一次写稿和投稿的情形：

> 在没写以前，先把解放日报第四版的文章，看了又看，想了又想，有时夜里做梦也在想；后来，想出一个题目，叫"高王路的破击战"，题目有了，又日夜地去想怎样的写法。有一次想了半夜，第二天便鼓着勇气，开始写起来。写时，怕别人看见，用别的笔记盖着，有人来时就盖起来，装写笔记，这样写了好几天，写了有三四千字。写完后，改了几次，最后誊清才寄到解放日报社第四版。心想能登便罢，否则，千万可别给我寄回来，被同志们看见，叫我丢丑。

> 有一天我同经委会几个同志，正在队长屋里算账，指导员递给了我一封信，我一看是解放日报社退回来的那篇稿子，马上觉着脸上发烧，心里想：登不登没关系，不该给我寄回来，太丢人了，以后可别再写啦！

> 算完账，在没人的地方，偷偷把退回的稿子一看，修改了很多，并附一封信，给我指出文章的优缺点，并告诉我文章不能发表的原因。这封信，我反复看了好几遍，使我很感动，因而又鼓起再写的勇气。④

---

① 姚进贤：《我写稿子的一点经验》，《解放日报》1944 年 9 月 18 日第 4 版。

② 赵挺：《关于志丹通讯工作的转变》，《解放日报》1943 年 11 月 18 日第 4 版。

③ 温金德：《怎样发动更多人向党报踊跃投稿》，《解放日报》1942 年 3 月 23 日第 3 版。

④ 陈玉珂：《我怎样投稿》，《解放日报》1944 年 12 月 31 日第 4 版。

　　这些复杂的心理，恐怕是很多工农通讯员都曾经历过的心态，只有克服这种心理上的障碍，才能跨出成为通讯员的第一步。《解放日报》通讯员任成玉总结道："工农同志写文章的妙诀，就是要下决心向别人学习，要绝对铲除那种怕问人，问人感到脸红，感到丢人的虚荣心。"①《解放日报》通讯员封营书对于思想观念的转变也深有体会："我是不会写文章的，所以提起写文章觉得真是难于上青天，我会认为写文章是有知识的人才可以写，而自己是一知半解的，还能谈到写文章么？其实这是一种错误的认识。要提高我们的文化水平，练习写作能力，首先就要向这方面学习。坚决的从思想上转变，认为写文章是知识分子的事，而工农干部不能写文章的这种错误观点，这种认识，是不会使我们进步的。为解放日报投稿是我们每个共产党员的义务，所以我们每个工农干部同志一定要下着决心练习写作，坚决克服这一困难，要大胆的向党报投稿。"②

　　在帮助工农群众克服消极写稿的心理障碍过程中，报社记者编辑们的关心和指导起到重要的催化作用。《解放日报》降低了对初学写稿同志的要求：见什么可写就写什么，见多少写多少，用自己的话写自己的思想，只要是新鲜的、对老百姓有好处的都可以写。③ 报社的同志还经常致信鼓励通讯员。《解放日报》通讯员李挺虽然经常接到报社的退稿信，但因为报社同志的来信中指出文章的毛病和修改意见，所以不但没有让他失望反而感到高兴："（从回信中）进一步认识到写稿子对自己的帮助，也知道给报纸写稿子是自己的责任，所以不管它登出不登出，我经常写，不登出也不灰心了。"④《人民日报》通讯员梁马斗自己不会写字，就求别人代写回信给报社致谢："你们给我捎的信收到了，我很高兴，旧社会我话说不在人前头，没人把我当人看待，在人家脚底下活了三十多年，共产党把我救活成了人。你们来信，叫我当党报的通讯员，我早就愿意……以后我一定要把我村群众在生产运动中的一切活动，有一点写一点，'怎样做怎样写'，老老实实把群众的创造给党报写去。"⑤《盐阜大众》报的钱毅同志为指导工农通讯员陈登科花费了大量的心血，陈登科对此颇为感激："我

---

① 任成玉：《学习写作的经验》，《解放日报》1943 年 10 月 6 日第 4 版。

② 封营书：《积极发动工农干部练习写作》，《解放日报》1943 年 11 月 22 日第 4 版。

③ 萧连：《延安县的通讯工作》，《解放日报》1944 年 9 月 18 日第 4 版。

④ 李挺：《谈谈我练习写稿子》，《解放日报》1943 年 10 月 11 日第 4 版。

⑤ 《双英雄梁马斗当本报通讯员》，《人民日报》1947 年 9 月 23 日第 2 版。

每写一篇稿子，就是报纸上不用，他也帮助我修改，写信告诉我，如何搜集材料，如何处理材料，那信写的也不知多好，说话亲切极了，叫你看了，心里凉飕飕的好过，不写一篇稿子寄给他，好象太过意不去了，想尽法子也要寄一篇去。"① 为了鼓励通讯员的写作热情，《盐阜大众》报提出"坚持通讯工作是坚持斗争的一部分"的口号，并把这个口号印在稿纸上、信封上、自制的明信片上，② 让通讯员不断感受到通讯工作的责任和意义，从而激发他们的写作意愿。

2 - 3　《大众日报》通联科分阅通讯员来稿

2. 写作激情的释放

当然，要成为一名通讯员，工农群众自身也需要努力。由于文化底子的孱弱，他们必须付出更大的代价、投入更多的热情。于是，生动感人的事迹也就层出不穷了。

有的通讯员对写作非常执着。鲁南根据地《滨海农村》的通讯员王安友开始由于不知道报纸新闻怎样写，结果给报纸投稿屡投屡败，还招来别人的很多非议，但这些打击没有动摇他的写稿决心。为了提高写作水平，他常常在晚上等大家睡着之后，再把门窗堵起来，点上油灯进行写作。虽然他的头发一次次碰到油灯被烧焦，然而这个四代没有一个识字人的长工儿子，写到第 57 篇稿件的时候，最终在报纸上发表"文章"了，尽管文章内容连自己的名字一共才 17 个字。③ 部队的模范工农通讯员王云

① 俞林：《"我是编辑编出来的记者、作家"——访著名工农作家陈登科》，《安徽新闻史料》1991 年第 2 期。

② 王维：《把心扑在新闻上：王维新闻作品选》，上海人民出版社 2004 年版，第 19—20 页。

③ 王安友：《我是怎样学习写小说的》，载《文艺报》编辑部编《文学：回忆与思考》，人民文学出版社 1980 年版，第 47—48 页。

鹏工作很忙，他就在夜晚起来铡草喂马的时候写稿，行军打仗时就利用夜晚放哨回来的工夫写稿，由于对写稿的投入，常常是睡觉还梦到写稿件。① 老报人马达曾经回忆过抗战时期苏中兴化县陈桥乡工农通讯员陈日昇的事迹。陈日昇经过扫盲识字后，不仅担任乡里读报组组长，还担任《群众报》和《人民报》的通讯员。他白天干活，晚饭后就点起小油灯，拿着一支铅笔，不断舔着嘴唇，埋头一个字一个字地为报纸写稿。有一次为了写一篇三百字的稿件，他整整琢磨了两个晚上。② 老报人王维也对一位通讯员的往事记忆深刻。1946年冬部队北撤后，整个苏北沦为"蒋后"（蒋军的后方）。在这最困难的时候，《盐阜大众》报收到夹有一段芦柴的信件，打开一看，竟然是淮安城郊通讯员寄来的稿子。这位通讯员埋伏在地洞里，用一张极薄的纸写稿，反映淮安城郊人民在十分困难的情况下和蒋军、"还乡团"斗争的情景。他把稿件和情报一起从敌占区送出来，由交通员越过几道封锁线，从运河边辗转送到报社所在的黄海边。③ 也有的通讯员对通讯工作特别关心，不愿意因自己的原因而影响写稿工作，这同样体现了对通讯事业的执着。1947年3月山东《群力报》发表《林孟枝出发交代通讯工作》一文，说的就是模范通讯员林孟枝出发去支前时，特意把村里的通讯工作委托给别人，并叮嘱"不管怎么的别让它垮了，一定要继续写稿子"。④

还有的通讯员对待新闻写作的态度十分认真。《解放日报》报道过通讯员张增福的事迹。他收集好写作素材，总要三番五次地想这篇稿子要达到什么目的？宣传一种什么思想？哪些材料该要？哪些材料不该要？怎样才能使大家读起来顺口？怎样才能给人一个强烈的印象？要是材料不充实，他又去进行补充采访。写好一篇稿子，他最少要细心修改三四遍，自己念得顺口，再读给其他同志听，有意见再修改。⑤《解放日报》还介绍过另一位通讯员聂景德的写作经历：他常常带上一个本子，把工作中的一些问题尽可能地详细地记下来。材料齐全之后先研究一番，把应写的问题

---

① 陈士杰：《模范党报通讯员王云鹏》，转引自山东解放军滨海军区政治部编《滨海八年》，1982年印行，第557页。

② 马达：《马达自述——办报生涯六十年》，文汇出版社2004年版，第21—22页。

③ 王维：《把心扑在新闻上：王维新闻作品选》，上海人民出版社2004年版，第19—20页。

④ 刘少白：《烟台报业志》，科学普及出版社1993年版，第103页。

⑤ 张海：《张增福怎样推动通讯读报工作》，《解放日报》1945年4月30日第4版。

及材料安排组织等考虑成熟，并在脑子里拟定好一个大纲，然后再动笔写。写成的草稿还一字一句地慎重修改一遍，尽量把可有可无的词句删去，然后才誊清寄出。[①]《晋察冀日报》也表扬过类似的典型。通讯员李煦明把写通讯当成习惯，时时留心别人不注意的小事，并都记在日记本上。有时为一点材料，夜里跑好几里路去搜集。他对每篇稿件都力求确实，有一次为补充事实，还特意写信给县里的通讯组说明："冯家庄被阎军一次抓了三十九个人，我上次写着放回一部，不是白放回来的，还花了六万元，我的稿如没有转走，请加上一句。"可见他对稿件的细致态度。[②]解放战争时期山东模范通讯员苗得雨还把自己的写作心得体会总结成顺口溜《大家写稿别发愁》："要想写稿别发愁，搜集材料要研究。有了材料细细想，怎样结尾怎起头。先做提纲有条理，抓住中心别胡诌。写好稿子再细看，无用地方一笔勾。从头到尾细检查，'五何'一个不能漏。短小精干又生动，不要贪多乱无头。写完再去找人看，不对地方再来修。拿到通讯小组里，集体讨论细研究。如果大家没意见，然后再往报上投。不信大家试试看，保险成功别发愁。"[③] 这首顺口溜不仅朗朗上口，而且认识到位，不仅提高了自身水平，也给别人很多启发。为克服文化水平低又要保证稿件质量的难题，部分工农通讯员采用集体写稿的方式，《解放日报》就介绍过陕甘宁边区安塞县的集体写稿经验："一部分文化程度低的工农同志自己写好了稿，交给别人帮助修改，改好了，他自己再抄写一遍。其次是采取合作办法，不会写的用口讲，会写的写下来，大家同意了，共同签名。"[④] 集体写稿"二五一凑，困难就容易克服，工农能用自己的力量来解决自己的困难"，[⑤] 这种写作方式不仅扩大了群众的参与面，对大家提高写作质量也大有裨益。

---

① 聂景德：《我是怎样学写通讯的?》，《解放日报》1945 年 9 月 17 日第 2 版。

② 《平定开展学习李煦明运动推动全县通讯写作》，《晋察冀日报》1946 年 5 月 27 日第 3 版。

③ 苗得雨：《大家写稿别发愁》，载郭正义编《浩歌赋太行》，新华出版社 1997 年版，第 270—271 页。

④ 《造成对党报写稿热潮 安塞县委总结通讯工作——九个月来共投稿二百零一篇 工农干部积极写作分工合作》，《解放日报》1943 年 10 月 22 日第 2 版。

⑤ 《集体写稿与集体改稿》，原载 1945 年 4 月 11 日《盐阜大众二周年纪念特刊》，载钱毅著《怎样写》，山东新华书店 1947 年版，第 48 页。

　　一个个工农通讯员典型的背后铺垫着活跃的工农通讯员群体。老报人魏海平曾经回忆当年他在苏北《淮海报》工作时，当地百姓竞相投入写稿运动的情形：有一对小两口在没有结婚之前比赛起写稿子，结果小伙子输给了大姑娘，结婚那天脸上还觉害臊；有一位老公公为写稿还和儿媳妇较上了劲；还有一位已经62岁的老人家，虽然说话有点不清楚，识字不多，但却是报纸的积极通讯员，当报纸提醒大家写稿不要"客里空"时，他把字音说岔了，向人说：我们写稿不要"特里通"呀！① 山东解放区的一首歌谣这样传唱群众写稿的情景："快快赶、快快赶，赶出模范通讯员。人家学习、写稿是模范，几天写稿一大篇，自己不学不写真难看。人家一天吃麦子三斤，自己一天是两个斤半。人家进步朝前走，自己当条尾巴在后面。人家写稿像下雪，自己写稿像天旱。人家光荣朝前走，自己惭愧向外站。人家欢喜街前立，自己难过呆在屋里面。同志们想想看，不进步真是难！努力学努力干，争取一个通讯员模范。能不能？我就拿今后稿子让你们大家看。"② 在晋绥边区，很多村干部、劳动英雄、民兵积极分子都成为了工农通讯员，在1944年2月召开的一次通讯员大会上，与会的八十多人四分之三是工农通讯员。其中神府劳动英雄刘德如一字不识也参加通讯工作。他说："我虽是不识字，但我愿做一个跑腿通讯员，有消息就到区上口头反映。"③ 这些活生生的事例勾勒了一幅全民写作的图景。

　　3. 文章发表的激励

　　工农通讯员鼓起勇气写稿，但如果稿件没有刊用，那对他们的打击势必很大。《解放日报》的一篇文章提到，有许多同志接到退稿时不乐意，觉得晦气，再催他写稿就向你摆摆手："不会写，不会写！"或者在背后发牢骚："写个什么……光叫老子写，不给老子登，谁还写。"一些人认为"写稿即是为登报"，稿子不得登报，便认为是碰了壁。④ 为不使大家因投稿失败而失去信心，陕甘宁边区关中地区宣传部专门提出解决问题办法：

---

　　① 魏海平：《〈淮海报〉和群众的血肉联系》，载新四军和华中抗日根据地研究会、江苏印刷分会编《江海激浪（第3辑）》，1986年印行，第55—56页。

　　② 王敬修：《看看人家看看咱》，《新大众》1946年第24期。

　　③ 阮迪民、杨效农：《晋绥日报简史》，重庆出版社1992年版，第87页。

　　④ 华丁：《部队写作运动中的一些经验》，《解放日报》1943年5月24日第4版。

（1）对刚发动起来写稿、文字程度又低的同志，由地宣、关中报社采取改错字、顺句子、提意见退稿的办法，使他们从大量写稿中多学些字、用些字，慢慢地提高阅读和写作能力。

（2）对写作热情特别高，且有相当写作经验的同志，则注意培养他们为基干通讯员，在行政上不妨把反映典型村乡、劳模的任务交给他们，使利用典型推动全局的领导方法与采访通讯连（联）系起来，在地宣及报社则注意加强对他们多写信、多提意见、多介绍采访及写作办法。

（3）为着把材料收集的更深刻，提倡利用读报收集材料的方法，把报上写的东西和办法念给干部或群众听，和他们共同研究讨论，写出来的东西就可能新鲜和深刻些，同时，这个方法的好处，还把采访通讯和开展读报工作结合起来了。

（4）要真正巩固通讯员写稿情绪，还必须加强思想教育，使彻底认识写稿登报不是出风头的事，而是为群众服务的事，稿件有内容，真能反映群众的问题，才对群众有好处。此外，还须帮助通讯员，使其了解写稿是提高自己文化和培养自己研究总结问题能力的有效办法。①

当然，根据地的报纸也作出了很多努力，尽量公开刊登工农通讯员的来稿，以此增强他们的写作信心。新闻学前辈、老报人王中回忆，他在《鲁中日报》工作时，偶然收到一篇农民通讯员写的稿子，其中病句、错别字很多，有些同志认为是"废品"，但他坚持认为："不，要把它放在头版头条，我们把错字给改过来，下面注明应当怎样写法，当语义教材也是好的嘛！它的意义主要不在稿子的质量如何，而在于农民自己动笔写稿，这就是件很了不起的新闻。"结果该文刊出时标题是《农民写稿了！》，这么一登报，大家不怕了："你看，稿子写得这么蹩脚，也能登呢！""写不好，报社还有语文先生来教你呢！"以后农民通讯员的投稿渐

---

① 《通讯小组和广大通讯网的建立——关中通讯工作经验之二》，《解放日报》1945 年 9 月
1 日第 2 版。

渐就多了。① 解放战争时期的盐阜地区是执行"群众办报"的一个典型，该地区的《盐阜大众》报当时曾规定，每期报纸采用工农通讯员的来稿要占60%的比例，并且经常进行检查。② 而《东台大众》采用综合汇编等办法，尽量多采用工农群众的稿件，发表时在文后特意标出"工农通讯员"的身份。③ 1946年3月春耕生产开始后，通讯员的稿件纷纷涌到《大众报》，为了照顾通讯员的写稿热情，编辑采用综合集纳的方式处理同题稿件，其中有一篇《海阳人民卷入生产热潮》文章，在文末署名的作者竟然有13个村的68人。④ 有的编辑给通讯员寄报纸的时候，还特意把通讯员的作品在报纸上用颜色笔标识出来，方便他们查找。⑤ 能够在报纸上见到自己的文章当然让通讯员感到无比的欣喜。山东《鲁中大众》报小通讯员苗得雨第一次看到自己巴掌大的一篇稿子发表，"觉得比农村逢年过节、青年娶媳妇还要高兴，天下没有比这更高兴的事了"。⑥ 1948年7月12日的《冀中导报》上，刊登了通讯员刘金瓯的一篇文章《说说我写稿的感觉和经过》。文中说："我是个老粗干部，在家做庄稼活。1944年在任邱二区参加工作，春天县里开大生产会议，县委提出全党办报、大家办报，每个同志都要写稿，我为了响应上级的号召，也觉得是个稀罕事，写了张各庄生产和战备结合的稿子，给登出来了，我心里真痛快，看了又看，我写的错字和白字编辑都给改了过来，这使我认识了很多字，编辑改过的稿水平高了，这使我的认识也得到了提高。"⑦《解放日报》的"新闻通讯"版面上还专门开辟栏目，对一些工农通讯员的佳作予以鉴评。如《解放日报》1943年11月18日第4版刊登了两篇工农通讯员的习作，而且在编者按中特别提示："这两则新闻，除标点符号外，一字未改，而且

---

① 王中：《〈大众日报〉和我》，载《大众日报》社史编纂委员会编《大众日报回忆录1939—1999（第二集）》，山东人民出版社1998年版，第37页。

② 郁启祥：《回忆解放战争时期的〈盐阜大众报〉》，《新闻研究资料（第28辑）》，中国社会科学出版社1984年版，第183页。

③ 乐秀良：《忆〈东台大众〉》，载新四军和华中抗日根据地研究会、江苏印刷分会编《江海激浪（第3辑）》，1986年印行，第225页。

④ 刘少白：《烟台报业志》，科学普及出版社1993年版，第85页。

⑤ 姬树平：《领导通讯工作的经验》，《边区群众报》1943年7月4日第4版。

⑥ 杨四平：《世纪回眸：苗得雨研究初探》，中国国际广播出版社1998年版，第16页。

⑦ 刘山：《回忆在任邱县当通讯干事》，载杜敬编《冀中报刊史料集》，河北教育出版社1995年版，第477页。

不要十分修饰，他们所写的就是很朴素具体的新闻。由此可见认为'写作是知识分子的事，工农干部不会写'的错误认识是应该放弃了。"这样的肯定对工农通讯员来说无疑是一种鼓励。同时，"全党办报、群众办报"的口号也鼓动各级党组织都办了很多地方小报，"通讯员给小报写稿比较胆大，容易有更多的人写起来。这样写稿运动就容易开展，工农通讯员也比较容易培养"。① 大报不用小报用，稿子登载的机会多了。工农通讯员的名字能够出现在报纸上，不仅是对其写作成绩的肯定，同时也有助于提升他的社会地位、建立起个人的威望，甚至能佐助他成为新的乡村精英。②

通过不断的写稿——投稿——发表循环，很多通讯员的写作态度也有了积极的转变。陕甘宁边区关中地区通讯员任成玉的一篇稿件在《解放日报》刊登后，大大鼓舞了他的投稿热情，分别给《解放日报》《边区群众报》《关中报》当上了通讯员，"每一篇稿子总要写三次：一次起草，第二次写在稿簿上，第三次才正式誊写出来寄给报社……不断地写，也不断地登，登出后，我就先看我的稿子，有啥修改，每看一次，学到很多"。③《解放日报》通讯员封营书也深有体会："写好以后应该欢迎别人修改（但不是损害内容）。虚心接受人家指正，决不要自满自足，自以为是，我们的一切都是实事求是的，这样才会使我们更加进步，对革命会有更多的贡献，决不要成为一辈子不出嫁的老女子。"④ 就是在这样的情境中，工农通讯员的写作水平不断提高。陕甘宁边区延川县通讯员郝丰田农民出身、文化水平较低，结果第一次投稿质量很差，但经过三个月的不断投稿，不仅在《解放日报》上发表文章，而且知道哪些事情值得报道、怎样报道更生动。⑤ 山东鲁中女工农通讯员刘兰基也觉得："我当了工农通讯员后，进步可多呢，原因是要写稿就要随时随地注意材料，注意学习，同时报社也经常来信帮助我，这样就把我的工作、学习都推动起来。"⑥

---

① 《怎样办地方小报 怎样开展写稿运动》，冀鲁豫宣联社编《宣教通报》1947年3月6日第十六号，山东菏泽市档案馆馆藏编号001-002-8，第2页。

② 美国传播学者拉扎斯菲尔和默顿认为大众传媒的一个重要功能就是能够授人以地位。

③ 任成玉：《学习写作的经验》，《解放日报》1943年10月6日第4版。

④ 封营书：《积极发动工农干部练习写作》，《解放日报》1943年11月22日第4版。

⑤ 史坚：《半年来延川的通讯工作》，《解放日报》1943年11月18日第4版。

⑥ 《新华社山东分社的通讯运动》，《晋察冀日报》1945年3月23日第2版。

一些原来不大会写作的工农出身的同志，在报纸的帮助下成为了基层宣传报道的骨干，有的甚至成了知名的专业作家。《边区群众报》的刘兴全、马永河就是从工农通讯员成长为专业的新闻记者。①《冀中群众报》通讯员董国贤因为在报纸中缝发表了一篇224个字的报道，从此走上了新闻之路。②《李二嫂改嫁》的作者王安友、著名诗人苗得雨、《铁道游击队》的作者刘知侠、《战斗到明天》的作者白刃、《林海雪原》的作者曲波等都曾经是山东《大众日报》的通讯员。③ 难怪曾在苏中地区的《群众报》《人民报》做过记者的老报人马达动情地评价："这些不久前还是农民的干部，写下这几十个、几百个字，是何等不容易啊。每个字的背后，都倾注了他们对抗战事业的热忱，对党报的热爱。"④ 就是在这样的新闻写作实践中，很多工农群众以通讯员的身份实现了自身知识化的转变。

工农群众也通过写稿的实践打通了与知识分子的情感隔阂，许多工农通讯员把报社工作人员当成知心朋友。《大众日报》的工农通讯员不仅向报纸反映实际工作中的情况和问题，还把自己的生活、学习、工作，包括恋爱婚姻问题都请报社同志为他们出主意、当参谋。有一些通讯员还背了行李，带上干粮，跑几十里或上百里路，找到编辑部，非要看看经常给他写信联系的同志，当面倾诉自己的感激心情不可。⑤《冀中导报》的通讯员王俊峰在写给编辑部的一封信中开头写着"生我者父母，知我者你也"，以此来表达对编辑的感念之情。⑥ 很多通讯员也与《晋绥日报》的工作人员交上了朋友，他们常常到报社谈工作、拉家常，反映问题、了解情况，有的还委托代买书籍和文具，这种密切的交往推动了通讯工作的不

---

① 柯蓝：《回顾》，载陕西日报社、延安时期新闻出版工作者西安联谊会编《延安时期新闻出版工作者回忆录》，2006年印行，第103页。

② 董国贤：《益友良师——〈冀中导报〉回忆片断》，载杜敬编《冀中报刊史料集》，河北教育出版社1995年版，第433页。

③ 于岸青：《记者工作实质是一种群众工作——战争时期大众报人的群众观》，《青年记者》2011年8月上。

④ 马达：《马达自述——办报生涯六十年》，文汇出版社2004年版，第21页。

⑤ 朱民：《抗日战争中的〈大众日报〉》，《新闻研究资料（第39辑）》，中国社会科学出版社1987年版，第42页。

⑥ 李麦：《艰苦备尝办小报——冀中游击区办报的回忆》，《新闻研究资料（第4辑）》，新华出版社1980年版，第98页。

断发展。① 在苏中抗日根据地《人民报》工作过的女编辑孙瑜曾经回忆起这样一件事：有一次，报社召开通讯员会议，有个女通讯员来信说她要参加会议，就是被子太厚背不动，能不能和报社的蓝瑛同睡（她以为蓝瑛是女的）。孙瑜因回信匆忙，未及说明情况，只说和她（孙瑜本人）睡就行了，结果这位女通讯员接信后非常生气（她以为孙瑜是男的），到后来相见搞清情况后，大家笑着抱成一团。② 这虽然是一个误会引发的趣事，但是从中却可以看到报社工作人员与通讯员们亲密无间胜似亲人的人际关系，也可以体味出工农群众是如何发自内心地与知识分子站到了一起。

三　工农通讯员的典型个案

抗战时期，在《盐阜大众》报编辑钱毅的帮助下，苏北根据地出现了一位模范通讯员颜景詹。他在1946年春天曾专门接受过美国记者的采访。有篇文章生动地记录了这一幕，从中也可以折射革命根据地工农通讯员的成长历程：

在淮城市中心的一座平房里，由华中分局召开的座谈会正在进行。

美国记者罗尔波记下了华中解放区纺织模范小五姐和民兵英雄王大炮的介绍，放下笔，把目光移向第三位采访对象——农民通讯员颜景詹。

不错，就是他。长长的脸，挂着微笑，一双眼睛虽然不大，但很有神采，正是在华中宣教会议会场门前见到的那幅宣传画上的人，只是现在看得更真切，那高大的身躯，在人群中显得十分突出。

几天前，罗尔波随军调部"三人执行小组"来我华中地区采访，在华中宣教会议会场门前看到八幅大型油画，第一幅是人物肖像，上面写着醒目的标题："颜景詹同志不是在文化上翻身了吗？"翻译告诉他，画上的人原是一个文盲，他坚持在战斗、工作的间隙识字写稿，终于摘掉文盲帽子，并成为一名农民通讯员。罗尔波当时就不相

① 阮迪民、杨效农：《晋绥日报简史》，重庆出版社1992年版，第101页。

② 孙瑜：《在〈江潮大众〉报工作片断》，《新闻研究资料（第37辑）》，中国社会科学出版社1987年版，第97页。

信这件事。碰巧，那几天华中版《新华日报》上又登了颜景詹写的两篇文章，其中《河下镇纺织工人组织起来》那篇有三千多字，罗尔波把那张报纸小心地迭好收进包内，随后找到我军负责接待工作的干部，指名要采访颜景詹。

此刻，他从包中取出那张报纸，指着其中一篇小新闻，问："这篇文章是你写的吗？"

颜景詹取下嘴中含的旱烟袋，身子略微往前凑了凑，看了一下说："是的。"

罗尔波又指着报上的名字问："这是你的名字吗？你叫什么名字？"

"是的。我叫颜景詹。"

罗尔波仍然用怀疑的眼光打量着眼前这个人，又指着那篇长的文章，问："这篇也是你写的吗？"

"也是我写的。"

"是谁叫你写的？"

"没有人叫。"

"是不是你说，让别人写？"

"我自己会写，不需要别人代写。"

"你过去认识多少字？"

"我原先是个文盲，一个字也不识。"

罗尔波总想从颜景詹的回答中，找到自己需要的什么，但是他终于失望了。

这时，主持座谈会的华中军区司令员张鼎丞起来对翻译说："你告诉他，中国农民在中国共产党的领导下变了。像颜景詹这样的工农通讯员不是十个百个，而是成千成万个！"

这些话经翻译一说，罗尔波连声说："真想不到，真想不到……"他困惑而惊异地望着跟前这个高大的中国农民。

颜景詹经张司令这样一说，胆子更壮了。他猛地吸了一口旱烟，自豪地对罗尔波讲起自己识字和写稿的经过。

……

从此以后，我拼出命来学文化。早晨，战友们尚在熟睡，我已起床来到庄外，用柴棒在地上练习写字；夜晚，躺在床上，就甩手指在肚皮上划字；伏击阵地上，敌人还没来，我趴在战壕里也乘机认几个字。

1943 年春天，我调到十一区做开辟工作。县委和区委领导都动员我给党报写稿，三个月里我写了四十多篇，却一篇也没登。我怀疑寄出的稿子报社没收到，又觉得自己稿子写得太差，不是这种料子，于是学文化的热情开始减退。这时，区委收到报社来信，信中表扬我坚持写稿的精神，并要区委帮助我提高写作能力。也许出于鼓励吧，几天之后，报上综合发表了区委书记王一香和我合写的稿子，我快活极了，走起路来觉得全身轻松。从此，我写稿积极性更高。那时，我识字不多，遇到不会写的字，或者请教别人，或者用别字替代，或者空在那里，写好后再补。经过不断的努力，到 1944 年初，我写的稿子终于第一次在报纸上单独刊用。我这篇处女作是这样诞生的：

那年春节前，区委提出了节省弹药的口号。但是大多数联防队队员认为，要保卫大家过年，天天有仗打，节省弹药是"说空话"。腊月二十五那天，日伪军到席桥乡抢劫，联防队员们要求马上就打。我向大家说明不能硬碰的道理，布置大家埋伏起来打伏击。当敌人离开村子的时候，我们趴在河坎上，四枪打倒三个敌人。敌人遭到突然袭击，慌忙把抢来的东西丢下，像丧家犬一样跑了。我把这次战斗写成一篇"四枪打死三个敌人"的稿件，寄给《盐阜大众》，《盐阜大众》报马上在显著地位发表了出来。而"节省弹药，多打胜仗"的口号也成为联防队员们的实际行动了。

1945 年，盐阜区开展工农通讯运动。地委特地召开了工农通讯员代表会议，在全区范围进行了评选模范通讯员的工作。我被评为模范通讯员，并受聘为《盐阜大众》报的工农特约记者。

颜景詹像是讲述一个平凡的故事，而在罗尔波这个美国记者听来，简直是天方夜谭。在他的采访本上又出现了一个新名词——工农特约记者。[1]

还有一个典型是解放战争时期苏北解放区的女通讯员沈月萍。她这样

---

[1] 锦亚：《令洋记者惊叹的土秀才》，载邵景元编《鱼水情》，上海社会科学院出版社 1990 年版，第 94—97 页。

自述：

我家在泗阳钱庄村，成分是中农。我家父母很守古，家规很严，我不敢到哪里去，一出去回家就要挨骂！一天门口唱小戏，我去听听，父亲又把我一骂："成人丫头，还不守规矩！"我倒在床上，闷的一哭，哭不能明哭，只有暗地哭呀！

共产党过来有二三年，我家还是这样子。去年有姐妹团长胡翠兰，动员我上识字班，我说："只要你把父亲说好，我是没有问题的！"胡翠兰就对我父亲说。他把脸一冷说："过几天的！"过了个把月，还是不让我去。一天胡翠兰带了五六个姐妹团员，又到我家来问我父亲说："你到底让不让你家大姐去呢？我们都和她一样子！"父亲没话说，让我出来了。

我在识字班里，学习、工作都很好，大家就把姐妹团长推给我了。那时正碰到开展通讯运动，上级要我发动大家写稿子。我心里非常愁："到底怎么发动呀，青天菩萨！"过后肖光辉同志来帮助，打通大家思想，说了写稿的好处，我写了起带头作用，于是保证在十天内写稿五篇。

我做了通讯员，就忙找材料子了。自己找还发动别人替我找，父亲母亲看我学习进步，做些周正事，非常高兴，也说材料给我，于是我发展他们做材料员。母亲笑说："丫头能干呢！我就做你材料员！"还有哥哥沈业刚（分开家了），弟弟沈业奇，我也发动他们做通讯员。于是一家有三人做通讯员，还有两人供给材料。我一上来不会写，要请人代写，以后自己也就慢慢写了。

有一次，我看见一人偷菜头，自己正说出来："我要写稿登黑板报批评。"弟弟旁边说："这材料是我看见的，怎么是你的呢！"两人吵了半天，我让弟弟写了。还有一天晚上开通讯会议，没了灯油，沈业刚说："我去家提灯油来开吧！"一家对通讯非常热心。

大人孩子都晓得我会写稿子，有一天我在家拐磨，门口一个九岁的侄儿，他跑过来喊我道："大姑娘，门旁左家银家放小猪在我家麦地里吃，不能跟他写篇稿子吗？"引得大家全笑起来了。

我家里读的淮海报，是弟弟从学校里带回来的，读过了就写稿子，一家围着听。有一天弟弟读到保护耕牛一篇新闻，内容是写我们小组长连家牛（都）不保护，饿得要死了。这篇稿子就是我写的。我父亲听了，不住的说："这话真不错呀，我前天还看见他家瘦牛的，在种大秋的，他家不是找我们牛种的吗？"他又说："真奇怪，丫头写稿子也能登上报，真少有了。"

我家在通讯运动中，帮助办一处大众报，一处黑板报。我参加妇女识字班，不问什么人到我家一看，从门口墙上看到厨房里，都写了粉笔字的。

我们家庭在两个月中，一共写一百一十五篇稿子，大多登上黑板报，淮海报上只登了三篇。①

第三节　工农通讯员与知识分子的结合

作为一种文化行为，新闻写作要成为文化素养低下的工农群众所掌握的一种技艺，首先必须得到拥有文化优势的知识分子的帮助。而知识分子与工农群众之间，由于工作性质不同、生活和学习的地方不同，往往缺少相互之间的沟通和了解。但这种局面，终于在"知识分子与工农群众相结合"的口号下得以改善。

清末以来知识精英与乡土社会的严重疏离造成文化整合上的危机，严重的民族危机又让当时的知识分子充满普遍的无力感和自责心理，促使他们把民族救亡和自我救赎的希望寄托于工农大众。② 知识分子的这种内心企望在外在政治力量的感召下大踏步地走上了实践的舞台，中国共产党在马克思主义中国化、马克思主义从理论走向指导中国革命实践的过程中，不断加深对知识分子和工农群众关系问题的认识，③ 最终在抗战时期应时应势地提出"知识分子与工农群众相结合"的口号，并在局部执政的各个革命根据地大力推行具体实践。知识分子要与工农群众相结合，就必须

---

① 沈月萍：《我的通讯家庭》，原载《淮海报》1948年第1636期，载江苏省文联资料室编《江苏革命根据地文艺资料汇编（通讯·报告苏北部分下册）》，1984年印行，第631—632页。

② 张瑞兰：《论知识分子与工农相结合——对一种重要政治观念的发生背景与成因的考察》，《湖北行政学院学报》2010年第2期。

③ 关于这一过程，可参阅潘晔著《中国共产党知识分子政策的变迁与创新》（武汉理工大学出版社2008年版）一书中的相关章节。

在工作、生产和生活上互相交融，即使是文化方面也是结合的一个重要领域。在中共看来，在无产阶级领导的革命事业中，工农群众不仅需要政治身份、经济基础的合法性，也要赋予他们文化地位上的正当性。因此，党就要创造条件让工农群众投身各种文化活动，"文艺、报纸、教育、卫生工作，都照着这个方针动员起来"。① 新闻活动从属于文化活动，知识分子与工农群众相结合的指导思想，势必也会在新闻活动中得以体现。而培养工农通讯员，恰恰就是实现新闻传播领域知识分子和工农群众结合的一条典型路径：知识分子在帮助工农群众掌握新闻写作技术过程中，借以实现政治立场和话语体系的改造，把知识分子的生活意识、组织性、坚定性提高到工农大众的水平，从而努力达到"党的新闻工作者"的标准；工农群众通过知识分子的帮助实现"工农分子知识化"，掌握新闻写作技术，获得表达的权利进而提高了文化上的自信，从而实现"工农分子知识化"。两者的共同提高有利于促进革命的进程。

一　号召的发出

为了在新闻传播领域实现知识分子与工农相结合，中共通过主要领导人的指示——各级党政领导的阐释——新闻从业者的学习这样的线路，促使专业的新闻媒体工作者端正态度，密切和工农的接触，向他们学习，与他们合作，并努力吸引工农群众参与到新闻传播活动中来，其主要做法就是大量培养工农通讯员。

工农通讯员的文化素养客观上并不具备投身新闻传播活动的基本条件，但是，在党的领导者看来，由于工农群众是革命的主要依靠力量，知识分子也只有和工农群众站在一起才能成为彻底的革命者，因此，在文化上促进知识分子和工农群众的联盟不仅必要而且可能。从 20 世纪 40 年代开始，党积极引导知识分子加快与工农群众在文化方面的结合，特别是对写作活动尤其重视。根据延安文艺座谈会的精神和整风学习的需要，1942年 8 月 25 日的《解放日报》发出号召："边区的一般文化程度是这样低，能用文字表达意见的人是这样的少……请尽量使用自己的笔来替群众讲出他们所要讲的话吧，尽量替我们那些积有丰富经验而不能够执笔为文的工

---

① 为群：《知识分子与群众结合的好典型》，《解放日报》1945 年 4 月 24 日第 4 版。

农干部做喉舌吧！"① 但是，知识分子"替"工农群众"讲话"显然还不够，工农群众还要努力学会自己"讲话"。随之，1942 年 10 月 4 日的《解放日报》又以康生写的《提倡工农同志写文章》予以补充，要求"提高工农干部写文章的热情和信心，打破只有知识分子才能写文章的错误心理，要告诉知识分子同志们，应跟工农干部学习，拜他们为先生；同时又应该帮助工农干部修改文章，作他们修理文章的理发员"。社论还要求党的各级组织要重视这个工作，"使工农干部有信心有勇气来写文章"。② 康生时任整风学习总委员会的副主任，这篇文章自然也就有较大的影响，以致后来"理发员"的称呼广泛流传。

新闻从业者是知识分子的一部分，而且是中共实现宣传功效所依赖的核心力量，他们自然更加需要与工农群众相结合。而工农群众要实现为自己说话的目标，也特别需要掌握新闻写作能力。较之于文学写作，新闻写作在题材选择（写身边人、身边事）、表达方式（主要用感性的记叙、描写，少用抽象的议论）、语言使用（允许用群众化的语言）、结构形态（新闻作品篇幅大多短小）等方面，对工农群众来说显然更有习得的可能性。因此，中共就选择新闻写作作为工农群众文化翻身的突破口之一。既然如此，对工农群众的新闻写作自然不能等闲视之了。毛泽东就多次教导《解放日报》的编辑人员，不要轻视工农兵群众的来稿，不要称它们为"豆芽菜"，即使是"豆芽菜"也是很好吃的一个菜，所以编辑人员要乐于做工农兵稿件的"理发员"。③ 1943 年 6 月 10 日，《解放日报》刊登了一篇题为《政治与技术——党报工作中的一个重要问题》的文章，该文认为党报的记者应该是"立定志向做一个工农兵的记者"。除了站在工农兵的立场开展新闻工作外，文章还提出报纸的新闻工作者要帮助工农群众投身到新闻活动中来。"对于工农兵应有热爱，要有当他们的小学生的态度，要有当他们'理发员'的志愿。"所以，报纸的编辑记者要"更密切的与工农兵结合，更诚恳地倾听他们的意见，更真切地表达他们的意见，

---

① 《展开通讯员工作》，《解放日报》1942 年 8 月 25 日第 1 版。

② 康生：《提倡工农同志写文章——康生同志给"笔谈会"编辑同志的信》，《解放日报》1942 年 10 月 4 日第 1 版。

③ 王凤超、岳颂东：《毛泽东同志与延安〈解放日报〉》，载方蒙、午人、田方编《延安记者》，陕西人民教育出版社 1993 年版，第 28 页。

更耐心更友好地帮助他们掌握新闻事业，掌握这一战斗的武器"。① 在这一年的九一记者节，作为当时党内宣传工作负责人之一的陆定一同志又撰文表明这种观点："教育专业的记者，做人民的公仆，对于那广大的与人民血肉相联的人们，要做学生又做先生。做学生，就是说，要恭敬勤劳，向他们去请教事实的真相，尊重他们用书面或口头告诉你的事实真相，以他们为师来了解事实，来检查新闻的真实性；做先生，就是在技术上帮助他们，使他们用口头或书面报告的事实，制成为完全的新闻，经过这种结合，报纸就与人民密切结合起来了。"对于当时很多人所持的工农群众文化水平低下的偏见，陆定一给予十分明确的反击："我们办党报的人，千万要有群众观点，不要有'报阀'观点。群众的力量是最伟大的，这对于办报毫无例外。不错，他们是没有技术的，但技术是可以提高的，这需要长期的不倦的教育。我们既然办报，我们不尽这个责任，倒叫谁来尽这个责任呢？我们在这方面还有很多事情要做，而且还需要创造许多新的办法出来。"② 既然把新闻写作看成是技术层面的事情，那么不仅知识分子容易教，工农群众也容易学。这样的鼓动和号召随即以条例化的形式对具体行动加以指导和规约，在 1943 年 11 月 7 日中共中央宣传部颁布的《关于执行党的文艺政策的决定》中，已经可以看到这样的条文，要求新闻通讯工作者及一般文学工作者的主要精力，即应放在培养工农通讯员上，"以十分的热情与恒心"帮助鼓励工农与工农干部练习写作，使之成为一种群众运动。③

　　这样的观点得到其他根据地领导的认同。1943 年 12 月，在《拂晓报》创刊 500 号的时候，社论指出："要是没有一大批工农出身的与工农兵有密切联系的工农通讯员，而想把报纸变成名符其实的工农兵的报纸，则真是一件难以想象的事情。我们一定要打破'只有知识分子才能做通讯员'的心理，一定要打破合乎知识分子口味才算是好文章的习气，大胆的耐心的发现和培养群众斗争中的积极分子，首先是他们中的干部，教育他们，帮助他们，提高他们。对他们的要求不要太高，只要能写出一个问

---

① 《政治与技术——党报工作中的一个重要问题》，《解放日报》1943 年 6 月 10 日第 1 版。

② 陆定一：《我们对于新闻学的基本观点》，《解放日报》1943 年 9 月 1 日第 4 版。

③ 中共中央宣传部：《关于执行党的文艺政策的决定》，《解放日报》1943 年 11 月 8 日第 1 版。

题，一件工作，一件具体事情就行，不能写的就让他口讲别人替他写，只要老老实实的把事情说出来，就是很好的文章，这是党报改进的方向之一。"① 中共冀鲁豫区党委宣传部也有类似的指示："提倡知识分子经常虚心学习农民话，写写念念，听听像说话不。写成了念给农民听听，哪里不像不懂，大胆忍痛地改过来。规定知识分子给工农干部或群众代笔写稿时，一定不准换用自己的字句和语气，一定要照工农的原话写。"② 1944年元旦这一天，太行《新华日报》刊出专文，要求记者编辑必须培养一定数量的工农通讯员，并鼓励和帮助他们学习写作，要虚心学习群众的语言，了解其情绪，对稿件进行修改时，只能把他们粗糙的原料更加艺术化，而不应把他们质朴可爱的字句改为洋八股。③ 山东《大众日报》在一封告全体通讯员的公开信里称："为了建立明确而牢固的面向工农兵的观念，并且贯彻到实际工作中去，今天摆在我们面前最具体最迫切的任务，莫过于认真研究毛泽东同志在延安文艺座谈会上的讲话，我们号召全体通讯员同志认真研究这一文件，并进行深刻的反省与检讨，我们愿尽最大努力帮助大家，共同完成这个通讯工作中的思想改造。"④

为了加强报纸编辑部门和通讯员的联系，很多报纸设立了通联（讯）科，任命专职人员处理与通讯员的联系。通联科往往是采编业务部门中人数最多的部门，报社里的老记者、老编辑大多参加过这个部门的工作。⑤为了凸显对工农通讯员的重视，1946年《盐阜大众》报还规定通联科里再设工农通讯股，有计划地向工农通讯员进行业务指导，专门研究开展工农通讯运动。⑥

① 《纪念本报五百号》，载豫皖苏鲁边区党史办公室安徽省档案馆编《淮北抗日根据地史料选辑（第7辑）》，1985年印行，第209页。

② 《中共冀鲁豫区党委宣传部关于进一步提高通讯报道工作的指示》，原载《冀鲁豫日报》1947年9月23日，转引自《冀鲁豫日报史》编委会编《冀鲁豫日报史》，贵州人民出版社1993年版，第206页。

③ 磐石：《明确为工农兵服务的基本方针》，原载《新华日报》1944年1月1日，转引自姚文锦等编《晋冀鲁豫边区出版史》，山西人民出版社2009年版，第173页。

④ 陈业劭：《为工农兵服务是党报的传统》，《新闻战线》1962年第5期。

⑤ 阮迪民、杨效农：《晋绥日报简史》，重庆出版社1992年版，第96页。

⑥ 《地委关于出/改版〈盐阜日报〉和〈盐阜大众〉的决定》（1946年10月10日），载《盐阜大众报》编辑部编《盐阜地区报史资料（第1辑）》，1983年印行，第10页。

二　知识分子的回应

党的号召需要行动的回应。革命根据地的新闻从业者以新闻写作活动为纽带，态度诚恳地践行着与工农通讯员相结合的要求。

随着工农通讯员人数迅速增加，根据地新闻媒体的来信来稿也与日俱增，大大加重了报社人员的工作负担。但是，对待来信来稿的态度就是对待工农群众的态度，因此，认真负责地对待工农群众的稿件就是尊重他们劳动成果的体现。为此，报社的记者编辑们作出了行动上的呼应。在山东抗日根据地，《大众日报》经过 1942 年至 1943 年的努力，建立起一支有一两千人的通讯队伍。为了加强与通讯员的联系，报社的通讯联络科成为人数最多的一个部门。① 当时与通讯员联系主要采用信件方式，《大众日报》通联科要求每位同志对通讯员要热情关怀，像写"情书"一样做好

2－4　新华社冀中分社通联科合影

回信工作，同时，对日常的回信要求也很严格，开始时每封复信都要经过通联科长审查，好的表扬、传阅，有缺点的要讨论修改后才能发出。② 陕甘宁边区的《边区群众报》采取"每信必复"的原则，强调给通讯员回信要像给家里人写信那样充满热情。③ 他们当时提出口号："不让任何一

---

① 朱民：《抗日战争中的〈大众日报〉》，《新闻研究资料（第 39 辑）》，中国社会科学出版社 1987 年版，第 42 页。

② 秦风：《战争年代的通联工作》，载《大众日报》社史编纂委员会编《大众日报回忆录1939—1999（第一集）》，山东人民出版社 1998 年版，第 310—311 页。

③ 胡绩伟：《青春岁月——胡绩伟自述》，河南人民出版社 1999 年版，第 202 页。

点有价值或者可资利用的东西丢掉。"① 曾经在《群众日报》工作过的老报人杨田农回忆，他们当时都有一种当好新闻"理发员"的思想，"编辑对每篇通讯员来稿的处理都负责到底，千方百计提高来稿利用率，鼓励提高通讯员的写稿积极性。"② 由于工农通讯员人数众多，处理他们的来稿工作量极大，为此，冀鲁豫边区对各个地方报社作出指示，认为与通讯员的联系工作比编印报纸还重要，报社的相关人员必须把一大半的时间和精力花费到通联工作上，做到"来稿随来随改，当天处理不准压。要拿出园丁对果树的精神和赤心来，尽心尽力的为通讯员（群众）服务"。③ 看稿改稿的任务非常繁重，但编辑记者们都怀着虔诚的使命感来完成这一工作。曾经在《淮南日报》通联部工作的吴维德身患肺病又高度近视，但仍每夜坚持在昏暗的植物油灯下看稿、改稿到深夜，甚至通宵达旦，最后终因病情恶化而英年早逝。④ 尽管工农通讯员的来稿因质量较低而退稿占了绝大多数，但抱着对通讯员负责的态度，编辑记者们尽量做到退稿必复，给投稿者一个明确的交代。东北解放区的各个报社普遍建立约稿、回信、退稿提意见的通联工作制度，并把群众工作做得好坏作为衡量干部表现的重要标准之一。⑤ 写退稿信的工作量是非常惊人的，作为抗日战争和解放战争时期淮海区党委机关报的《淮海报》，对不用的稿件做到每篇必退，所以常常要用小毛驴驮着回信到交通局去寄发。⑥ 曾经在《新华日报》（华北版）通联科工作的老报人高戈从信封的使用这一细节回忆了当时书信往来的程度："一个质底较好的信封，常是在和通讯员的联系中，来回用上它五六次或更多，信封的正反两面各一次，翻过来再用两次，然

---

① 翟准：《〈边区群众报〉的一些片断回忆》，载陕西日报社编《五十年华（1940—1990）》，1990 年印行，第 50 页。

② 杨田农：《继承和发扬党报工作的优良传统》，载陕西日报社编《五十年华（1940—1990）》，1990 年印行，第 129 页。

③ 《怎样办地方小报 怎样开展写稿运动》，冀鲁豫宣联社编《宣教通报》1947 年 3 月 6 日第十六号，山东省菏泽市档案馆馆藏编号 001 - 002 - 8。

④ 王榕：《生活在团结战斗的集体里》，载《淮南日报》史料集编纂委员会编《淮南抗日根据地党的喉舌——原〈淮南日报〉史料集》，中共党史出版社 1991 年版，第 38 页。

⑤ 罗玉琳、艾国忱：《东北根据地战略后方报业简史》，1987 年印行，第 70 页。

⑥ 江苏省地方志编纂委员会：《江苏省志》（第 80 卷报业志），江苏古籍出版社 1999 年版，第 137 页。

后贴上白纸再用几次，用钢笔写过的，再用毛笔写又使用一次。"① 之所以如此精心，一方面是当时条件下信封的宝贵，另一方面估计也是信封使用数量实在太大使然。

新闻工作者与工农通讯员的联系主要通过信件形式，其中一个重要内容就是针对稿件进行交流，以此提高他们的业务水平。交流的重点内容之一是写作的基本知识。在冀中抗日根据地《冀中导报》工作过的老报人李麦回忆："对不能采用的稿件，我们坚持每稿必退，而且将错别字改正过来，把不通顺的句子改通顺了，并且说明不用的原因，提出今后应当注意什么，简直比老师给小学生改作文还仔细。""即使是已经发表了的稿件，有时也把修改过的原稿退回去，说明有的字句为什么删掉，为什么有的地方那样修改，为什么又添上了个别字句。不仅如此，还进一步说明，如果哪个地方再充实一点什么内容就更好了。对个别的重点培养对象，每隔一段时间，还把他许多稿件中的问题，综合成几条意见，指出应该注意的地方。"② 除此之外，给通讯员的回信还附带涉及新闻知识的介绍。曾在太行根据地工作的何微追述："通联科与通讯员的联系，不仅是催稿子，还有个重要的内容，是在给通讯员的信件中，实际上通报了不少新闻学的基本观点，如新闻报道必须具备的要素，写新闻不能造假，怎样写新闻的开头，多写事实少发议论，等等。"③ 著名作家孙犁1939年春天在晋察冀通讯社工作，其日常工作就是指导通讯员的新闻写作。他每天给各地通讯员写信，最多可以写到七八十封，此后结集出版了一本《论通讯员及通讯写作诸问题》。④ 山东解放区《大众报》社工农通讯科李志在1948年、1949年两年间给通讯员王秉亭写信百封以上，很多都涉及新闻写作问题。⑤ 盐阜地区模范通讯员陈登科念念不忘《盐阜大众》报编辑钱毅对他的帮助："他写的信，叫你看起来，又亲切又诚恳，好像他就坐在你的

① 高戈：《初建通讯联络科》，载山西省新闻工作者协会、太行新闻史学会编《太行新闻工作回忆录（第6辑）》，1986年印行，第2页。

② 李麦：《艰苦备尝办小报——冀中游击区办报的回忆》，《新闻研究资料（第4辑）》，新华出版社1980年版，第97~98页。

③ 何微：《一条重要的经验——华北总社通联工作回忆片断》，载山西省新闻工作者协会、太行新闻史学会编《太行新闻工作回忆录（第十二辑）》，1986年印行，第21页。

④ 孙犁：《往事随想》，四川人民出版社2000年版，第53页。

⑤ 刘少白：《烟台报业志》，科学普及出版社1993年版，第83页。

面前，连他的模样都能使你在信中感觉出来，他是那样一个白白净净的文雅书生，长得蛮漂亮的，轻声慢语在向你谈话，指出你的稿子哪些地方好，哪些地方写得不好，为什么没有写好，还是结构得不好呢，还是材料的不足呢？一一帮你指出，使得你下次不再产生那些缺点。另外，他从来没有挥动过红笔，在通讯员的原稿上，大书'不用'两字，他更没有用一句话来否定来稿，如这篇稿子实在不能用，但全篇还可以找出一句话是好的，他也要将这一句话摘录出来，热情地写一封信告诉通讯员，这句话是好的，鼓励你再写第二篇或第三篇。"①

　　由于文化水平低，用文字写作对工农通讯员来说是一件难度很大的事情，所以记者编辑的另外一项重要任务就是帮助工农通讯员"代笔"，和他们一起完成新闻稿件的写作。1945 年 11 月，在华中新闻工作座谈会上，范长江在《关于新闻工作中的三个问题》讲话中专门提到这个问题。他说："工农群众因文化水平限制，一开头就应该而且也只能集体写作，大家来凑。知识分子更应与工农分子相结合，互相学习，互相帮助。"他同时也告诫大家，知识分子应当转变一般的单纯的个人写作方法。② 事实上，很多工农通讯员稿件的背后，都凝结着报社人员的心血。如在淮南根据地的《淮南日报》工作的金戈就是一位热爱工农的知识分子，他从头到尾指导通讯员周世民写作 3000 字的长篇通讯《女乡长赵华》。稿子写成后，又不厌其烦地从内容到标点符号，从自然段到具体情节，从开头到结尾，一遍又一遍地修改，最终被刊用。③ 著名作家赵树理在《新大众》报工作时，收到通讯员的来稿不仅认真推敲重新改写，而且署名、稿费均属原作者。④ 山东《民兵》报的编辑记者在改变思想认识后，端正了处理工农兵来稿的态度，曾经遇到一篇 48 个字就有 32 个错字的稿了，经用会

　　① 陈登科：《同志·老师·战友——忆钱毅》，载陈允豪等编《钱毅的书》，生活·读书·新知三联书店 1980 年版，第 515 页。

　　② 范长江：《关于新闻工作中的三个问题》，载范长江著《通讯与论文》，新华出版社 1981 年版，第 298 页。

　　③ 周世民：《〈淮南日报〉培育我成长》，转引自《淮南日报》史料集编纂委员会编《淮南抗日根据地党的喉舌——原〈淮南日报〉史料集》，中共党史出版社 1992 年版，第 138 页。

　　④ 赵德新：《半个世纪的报人生涯》，民族出版社 1999 年版，第 16 页。

意听音等办法修改清楚后照样登出。①

2-5　山东《大众日报》记者记述工农通讯员的口述稿

　　在悉心指导工农通讯员的过程中，在日积月累的交往中，新闻从业者对工农群众的情感也在延伸。由于频繁的信件往来，互相间的笔迹、语言风格彼此都特别熟悉，记者编辑甚至不用看通讯员署名就可以知道是谁的来稿，很多人交往多年却始终未见一面，当偶然初次见面时马上一见如故，"像老朋友那样亲热、熟悉"。②《大众日报》做通联工作的编辑记者最大的欢乐就是收到通讯员的来稿来信。每天上午，他们一边处理稿件，一边等待着战时邮局送来信稿，有的等不及，就跑到村外的路口去等。信稿一来，大家就蜂拥而上，争拿自己分管地区的通讯员来稿，如果多日收不到通讯员的来信，就要关切地去信询问。③这种亲密关系也在生活细节中随处体现。《冀中日报》通联科编辑李麦给通讯员写回信非常细致，语言真诚、热情而富有感染力，无意间竟然激起一位素不相识的女通讯员的

　　①　万里云：《我们的〈民兵〉报》，载临沂地区报史志编纂办公室编《临沂地区报史资料汇编（一）》，1988 年印行，第 70 页。

　　②　李麦：《战争时期的〈冀中导报〉》，载杜敬编《冀中导报史料集》，河北人民出版社 1990 年版，第 64 页。

　　③　秦风：《战争年代的通联工作》，载《大众日报》社史编纂委员会编《大众日报回忆录 1939—1999（第一集）》，山东人民出版社 1998 年版，第 309 页。

敬慕之心。① 陕甘宁边区《关中报》的工作人员听到通讯员生病就写信安慰。②《解放日报》编辑听说自己的通讯员因为写批评报道而受到当事人的辱骂，就及时在报纸上对作者予以声援。③ 延安时期的老报人常天禄回忆在米脂领导通讯工作时说，如果自己联系的通讯员在一个时期不写稿子来，就专门写信问候他的工作情况、健康情况等，甚至接二连三地写信，这种做法被大家称为"热恋"。在逢年过节的时候，还给通讯员印发祝贺信、贺年片，提出通讯工作的新要求，勉励大家继续努力做好通讯工作。④ 虽然这些仅仅是微不足道的工作细节，但是它却给通讯员带来巨大的鼓励。河北涉县六区陡贡村通讯员刘全信等人接到报馆的贺年片后，感到非常高兴，特意在元旦这天召开村民大会，讲明党报是为人民服务的，是各种工作的指南，并说明党报和人民群众的关系密切。他们说："寄来贺年片真不简单，今后咱陡贡村要努力搞好通讯报导工作，将各种工作的具体做法、成绩、缺点，随时随地的报告给党报。"⑤ 由于革命根据地经常要面临非常残酷的战争环境，通讯员的生死安危常常被报社工作人员所牵挂。1947 年国民党进攻胶东根据地时，山东《群力报》通讯员林孟枝家受到糟蹋，报社全体同志专门在报纸上刊登慰问信："听说你家里受了蒋匪的糟蹋，把你的翻身果实抢去，我们都替你气恨，现特写信慰问你，希望你情绪别低落，要更好地生产、写稿、支前、杀敌！"⑥ 对通讯员的关心往往会让他们刻骨铭心。解放战争时期山东《渤海日报》通讯员王明镜回忆：有一段时间他一个多月没给报社写稿，结果报社通联科就在该报第二版左上角的显著位置登载启事，询问人在何处、为什么月余没赐稿，并希望快来信告知。王明镜对此非常感激，他认为这样的启事不仅是

---

① 赵俊义：《怀念李麦同志 学习李麦同志》，载杜敬编《冀中导报史料集》，河北人民出版社 1990 年版，第 207 页。

② 《如何培养基干通讯员——关中通讯工作经验之三》，《解放日报》1945 年 9 月 4 日第 2 版。

③ 《淳耀通讯员白玉洁写稿触怒女教员，领导上不教育被批评者，反而责备通讯员》，《解放日报》1946 年 8 月 10 日第 2 版。

④ 常天禄：《米脂的通讯工作》，载陕西日报社、延安时期新闻出版工作者西安联谊会编《延安时期新闻出版工作者回忆录》，2006 年印行，第 281 页。

⑤ 刘全信、马和昌、江振国：《把通讯报导工作真正贯彻到群众中去》，《通讯工作》第二、第三合刊（1949 年 3 月），山西省档案馆馆藏编号 Z1 - G2 - 35。

⑥ 刘少白：《烟台报业志》，科学普及出版社 1993 年版，第 103 页。

给报社写稿的问题，更是暗含着报社人员对他生命安全的牵挂。此后，他在去支援解放济南战役时，不顾白天的敌机轰炸，也不顾黑夜敌特的骚扰，还不到一个月的时间就给《渤海日报》写了三篇稿件。① 《群力报》工农通讯员于建志生病后，报社就写信慰问他，这让于建志非常激动，表示要等到打倒蒋介石后再治病，"只要眼前不死，坚决为党报服务！"② 这些点点滴滴表明，通过与工农群众在新闻写作中的结合，许多新闻工作者确实自觉自愿地与工农群众联结到了一起。

三　知识分子的转变

党鼓励新闻工作者与广大工农通讯员相结合，其中一个重要的目的，是想通过这种结合来实现知识分子的思想改造。那么，这种目的有没有实现？抽象的统计或笼统的描述难以反映当时的普遍情况，但是一些新闻工作者的内心表白可以印证这种效果。

延安《解放日报》就是一个典型个例。虽然党的报纸历来主张重视通讯员工作，但是党的重视并不等于工作人员思想上的自觉。在《解放日报》的前身《新中华报》时期，工农群众对此就有些怨言："有些报纸或杂志对于寄去的稿子多少有些疏忽不理，用与不用一点也不作声。"③ 为了改变这种状况，作为根据地的标志性报纸，《解放日报》自然要发挥引领作用。1942年，借《解放日报》改版的机会，中共明确提出"群众办报"的口号，报社领导博古要求大家以小学生的态度和虚心请教的精神去接近群众，丢掉旧新闻记者的架子。④ 对于一些观念转变不到位的情况，报纸上还提出批评。当时一篇文章这样写道："我们报馆的有些同志，思想上还存在着严重的毛病，如说边区文化落后不可能培养工农通讯员，或者说要得十年还不见得行，因此有个别的编辑同志，对通讯员与写稿同志是有点看不起……这种态度不仅妨碍培养工农通讯员与动员全党办报，而且也使自己不能很好学习实际经验，不能把自己学到的书本知识与实际相

---

① 王明镜：《战争年代写稿片断的回忆》，载中国人民政治协商会议东营市东营区委员会文史资料研究委员会编《东营文史资料（第2辑）》，1989年印行，第161页。

② 刘少白：《烟台报业志》，科学普及出版社1993年版，第103页。

③ 萧诚：《投稿问题》，《新中华报》1940年5月24日第4版。

④ 王敬：《延安〈解放日报〉史》，新华出版社1998年版，第45页。

结合，这种观点和态度必须立即得到纠正。"①《解放日报》上还专门刊登了一位报纸编辑的检讨：

> 我们的战士，大都出自落后的农村，没有过求学机会。他们来八路军后，才学识字、读书、写作，但进步是飞快的。确实，他们的文章，还作得不很好，不简明，甚至不通。但这能怪他们吗？
>
> 就是这些文章，也是费了很多血汗。"写文章，比一天担一百斤柴，走两百里路还难"。能武断说这是假话吗？
>
> 然而，我们对他们的作品，采取了什么态度呢？
>
> 一、客气　"你写的很好。"怎样好呢？为什么好？好又为什么退还不登呢？叫人莫名其妙。
>
> 二、苛刻　"你这文章要不得。"这是覆（复）信第一句，"写的不够文艺性"。真把人"文艺性"住了。
>
> 三、不耐心认真　写的歪些，模糊点，就不愿看下去，看看头，瞧瞧尾，不管内容，瞎批语："更多的观察，再进一步的体验，再生动活泼些。"这大概要算是粗枝大叶吧？
>
> 四、不负责任　对有的来稿，也不退还，不声不响的就完了。一个同志来信："写来十四五篇稿子，均未登，没关系，但原稿也没退还，没关系，总该回个信吧，但也没，我真奇怪……"
>
> 这减低这些同志写文章的情绪是无疑问的，而且大有"稿荒"之忧，但自己却又说："报要办好，必须有稿，不写稿来，怎能怪我们不好。"该怪谁呢？
>
> 这当然不是工作的全部，但自从提倡面向工农兵，提倡工农同志写文章，知识分子要当"理发员"以来，如此检讨，不无意义。②

正是在这种正面鼓励负面批评的氛围中，记者编辑们开始转变观念，重视与工农通讯员的结合。通过后来整风运动期间大张旗鼓的宣传和学习，报社工作同志在思想层面有了更明显的变化。对此，1944 年 2 月 16

---

① 裴孟飞：《贯彻全党办报与培养工农通讯员的方针》，《解放日报》1943 年 8 月 8 日第 4 版。

② 李元贵：《一个小报编者的检讨》，《解放日报》1942 年 10 月 31 日第 4 版。

日《解放日报》社论《本报创刊一千期》予以了肯定："在整风以前，他们中间有许多尚未真正在思想上与工农兵结合起来，有时则站在小资产阶级的立场上来讨厌工农兵，那时候，许多知识分子的通讯员与工作人员，成了报纸与工农兵之间的障碍。但是现在情形不同了，他们中间有很大部分，经过了伟大的整风教育，转变过来了，在思想上与工农兵结合起来了，这时候，从前成为障碍的，现在要成为报纸与工农兵之间的良好的媒介了。经过思想改造后，知识分子的这种作用，我们必须注意到把它发展发挥起来。"① 在这样的情境中，编辑记者们的思想观念发生了转变并且落实到实际行动中。《解放日报》的志勇撰文谈了自己的体会："报馆里的同志要能更细心的修改通讯员的稿件，向他们提出更具体的意见，以往也难免有粗枝大叶和不耐心的现象，我们要写回信，一封一封的写回信，现在看起来是很重要的事了。鼓励他们，指出来稿中的优缺点，告诉他们写些什么，解答他们所有的问题，使他们感到报馆对他们是亲切的、有帮助的，使他们的呼吸和报馆一致起来，这是一件细腻的工作、繁重的工作、埋头的工作，但只有这样才能在一定时间以后，收到丰盈的果实。"② 曾经在法国留学后来到延安《解放日报》工作的陈学昭也诚恳地说："在近两年的修改工农同志的作品中，给我的教育也很大，渐渐地对自己的写作前途有些信心，觉得即使写不出什么好东西，只要使自己对工农同志有用，对工农大众有些小用处，做他们文字上的理发员也是很愉快的。"③

苏北根据地《盐阜大众》报的钱毅是一位密切联系工农通讯员的模范。通过与工农通讯员的交往，他深深地体会到："改工农的稿子改得多，对于编辑同志在改稿方法上的进步，有很大影响。首先，对于工农的语汇语法与表现方法会逐渐习惯起来，熟练起来，对于工农的思想感情与生活习惯，也能更熟悉；尤其是在改稿过程中，不断发现工农作品的优秀风格，使编者对工农在文化上的创作天才有更深刻的体会；在改稿时候，

---

① 社论：《本报创刊一千期》，《解放日报》1944 年 2 月 16 日第 1 版。

② 志勇：《把组织通讯员的工作办好》，《解放日报》1943 年 4 月 8 日第 4 版。

③ 陈学昭：《延安访问记》，广东人民出版社 2001 年版，第 251 页。陈学昭是一位留学法国的女知识分子，曾做过《大公报》《生活周刊》的特约撰稿人。1935 年作为《国讯》杂志特约记者与学医的丈夫一起到达延安，是国内第一位访问延安的女记者。1940 年她再度赴延安，并于1942 年 8 月起在《解放日报》工作。

不再把自己小资产阶级知识分子的眼光拿来衡量稿件。"① 在与工农通讯员的接触中，钱毅放下架子，虚心向他们学习。1945 年 11 月 23 日的日记中，钱毅这样写道："今天为陈登科改了三篇通讯……我替他改稿，我还能学习到一些东西，例如表现手法与语汇等等……真的，工农是有丰富的写作能力的。"② 对于帮助不会写字的工农通讯员代笔，钱毅也有自己的理解。他认为，代笔只是"代"工农通讯员执"笔"，"听工农通讯员说一句，照样一字一字的写一句，就同开大会做记录一样。写好后，还要念给工农通讯员听听，他觉得有不合适的地方，就再改一改，他同意了，才寄出去。这样记下来的，才真正是工农通讯员自己的东西，这样做，才是'代笔'的真正意思。"代笔的过程也是向工农学习的过程。知识分子通过"代笔"，"可以跟工农更接近，更多了解工农，在代笔当中，还能向工农学到许多工农的话与工农说新闻故事的方法，使自己写稿子也能更

2－6　钱毅遗像

大众化"。③《盐阜大众》报的另一位编辑赵静尘也有同感，通过与通讯员的交往，不仅培养了他们的写作能力，同时又可以使自己更多了解群众的反映和要求，减少主观主义与官僚主义的工作作风。④

① 《大众报编辑工作上的几个具体问题》，原载《新华日报》1946 年 5 月 3 日第 143 号，转引自钱毅《怎样写》，山东新华书店 1947 年版，第 75 页。

② 陈允豪：《钱毅的书》，生活·读书·新知三联书店 1980 年版，第 340 页。

③ 钱毅：《谈"代笔"》，原载《盐阜大众》1945 年 5 月 18 日第 97 期，载钱毅《怎样写》，山东新华书店 1947 年版，第 49 页。

④ 赵静尘：《我怎样培养工农通讯员》，载《盐阜大众报》编辑部编《盐阜地区报史资料（第 2 辑）》，1983 年印行，第 68 页。

山东根据地的新闻工作者也积极在与工农通讯员的互动中改造自己，如胶东地区的一份地方小报《民兵》报就是一个缩影。1944年9月，为落实党的文艺政策，明确了刊登工农兵稿件的具体办法之后，工农兵稿子突然空前增加。报社工作同志从成堆的来稿中，除挑选几篇精彩的刊登之外，剩余的大批稿件都被搁置，对于一些"过于不成器"的稿件，大家甚至还当笑话一样传阅。结果稿件逐渐减少，还受到工农同志的批评："我们写篇稿子比大闺女养小孩还困难，你们不登，也不向我们提个意见。你们说优待工农兵，为啥不这样做？"于是引发了编辑部的自我检讨，大家认为自己犯了"兴趣观点""技术观点"的错误，没有面向工农兵从政治上、思想上改造自己。后来，经过整风，报社工作人员把自己与旧社会的"报人"严格地从思想上、作风上划了一条鸿沟，从思想上、行动上和工农群众站在了一起：

> 我们认为：自己除了在文化上，一般科学知识上稍微比工农兵强一些以外，其他一切并不见得比他们高明的，尤其在坚持斗争、掌握立场方面，更应向工农兵学习！我们的座右铭是这样的：我们不仅会当工农兵的好先生，而且更要会当工农兵的好学生；不仅善于教育工农兵，并且要善于使工农兵来教育自己。好作人师，不肯放下架子，那一定会碰破头的。作为一个为大众服务的文化工作者，首先就要相信工农兵的创作天才。他们非常聪明，有不识一个大字的优秀"作家"。许多用"文艺笔调"也描写不出来的东西，在他们的口中却是"家常便饭"。我们的记者往往因为写的不如工农兵说的生动而苦恼。"相信工农兵天才"这就是我们的第一个"秘密"。我们掌握了它，就丰富了我们的编辑与采访，永远不会"坐吃山空""搜索枯肠"。①

晋察冀根据地的《晋察冀日报》是一份很有影响的报纸。为了推进工农通讯员的工作，1945年7月15日，总编辑邓拓专门撰文对以往的工作进行检讨："我们并没有在这一工作上花费一切必要的气力，应该反省我们对工农通讯员的培养，做了一些什么工作？有的地方曾经注意培养了

---

① 万里云：《我们的〈民兵〉报》，载临沂地区报史志编纂办公室编《临沂地区报史资料汇编（一）》，1988年印行，第73—74页。

一些为什么又垮下去？我们在领导上对工农通讯员究竟如何认识的？如何估计他们的作用？是在口头上不敢否认轻视，而思想上抱着消极与轻视的观念呢？还是心悦诚服的真正以他们为主人，而努力培养他们，为他们服务了呢？当大家都呼喊培养工农通讯员的时候，马上找到几个'工农通讯员'以为点缀，这种现象是存在的，但是，其结果没有别的，只是严重地障碍了我们报纸与群众的密切联系，障碍了我们报纸的提高。"① 这样的反思对广大新闻工作者显然是有触动的。曾在冀鲁豫边区负责过基层工农通讯工作的翟绪亭，过去对发展工农通讯员表面上同意但思想上有抵触。通过学习，他的思想有了转变："工农通讯员是我们的基本力量，最接近实际。经过他们报导，更会具体生动，绝不会像那些有文化的人，去虚造事实。如果单从文化出发，那么地主阶级文化多，叫他来作此革命工作吗？不行的！那会给地主阶级留下防空洞！"所以，他下了决心"把屁股扭过来"。② 为群众办报、依靠群众办报的信念就这样植入了新闻从业者的内心。1945 年 12 月 1 日《新察哈尔报》在创刊词中开宗明义："这个报纸，不是几个记者与编辑所能包办的。要大家说话，大家办事，大家采访，大家写作，做到群众办，群众写，群众看，使它真正成为广大群众自己的报纸。"③ 1947 年《新大众》报在总结报社的通联经验时甚至把对待工农通讯员的态度上升到政治立场的高度，认为记者编辑首先要明确自己是给工农通讯员服务的，"通讯员才是报纸、刊物的主人，我们这些拿笔杆子的，是他们的下级、伙计。这一点想法摆不正，一切都无从谈起"。"我们天天都在那里谈指导，叫怎样写如何采访，往往会犯对工农通讯员不够虚心，对他们的稿子不够尊重的毛病。说得重一点，这是态度问题，也是立场问题。"④

　　知识分子和工农群众是两个迥然不同的社会集团，"双方之间存在的社会鸿沟，其差距之大不亚于人们却能够想象的任何两个社会集团之间所

① 邓拓：《三论如何提高一步》，《晋察冀日报》1945 年 7 月 15 日第 1 版。

② 翟绪亭：《扭转屁股永作人民的通讯员》，《通讯工作》7、8、9 三期合刊（1947 年 9 月 20 日），山西省档案馆馆藏编号 Z1 - G2 - 33。

③ 河北省新闻出版局出版史志编委会、山西省新闻出版局出版史志编委会：《中国共产党晋察冀边区出版史》，河北人民出版社 1991 年版，第 146—147 页。

④ 冯诗云、章容：《如何发展工农通讯员 新大众通联工作的一点经验》，《人民日报》1947 年 9 月 14 日第 4 版。

存在的距离。他们之间的沟通与理解是一个极大的问题"。而革命的成功需要两个集团的联盟，"由于这两个集团在社会流动和知识方面的差异，主动创立革命联盟的重担就落到了知识分子的肩上"。① 为此，在夺取政权的革命时期，中国共产党审时度势地提出知识分子与工农群众相结合的口号，它鼓励知识分子发挥自身在文化知识方面的优势，同时也增强了知识分子尊重实践、尊重工农的思想感情，改善了与工农群众交往的方式方法。革命根据地的新闻实践，也能够清晰地佐证这一点。正如一篇总结中所讲的那样："积极发扬相互帮助、集体创造的好作风，把工农同志掌握材料、了解情况的条件，加上智识分子组织材料和通畅文字的能力，就会写成好稿子，也就愈益增进彼此间的尊重和团结。"② 新闻从业者通过培养工农通讯员，转变了观念，革新了思想，坚定了信念，最终通过实际工作的体验，告别了"旧式新闻记者"的习气，逐步成为"党的新闻工作者"。

第四节　工农通讯员的组织管理

工农通讯员是中共推动下的一项"革命工作"，当然不能让通讯工作放任自流，而是要通过与各级党政组织对应的各种组织方式进行管理，构建一张遍布根据地的通讯员网络体系，确保通讯工作能够轰轰烈烈、长久持续地开展。

一　建立通讯员组织

在江西苏区，在中共高层领导的重视下，各级党的组织、红军的政治部门以及各报刊编辑部就已经开展了通讯员网络的组织建设。1932 年，《湘赣苏区党的建设问题决议案》规定："为着建立完善的党报，必须真正建立省委党报的通讯网"，这个通讯网"必须满布全党与各群众团体中去"。③《红色中华》创刊后，为克服编辑人员少的困难，他们努力建设通

---

① ［美］塞缪尔·P. 亨廷顿著，王冠华等译：《变化社会中的政治秩序》，上海人民出版社2008 年版，第 248—249 页。

② 通讯采访部：《对干县委领导通讯工作的意见》，解放日报 1944 年 7 月 23 日第 4 版。

③ 程沄：《江西苏区新闻史》，江西人民出版社 1994 年版，第 152 页。

讯员网，发动群众参加办报工作。1933 年 1 月，中共苏区中央局、少共苏区中央局、中华苏维埃中央政府和全总苏区执行局发出《特别通知——关于〈红色中华〉的通讯员问题》，要求"必须建立良好的通讯网"，并"组织与教育自己领导下的工农通讯员，把通讯网发展到基层群众中去"。① 1933 年 3 月，《红色中华》又刊登"特别通知"，再次强调"必须建立良好的通讯网与发行网，因此，首先我们责成省与县一级的地方党团政府与工会及红军政治部与各军区政治部，各选定一个同志为红色中华的通讯员"。② 1933 年 6 月 21 日，共青团苏区中央局发出了关于建立《青年实话》的通讯网和发行网的通知，责成各级团的组织立即在各区委、县委、省委以及模范支部中指定具体人员为《青年实话》的通讯员。③《青年实话》则以"轻骑队""共青团星期六""俱乐部"和"体育运动组织"等形式建立与发展通讯网。《红星》报社也形成了从中央军委到基层连队的广大通讯网。④ 虽然条文发得很多，但是，通讯网的建设似乎并未达到预期的实效，中共部分高层领导对此还是提出了意见。1933 年 8 月，瞿秋白还在上海的时候，就专门对《红色中华》进行了系统的研究并提出："我们以为工农兵通信运动对于这中央机关报以及一切军营、城市、作坊的小报，可以有很大的帮助，可以使苏维埃的新闻事业发展到更高的一个阶段。……要组织每个地方、每个战线的工农兵通信协会，帮助能够开始写些通信的士兵、贫农、工人组织起来，有系统的'发稿'给各种小报、壁报，而《红色中华》报可以利用这些稿子。"⑤ 洛甫也认为，"我们的《红色中华》听说现在有了四百个通讯员，这当然是很好的，但是我们对于通讯员的领导与组织作用，却是极端的薄弱"，为实现报纸所承担的任务，"必须纠正在我们工作中的自流现象与无组织性"。⑥

---

① 江西省赣州地区志编纂委员会：《赣州地区志》，新华出版社 1994 年版，第 2678 页。
② 《特别通知——关于红色中华通讯员的问题》，《红色中华》1933 年 3 月 24 日第 4 版。
③ 程沄：《江西苏区新闻史》，江西人民出版社 1994 年版，第 152 页。
④ 江西省赣州地区志编纂委员会：《赣州地区志》，新华出版社 1994 年版，第 2687 页。
⑤ 狄康：《关于〈红色中华〉报的意见》，原载《斗争》1933 年 8 月 7 日第 50 期，载《瞿秋白文集》（第七卷），人民文学出版社 1991 年版，第 632 页。
⑥ 洛甫：《关于我们的报纸》，原载《斗争》1933 年 12 月 12 日第 38 期，载江西省文化厅革命文化史料征集工作委员会、福建省文化厅革命文化史料征集工作委员会编《中央苏区革命文化史料汇编》，1994 年印行，第 195 页。

在延安的整风运动中，加强与群众的联系是报纸工作改革的一个重要方面，各个新闻单位更加重视通讯组织和发展工农通讯员，由此而建立起来的通讯网，成为"全党办报、群众办报"的一个重要表征，如何保证迅速壮大的通讯员队伍在党的领导下开展工作已然是一个迫切的问题。1944 年，博古撰文指出，通讯工作，"过去是着重在发动，发动在职的干部与工农通讯员来为党报写稿。今天，光光发动已经不够了，今天的工作，是要把已有的通讯员统统组织起来，给以具体的领导。过去的经验，有组织和有指导的通讯员，写来的稿子就好；无组织和无具体的指导的通讯员，写来的稿子往往千篇一律。今后要把有组织和无组织的通讯员统统组织起来。党的各级宣传部，不但分区与县委要学会具体指导自己的通讯员，而且通讯员较多的区和支部也要学会这种具体指导。这种精密的组织和具体指导，会大大提高通讯员的质量"。① 因此，中共以严密的党政组织体系为依托，衍生出通讯员的组织体系，搭建起一张广泛的通讯网，而身处通讯网之中的工农通讯员，也就有了明确的责任和义务，从而保证党对工农通讯员队伍的领导和管理。

根据 1944 年中共盐阜地委宣传部发出《为巩固发展通讯组织、充实稿件内容、培养工农通讯员的指示》，可以探略当时的通讯员组织建设的实施方式：

巩固并发展通讯组织是目前通讯工作中的一个重要环节。巩固并发展通讯组织，首先我们确定组织形式、领导系统、各种制度：

（一）通讯组织形式

甲．中心小组是通讯工作的基本组织领导单位，由许多小组构成，如县委、区委或较大的一个工作部门均可成立中心小组。

乙．小组（普通的或工农的）是通讯工作的基本写作领导单位，由三个以上的通讯员组织，由中心小组领导，县委、区委中心小组下均可设小组。

丙．中心小组为县委及县府各部门负责同志组织，由全县副总组长兼任小组长。

---

① 博古：《本报创刊一千期》，载李志英编《秦邦宪（博古）文集》，中共党史出版社 2007 年版，第 487 页。

丁．区中心小组为区委及区政府各部门负责同志组织，由区书、区委宣传科长或区长任小组长。

戊．小组为各个通讯员组织而成，由全体组员中推选小组长。

（二）领导系统

全区通讯工作由本部委托盐阜报通讯科领导，全县由正副总组长领导，县直一个区或一个部门的中心小组，由中心小组长领导。通讯科与中心小组发生业务指导关系，如退稿，对来稿提意见，发稿纸稿费，特约稿件等。总组长对中心小组发生领导关系，如发文件，进行调查登记，报告，退重要稿件，奖惩的执行等。

（三）制度

暂定稿件审查制度、会议制度、回报制度，除审查制度必须严格执行外，其他均依照各组实际情形定订。

甲．稿件审查制度：稿件均需经中心小组长审查，有关政策稿件须经总组长审查，有关全区性稿件须经县委书记审查，非通讯员稿件须经所属机关负责同志审查，审查者须签名盖章注明月日。

乙．会议制度：全县区通讯工作会议利用工作会议召开；中心小组每半月举行一次；小组（普通的或工农的）一周一次。

丙．回报制度：总组长每一工作中心任务或两个月向通讯科回报一次，中心小组每月向通讯科总组长回报一次，中心小组每月向通讯科作情况报告一次，小组向中心小组回报半月一次。

对于如何发展通讯组织，指示也提出要求：

甲．克服目前通讯工作的不平衡，要求各县区都普遍建立中心小组，县直通讯小组要向盐城、射阳县直中心小组看齐，区中心小组要向盐城四区中心小组看齐。

乙．向更广大的群众通讯运动发展，着乎建立村的通讯小组，要在十一月前建立四分之一的村通讯小组，大量建立机关、各部门的通讯小组。

丙．要成立工农通讯小组，现有的通讯小组中有三个以上的工农通讯员，即行成立工农通讯小组，所有的通讯员应该培养工农通讯员。①

为鼓励先进，指示还提出了模范通讯组织的遴选办法：

> 为了使通讯组织进入巩固和提高，特提出培养模范通讯组织，即日起到八月十五日止，培养三个模范县，十个模范中心小组，二十个模范小组，一百个正规小组，二十个工农通讯小组。其条件：
>
> （一）模范县：通讯工作一等县须有模范中心小组三个，模范小组五个，正规小组十五个。通讯工作二等县须有模范中心小组两个，模范小组三个，正规小组十个。通讯工作三等县须有模范中心小组一个，模范小组两个，正规小组五个。
>
> （二）模范中心小组：甲．所属单位普遍成立通讯小组，乙．区中心小组须组织村通讯小组占全区村数四分之一，丙．中心小组写稿者应占半数，丁．执行审查会议回报制度，戊．每人每月写稿三篇以上。
>
> （三）模范小组：甲．每月每人写稿两篇以上，乙．平均每两个通讯员发展并培养一个工农通讯员，丙．能执行审查会议回报制度。
>
> （四）正规通讯小组：甲．全组每人每月都写稿，乙．能执行审查会议回报制度。
>
> （五）模范工农通讯小组：甲．每人每月写稿两篇，乙．经常读报并建立读报制度，丙．经常办黑板报。②

从这个指示可以看出，通讯员组织不仅与各级党组织密切关联，而且层级体系也比较清晰，依据这样的设计，保证了党对广大工农通讯员的有效管理。老报人王维回忆，由于盐阜地区对通讯组织工作的重视，到抗战

---

① 中共盐阜地委宣传部：《为巩固发展通讯组织、充实稿件内容、培养工农通讯员的指示（1944年）》，载《盐阜大众报》编辑部编《盐阜地区报史资料（第2辑）》，1983年印行，第2—3页。

② 中共盐阜地委宣传部：《为巩固发展通讯组织、充实稿件内容、培养工农通讯员的指示（1944年）》，载《盐阜大众报》编辑部编《盐阜地区报史资料（第2辑）》，1983年印行，第5—6页。

胜利前夕，全地区已建立比较健全的通讯网，拥有三千多名通讯员，形成了一支有呼有应、能够配合专业办报人员完成宣传报道任务的队伍。这支队伍中，约有十分之二是积极通讯员，其中又有几十人是政治和写作水平都比较高的骨干通讯员。报社聘请他们为特约通讯员，遇有重要的宣传报道任务，则请他们出力。这些特约通讯员对报社的委托一般是"有求必应"，他们常常能完成记者的采访任务。①

1945 年，晋察冀根据地冀中区党委《关于地方党报工作的指示》中也有相似的规定：

> 为着使通讯工作与地方党报的任务相适应，今后确定组织发展通讯工作和培养通讯员的重点放在区级。同时健全分区县的通讯组织，并逐步发展和建立村级干部的通讯组织。只有在某些落后地区，才首先着重县级组织的建立和健全。
>
> 分区县的通讯小组，由地县委宣传部负责按部门建立。县或按部门分组或建混合小组。区级由区委宣传委员负责建立混合通讯小组。目前建立通讯组织的标准，应首先有重点地选择爱写（不一定马上能写）和能培养写通讯的干部先组织起来，作为通讯员骨干，以保证真能起作用。防止大平面的普遍指定而不起作用一再落空的现象。组织起来的通讯员，应真正负责地为报纸写通讯，并逐渐团结吸收新的通讯员。
>
> 各级党委宣传部，指定专人负责通讯工作，推动督促领导和审查重要稿件。各级宣传部不另设专业的通讯干事，无副部长有两个干事者，可由宣传干事兼任管理，但重要稿件审查，应由党委负责审查。②

晋绥边区的通讯组织网络也非常完善：地委、县委有专职负责通讯工作的通讯干事，其主要职责是领导通讯报导工作，组织建立通讯小组，传达拟定的报道提纲，培养通讯员等；基层组织设立通讯小组，有组长和副

---

① 王维：《革命战争年代江苏盐阜地区的通讯工作》，载中国社会科学学院新闻研究所编《抗日战争时期的中国新闻界》，重庆出版社 1987 年版，第 24 页。

② 《冀中区党委关于地方党报工作的指示（摘要）1945 年 3 月 10 日》，载杜敬编《冀中报刊史料集——纪念抗日战争胜利五十周年》，河北教育出版社 1995 年版，第 91 页。

组长，组员之间可以分工采访、合作写稿，也可以个人采写、集体修改；从写稿热情积极、写作能力较高的县区干部中培养基干通讯员，组织和帮助通讯员写稿；从广大区村干部和乡村教师中发展通讯员；从工农干部和工农群众中发展工农通讯员。对于上述几个不同层级的通讯员结成一体，互相配合，取长补短，发挥了组织整体的优势。① 在这样的组织网络中，一些通讯组织建立起来之后，为保证通讯活动的开展，还制定了相关的工作制度。如在晋绥边区，很多通讯小组都有写稿、审稿、学习、会议等制度，对通讯员有具体而明确的要求，并且认真严格地执行，有的地方还辅之以纪律措施和奖惩措施。"例如宁武苛二区规定：通讯员一次不完成写稿计划，小组提示；两次不完成计划，提出批评；三次不完成计划，取消通讯员资格。岚县二区规定：年底总结通讯工作时，奖励写稿最多的前三名通讯员一个大笔记本和一支钢笔，由没有完成写稿任务的后三名通讯员从自己的生产分红中开支；如果都完成了任务，则由全体通讯员合买奖品。"② 这些措施的实施，激发了大家写稿投稿的积极性。

二 召开通讯员会议

建立通讯员组织之后，还需要经常对通讯员进行思想教育、政策教育、新闻业务教育，以便他们的写作活动能够更好地贯彻党的意图。为此，各级党政组织利用通讯员会议、学习班等形式组织通讯员集体学习就成为必需的工作。

苏区时期已经意识到对通讯员进行集体教育的问题。《红色中华》报为在实际工作中造就苏维埃新闻干部，曾经筹办通讯员实习班。赣南地区的报刊还举行过通讯员讲座、研究会和学习班等活动。③ 红军长征到达延安后，新华社在组织和培训工农通讯员的过程中碰到一些业务上问题，如对新闻的基本认识问题、新闻通讯的采访写作问题、通讯员的任务和要求、报纸怎样反映实际生活面向群众等，于是就在 1939 年 10 月 1 日在中央大礼堂举行通讯员大会，请党内分管宣传工作的洛甫同志做过一次报告。洛甫回顾了无产阶级报纸的通讯员工作历史，并说："苏联的《真理

---

① 阮迪民、杨效农：《晋绥日报简史》，重庆出版社 1992 年版，第 93—95 页。
② 同上书，第 88 页。
③ 江西省赣州地区志编纂委员会：《赣州地区志》，新华出版社 1994 年版，第 2687 页。

报》很重视通讯员工作，我们党的《红色中华》报也组织过通讯员，不过在战争环境里，联系很困难，没有条件开会来进行教育。你们开这样的通讯员会议，就是一个给通讯员引路的好方法。"据当事人回忆，会议的气氛非常热烈。①

中共提出"全党办报、群众办报"的口号之后，通讯员队伍迅速壮大，通讯工作得到空前重视，各级党政组织举办通讯员集体学习的活动也开始普遍。在华北抗日根据地，从1940年开始每年要召开一次"通讯员代表大会"，到会的不仅有太行太岳根据地的特约特聘通讯员和先进通讯员代表、特约记者等，有时还有冀鲁豫、冀南等地少数通讯员、记者，以及少数从敌占区来的通讯员等。此外，还集中太南、漳北、冀西、太岳，甚至冀鲁豫等地区所出地方报纸和部队新闻单位的编辑记者等负责人共同参加会议。大家聚集一堂总结过去一年的新闻通讯工作，讨论、研究下一年度的工作方向和主要任务，介绍、表扬先进通讯员和优秀作品，座谈、交流经验，并讨论学习当前国际国内政治形势，分发采访提纲等。② 冀中各级党组织也非常重视对通讯员的教育，经常召开会议研究通讯工作。仅据《冀中导报》1948年上半年记载，就召开了新乐县通讯员座谈会、河间县通讯员座谈会、霸县通讯员座谈会、新华社冀中分社通讯工作会议等。③ 除了各级党政组织外，一些报社也组织召开通讯员会议。如1942年9月2日至4日，华北《新华日报》和新华社太行分社召开了第二次通讯员代表大会，有来自冀西、晋中、太南、漳北的81位代表到会，着重讨论了反对新闻八股、采访写作问题、军事新闻、群众运动等内容，对提高稿件质量、提高通讯员政治和写作水平都起到了推动作用。④ 1944年2月，《新华日报》在太岳群英大会闭幕后，又邀请参加群英会的通讯员举行通讯员大会，围绕"如何组织起来""如何发展工农通讯员""怎么写"

①　缪海棱：《延安初期记者生活片断》，载丁济沧、苏若望编《我们同党报一起成长——回忆延安岁月》，人民日报出版社1989年版，第43页。

②　林火：《往事堪回首　重忆太行山——回忆华北新华日报的通联采访工作片断及五月反"扫荡"》，载山西省新闻工作者协会、太行新闻史学会编《太行新闻工作回忆录（第九辑）》，1986年印行，第3页。

③　萧红：《〈冀中导报〉的办报实践及对其社会心理的研究》，载杜敬编《冀中导报史料集》，河北人民出版社1990年版，第124页。

④　萧风：《八秩回顾》，人民日报出版社1991年版，第314页。

2-7　1945 年冬在山东临沂地区举行的工农通讯员座谈会

"写什么"等四个问题进行深入研讨。① 1944 年淮北边区《拂晓报》召开的第一次工农兵通讯员座谈会上，响亮地提出了"报纸为工农兵服务、工农兵为报纸服务"的口号，与会的工农同志对《拂晓报》新闻报道一篇一篇地提出具体意见，特别是对新闻的真实性问题提出很多批评，并就今后如何写好稿件互相交流经验。② 为适应解放战争、土地改革等工作的需要，1948 年，《晋绥日报》还为从各县抽调来的通讯工作者或爱好新闻工作的同志举办过短期的新闻训练班，比较系统地介绍了新闻学的知识。③ 报社的一些记者、编辑也会利用到基层参访的机会，召集地方上的通讯员会议，介绍无产阶级新闻事业的性质和根本原则，介绍采访、写作的要求和经验，提醒当前的一些报道要点以及修改工农通讯员的稿件。④

　　在革命根据地缺少专门新闻学习机构的情况下，⑤ 通讯员会议往往就成为工农通讯员习得新闻基本知识的可行渠道。与会的通讯员通过认真学

---

① 姚文锦等：《晋冀鲁豫边区出版史》，山西人民出版社 2009 年版，第 89 页。

② 《淮北拂晓报召开工农通讯员座谈会》，《解放日报》1944 年 2 月 6 日第 2 版。

③ 常杰：《对战争时期在报社工作的回忆》，载山西省新闻工作者协会、太行新闻史学会编《太行新闻工作回忆录（第六辑）》，1986 年印行，第 23 页。

④ 午人：《报社是我们的新闻函授学校——延安〈解放日报〉对业余通讯员的热情指导》，《新闻研究资料（第 33 辑）》，中国新闻出版社 1985 年版，第 50 页。

⑤ 革命根据地时期也出现过少数可供新闻学习的专门机构，如先后设立的延安中国女子大学新闻系、延安大学新闻系、山东大学新闻系、华北联合大学新闻系、华中新闻专科学校、中原大学新闻专修班、苏南新闻专科学校、华东新闻干部学院等，但这些机构持续时间不长，招生规模很小，于为数众多的工农通讯员而言，不可能发生实质意义的关联。

习，不仅提高了思想认识，也提高了新闻写作能力。1942 年 9 月华北《新华日报》召开的第二次通讯员代表大会上，通讯员对新闻八股的各种表现进行了分析和检查。在追究新闻八股的根源时，通讯员陈斐琴同志以诚恳坦白的态度剖析了自身的问题："这的确与我们的思想方法有关，往往对事物不做全面的考察分析，一知半解，自以为是，同时也是工作态度和作风问题，比如采访时，不够深入，满足于表面现象，有时只凑足几条要素，便算新闻。综合大家的意见，认为总的方向应该是着眼于思想方法、工作态度和作风的改造问题。"[1] 抗战时期《淮南日报》的通讯员周世民回忆："我每参加一次会，有一次收获，学到了许多新鲜活的知识。当时谈得最多的是报纸的通讯工作，写好新闻的基础知识，通讯员的使命和职责，以及对一些典型稿件的分析；有时还联系战场情况畅谈时事和国内外形势。后来，我才渐渐明白，这就是我们党报在开创时期理论联系实际、坚持群众办报、开门办报。"[2]《盐阜大众》报也非常重视对工农通讯员的培养，1945 年召开了两次通讯员谈话会，会上有积极工农通讯员的典型报告，有开展工农通讯工作的具体讨论，有工农通讯员怎样写稿等的研究，又进行了集体创作，学习了新的写稿方法。[3] 陈登科和颜景詹等同志作为典型谈了自己怎样成为工农通讯员、参加工农通讯员后的进步、怎样搜集材料和怎样写稿、怎样发展工农通讯员等问题。[4] 三天的座谈会等于办了一次短期学习班，与会的工农通讯员经过会议以后进一步打通思想，又解决了许多具体困难问题，写稿积极性大大提高。通讯员会议也使工农通讯员与报社同志打成一片，改变了工农通讯员认为报社同志"高不可攀"的陈旧观念。[5]

---

[1] 林火：《往事堪回首 重忆太行山——回忆华北新华日报的通联采访工作片断及五月反"扫荡"》，载山西省新闻工作者协会、太行新闻史学会编《太行新闻工作回忆录（第九辑）》，1986 年印行，第 4 页。

[2] 周世民：《〈淮南日报〉培育我成长》，载《淮南日报》史料集编纂委员会编《淮南抗日根据地党的喉舌——原〈淮南日报〉史料集》，中共党史出版社 1992 年版，第 139 页。

[3] 邓江（秦加林）：《关于工农通讯工作问题》，原载 1945 年《通讯工作经验》，载《盐阜大众报》编辑部编《盐阜地区报史资料（第 2 辑）》，1983 年印行，第 37 页。

[4] 秦加林、陈允豪：《回忆〈盐阜大众〉（续）》，《新闻通讯》1985 年第 11 期。

[5] 邓江：《盐阜区工农通讯员工作的几个主要经验》，《江淮文化》1946 年创刊号。

三 开展通讯竞赛运动

中共对于"群众路线"的运用方式及"群众路线"的展现形态而言，有两种不同类型，即"热闹形式"与"经常工作"。其中"热闹形式"一般表现为不同程度的"群众运动"，而"经常工作"则主要表现为党在日常具体的工作中对于"群众路线"的运用。[①] 群众运动是中共在新民主主义革命时期就已经探索并定型的一种治理方式。同样，这种方式也体现在工农通讯员的新闻写作领域。抗战和解放战争时期，为了能够鼓励更多的通讯员投身新闻写作活动，各级党政组织就利用通讯运动、通讯竞赛等方式为通讯事业发展推波助澜。

至于通讯运动，当时有人做过这样的定位："通讯工作的发展，是由个别到组织，再从组织发展到运动。即是经过三个阶段：个别通讯员、通讯小组、通讯运动。个别通讯员阶段，是通讯工作建立的初期，通讯工作以记者为主，通讯员（特约的或普通的）也是由记者约定的。写作寄稿都是以个别为主，通讯工作不经常，通讯员的写作情绪忽高忽低，是这个阶段的特点。通讯小组阶段，是党报观念加强了以后，通讯工作较发展的时期，通讯工作已初步成为党的工作的一部分，通讯组织已与党的组织相结合，在一部分党的组织中成为经常工作，写作已由组织推动和领导，写稿渐趋经常，报道渐趋全面。通讯运动阶段，是通讯工作的大发展的时期，通讯员之间、组织之间已形成通讯工作上的竞赛热潮，通讯工作与工作完全结合，且甚至成为一个工作的任务。在大部分组织中间成为经常工作，在一定的号召下面成为突击任务。"[②]

依据这样的判断，通讯运动必须有良好的通讯员基础才能开展。所以，通讯员事业比较兴旺的地区往往也会成为通讯运动的模范区，当时的各个根据地不乏一些通讯运动的事例。1942 年，淮南苏皖边区的《新路东》报为贯彻延安《解放日报》整风改版的精神，在全区开展了声势浩大的大众写作通讯运动，以促进发展通讯员、建立通讯网。他们在报纸上开辟了"大众通讯运动特辑"专版，连续刊发了《怎样写大众通讯》《怎

---

① 李华：《"群众路线"与中国现代国家构建》，复旦大学博士论文 2012 年，第 74 页。

② 王阑西：《党报通讯工作几点经验的总结》，原载 1945 年《通讯工作经验》，载《盐阜大众报》编辑部编《盐阜地区报史资料（第 2 辑）》，1983 年印行，第 23 页。

样组织通讯网》《怎样做一个通讯员》《"写什么"和"怎么写"》等指导通讯员与组建基层通讯网的文章，而且还在报纸上刊登了"淮南苏皖边区大众写作通讯总站征求通讯员"的启事和通讯员登记表，从此通讯员队伍有了很大发展。① 1946 年，山东解放区为纪念九一记者节，《大众日报》开展"通讯工作竞赛"活动。据 11 月 13 日《在通讯竞赛总结中把运动再向前推进一步》总结：竞赛前每月来稿五六千份，9 月份增加到 10500 多份，10 月份增加到 11000 多份，12 月份的来稿增加到了 16000 件。其中工农通讯员稿件过去占 60%，现在占到了 80%。在最终的通讯竞赛评奖中，评出模范与积极干部通讯员 230 人，工农通讯员 236 人，评选出好作品 200 篇，其中工农通讯员的作品有 71 篇，所有优秀通讯员的名字和优秀作品的篇名都在报纸上刊登，并介绍了奖金、奖品数目，共发锦旗十面，其中一面旗上有胶东军区许世友司令员的题词："把战斗写出来，再去鼓励战斗！"② 1946 年冬，国民党军队大举进攻晋察冀边区，致使通讯工作受到严重影响。为解决报纸的稿荒问题，《晋察冀日报》于 1947 年 1 月 16 日发表社论《开展更广泛的通讯运动》。社论号召："为了迎接自卫战争的更大胜利和轰轰烈烈的土改运动，确定开展一个更加广泛的通讯写稿运动，希望各种工作岗位上的同志，一手拿枪，一手执笔，一边工作，一边写稿，在宣传报道上为人民立新功。"为此，报纸筹集奖金 15 万元，发布了《春季投稿竞赛条例》。③ 1948 年 12 月，东北《辽东日报》开展工农通讯运动的成效也非常显著。两个月的时间里，在海龙、辑安、通化三个县的 265 个自然村建立了 155 个工农通讯小组，发展了 996 名工农通讯员，加上原有的工农通讯员，总数达到将近 1500 名。④

　　苏北的盐阜地区开展通讯运动非常频繁。从 1944 年开始，该区连续开展了多次通讯竞赛运动。1944 年 5 月，盐城地方党委下文发动通讯竞赛，要求各区、各组、个人之间开展全县范围内的通讯竞赛，争取当"通

① 许锡良：《〈新路东报〉与"稿"字邮票》，《集邮博览》2005 年第 11 期。

② 刘少白：《烟台报业志》，科学普及出版社 1993 年版，第 84 页。

③ 《冀鲁豫日报史》编委会：《冀鲁豫日报史》，贵州人民出版社 1993 年版，第 135 页。

④ 辽东日报工农通讯科：《下乡开展工农通讯运动总结（摘要）》，载丹东日报编辑部编《丹东报史资料（第 1 辑）》，1984 年印行，第 45 页。

讯模范区""通讯模范乡""通讯模范组""通讯模范员"。① 第一次运动使通讯小组由一百多个发展到 518 个，通讯员发展到 2558 人，四个月中收到来稿 5275 篇。由于运动的成效显著，使得此后相继开展了工农通讯竞赛运动（1945 年）、土改通讯竞赛运动（1946 年）、"四八"通讯竞赛运动（1946 年 4 月 8 日是王若飞、邓发、博古和叶挺等同志遇难纪念日。为纪念党的新闻事业创始人之一博古同志，1947 年苏北地区开展了"四八"通讯竞赛）、红五月通讯竞赛运动（1947 年）、春季通讯竞赛运动（1948 年）等活动。② 通讯运动有力促进了盐阜地区通讯事业的发展。1945 年开展的为期 3 个月的春季通讯工作竞赛中，发展工农兵通讯员四五百人，每月来稿来信二千多件，报上登的新闻、通讯、文艺作品百分之八九十都是工农通讯员的来稿。《盐阜大众》原来的印数不大，经过通讯工作竞赛，发行达到五千多份。③ 1947 年盐城区"四八"通讯竞赛三月中，下属五个县共建立 485 个通讯组，发展 2380 名通讯员，写稿达 10440 篇。1947 年"红五月"竞赛四个月中，来稿竟然达到 60331 篇，发展通讯员达一万人。④ 各县、区、乡，都建立了通讯总组、中心组和小组，消除了县区无人写稿的"空白"现象，涌现出 250 名积极模范通讯员。⑤

那么，通讯竞赛运动又是如何展开的？从 1945 年盐阜地区的一份总结材料中可以梳理出大概：

竞赛的发动——根据地委宣传竞赛的决定，一边在"通讯员之窗"（后改"党报通讯"）号召通讯小组、通讯员参加竞赛，一边进行个别写信鼓动参加竞赛。特别是各县党委利用工作会议布置竞赛工作，党委负责同志亲自动笔先行示范参加竞赛、向别人挑战，并将竞赛作为工作任务布

---

① 《中共盐城县委对进一步加强通讯工作的指示（1944 年 5 月 20 日）》，载《盐阜地区报史资料第 2 辑》，1983 年版，第 10 页。

② 严锋：《坚持和发扬全党办报群众办报的传统》，载《盐阜大众报》编辑部编《盐阜地区报史资料（第 2 辑）》，1983 年印行，第 91 页。

③ 秦加林、陈允豪：《回忆〈盐阜大众〉》，载王阑西等编《中原抗战时期的新闻工作》，1987 年印行，第 43 页。

④ 严锋：《盐城区通讯运动的发展概况及其基本经验》，原载 1949 年 9 月 1 日《盐阜大众》，载《盐阜大众报》编辑部编《盐阜地区报史资料（第 2 辑）》，1983 年印行，第 81 页。

⑤ 唐辛柏：《光辉的历程》，载《盐阜大众报》编辑部编《盐阜地区报史资料（第 3 辑）》，1983 年印行，第 40 页。

置，不断进行检查、总结。

竞赛的进行——每一个突击性的运动（如参军运动）的高潮，同时也是写稿最多的时候。地方党委写信给各县区通讯小组，"党报通讯"公开号召掀起竞赛运动，在编辑工作上配合以大量选登参加竞赛的通讯组织及个人的稿件。在发表统计来稿上，将每月统计一次改为半月统计一次，并将结果在报纸上公开刊登，表扬先进，鞭策后进。

竞赛的结束——在报纸上发表竞赛总结，并组织评判委员会制定模范通讯员及模范通讯小组标准。依据写稿数量、写稿字数、发表数量、发展通讯员等指标，可以评出一、二、三等模范通讯员和模范通讯小组。[①]

从这样的流程中，可以看出组织通讯竞赛运动有三个关键环节：

一是有组织有领导。通讯竞赛运动需要各级党政的领导和重视，否则运动无从开展。正如一份总结中提到的那样："盐城专区通讯运动从四四年元旦开展以来，一直与党委的领导分不开，如党委先后曾领导发动过五次竞赛，发出决定、指示。以致使运动一次比一次广泛深入，不断的纠偏向、提高、巩固。同样县、区运动的开展也是如此。如盐城县委一贯重视通讯运动的开展，因此基础较强。该县护陇区由于区长吴迪人同志（模范通讯员）的领导推动，在四四、四五年两次竞赛中均成为通讯工作模范区。阜宁、盐东四八年以前通讯工作一贯消沉，主要的症结即在于县委领导的不够，以后在春季通讯竞赛中能飞快发展、普遍推开，并逐步提高，这是县委重视的结果。因此，通讯运动发动时，应首先打通各级党委领导思想，通过他们经常与中心工作同时布置、检查、总结，才能达到打开局面，获得普遍推开。"[②]

二是有活动有任务。要让通讯竞赛形成运动，就得促使相互之间展开竞争，以竞争来营造运动的氛围。盐阜地区 1945 年春季通讯竞赛中就有个人与个人、小组与小组、区与区（本县区与外县区）、县与县之间的挑战。68 个区中有 28 个区参加了竞赛。[③] 在通讯竞赛中，写稿成为了挑战

---

① 李扬：《通讯竞赛总结》，原载 1945 年《通讯工作经验》，载《盐阜大众报》编辑部编《盐阜地区报史资料（第 2 辑）》，1983 年印行，第 51—53 页。

② 严锋：《盐城区通讯运动的发展概况及其基本经验》，原载 1949 年 9 月 1 日《盐阜大众》，载《盐阜大众报》编辑部编《盐阜地区报史资料（第 2 辑）》，1983 年印行，第 85 页。

③ 李扬：《通讯竞赛总结》，原载 1945 年《通讯工作经验》，载《盐阜大众报》编辑部编《盐阜地区报史资料（第 2 辑）》，1983 年印行，第 51 页。

内容。1947 年的红五月通讯竞赛中，阜东宣工队就发出了这样的一份挑战书：

> 通讯部请转各县宣工队及射阳陈坎区中心组：
>
> 亲爱的同志们：
>
> 我们为热烈地参入红五月的通讯竞赛，及通过竞赛打下（长期）坚持通讯写作的基础，并能把党报的通讯工作提高一步，我们的四月二十日的（队内）通讯会议上，拟订了团体和个人的竞赛计划，素悉你们为党报写稿积极，大家愿意从你们学得更多的东西，所以与会同志十四人一致通过——除介绍了我们的竞赛计划，还愿意向你们作友谊的革命挑战，其条件如下：
>
> ①在竞赛期内，保证每人写稿十篇以上，没有一个挂名通讯员，并争取发表比例为 5∶1。
>
> ②帮助建立和推动两个区的教联通讯小组，（对陈坎区同志可易为推动各普通组）而能获得比较显著的成绩。
>
> ③培养两个工农通讯员，保证其以后每月经常写稿。
>
> ④写稿完全真实，不夸大。
>
> ⑤写集体创作稿件三篇。
>
> 当竞赛结束，我们请通讯部同志提出（初步）意见，再由通讯工作会议总结，评定甲乙，你们（愿意）接受我们的要求吗？①

三是有评比有表彰。评比也是以评促建，通过表彰先进，可以利用典型推动一般。盐阜地区在第一次通讯竞赛运动总结中谈到，要给先进模范通讯员、通讯组以名誉或物质奖励，除报社通讯科应给以物质、精神奖励外，特别好的通讯员要推荐他们参加全区性或县区的群英大会，县区党委要利用会议机会作口头或物质表扬。此外，除竞赛结束时应给优胜者以表扬外，更应建立表扬制度，以此鼓励被表扬被奖励者，同时也间接地批评

---

① 《红五月通讯竞赛挑战书》，原载《黄海日报》1947 年 5 月 9 日第 2 版，载熊函东、钱诚编《相摩烈士作品选》，东南大学出版社 1990 年版，第 161 页。

了落后者。① 因此，这次通讯竞赛运动最终评定了模范通讯员 31 人，模范通讯工作者 7 人，积极通讯员 51 人，模范通讯小组 15 个。② 通过评比产生的先进模范、先进集体会对其他人员起到实实在在的感召作用。中共对此种"典型开路"的技法运用颇为重视，范长江在 1946 年的华中新闻座谈会上总结：通讯运动要善于"做样子"，在一定地区和部门创造通讯工作的典型，取得经验以推广其他地区。③

第五节　鼓励工农通讯员的措施

就新闻写作的业务而言，工农群众显然有着天然的劣势，但是革命又需要工农通讯员的发展，所以，中共一方面推动新闻从业者加强与工农群众结合的意识，让他们主动关心、帮助工农通讯员的成长，另一方面，也别开生面地采取一些具体措施，鼓励群众成为利用文字符号进行传播的传播者。

一　支付稿费

在近代出版事业的发展过程中，稿费制度逐渐形成。虽然各个时期的革命根据地在经济上都非常困难，但是一些报纸仍然注意在这方面有所体现。中央苏区的《红色中华》报创刊伊始，就在第 2 期刊登欢迎来稿的启事，除列出征稿文章内容外，还说明文章发表后将"从优酬谢"稿费"二毛至一元不等"。④ 抗战时期鄂豫边区的军队报《拂晓报》为了鼓励全体军政干部战士的写作热情，决定对一般性质的通讯写作稿件每千字计稿费五角，对连队战士、班排级干部、普通工作人员写的简短通讯，不满百字者稿费一角，二百字以内者二角。对于特别好的稿件，除稿费照发外，还可按拂晓文化奖品之评定标准，给予适当的奖金。如果通讯员不愿收纳

---

① 李扬：《通讯竞赛总结》，原载 1945 年《通讯工作经验》，载《盐阜大众报》编辑部编《盐阜地区报史资料（第 2 辑）》，1983 年印行，第 61 页。

② 同上书，第 54 页。

③ 范长江：《关于新闻工作中的三个问题》，原载《新华日报》（华中版）1946 年 2 月 17 日，载范长江著《通讯与论文》，新华出版社 1981 年版，第 297 页。

④ 《欢迎投稿》，《红色中华》1931 年 12 月 18 日第 1、第 2 版中缝。

稿费，则以文具或赠送报纸刊物等替代。① 同样在鄂豫边区创办的《七七报》向通讯员允诺：文章如果登载将给予每千字二角的报酬，② 后来改为每千字边币 10 元。据当事人回忆，当时 斤盐的市价为边币 144 元，一盒火柴为边币 9 元，1000 字的稿费还买不到 7 钱盐，只能买一盒多火柴。③ 所以，发放稿费更多是象征意义上的鼓励。陕甘宁边区的《边区群众报》把稿子分为甲乙丙 3 种，稿费 3 个月结算一次。④ 1944 年 2 月 3 日，《中共中央晋察冀分局关于党报工作的指示》中规定每条新闻的稿费为五角到三元，文章通讯每千字三元，同年 8 月，《晋察冀日报》增加稿费标准，新闻每条 2、4、6 元，通讯每千字 6 元，10 月，新闻稿增为每千字 10 元，千字以下 4—10 元。⑤ 考虑到根据地物价浮动因素，也有的报社用米来充当实物稿费，如 1944 年，因为严重的通货膨胀，《解放日报》支付稿酬以小米为标准，每千字可得两升小米，但这时的"小米"是用作稿酬计量单位，可以凭此交换其他商品，并非发实物。⑥ 解放战争时期，闽粤赣边区的《大众报》规定各通讯员稿件、专论"凡经采纳，每千字得稿费一斤——三斤米"。⑦ 1948 年 3 月，东北解放区《齐市新闻》规定二等积极通讯员可得奖金一千元，折算成高粱米七斤。⑧

　　战争环境下，通讯联系有很多障碍，报社和通讯员之间也经常会失去

---

① 《关于报纸刊物稿费的决定》，原载 1941 年 8 月 26 日《拂晓报》，载梁小岑、刘立方、朱国龙编《豫皖苏边区文艺史料选编》，河南省革命文化史料征编室 1991 年印行，第 15 页。

② 鄂豫边区革命史编辑部：《鄂豫边区抗日根据地历史资料（第 4 辑文化教育工作专辑）》，1984 年印行，第 262 页。

③ 鄂豫边区革命史编辑部、《湖北日报》社：《楚天号角：抗日战争和解放战争时期鄂豫边地区的革命报刊》，武汉大学出版社 1990 年版，第 34 页。

④ 李忠全：《论周文对文艺大众化的特殊贡献——兼论周文与〈大众习作〉》，载胡民新等主编《论周文：纪念周文诞辰九十周年学术研讨会论文集》，1998 年印行，第 134 页。

⑤ 田建平、张金凤：《晋察冀抗日根据地新闻出版史研究》，人民出版社 2010 年版，第 186、190 页。

⑥ 朱鸿召：《延安日常生活中的历史（1937—1947）》，广西师范大学出版社 2007 年版，第 23—24 页。

⑦ 闽粤赣边区党委：《大众报建立通讯网的决定》，载《怎样写新闻通讯》，大众报社 1949 年印行，第 8 页。

⑧ 李寿山：《〈齐市新闻〉述旧》，转引自罗玉琳、艾国忱编《东北根据地战略后方报业简史》，1987 年印行，第 128 页。

联系。为了让稿费及时发到通讯员手中，《人民日报》甚至以登报的形式发出稿费通知，如1948年2月13日的《稿费通知》这样写着：

（一）本报通讯员同志：一月份稿费已寄出。因不少同志集中学习土改或工作调动，稿费都寄交原来岗位所属的专署或县办公室了，请注意。

（二）太行军区政治部及五分区邮局、冀青、文云、俊卿、韦光、米换，岳北人民报同志：你们一月份各有三百元以下的零星稿费暂存本科，望继续努力投稿，以便凑成整数寄去。

（三）崔殿宸、姜森同志：请示通讯地址，好寄发你们的稿费。①

二　赠送实物

由于革命根据地经济困难，通讯员的稿费事实上很难保证兑现，因此只能用赠送书报、文具用品等物质奖励来体现对通讯员的回报。

1933年7月14日《红色中华》刊登"征求通讯员"一文，希望每个读者都来做通讯员。文称：因为"红中"的经费限制，对于写给我们通讯的同志们现在还不能给予很好的报酬，以答谢他们的热忱，但为着鼓励他们的积极性，决定凡是"红中"通讯员一概可以享受每期赠送《红色中华》一份以及供给信封稿纸等物质鼓励。② 1935年12月，《红色中华》报为鼓励通讯员投稿，又一次刊登启事，提出"备有赠品做报酬——如有愿意长期当本报通讯员的，更是欢迎，本社并有优待方法"。③ 湘赣苏区省委曾指示各县要积极为省委机关报《湘赣红旗》和省苏维埃政府机关报《红报》投稿并制定奖励措施：个人投稿一次，不论刊登与否，均赠送党报一份；连续投稿三次以上者，赠送歌本或剧本、小说一册；投稿五次以上的，赠送歌本或剧本、小说二册。④ 1942年5月，《解放日报》给50名优秀通讯员寄赠了整风文件22份，对100名投稿成绩优良者各赠采

---

① 本报通联科：《稿费通知》，《人民日报》1948年2月13日第1版。

② 红中编委：《征求通讯员——以热烈的响应来庆祝"红中"百期纪念呵》，《红色中华》1933年7月14日第4版。

③ 红色中华社：《本报启事》，《红色中华》1935年12月1日第3版。

④ 程沄：《江西苏区新闻史》，江西人民出版社1994年版，第156—157页。

访白纸簿一本。① 另外，《解放日报》还专门印制了"通讯员半价优待订

2－8　《新浙东报》作者优待券

报券"，分发给部分通讯员使用。② 1945 年 10 月，陕甘宁边区的《关中报》为了解决通讯员的物质困难，决定给每个通讯员每月发一支毛笔、三张白麻纸，为方便通讯员夜间写稿，还特意每月增加五两灯油。③ 抗战时期，苏中地区的《群众报》《人民报》连工作人员极少的津贴和菜金也发不出，因此对通讯员写稿唯一的奖励就是发表稿件的都寄给几张油印的稿纸。即使这样，通讯员拿到这些稿纸都十分珍视，舍不得用。④

　　对于一些工作特别突出的通讯员，给他们的物质奖励就相对比较优厚了。1944 年 10 月，《关中报》模范通讯员包轲岗作为获奖代表参加了陕甘宁边区文教大会，不仅受到毛主席的亲切接见，还被授予个人甲等奖，奖励他一块毛线毯子、一件毛衣和一双棉鞋。⑤ 老报人戴煌回忆《盐阜大众》报如何培养他做通讯员的往事时，还念念不忘当年报社给予的奖励：1944 年《盐阜大众》登报表扬了包括戴煌在内的一批"模范通讯员"，第二年春天又把他评为"二等模范通讯员"，并赠送一本当时十分珍贵的硬纸板封皮白纸采访本。戴煌还用报社赠送的购书券买了盐阜区第一次印

　　① 《外县优秀通讯员获奖》，《解放日报》1942 年 5 月 18 日第 2 版。

　　② 《新华书店便利本报优待通讯员》，《解放日报》1942 年 5 月 30 日第 2 版。

　　③ 里明：《怎样领导通讯工作？》，原载《关中报》1945 年 10 月第 329 期，载雷阳、赵潭冰主编《关中报回忆录》，2007 年印行，第 162 页。

　　④ 马达：《马达自述——办报生涯六十年》，文汇出版社 2004 年版，第 21 页。

　　⑤ 包轲岗：《一名通讯员的光荣》，载雷阳、赵潭冰编《关中报回忆录》，2007 年印行，第 84 页。

刷发行的长篇小说——《钢铁是怎样炼成的》。在喜不自禁中，他对党报的感情愈加深厚了。[①] 在 1948 年《盐阜大众》报组织的通讯竞赛中，通讯员陈登科 3 个月内投寄 29 篇稿子被采用 22 篇，被授予"特等模范通讯员"的称号，还获得 500 元抗币及稿纸、书等奖品。[②] 通讯员任怀友也写了 32 篇稿件并被刊用 5 篇，竞赛结束后报社就给他发特约通讯员证书，并赠送一本《华中新闻工作文献》。此后，任怀友利用业余时间，以极大的兴趣读完了这本书，第一次比较系统地学习了无产阶级新闻学的基础理论知识，初步确立了无产阶级新闻学的基本观点。[③]

三　优惠邮资

通讯员投寄的稿件很多要经过邮政部门，为了尽可能减轻通讯员的经济负担，新闻媒体在邮费方面也尝试了多种优惠。1933 年 7 月 14 日《红色中华》在《征求通讯员》一文中告知：通讯员寄给编辑部的信只要贴邮票 1 分，[④] 后来由《红色中华》与苏维埃邮政总局协商，再由总局发下通知：自 1933 年 9 月 24 日起，凡各报刊通讯员或其他人投送编辑部稿件，一律按每件不超过 6 钱者，用"剪角信"贴邮票 1 分收寄。[⑤] 1934 年 3 月出版的第 13 期《工农通讯员》上刊登《通讯员的新的便利》启事，通知《红色中华》的通讯员寄给编辑部的稿件如果愿意挂号寄，只要贴 4 分邮票。[⑥] 抗日战争时期，淮南根据地在如火如荼的大众写作通讯运动中曾发行特别的邮票，《新路东报》《淮南日报》等报社通联部与信件交通总站联系后，在淮南邮票上印个黑色"稿"字，通讯员写稿贴上这种邮

---

① 戴煌：《永不泯灭的记忆——忆〈盐阜大众〉报培养我做通讯员的往事》，载《盐阜大众》报编辑部编《盐阜地区报史资料（第 5 辑）》，1983 年印行，第 15 页。

② 凌坚：《"乳娘"情——著名作家陈登科和培育他的〈盐阜大众〉报》，《传媒观察》1998 年第 12 期。

③ 任怀友：《密切联系群众的桥梁》，载《盐阜大众》报编辑部编《盐阜地区报史资料（第 5 辑）》，1983 年印行，第 76—77 页。

④ 红中编委：《征求通讯员——以热烈的响应来庆祝"红中"百期纪念呵》，《红色中华》1933 年 7 月 14 日第 4 版。

⑤ 童新远：《赤色邮政与苏维埃邮政》，载邮电部邮电史编辑室编《难忘的战斗岁月——革命战争时期邮电回忆录》，人民邮电出版社 1982 年版，第 72 页。

⑥ 《新华通讯社史》编写组：《新华通讯社史》（第 1 卷），新华出版社 2010 年版，第 93 页。

2－9　"稿"字邮票

2－10　新华社山东分社免费信封

票，邮资就由报社支付。① 山东胶东地区为鼓励通讯员投稿和反映情况，历来就对稿件资费给予特殊优待。抗战时期的《胶东战邮邮务规程》中

_____

① 沈文英、田野：《〈淮南日报〉简史》，载《淮南日报》史料集编纂委员会编《淮南抗日根据地党的喉舌——原〈淮南日报〉史料集》，中共党史出版社1992年版，第19页。

规定：寄报社之稿件"依法免资寄递"，寄信时只要在信封左上角注上"稿件"两字并剪去右上角以便验视就可以了。抗战胜利后，山东战邮总局自1946年1月1日起调整邮资标准，平信由每件5角调为1元，但通讯员的稿件每件仅为1角。尽管如此，寄稿件所需的费用还是会影响生活困难的通讯员的投稿积极性，何况多年形成的"投稿免费"的观念和习惯不易改变，因此寄信人交费寄稿的措施实际上并没有严格实施。解放战争期间先后担任《大众报》《群力报》等报刊通讯员的王景文回忆，自1946年春至新中国成立初期，他向报社投寄的通讯稿件，从不记得贴过邮票，[①] 这些邮费最终由邮局和报社之间统一结算。在一些根据地还专门有一些报刊专用邮票和不用贴邮票的"免资封"，其中就有为方便通讯员投稿定制的，如山东"县办报刊专用"邮票，以及加盖"战邮总局"戳记的《大众日报》社信函专用封、胶东"邮资总付"稿件封等。[②]

四　登报表扬

革命根据地的很多报纸都注意统计通讯员的来稿情况，对积极投稿者予以登报表扬。红中社出版的《工农通讯员》中有"光荣的红匾"栏目，1934年的第13期上刊登了《一月份来稿件最多的通讯员》一文。在这份20人的名单中，来稿5篇的有5人，来稿6篇的2人，来稿7篇的6人，来稿9篇的2人，来稿13篇和15篇的各1人，来稿18篇的2人。来稿最多的一位通讯员叫肖正岗，一个月之内给红中社写了22篇稿件。[③] 华中抗日根据地的《淮南日报》每半个月就在报纸的中缝上公布一次各县来稿、采用和退稿的数字，写稿较多的通讯员名单及其来稿数也专门予以统计，

---

① 山东省集邮协会编：《齐鲁集邮学术文选（1993—1998）》，气象出版社1999年版，第23—24页。

② 许锡良：《〈新路东报〉与"稿"字邮票》，《集邮博览》2005年第11期。有关这种信封，黄河等《金沟官庄剪影》一文（载白桃等《从一个村看解放区的文化建设》，新民主出版社1949年版，第113页）中提到山东解放区模范文化村金沟官庄一位通讯员的抽屉中有一叠滨海农村报通联科的信封，信封正中印好了"通联科收"等红字。

③ 《新华通讯社史》编写组：《新华通讯社史》（第1卷），新华出版社2010年版，第96页。

这对促进各县的通讯工作以及对通讯员的鼓励作用是很大的。① 苏中地区的《苏中报》，1944 年 6 月 10 日第 55 期在报纸中缝的《通讯工作》中刊登了《宝应县通讯员名单》和《五月份下半月来稿统计》，个人投稿共 67 位，其中"胡振普、纽韦（各 9 篇）"最多。② 同样创刊于 1946 年的苏中解放区《东台大众》报专门开辟一个《东台通讯》专栏，半月一期，对通讯员进行业务指导和精神鼓励。该栏目经常公布来稿统计和表扬积极分子，其中第 105 期报纸的《东台通讯》在来稿统计后面还登了一段"顺口溜"："月半一次小统计，大家看来大家比，榜上有名再上劲，榜上无名不要气。月半过去到月底，月底又要再统计，只要大家多写稿，这次不见下次见。"1947 年 9 月 1 日，报上出了一期《记者节特刊》，把全县所有通讯员的名字都张榜公布以示鼓励。③ 1948 年东北解放区《齐市新闻》编辑部的《通讯员、通讯组条例》中规定：凡一个月来稿五篇以上，登出三篇以上者，可得本报二等积极通讯员的奖励，连续两个月得奖者，被聘为基干通讯员，并在报上按月公布获奖通讯员名单。④

革命根据地的报纸还注重对模范通讯员的宣传。1944 年，《淮南日报》为了介绍通讯员周世民的成长经历，特意在该报二版上刊登了一篇约为 3000 字的长篇通讯《盱嘉模范通讯员周世民同志》。⑤ 晋冀鲁豫根据地的《新大众》也常常公开宣传优秀通讯员的事迹，如赞皇县裕记合作社会计李锋，一有空就宣传《新大众》，经他组织和介绍的订户有 350 户，还组织了 8 个通讯小组；黎城教育科段怀良，给《新大众》介绍了 318 个订户，并组织全县 80% 的教员写稿，他们都受到了登报表扬。⑥

---

① 王榕：《生活在团结战斗的集体里》，载《淮南日报》史料集编纂委员会编《淮南抗日根据地党的喉舌——原〈淮南日报〉史料集》，中共党史出版社 1992 年版，第 38 页。

② 王传寿：《烽火信使：新四军及华中抗日根据地报刊研究》，合肥工业大学出版社 2010 年版，第 55 页。

③ 乐秀良：《忆〈东台大众〉》，载新四军和华中抗日根据地研究会、江苏印刷分会编《江海激浪（第 3 辑）》，1986 年印行，第 225 页。

④ 李寿山：《〈齐市新闻〉述旧》，载罗玉琳、艾国忧编《东北根据地战略后方报业简史》，1987 年印行，第 128 页。

⑤ 周世民：《〈淮南日报〉培育我成长》，载《淮南日报》史料集编纂委员会编《淮南抗日根据地党的喉舌——原〈淮南日报〉史料集》，中共党史出版社 1992 年版，第 139 页。

⑥ 赵德新：《半个世纪的报人生涯》，民族出版社 1999 年版，第 9—10 页。

2－11　《解放日报》表扬模范通讯员

五　授予荣誉

把写稿列入立功的表现也很有促进作用。解放战争时期，山西黎城北流村为了巩固通讯员，就规定了写稿立功的办法。如妇女通讯员刘三虫、张双英连写了六篇登了三篇，就给记了一功，谁能组织与培养三个通讯员也给记一功。一次县小报用了妇女通讯员稿子，并接到勉励的信，大家召集在一起念了好几遍，情绪很高。一个晚上她们"偷听"男人开会，马上写成稿，第二天一早黑板报登了出来。大家叫她们"新闻记者"，她们感到很光荣，写稿劲头就更大了。① 太行区内邱县在 1947 年 5 月发起通讯立功运动，规定各级党政领导要把通讯工作当作每次中心工作立功内容之一，结合中心工作，实行评功表模。这一号召得到通讯员们的热烈响应，他们在信上说："决心在写稿上立功；我写稿不沾，要多写，向别人学习"，结果马上就涌现出一批模范通讯员。经验证明："通过表扬、立功来发现工农骨干树立通讯员旗帜，是开展通讯工作重要的领导方法之一。"②

通过评选产生模范通讯员并予以表彰，是鼓励通讯员积极投入写稿工作的方式之一。土地革命战争期间，《红色中华》1933 年 8 月 16 日曾在

---

① 王培义、杨柯等：《北流通讯组的介绍》，《人民日报》1947 年 11 月 20 日第 4 版。

② 本报通联科：《从内邱通讯工作来看建立农村通讯网的基本问题》，《人民日报》1947 年 9 月 25 日第 4 版。

2 - 12　钱相摩的通讯员证书

报纸上公开表扬过一批模范通讯员，其他报刊也都不定期地开展过类似的通讯员评模活动。这些模范通讯员既是编辑部同群众联系的纽带，也是苏区报刊根深叶茂的基础。[1] 抗日战争时期，陕甘宁边区为了进一步促使通讯员写好稿子，中国青年新闻记者学会延安分会特地设立记者学术奖金，每月评出通讯、新闻、专论等三篇，前三期获奖作品仅限于通讯员作品，评选标准是政治意义与写作技巧并重，这些作品对其他通讯员的写作具有一定的导向意义。[2] 1946 年，《解放日报》《边区生活报》《部队生活报》组织奖励评判委员会，对"非职业新闻工作者及其作品"进行评选，评比出通讯工作先进团体 29 个，先进通讯员 141 个以及作品 126 篇，具体名单在 9 月 1 日、2 日的《解放日报》上予以公布。其中个人奖颁发"九一纪念章"一枚，优秀甲等作品奖边洋一万，乙等奖五千。[3] 《冀中导报》也在 1946 年开展了评选新闻作品和模范通讯单位、模范个人的活动。9月 1 日记者节这一天，报上公布了评选出的名单。好新闻作品 21 篇，其中三分之一出自通讯员之手；模范单位 8 个，除十分区新华支社外，其余

---

① 杨西磷：《江西苏区报刊的革命传统》，载江西省文化厅革命文化史料征集工作委员会编《江西苏区文化研究》，2001 年印行，第 567 页。

② 王晓岚：《喉舌之战——抗战中的新闻对垒》，广西师范大学出版社 2001 年版，第 53 页。

③ 《边区通讯工作之光》，《解放日报》1946 年 9 月 1 日第 4 版。

是由县委、县政府、工会等机关团体干部和村干部、小学教员组成的通讯组；模范个人 23 名，其中 19 人是通讯员，占总数的 80%。[1] 能够获得表彰对通讯员的心理影响是很大的。苏中抗日根据地的盐阜地区运用典型推动一般，通过总结和介绍模范通讯组和模范通讯员的经验，号召先进的更先进，落后的赶先进。[2]《盐阜大众》报模范通讯员颜景詹 1945 年被选为全盐阜区二等模范工农通讯员，在参加积极工农通讯员会议时，区宣传部长握着他的手说："同志！一般写稿容易，坚持困难，一个好的工农通讯员能把通讯工作坚持下去，当作经常革命任务看待，这样的同志党性就强了！"颜景詹事后回忆当时的场景还是情绪激动："当时我就把这话放在心，切劳（牢）记在心尖子上了！"抗日根据地的另一张模范报纸《晋察冀日报》在这方面也不甘落后。1946 年 5 月，该报专门筹制银质奖章一百枚、稿纸五千份，嘉奖边区的模范通讯员以及临泽、鄄城、宁阳、南乐、观城、濮县、卫河、单虞等八县的先进集体。据称，在过去的一年中，全区通讯员写了将近一万件稿件，"喊出了人民的呼声"。[3]

正是在物质和精神的双重激励下，以党政各级组织为依托，许多原先根本不会意识到写稿甚至目不识丁的工农群众不断地被激励起来，积极地投身到新闻写作活动之中。

第六节　指导工农通讯员的媒介

如前所述，在中共局部执政的革命根据地，工农通讯员事业已经成为一种蔚为壮观的群众性文化景观。但是，新闻传播毕竟是一种带有技术含量的文化活动，文化水平低下、专业知识缺乏的工农群众何以能够投身其中？比如在土地革命战争时期，苏区虽然注重发展工农通讯员，但其实际效用并不特别理想，通讯员不重视报纸，投稿不踊跃，还有很多通讯员由于缺少新闻知识，"不知道写些什么才好，以致有很多各地重要的新闻都

---

[1]　萧红：《〈冀中导报〉的办报实践及对其社会心理的研究》，载杜敬等《冀中导报史料集——创刊五十周年纪念》，河北人民出版社 1990 年版，第 123 页。

[2]　王维：《把心扑在新闻上：王维新闻作品选》，上海人民出版社 2004 年版，第 25 页。

[3]　《〈冀鲁豫日报〉总结一年通讯工作 临泽等八县荣获奖章》，《人民日报》1946 年 5 月 25 日第 2 版。

没有写来或是写得不得法"①。所以，为了提高广大通讯员的写稿水平，《红色中华》报提出要把通讯员培养成具有新闻记者那样的素养和作风，②要"经过工农群众通讯员制度，来提高群众的政治文化水平，对于通讯员，须注意培养教育"。③ 随着中共党报理论的日臻成熟，"全党办报、群众办报"成为党的群众路线在新闻传播领域的标杆。1943 年 9 月 1 日记者节这一天，陆定一在《我们对于新闻学的基本观点》一文中提出，共产党领导下的报纸，不但要有自己的专业的记者，而且更重要的是要有广大的与人民血肉相联的非专业的记者，要"发动组织和教育那广大的与人民血肉相联的非专业的记者，积极的为报纸工作"。④ 后来，胡乔木又在《解放日报》上撰文发出"人人要学会写新闻"的口号。⑤ 在如此背景下，面向群众进行新闻教育自然就十分必要了。这个显而易见的问题当然得到了中共的重视，在当时缺少学校提供专门新闻教育的情况下，采用报纸、刊物、图书等媒介，对工农群众进行新闻知识的教育就成为可行的途径。

一 期刊的指导

在各个时期的革命根据地出现了一批工农通讯刊物，这些刊物构成了传播无产阶级党报新闻知识的重要平台。由于年代久远，加之战争环境不易保存，流传至今的此类期刊已不多见，兹据各方文献汇录于后，可观大概。

土地革命战争时期，《红色中华》报社曾经专门油印出版交流新闻业务的刊物《工农通讯员》，该刊二十天或一个月出版一期，每期刻三四张蜡纸，主要内容为报道提示和要求，还有采访与写作方法等。1934 年 3 月 1 日出版的第 13 期就刊载了《怎样写工农报的通讯》以及《第二次通讯员研究大纲》等指导性很强的业务文章。特别是《第二次通讯员研究大纲》一文，更像是一份新闻写作的教材，不仅系统地介绍了消息写作的基本知识，还列出了提示通讯员思考的系列问题以及新闻采访与写作所需

---

① 《写给通讯员》，《红色中华》1933 年 7 月 11 日第 4 版。

② 同上。

③ 阿伪：《苏维埃的新闻事业》，《红色中华》1933 年 8 月 10 日第 4 版。

④ 陆定一：《我们对于新闻学的基本观点》，《解放日报》1943 年 9 月 1 日第 4 版。

⑤ 乔木：《人人要学会写新闻》，《解放日报》1946 年 9 月 1 日第 4 版。

要的准备等。①

2 - 13 《工农通讯员》刊物

抗日战争时期，指导工农群众的通讯刊物迅速增多：1939 年，由新华社主办的第一个新闻业务刊物《通讯》出版，毛泽东亲自题写刊名。从 1940 年 3 月第 4 期开始，《通讯》改由新华社和中国青年新闻记者学会延安分会合办。1940 年 6 月，延安《新中华报》又参加了《通讯》编委会。1939 年 11 月，《新华日报（太行）》报社出版《通讯与读者》油印期刊，一般每月一期，有时不定期，一直到 1943 年止。1940 年 8 月，延安大众读物社出版《人众习作》，先后出版 6 期，其中第一期、第四期各一册，第二、第三期和第五、第六期均为合刊，1941 年 9 月 15 日终刊。1940 年，延安《边区群众报》主办的《通讯生活》创刊。1940 年 10 月，中国青年记者学会冀中分会主办的《冀中报人》创刊，不定期出版。1940 年 10 月，冀中通讯社主办的指导通讯员写作的《通讯与学习》创刊，不定期出版，直到 1942 年 5 月停刊。1940 年 10 月，晋绥《抗战日报》创办《通讯生活》月刊，直到 1946 年改名为《通讯研究》。1941 年初，冀中地区深北县通讯社编辑出版《通讯园地》小报，8 开 1 版，大体

① 新华通讯社史编写组：《新华通讯社史》，新华出版社 2010 年版，第 92 页。

每月 1 期，1941 年夏停刊。1941 年 1 月 25 日，新华社华北分社出版《北方记者》。1941 年 4 月，中国青年新闻记者学会苏北分会出版《苏北记者》，仅出版 1 期。1941 年 7 月，《大众日报》社和新华通讯社山东分社通讯部联合创办《青年记者》，从创刊开始，该刊几停几续一直延续到解放战争时期。1941 年出版的工农通讯刊物还有《冀鲁豫日报》通讯科创办的《半月通讯》。1943 年山东《大众报》设通联科后，编发了专门指导通讯员写作的小册子《通讯工作》，到 1944 年 8 月，《通讯工作》第七期由单行本改为报纸的专页，到 1946 年 4 月《大众报》由四开改为对开后，《通讯工作》又由专页恢复为小册子。1944 年 1 月，冀中七地委《黎明》报编辑部创刊《通讯写作》。同年 11 月，《解放日报》社编印了《通讯员往来》。1945 年上半年，《边区群众报社》编印《工农写作》，铅印，三十二开本，不定期出版。

2-14   《工农写作》刊物

解放战争时期，工农通讯刊物的出版延续了抗日战争时期的传统，也呈现兴繁的气象。《冀中导报》1945 年复刊后，不定期出版了油印刊物《通讯往来》，直到 1949 年《冀中导报》改为《河北日报》时才停刊。在出版《通讯往来》的同时，该报社还办有铅印 32 开本《通讯通报》。1946 年 11 月，新华通讯社冀东十四支社翻印出版《通讯往来》。1946—

2-15 《通讯往来》刊物

1947年，山西《晋绥大众报》和《晋绥日报》合办《通讯研究》。1946年1月20日，《抗战日报》社、新华社晋绥分社、《晋绥大众报》社、《战斗报》社联合主办的《新闻研究》创刊。同年，新华社胶东分社通讯联络科主办的《通讯工作》创刊。1947年1月，新华社冀鲁豫分社主办的《通讯工作》创刊。1947年1月20日，太行《新华日报》社、新华社太行分社联合主办的《通讯工作》月刊创刊，后曾停刊并于1949年1月复刊。1947年3月，《大连日报》社通联部主办的《青年记者》创刊。1947年9月，新华社西北总分社边区群众社联合主办的不定期刊物《新闻研究》创刊。同年，由华东新华社、《大众日报》社编委会主办的《新闻业务》创刊。1948年5月23日，《晋绥日报》社、新华社晋绥总分社出版《新闻战线》。1948年8月20日，新华社冀察热辽分社主办的《新闻通讯》创刊。1948年9月1日，《黑龙江报》社通采部编印出版《工农通讯》。1948年10月10日，冀察热辽《大众报》社出版名为《大家办》的不定期刊物。同年出版的还有新华社华东野战军总分社、《人民前线报》社主办的《业务通讯》，新华社冀东支社主编的不定期内部刊物《新闻业务通讯》，渤海新华分社编辑出版的《通讯工作》等。1949年5月，新华社大连分社主办《新闻业务》。1949年5月，《辽西日报》社出版

《通讯工作》。1949 年 7 月，新华社鲁中南分社、《鲁中南报》社联合主办《新闻工作》。此外还有中共渤海区党委编辑出版的《渤海通讯》、新华社解放军总部直辖第十九兵团分社主办的《新闻业务》等一批出版年月不详的刊物。①

应该说，受限于物资条件和战争环境等种种原因，革命根据地时期的工农通讯刊物出版非常艰辛，但是，刊物工作人员克服种种困难，精心编辑，从而形成了工农通讯刊物鲜明的风格：

——服务定位工农群众。1940 年陕甘宁边区大众读物社出版的《大众习作》把自己的主要服务对象定位为基层干部、小学教师、工农兵通讯员和广大的初学写作者。在所有的读者中，通讯员无疑是最为重要的一部分。该刊曾经载文："'文化军队'得有自己的基本干部，这种基本干部就是广大的大众通讯员。他们生活在乡村中，工厂中，军队中，和群众生活在一起。他们没有受过高深教育，大多数是从工作当中学会了不多点汉字，但是他们热心学习，喜欢写作，高兴参加群众的文化运动。但是，只是这样还是不够的，我们的'文化军队'的干部——广大的通讯员同志，也必须一天天提高，一天天进步，才能够领导起广大的群众，向扫除文盲，提高文化水平的路上前进。在这一个意义上，《大众习作》是为了帮助通讯员的写作，加强他们的写作信心，提高他们的写作水平，给他们指示写作方法才出版的。"② 因此，《大众习作》开辟了"工作往来""工作经验"等栏目，让广大通讯员交流经验和体会。刊物编辑人员把服务工农通讯员工作当作贯彻党的群众路线。1944 年解放日报主办的《通讯员往来》也明确提出，"此刊为适合大多数通讯员同志（主要是工农兵同志的需要）"，介绍培养工农通讯员、知识分子与工农兵结合等方面的经验。③《青年记者》1947 年第 1 期的复刊词中写道："实行大家写、大家看的方

---

① 本节有关通讯刊物的名录主要参考：李永璞、林治理编写的《中国共产党历史报刊名录（1919—1949）》（山东人民出版社 1991 年版）；山东省地方史志编纂委员会办公室、山东省图书馆编写的《山东省图书馆馆藏山东地方史文献选目》（1983 编印）；田建平、张金凤《晋察冀抗日根据地新闻出版史研究》（人民出版社 2010 年版）；杜敬编《冀中报刊史料集——纪念抗日战争胜利五十周年》（河北教育出版社 1995 年版）。其他零星出处恕不一一注明。

② 王牧：《〈大众习作〉是怎样一个刊物》，载钟敬之、金紫光编《延安文艺丛书》（第 16 卷文艺史料卷），湖南文艺出版社 1987 年版，第 707 页。

③ 《通讯员往来即将刊出》，《解放日报》1944 年 9 月 1 日第 4 版。

针。热烈欢迎通讯员同志介绍自己的经验心得（即使一点一滴也好），互相传播，互相批判，多作实例分析。……这也就是本刊编辑上的群众路线。"① 通讯刊物定位群众、服务群众的做法得到了中央领导的肯定。毛泽东同志专门就《大众习作》的成绩给大众读物社社长周文写信鼓励："《（边区）群众报》和《大众习作》第二期都看到了，你们的工作是有意义的有成绩的，我们都非常高兴。"② 《大众习作》当时的主编胡采回忆："当这封信在全体工作人员会议上宣读之后，大大增强了同志们办好刊物的信心和决心。"③ 徐特立从大后方回到延安后，看到《大众习作》也专程到编辑部表示祝贺与支持，还对办好刊物作出许多指示，这对编辑部工作同志鼓舞极大。④ 由于通讯刊物为通讯员服务的办刊宗旨十分明确，因此也就成为通讯员的必读材料，如《晋绥日报》的《通讯研究》就一再被要求增加发行量，有些地方还把刊物作为模范通讯员的奖品，用公费订购。⑤

——传授新闻理论知识。把通讯刊物办成向工农群众普及新闻知识的园地，是土地革命战争时期的《工农通讯员》就已经形成的特点。在此后的各个革命根据地，工农通讯刊物的这一特点被进一步发扬光大。1939年创刊的延安《通讯》从1940年3月第4期开始改由新华社和中国青年新闻记者学会延安分会合办，在改刊词中进一步提出要成为"教育通讯员与青记学会会员的有力工具"、做"边区以至华北敌后新闻事业的推动机"的目标。⑥ 此后，《通讯》陆续发表了一系列新闻研究文章，对革命战争年代的新闻工作进行了多方面的探讨，极大地帮助了记者和通讯员提高自身的思想修养和采访写作水平。⑦《边区群众报》1940年创办的《通

---

① 曲志敏：《〈青年记者〉的光辉战斗历程》，载杨源恺编《〈大众日报〉回忆录1939—1999（第2集）》，山东人民出版社1998年版，第187页。

② 《大众习作》，载钟敬之、金紫光编《延安文艺丛书》（第16卷文艺史料卷），湖南文艺出版社1987年版，第703—704页。

③ 胡采：《有关〈大众习作〉的一些情况》，《延安文艺研究》1984年第1期。

④ 《大众习作》，载钟敬之、金紫光编《延安文艺丛书》（第16卷文艺史料卷），湖南文艺出版社1987年版，第701页。

⑤ 阮迪民、杨效农：《晋绥日报简史》，重庆出版社1992年版，第98页。

⑥ 万京华：《延安时期的新闻业务刊物——〈通讯〉》，《新闻与写作》2007年第3期。

⑦ 刘云莱：《新华社史话》，新华出版社1988年版，第20页。

讯生活》在 1941 年 9 月纪念特辑上刊登了穆欣撰写的《通讯员——光荣的称号》一文，详细地介绍了苏联的工农通讯员制度和已经达到的"蓬蓬勃勃的景象"，对革命根据地开展工农通讯员运动起到了借鉴和启迪的作用。① 《大众习作》的论文栏目主要刊登介绍新闻理论以及写作技巧的文章，如"谈谈搜集新闻材料""写人写事都要入情入理""关于搜集新闻通讯材料的几个问题"等。② 山东《大众报》办的《通讯工作》还刊载了论述新闻真实性的专文，对通讯员开展教育。③ 冀中通讯社与《冀中导报》创办的《通讯与学习》也刊登了"新闻鼻""新闻记者应有的新闻眼和新闻脑"等文章。④ 所有这些文章，对缺少新闻理论知识的广大通讯员来说，无疑是一种很好的指引。

　　——具体指导新闻写作。为了让工农通讯员知道写什么，很多通讯刊物都会刊登报道内容方面的说明。如《北方记者》就曾不定期地登载一些报道提示，使各地通讯员和记者在采访中有所遵循。⑤ 《冀中导报》主办的《通讯通报》刊登的主要内容就是近期的报道要点。⑥ 除了让工农通讯员知道写什么，还要让他们知道怎么写，也就是在新闻写作上加以具体指导。《大众习作》有一个深受通讯员欢迎的"原作与改作"专栏。编辑部每期选登几篇原稿和改稿，还特别登出"改写说明"，帮助通讯员去琢磨原稿和改稿的区别，不仅使原作者心悦诚服，同时所有读者也会受到启发。⑦ 此栏目要花费编辑人员的大量精力，但是，"在改稿过程中，编辑者一丝不苟的精神、认真负责的态度、热情细致的作风，透过一字一句流

---

　　① 穆欣：《通讯员——光荣的称号》，《通讯生活》1941 年 9 月 20 日（九月纪念特辑），山西省档案馆馆藏编号 Z1 – G2 – 50。

　　② 王牧：《〈大众习作〉是怎样一个刊物》，载钟敬之、金紫光编《延安文艺丛书》（第 16 卷文艺史料卷），湖南文艺出版社 1987 年版，第 708 页。

　　③ 祖春：《如何做一个党报的通讯员》，《通讯工作》1943 年 2 月 28 日（创刊号），山西省档案馆馆藏编号 Z1 – G2 – 124。

　　④ 康边千：《记抗日战争时期冀中的两份新闻刊物》，载河北省出版史志编辑部编《河北出版史志资料选辑（第 3 辑）》，1989 年印行，第 110—111 页。

　　⑤ 刘云莱：《新华社史话》，新华出版社 1988 年版，第 38—39 页。

　　⑥ 杜敬：《抗日战争时期冀中的 262 种报刊》，载杜敬编《冀中报刊史料集——纪念抗日战争胜利五十周年》，河北教育出版社 1995 年版，第 24 页。

　　⑦ 李忠全：《论周文对文艺大众化的特殊贡献——兼论周文与〈大众习作〉》，载胡民新等编《论周文：纪念周文诞辰九十周年学术研讨会论文集》，1998 年印行，第 136—137 页。

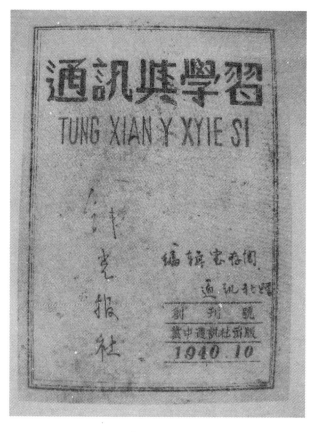

2 - 16　《通讯与学习》刊物

露出来"①。老报人胡绩伟回忆说："这一栏体现了报纸编者帮助通讯员写作的苦心和爱心，很受通讯员喜爱，也成为中学国文教员可以向学生讲解的教材，成为文学青年和秘书的写作指南。"② 新华社冀察热辽分社在说明创办《新闻通讯》的意图时说："除了介绍一些系统的写作知识，成功的作品，各地经验交流外，计划抽出一些时间来研究大家的来稿，根据各种类型和典型，提出一般带有普遍性的意见，供大家参考。并希望这个刊物也成为大家研究写作交流经验的园地。"③ 工农通讯刊物的悉心指导，使许多工农群众习得了写作的基本知识，为走上通讯员岗位打下了基础。

　　① 任健：《〈大众读物社〉与〈大众习作〉》，《中国通俗文艺》1981 年第 3 期。

　　② 胡绩伟：《青春岁月——胡绩伟自述》，河南人民出版社 1999 年版，第 203 页。

　　③ 通采科：《改进退稿制度 进一步帮助通讯员》，《新闻通讯》1946 年 7 月 10 日（总第 2 期），山西省档案馆馆藏编号 Z1 - G2 - 39。

如延安的《大众习作》，有人称它是"自己的园地"，有人把它当作课本，有人把它列为教材，更有人来信说刊物引起了他"写东西的兴趣"。① 山东《人众报》主办的《通讯工作》也给通讯员留下了深刻的印象。有的通讯员说："《通讯工作》第一期对我的帮助很大，如《新闻写作漫谈》《漫谈公式化与一般化》《纠正爱写大块文章的偏向》等；第二期的《重质不重量》《介绍一篇稿子》也很精彩……第三期的《不要放马后炮》给了我中腰一针，《我们犯了错误》给了我今后写作上很大警惕，都是我目前最爱的东西。"② 还有通讯员认为："多久未见它面真感到如缺了啥一样，因为《通讯工作》出版以来每期我都从头要看到尾，在工作上确是得到过有力的启示与帮助。"③

——推动开展通讯工作。如何让更多的工农群众投身到新闻传播活动中来，推动各地工农通讯事业的发展，也是工农通讯刊物的一项重要职责。延安《通讯》创刊号上，刊登了洛甫在延安通讯员大会上作的《如何做好通讯员》的报告以及海棱的《怎样建立边区各县通讯网》等文章。④《新华日报》（太行版）主办的《北方记者》注意刊登其他地区开展新闻通讯的工作情况，为华北各地的记者和通讯员所关注，并从它那里得到许多教益和启迪。⑤《冀鲁豫日报》通讯科1947年2月15日出版的《半月通讯》上，刊有《二地委宣传部再次指示各县加强通讯工作，明确业务观念》《七地委县书联席会上座谈通讯工作，万政委号召："要把作好通讯工作，当作给群众立功的第一条"》《通讯运动是宣传部的中心业务》《总结投稿竞赛 郓北崔明同志等拥获冠军》《春季投稿竞赛动态》《王秀章营的写稿运动》《新闻战线上的十位模范》等文章，⑥ 通过阐释上级指示和介绍模范典型的方式，对基层开展通讯运动起到鼓舞作用。1949

---

① 任健：《〈大众读物社〉与〈大众习作〉》，《中国通俗文艺》1981年第3期。

② 《〈通讯工作〉读后》，《通讯工作》1947年5月25日（总第5期），山西省档案馆藏编号Z1-G2-31。

③ 李栋：《谈几点办小报经验——以庆祝〈通讯工作〉和我见面》，《通讯工作》1943年2月28日（创刊号），山西省档案馆藏编号Z1-G2-34。

④ 刘云莱：《新华社史话》，新华出版社1988年版，第19页。

⑤ 同上书，第39页。

⑥ 《燕各地小报介绍》，《宣教通报》1947年3月6日（总第16号），山东菏泽市档案馆藏编号001-002-8。

2－17 《工农通讯》刊物

年3月，山东《大众报》的《通讯工作》向广大通讯员约稿，其中有关开展通讯工作的占了绝大部分，如组织领导通讯报导工作的各种问题与创造；新区开展通讯报导工作的经验；如何大量发展培养工人通讯员及组织工人通讯组；农村通讯工作开展及建立与恢复通讯组的情形等。① 对于通讯工作中的一些落后消极现象，通讯刊物也会以批评的形式予以鞭策。1948年12月，《新黑龙江报》社出版的《工农通讯》刊有各地来稿统计表，并有一封给克山县通讯员的信，批评他们工作有所松懈，希望"恢复过去的精神，积极写稿"。② 工农通讯刊物就是以这种布置工作、交流经

① 《〈通讯工作〉大家办》，《通讯工作》1949年3月（第2、第3期合刊），山西省档案馆馆藏编号 Z1－G2－35。

② 本报通采部：《捎信》，《工农通讯》1948年总第2期。

验、表扬先进、激励落后的方式，为工农通讯事业的发展推波助澜。

在工农通讯事业中发展壮大的通讯刊物，构筑了传播无产阶级党报新闻知识的平台，引导成千上万的工农群众投身新闻传播活动。新中国成立之后，新闻媒体重视通讯刊物的做法仍被传承，把它作为开门办报、密切联系群众的有效手段。如今虽然已经时过境迁，但是，由革命战争年代沿袭而来的一些通讯刊物，在历经多次的内容和形式创新之后，在当下的期刊方阵中继续活跃着它们的身影。

二　报纸的指导

除了出版期刊指导工农通讯员之外，报纸也是帮助工农通讯员成长的重要载体。

早在土地革命战争时期，苏区就注意利用报纸来培养工农通讯员。1933 年 8 月 10 日《红色中华》第 100 期上笔名为"氓"所作的《论目前"红中"的任务》中，对通讯员的教育问题进行了分析：

> "现在参加在'新闻工作'中的同志是很少的，这其中大多数还是偏于'杂志'性的工作者，真正的'新闻工人'就更少更少。苏维埃不是经常不变，永久如此大的一个区域。在更发展的形势下，《红色中华》变成日刊了的时候，还是一个总编辑兼内勤记者兼外勤记者吗？不可能的了。办报纸不一定是智（知）识分子包办的事，因此从工农出身的新闻干部的培养，是《红色中华》'天然'的责任。现在经过党和政府去指派来的通讯员是不会有好大作用的，'红中'应建立自己能够指挥和训练的通讯员，及自己整个的通讯网。从农村中，从工厂和作坊中，从街道上，再可从各种机关中，渐次的寻觅着自己的通讯员。要他们经常有稿子寄来，同时作发行工作。另外我们用函授方法，来教他们的新闻学，如何写社论，如何写消息，如何当外勤记者，如何当内勤记者，如何发稿，如何校对，如何做发行工作……要这样来创造苏维埃的新闻干部。"①

针对很多人不重视报纸，通讯员投稿也不踊跃的情况，1933 年 5 月 2

---

① 氓：《论目前"红中"的任务》，《红色中华》1933 年 8 月 10 日第 4 版。

日第75期《红色中华》报上登载了一封《告通讯员同志》信，指出"通讯员与本社的关系不密切，很多通讯员只填了登记表，但写得很少或者甚至没有写稿来"。信中要求"把通讯工作健全起来，使我们的通讯员成为一支有力军队，在各地参加和领导实际斗争，把各地消息像电一样快的反映到红色中华上面来"。① 为此，就需要培养大批的工农通讯员。在当时缺少专门新闻教育的情况下，《红色中华》本身承担起普及新闻知识的任务。为了提高通讯员的新闻写作素养，《红色中华》利用报纸中缝开辟了"通讯生活"的园地，经常提醒通讯员，注意新闻的时效性和保证新闻的真实性，要求通讯员在党和苏维埃政府的中心工作中积极发挥自己的作用。通讯员则通过"通讯生活"这个园地，把自己的意见和要求反映出来。② 1933年3月25日的《红色中华》报上，刊登过一篇《告红色中华的通讯员——怎样来写通讯》的文章，对新闻写作的主题、结构、材料、语言等方面均提出了要求：通讯员必须注意每天在自己周围所发生的各种事情，特别是工农的日常斗争，无论是前线的战斗情况，扩大红军，肃反斗争，经济动员，地方武装的游击和发展，春耕运动以及各种纪念节的集会等，都要加以深刻地注意；通讯员要用工农的正确的敏锐的眼光去观察各种事情，必须有系统地注意每一事件发生的原因及其发展，以至于最后的结果；必须理解每一事件与我们中心的政治任务有什么联系，有怎样的重要性；对于每一问题必须调查确实，最好是写自己所参加的斗争，或是亲眼目击的事情；文字要写得浅显明了，简单清楚，绝对避免紊乱、颠倒和重复。③ 1933年7月，《红色中华》又编辑了《写给通讯员》的小册子，并在该报"红角"栏开始分期连载。在第一期中这样写道："为着有系统的与通讯员同志们来讨论工农通讯运动中的各个问题，并且实际的提供一些具体的通讯工作的意见给各地同志们，我们便决定写一个简单的小册子——《写给通讯员》，一段段的在红角上披露。望读者尤其是本报通讯员加以特别注意，并希贡献一些新的意见。"同时，该报鼓励广大通讯员："同志们，写通讯是一点也不困难的呀！为什么呢？因为写通讯用不到精密的思想，也用不到深奥的理论的基础。只要你用质朴的字句把你所

① 刘云莱：《新华社史话》，新华出版社1988年版，第6页。
② 程沄：《江西苏区新闻史》，江西人民出版社1994年版，第153页。
③ 《告红色中华的通讯员——怎样来写通讯》，《红色中华》1933年2月25日第4版。

知道的新闻事实有条理的写下去，那就保你写得括括（呱呱）叫，而且成为一个很好的工农通讯员。"① 通过这个栏目，向通讯员介绍了通讯写作的主题选择以及如何通过采访、谈话、读文件、参加会议等方式来搜集写作的资料。另外，军队的《红星》报也很注意经常地和通讯员联系，它开辟了"通讯员"专栏，定期刊登指导通讯员写作和工作的文章，以提高通讯员的政治水平和写作水平。② 编辑部特别教育通讯员写稿必须严格遵守"真实性"的原则。当发现江西军区通讯员写的关于扩大红军的报道有虚假现象后，就及时在《红星报》的"铁锤"专栏里，以"骗谁？"为题发表文章，给予十分严肃的批评。③

抗战时期，革命根据地的报刊大大增多，通讯员队伍也迅速发展，利用报纸指导通讯员的方式也更加普遍，延安的《解放日报》就是一个典型的个案。学者李秀云曾经就此作过深研。她考证，1942 年延安整风开始后，为了帮助通讯员写稿，《解放日报》曾油印出版了 3 期《新闻通讯》，每期最多印过 400 份。1942 年 10 月 28 日，《新闻通讯》专版在《解放日报》第 4 版刊出，由《解放日报》通讯采访部与青记延安分会联合编辑，不定期出版，至 1945 年 3 月 23 日共出版 14 期。④ 至于其创办目的，在《我们的企望》一文中如此交代："第一，希望有写作经验的同志能经常供稿，交流新闻写作的经验；第二，反映读者对于报纸的意见，促进报纸和读者的息息相通；第三，最主要的目的是依靠这个专版来联系并帮助通讯员，鼓励大家写作的勇气，提高大家写作的技术；同时，给党报写稿是每个同志的责任，因此进一步希望这一刊物的出版能够引起还未给报纸写稿同志的写作兴趣。"⑤《新闻通讯》专版设立后，刊登了不少有关新闻理论与新闻业务方面的文章，如陆定一的《我们对于新闻学的基本观点》，乔木的《报纸是人民的教科书》等均在此刊发表，此外还有一些通讯工作的经验介绍以及各地通讯工作动态等报道。陕甘宁边区的《关中

---

① 《写给通讯员》，《红色中华》1933 年 7 月 11 日第 4 版。

② 程沄：《江西苏区新闻史》，江西人民出版社 1994 年版，第 154 页。

③ 金耀云：《〈红星报〉编辑部与通讯员》，《光明日报通讯》1981 年第 1 期。

④ 详可参考李秀云《工农通讯写作："全党办报"的缩影——以延安〈解放日报·新闻通讯〉为中心的考察》，载陈信凌主编《新闻春秋第 11 辑中国红色新闻事业的理论与实践》，江西高校出版社 2009 年版，此处不作展开。

⑤ 《我们的企望》，《解放日报》1942 年 10 月 28 日第 4 版。

报》也不定期辟出"写稿方法"一栏，把共同性的问题在报上发表，以便节省复信时间，并使指导内容全面化、条理化。①

山东根据地的一些报纸也很重视对通讯员的指导工作。《大众日报》从 1940 年 7 月 19 日起即开辟不定期的《报人》专刊，持续至 1942 年冬日伪军开始对沂蒙山区大"扫荡"止，共刊出了 12 期。1944 年 8 月，《大众日报》开辟了《通讯工作》专页，同时报纸上还设置《工农园地》专刊，每周一期一个整版或半个版。专刊辟有《党报的知识》《习作》等专栏。《习作》专门发表工农通讯员的原作及编辑修改稿，相互对照，供通讯员学习。② 1947 年国民党军队对山东解放区重点进攻时，《大众日报》编辑部仍千方百计地保持与通讯员的沟通，利用报纸的中缝开辟《通讯员之窗》专栏，不几天就见报一次。它随时传达编辑部的宣传报道意图，提示采访报道要点和意见，反映各地通讯工作动态，并刊登读报知识等。③山东的《群力报》从 1947 年 8 月 15 日开始，在报缝中开辟《通讯员》专栏，几乎天天见报，或发报道要求，或答复通讯员问题，或发表来稿统计，或指导写稿，保持了与通讯员的密切联系。④

华中根据地盐阜地区的通讯工作能够经久不衰，与报纸重视对通讯员的培养分不开。为了帮助通讯员，当时的《盐阜报》和《盐阜大众》报做了许多努力。除了出版新闻业务刊物、编印业务学习的小册子发给通讯员以外，在斗争环境紧张、业务刊物出不来的时候，就利用报纸的中缝或报眼，发业务通报，做报道提示，分析、表扬好的新闻作品。有一段时间《苏北日报》的两只报眼，每天都有业务指导的文字。一天七八百字，一个月也有两万多字，不比一本新闻业务刊物的容量少，而它的及时和广泛，远非业务刊物可比。⑤盐阜地区的《东台大众》也曾在报上开辟一个《东台通讯》专栏，半月一期，内容涉及报道提示、写作指导、经验介

---

①　《如何培养基干通讯员——关中通讯工作经验之三》，《解放日报》1945 年 9 月 4 日第 2 版。

②　刘少白：《烟台报业志》，科学普及出版社 1993 年版，第 81 页。

③　曲志敏：《〈青年记者〉的光辉战斗历程》，载杨源恺主编《大众日报回忆录（1939—1999）（第二集）》，山东人民出版社 1998 年版，第 187 页。

④　刘少白：《烟台报业志》，科学普及出版社 1993 年版，第 103 页。

⑤　王维：《革命战争年代江苏盐阜地区的通讯工作》，载中国社科院新闻研究所编《抗日战争时期的中国新闻界》，重庆出版社 1987 年版，第 25 页。

绍、大众习作等。① 《苏中报》的中缝有一个《通讯工作》的固定栏目，大量选登干部、通讯员积极做好通讯工作的报道，同时根据来稿反映带有普遍性问题，及时提出指导性意见，帮助各地通讯工作健康发展。诸如发表了《向各级党委建议加强通讯工作的组织领导》《开展部队通讯工作的意见》《首长负责，大家动手，搞好拥（军）爱（民）月写稿运动》等文章。②

解放战争时期，《东北日报》为帮助通讯员增长对于人民新闻事业的基本认识以及采访写作知识，从 1946 年 12 月 21 日开始由通讯采访部在第四版创办《新闻通讯》专版，每半月左右发一期，约 1 万字。至 1949 年 11 月止，近三年时间共刊出 37 期。《新闻通讯》除指导通讯员提高新闻业务外，还刊载《各地通讯动态》《通讯员来信》《通讯员疑难解答》，介绍通讯小组经验，宣传优秀通讯员事迹以及每个时期的报道提示、要点等。③ 《晋绥日报》从 1948 年 10 月起也在报纸第四版开辟《通讯工作》副刊，半个月一期，每期一个整版。内容主要有通讯工作总结、用稿情况统计、通讯员心得体会交流、稿件分析等。④ 与期刊相比，报纸的读者面更广，刊发也更快捷，所以，利用报纸指导通讯工作，是对通讯期刊的有益补充。

三　图书的指导

尽管革命根据地的出版条件非常困难，但是为了帮助工农通讯员的成长，还是出版了一些业务指导的书籍。由于数量不多，不妨简列于下：

1. 《怎样做工农通讯员》，工农红军学校政治部编，1933 年出版。⑤

2. 《论通讯员及通讯写作诸问题》，《晋察冀日报》社集体讨论，孙犁执笔，边区抗敌报社 1940 年印行。内容包括"什么叫通讯""一个优秀通讯员是怎样修养的""怎样写通讯""怎样采访" 4 章。铅印

---

① 乐秀良：《忆〈东台大众〉》，新四军和华中抗日根据地研究会，转引自江苏印刷分会编《江海激浪（第 3 辑）》1986 年印行，第 225 页。

② 王传寿：《烽火信使：新四军及华中抗日根据地报刊研究》，合肥工业大学出版社 2010 年版，第 55 页。

③ 《辽宁日报》社：《东北日报简史》，1988 年印行，第 94—95 页。

④ 阮迪民、杨效农：《晋绥日报简史》，重庆出版社 1992 年版，第 101 页。

⑤ 张静庐：《中国现代出版史料（丙编）》，中华书局 1956 年版，第 416 页。

出版此书后，受到通讯员的热烈欢迎。有些专县不够分配，又自行翻印。①

3.《怎样写新闻通讯》，作者金照。该书是陕甘宁《边区群众报》社1944年为祝贺成立四周年而专门出版。书中说明了写作意图："毛主席早就号召'大家办报'，要大家都给我们的报纸写稿子，这几年来，边区工农同志写稿的就越来越多了。……这本书是根据我们四年来的经验写出来的。四年以来，我们收到工农同志写来的一万多篇新闻通讯的稿子，我们都研究过这些稿子，给这些写稿的同志也写过一万多封回信，提过一些意见。我们还选出过四五千篇稿子，经过我们的修改，在报上登了出来。从这个看稿子、写回信和改稿子当中，几年来，我们几个作通讯和改稿工作的同志，对工农同志在搜集材料和写作方法上，都有一些了解，并根据这些了解，作过几次讨论和总结。现在，又请负责这个工作的金照同志把它写了出来，我们希望对工农同志们在开始写稿子的时候，能够有一些帮助。"②

4.《通讯工作的典型经验》，席水林编，《晋冀日报》社1945年编印。

5.《写话教学法》，平生著，山东新华书店1947年出版。书中"后记"中说明，写话教学法的提出，是根据实践中的一些经验，如华中地区曾用"写话"来培养工农通讯员、工农记者。

6.《为什么要当工农通讯员》，冀鲁豫书店1947年出版。内容包括三讲：第一讲"为什么要当工农通讯员"（包括党报、党报与工农通讯员、集体写稿、什么人才能当工农通讯员、工农通讯员为谁服务、当了工农通讯员的好处、工农通讯员要做哪些事、工农通讯员要组织起来、通讯小组要做哪些工作、通讯工作受谁领导等10课内容），第二讲"写什么"（包括写什么好、对国家大事发表意见、写准备大反攻、写土改复查、写生产、写模范、写苦难提问题写办法、写批评建议等8课内容），第三讲"怎样写"（包括六个"什么"、应该注意的两个问题、怎样克服困难、怎么做怎么写等4课内容）。

---

① 《晋察冀日报》史研究会编：《晋察冀日报史：1937—1948年》，人民日报出版社1993年版，第415页。

② 金照：《怎样写新闻通讯》，东北书店1947年版，第1页。

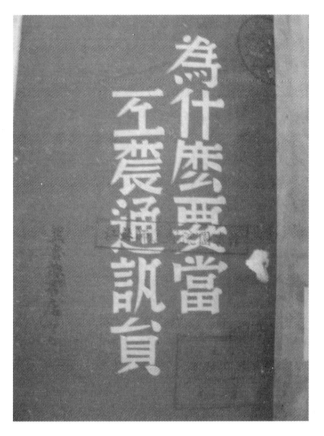

2－18　《为什么要当工农通讯员》一书封面

7.《怎样写》，钱毅著，山东新华书店总店1947年出版。收录了作者从1945年开始断断续续写的文章，如《从"庄稼话"里学几种写稿的方法》《集体写稿与集体改稿》《谈"代笔"》等。

8.《怎样写稿》，华北新华书店编辑部1947年5月编辑出版。书中收录多篇新闻写作的指导文章以及工农通讯员的写稿心得。

9.《工农通讯经验》，《黄海大众》通讯部编，黄海书店1947年出版，收录《吴滩三分区通讯与武装结合》《阜总三连的通讯工作怎样开展的》《培养工农通讯员的经验》《我是怎样做工农通讯员的》等8篇文章。

10.《工农模范稿子》，《黄海大众》通讯部编，1947年印行，收录新闻、通讯、小调、快板、鼓词、诗歌、故事、批评与建议、写话、写稿经验等各种体裁的文章，供工农通讯员学习用。

11.《通讯员手册》，东北日报通讯采访部编，第1辑由东北书店

1947 年出版。收录《提倡写工作通信》《如何发动区村干部写稿》《对领导通讯工作的几点意见》《报导运动的一般规律》《什么是好新闻》等 20余篇文章。

12.《通讯员纪念手册》，《内蒙古日报》社采通科编，1948 年印行，包括《本报八个月来通讯工作情况概述》《"九一"记者节的历史和任务》《各旗积极通讯员名录》等六部分内容。

第七节 土改运动中的工农通讯员

从 1946 年 5 月开始，中共领导下的各个解放区先后开展了土地改革运动。通过土地政策的调整，实现了"耕者有其田"的目标，充分调动了广大农民的革命和生产积极性，为正在进行的解放战争获得源源不断的人力、物力支持，并成为中共最终夺取政权的决定性因素。然而，一些学者也已经注意到，仅仅从"分配土地——获得支持"的经济诱制维度来构建中共赢得民众支持的因果逻辑，容易忽略历史事件中隐含的诸种复杂面相。土地资源再分配只是为乡村民众的动员、国家权力的延伸、阶级话语的扩张取得合法性的基础，这些目标的最终实现更需要种种复杂而微妙的动员策略。[①] 因此，在土改运动中，探析中共如何以土地再分配为切入点，以"诉苦""批斗会""翻身"等形式为动员技术，从而唤起乡村民众参与革命的巨大情感能量，已经成为学界所关注的一个新的焦点。[②]

在中国共产党看来，民众仅仅通过获取土地实现经济翻身是不够的，在无产阶级领导的革命事业中，共产党所依靠的工农群众不仅需要政治身份的合法性，更要赋予他们文化地位上的正当性。因此，党就要创造条件，让工农群众投身各种文化活动，实现"文化翻身"，也就是"翻身"

---

① 李里峰：《土地改革与村社话语空间的重塑》，《长白学刊》2007 年第 4 期。

② 李宇的《中国革命中的情感动员——以 1946—1948 年北方土改中的"诉苦"与"翻身"为中心》（复旦大学 2008 年硕士学位论文）对此做了全面的文献综述，此不复言。

之后还要"翻心"。① 中共领导的革命走的是农村包围城市的道路，所以在夺取城市建立全国性政权之前，革命的主体是农民。土地改革意味着农民开始享受革命的果实，它涉及每家每户的切身利益，其关注度是普遍、空前的，所以他们也就产生更为迫切地得到知情权和话语权的欲望。而作为土改运动的领导者，中共也同样期待上情下达、下情上传。这样，"文化翻身"不仅是革命目标之一，同时也是推进土改的现实需求。于是新闻写作就成为"文化翻身"的一种重要手段，这种迹象，在解放战争时期的土改运动中特别明显。在"文化翻身"口号的召引下，识字、写作成为工农群众所追崇的文化能力。新闻传播从属于文化活动，中共领导的新闻事业在此前的新闻实践中，依据群众路线原则逐步形成了"群众办报"机制。在这一机制中，培养工农通讯员（在革命根据地区域内主要是农民）被看作是一个非常重要的环节，也被视为文化翻身的标志。② 那么，在"暴风骤雨"的土改运动中，中共是基于何种考量把工农通讯员制度看作一种唤醒革命情感的动员技术？农民在实现经济翻身、政治翻身的同时，又如何以新闻传播者的身份来试图实现文化翻身？

一　推动群众成为工农通讯员

　　首先需要关注的是：在土地改革运动中，中共为何要推动文化基础薄

---

　　① 在中共语汇中，对文化翻身一词有专门的说明：中国的工农，在反动统治下，从来没有享受教育文化的机会，以致不识字，文化浅。抗战后，在许多解放区（尤其是北方），用开辟识字班、出黑板报等办法教识字，教知识，一般工农的教育文化程度才慢慢提高。有些人还能够编报、写作、写通讯。这种转变，就叫作"文化翻身"。（参见北京师范大学中国大辞典编纂处编《学习辞典》，天下出版社1951年版，第42页）为配合工农群众的文化翻身，1946年12月，山东解放区专门出版《文化翻身》杂志，发刊词中称：这个刊物是专门帮助咱庄户人文化上翻身的。咱虽然斗倒了恶霸，但是由于不识字，不知道很多道理，就不会办很多事，所以只算翻了半截身没翻彻底。这本刊物，就是来帮咱翻这半截身的（参见山东省出版总社出版志编辑室编《山东出版志资料（第8辑）》，1989年编印，第154页）。

　　② 为了推动工农文化运动，《大众日报》于1946年4月1日增辟《工农园地》专栏，每星期一出版。"发刊词"称：最近收到工农通讯员同志来稿很多，有不少写得很好，说明解放区的工农群众在政治上经济上翻身后，更积极要求文化翻身。……希望亲爱的工农通讯员同志们，在生产建设和政治社会斗争生活中，学习抒发自己的思想、感情和要求，我们希望这块园地开出美丽的花朵，结出甘甜的果实，它是文化翻身的标志（参见陈华鲁《大众日报史话征求意见稿》，1992年编印，第61页）。

弱的乡村民众成为新闻传播者？为此做了什么样的努力？民众对此又做出怎样的回应？

土地改革是由共产党发动的自上而下的运动，直接关联千家万户。因此，如何理解土改、运作土改，显然需要传播大量信息作为运动的支撑。这其中，新闻媒体扮演的上情下达以及下情上传的枢纽功能十分重要。但是，由于客观条件的限制，革命时期共产党领导下的新闻媒体中专职的新闻工作者人数极其有限，仅仅依靠他们来完成信息的传递工作显然力不能及。于是，土改时期解放区报纸就较之以往更加重视发展工农群众成为新闻通讯员，催动他们成为新闻传播者。1947 年新华社《纪念"九一"贯彻为人民服务的精神》的社论，对土改运动中的新闻传播做了充分的阐释："我们的土地政策也已由减租减息改变为平分土地，因此全国的形势变了。由于百分之九十的农民正在经历着大翻身的解放，复杂的新问题与大量的新事物出现了。"如何解决土改运动中出现的新事物、新问题？在当时的条件下，报纸作为最主要的大众媒体，无疑是保持信息上下流动的最重要渠道，工农通讯员自然应成为向上反馈基层信息的主要信息源，因而社论进一步提出："必须明白土地改革正在改变着整个中国社会，我们的新闻事业在土地改革运动中，当然必须加以彻底改造，特别是我们的通讯工作，必须依靠基本群众中和群众不断生活在一起的积极分子，以之为骨干来大规模发展工农通讯员，使之成为能代表大多数人说话的基层组织。为人民服务的精神的贯彻，以及以基层积极分子组成的工农通讯网的建立，才可以保证新闻工作领域内必须的群众路线，才可以保证思想上改造过了的新闻干部，在这基础上得到群众的监督而又为群众服务。"①

为了体现新闻传播领域中"群众路线"的落实，解放区的报纸希望工农通讯员能承担起提供土改信息的责任。晋冀鲁豫解放区的《冀南日报》在 1948 年 1 月 5 日重点刊登了土改政策的内容，头版是《中共中央公布中国土地法大纲》和《关于公布中国土地法大纲的决议》，报头的右边报眼写上标语"全冀南区劳动人民和每个党员，拿出一切力量，为土地法的彻底实现而奋斗！"而在报头左边的"小信箱"栏目中，则专门给通讯员提醒："今天，咱们报上登了中国《土地法大纲》，以后还要登些重

---

① 新华社社论：《纪念"九一"，贯彻为人民服务的精神》，载复旦大学新闻系编《中国报刊研究文集》，上海人民出版社 1959 年版，第 350—352 页。

要文件，盼望大家办两件事：头一件，马上给群众念报，解释给群众听，认真讨论、宣传；第二件，把群众（尤其是贫农、佃农）的反映和意见，把土地改革不彻底的情形，写信也好，写稿也好，快快寄来。"① 为了鼓励工农群众写稿，解放区的一些报纸还采取了激励措施。如 1948 年 3 月《人民日报》为了征集土改工作的典型经验，专门设置了新闻奖金，要求"注意搜集和传播经过选择的典型性的经验"，"总结具体的经验，向群众迅速传播这些经验，使正确的获得推广，错误的不致重犯"。对于工农通讯员的来稿，"在运动中经事实证明确系宝贵经验，为领导机关及广大群众所赞扬者，在一定时期后，即由本报组织评奖，特等二万元，甲等一万元，乙等五千元，丙等三千元"。②

依据革命战争时期形成的中共党报理论中"全党办报、群众办报"的原则，新闻传播不仅是新闻工作者的日常职责，同时也是各级党政组织的工作内容，他们要共同承担起发动群众投身新闻传播的重担。因此，除了新闻媒体的直接呼吁外，党政部门的组织发动也不遗余力。1946 年 5 月，华中解放区盐阜地委在贯彻中央五四土改指示时，提出发动一个大规模的写作运动，号召全区领导干部带头写稿，用各种新闻和文学形式反映土改运动中贫雇农对封建罪恶的控诉以及他们觉悟后向封建势力开展斗争的生动事迹与宝贵经验。③ 1947 年 2 月，晋冀鲁豫解放区冀鲁豫二地委也曾专门发出通知："为了普遍贯彻土地改革的新精神，推动全区性的土地还家运动，各县委区委须以严肃态度和高度为党为人民服务的精神，迅速交流经验，立即组织通讯报导。"通知还要求所有写稿的同志，要本着对党的指示持以严肃态度和负责精神，坚决响应区党委、地委号召，执行党的指示和决议，努力开展通讯运动，积极写稿。④ 1947 年 10 月，山东滨海地区土改查田运动基本结束后，地方党委提出开展工农通讯运动，并为工农通讯运动提出了新的任务和

---

① 《河北日报》社《冀南日报》史编辑室：《冀南日报史（1939—1949）》，1999 年印行，第 171 页。

② 本报通联科：《本报为颁发新闻奖金 征集土改工作典型报导通知》，《人民日报》1948 年 3 月 30 日第 1 版。

③ 唐辛柏：《光辉的历程》，载《盐阜大众报》编辑部编《盐阜地区报史资料（第 3 辑）》，1983 年印行，第 37 页。

④ 《二地委发通知进一步号召开展群众性的通讯写稿运动》，《宣教通报》第十五号（1947 年 2 月 16 日），山西省档案馆馆藏编号 Z1－B5－083。

新形势下的新意义："土地回家"之后的"文化回家"运动。①

报纸呼吁、组织推动以及土改工作的实际推进，催发了工农群众争当通讯员的高昂热情。激情的释放导致工农通讯员事业的快速发展。随着解放区面积的不断扩大，翻身工农也越来越多地投身到通讯员队伍之中。例如山东《滨海农村》是一份面向当地民众的地方小报，据 1946 年 3 月份统计，有通讯员 3454 人，其中工农通讯员 2391 人，每月平均来稿 1500—2000 篇。② 山东临沂地区的《民兵报》拥有一千多名通讯员，其中除约 15% 是高小以上的文化程度外，其余都是工农兵通讯员，他们的稿件占总数的 70% 以上。在该根据地所开展的工农兵通讯运动中，写稿运动遍及每个角落：上至军区首长、各级干部，下至战士、供给人员、卫生人员、炊事员、马夫，就连参军不及五天、俘虏不及一月的新战士也动起手来写稿，从中涌现出将近百名模范通讯员与积极写稿的同志，个人写稿最高纪录为一个月竟达 45 篇之多。③ 作为山西农村通讯网中的一面旗帜，黎城北流村通讯组共有通讯员 50 人，他们中的大多数仅仅是粗通文字甚至不识字，但经常投稿者仍有 30 名，1947 年上半年就写了稿件 197 篇，被县小报用了 9 篇，《人民日报》用了 15 篇。④ 华中解放区的通讯工作也得到普遍发展。据 1948 年 2 月 27 日报纸上的报道，仅仅淮海地区（今淮阴、沭阳、灌云一带），在一年的时间里，就建立了 1852 个通讯组，拥有 10605 名通讯员，累计写稿 15 万篇。⑤ 到 1948 年各分区通讯员共有 46000 多人，每月平均投稿约 3 万篇。⑥ 华中解放区创造的通讯运动对发展工农通讯员起到特殊的作用。1947 年全淮海区开展的通讯竞赛运动以及 1948 年所开展的工农通讯竞赛运动中，《淮海报》报社收到大量稿件，开始时各地邮

---

① 管庆霞：《〈滨海农村〉研究》，山东大学硕士论文 2013 年，第 69 页。

② 《看看咱滨海区的工农通讯运动》，原载《滨海日报》1946 年 9 月 1 日，转引自管庆霞《〈滨海农村〉研究》，山东大学硕士论文 2013 年，第 68 页。

③ 万里云：《我们的〈民兵〉报》，载临沂地区报史志编纂办公室编《临沂地区报史资料汇编（一）》，1988 年印行，第 70—71 页。

④ 王培元、杨柯等：《北流通讯组的介绍》，《人民日报》1947 年 11 月 20 日第 4 版。

⑤ 高斯：《往事似烟更如潮——关于新闻工作的一些回忆》，载吴功学、芮德法主编《新闻写作指南》，南京大学出版社 1991 年版，第 529 页。

⑥ 新华社：《华中召开宣教会议 总结两年艰苦斗争中的巨大成绩解决了宣传工作中政策统一问题》，《人民日报》1948 年 9 月 24 日第 2 版。

政传递站还能用布袋装稿件后手提传递，随着稿件逐渐增多，不得不改用麻袋装、小车子推，最后甚至要动用牲畜驮着麻袋送稿。① 华中盐阜地区通过运动式的写作竞赛，使"广大基层干部和雇贫农参加写稿或请人代笔，真正形成了一个广泛的群众性运动"②。《盐阜大众》报 1948 年春季做过统计，该报拥有工农通讯员 8500 多名，四个月收到来稿 24800 多篇，其中 80% 是工农通讯员的来稿。③ 随着东北地区的解放，《东北日报》通讯员队伍迅速壮大，从 1947 年年初的 102 名发展到 1948 年 11 月的 831 名，其中杨子荣的报道就是出自通讯员之手。④ 1947 年 12 月，东北解放区的《辽东日报》下乡开展工农通讯运动，两个月的时间里在海龙、辑安、通化三个县的 265 个自然村建立了 155 个工农通讯小组，发展了 996 名工农通讯员，加上原有的通讯员，辽东地区的通讯员达到将近 1500 名。这些通讯员写稿 2234 篇，其中被采纳的有 730 篇。⑤

在特定的土改运动中，从工农群众中涌发出工农通讯员这样一个新闻写作群体是无可否认的历史事实，其所占人数比例不一定很高，却无疑构成了一种颇具社会能见度的文化景观，所缊含的象征意义更具辐射张力。

二　注重工农通讯员的阶级成分

土改运动不仅是土地生产资源的再分配，同时也是一场敌我分明的阶级划分运动。甚至有人认为，土改的目标不是财产平等，而是联合穷人反对其他人。⑥ 中共通过诉苦、批斗、控诉各种动员技术，凸显了贫富之间的差别，激化了地主富农与中农贫农之间的阶级对立，从而激化工农群众参与阶

---

① 周少平：《在〈淮海报〉社工作的片断回忆》，载刘文编《魂牵淮甸（淮阴文史资料第九辑）》，1991 年印行，第 136 页。

② 唐辛柏：《光辉的历程》，载《盐阜大众报》编辑部编《盐阜地区报史资料（第 3 辑）》，1983 年印行，第 37 页。

③ 郁启祥：《回忆解放战争时期的〈盐阜大众报〉》，《新闻研究资料（第 28 辑）》，中国社会科学出版社 1984 年版，第 183 页。

④ 黑龙江日报社新闻志编辑室：《东北新闻史（1899—1949）》，黑龙江人民出版社 2001 年版，第 384 页。

⑤ 辽东日报工农通讯科：《下乡开展工农通讯运动总结（摘要）》，原载 1948 年 3 月 14 日《辽东日报》，载丹东日报编辑部编《丹东报史资料（第一辑）》，1984 年印行，第 44—45 页。

⑥ ［美］弗里曼、毕克伟、赛尔登著，陶鹤山译：《中国乡村，社会主义国家》，社会科学文献出版社 2002 年版，第 127 页。

级斗争的热情。① 新闻报道体现的是一种话语权力，掌握这种权力，就拥有阶级斗争中的舆论主动权。那么，这种权力掌握在谁的手中、站在什么样的阶级立场自然十分关键了。为保证新闻报道的阶级斗争效力，就必须对新闻传播者的身份予以合法性的判别。为此，要成为一名工农通讯员，其政治身份上又有怎样的规约？这种规约又导致了什么样的影响？

土改运动中突出强调的阶级意识无可避免地辐射到新闻写作。1945 年，盐阜地区党委提出，开展工农通讯运动必须要大量发展工农通讯员、普遍建立工农通讯小组，而要完成这个任务，第一就必须保证工农通讯员成分的纯洁。② 在土改中，通讯员的阶级立场成为重要的问题。1947 年 8 月 2 日太行《新华日报》举行的通讯员会议上，与会者表示新闻报道最需要的东西并不是什么写作大全，而是表现农民力量、为农民服务的阶级立场和群众路线。为此，会议号召在土地改革运动中掀起一个查立场运动，自觉地站到农民一边，肃清一切地主思想影响，直接在贫农小组、贫农团、农会小组中建立通讯网，改造通讯基层组织，使之成为可靠的阶级基础和基本制度。③ 1947 年，河北内邱的一份通讯总结同样认为，建立农村通讯网必须依靠广大工农分子，新闻工作才有广阔的发展前途，为工农兵服务等一切问题也将容易解决；反之，通讯工作就无法在农村中扎根，无论如何动员号召，也无论一时如何热闹，终必陷于停滞和垮台的结局。④

由于土改运动中阶级斗争的需要，要赋予大批工农群众以通讯员的身份，使他们成为政治上可靠的新闻传播者。但是，政治上可靠显然又是一个很难甄别的标准。于是，在阶级斗争的话语框架内，阶级成分的标签往往成为判断政治上是否可靠的一个首要标准，这种情形在工农通讯员队伍建设中也同样得到折射。

1945 年，盐阜地区党委的一份报告中这样界定工农通讯员的条件：

---

① 李宇的硕士论文《中国革命中的情感动员——以 1946—1948 年北方土改中的"诉苦"与"翻身"为中心》（复旦大学硕士学位论文 2008 年）对此作了精深的论述。

② 邓江：《关于工农通讯工作问题》，原载 1945 年《通讯工作经验》，载《盐阜大众》报编辑部编《盐阜地区报史资料（第 2 辑）》，1983 年编印，第 38 页。

③ 新华社：《太行通讯报导会议闭幕决定根据大会精神贯澈（彻）查阶级查立场》，《人民日报》1947 年 8 月 29 日第 2 版。

④ 本报通联科：《从内邱通讯工作来看建立农村通讯网的基本问题》，《人民日报》1947 年 9 月 25 日第 4 版。

"一、在阶级成分上，一定要中农以下的劳动农民，比如中农、贫农、佃户、雇农等。这些可以叫做农民通讯员；还有工人，比如木匠、瓦匠、石匠、铁匠、铜匠、织布工人、油坊工人等，这些可以叫做工人通讯员。这里阶级成分，是最主要的一个条件。除了这些阶级成分以外的人，都不能做工农通讯员。二、在文化程度上，识一千字以下一百字以上的工农就可以当工农通讯员，因为一般工农识字不会超过一千字，识字超过一千字的人，终不会是纯洁的工农成分。"① 同一时期创刊的山东《滨海农村》是一份地区报纸，它在《什么人能当工农通讯员》一文中也提出了类似的要求：工农通讯员的主要标准首先要看他是什么阶级出身，大凡中农以下、参加劳动、在群众中有威望又能反映群众痛苦的人都可以。甚至不识字的也行，可以用自己的嘴说出，请别人给代写。② 1947 年，冀鲁豫书店出版的《为什么要当工农通讯员》提出工农通讯员的成分要求是中农以下的农民（中农、贫农、佃农、雇农等）或是铁匠、木匠、织工、工厂里的工人等。③ 1948 年，盐阜地区对工农通讯员再次作出更加细化的成分限定：一是家庭成分要求在土改前是贫雇农及中农、产业、作坊及手工业工人；二是本人要亲自种过田、做过工，参加过一定时期的劳动，受过剥削；三是文化程度识千字以内；四是在乡村中无资格做新农会会员，或经新农会审查认为有问题的一律不能做工农通讯员。以上四个条件要同时具备，但主要的是阶级成分。④ 这样看来，吸收"根正苗红"的工农群众加入通讯员队伍已然成为各级党政部门的普遍认识。为了保证工农通讯员队伍的纯洁性，盐阜根据地 1946 年还发动各地工农通讯员检举冒名顶替的非工农通讯员，对违规者在报纸上公开予以批评。⑤ 1948 年 3 月 23 日，河北《冀南日报》刊登了区党委宣传部关于整顿和改造通讯员队伍、发展工农通讯员的通知，要求重新指定一些经过整党表现好的，特别是工农出身的干部当通讯员，"以后当通讯员的条件，应是重政治，不重写作技

---

① 邓江：《关于工农通讯工作问题》，原载 1945 年《通讯工作经验》，转引自《盐阜地区报史资料（第 2 辑）》，1983 年编印，第 38—39 页。

② 管庆霞《〈滨海农村〉研究》，山东大学硕士论文 2013 年，第 67 页。

③ 冀鲁豫书店编辑部：《为什么要当工农通讯员》，冀鲁豫书店 1947 年版，第 5 页。

④ 《工农通讯员的条件》，原载 1948 年 1 月 19 日《盐阜大众》，载《盐阜大众》报编辑部编《盐阜地区报史资料（第 2 辑）》，1983 年编印，第 22 页。

⑤ 邓江：《盐阜区工农通讯员工作的几个主要经验》，《江淮文化》1946 年创刊号。

巧，改造的目的是通讯队伍工农化。要在土改过程中发展工农通讯员，只要长年劳动，为人正派，多少识些字的，就可以发展"①。

　　而地主、富农等需要被革命的阶级当然要从通讯员队伍中剔除，知识分子也因革命不彻底性的特质而不断地被边缘化。1947 年 9 月 1 日新华社晋冀鲁豫分社召开通讯报道会议，其中一个重要的决定，就是"警觉到地主特务分子打入我通讯网的事实，提出审查全部通讯员"。② 1947 年在山西黎城举行的九一记者节纪念大会上，北流通讯组检举出四个地主，当天便拒绝他们参加大会，大家说："咱与地主是两家人，这些家伙要踢出他宣教部门。"③ 华中盐阜地区曾有明细化的规定，"如果地主富农成分，即使一字不识，也不能做工农通讯员，或家庭虽是贫雇中农，但本人念了几年书，就参加革命，自己没有劳动过，也不能算工农通讯员"④。

　　片面强调通讯员阶级成分自然也带来了一些后遗症，很多地方的通讯工作因此受到较大的影响。河北《冀南日报》在土改、整党中，进行"三查三整"，一直批判右倾，错误地认为通讯队伍不纯，强调贫雇农成分，取消了大批热心报道的通讯员的资格，使通讯队伍限于一个很小的范围。而各级党委指定的通讯员，许多人缺乏报道热情或不能写稿，造成报纸持续"稿荒"。⑤《黑龙江日报》创刊的头两年，逐渐建立起以区干部、小学教员为多数的通讯网，后来由于土地改革运动中"左倾"思想的抬头，对"凡是地主富农家庭出身的知识分子"或者贫雇农认为"表现不太好"的人的来稿一概不予采用，使刚刚建立起来的通讯组织近于解体，稿件来源枯竭。⑥《新大众报》出版时，由于盲目的"左倾"情绪，认为过去新大众杂志的通讯员都不可靠，想一脚踢开"老组织"，去培养贫雇

---

①　《河北日报》社《冀南日报史》编辑室：《冀南日报史（1939—1949）》，1999 年印行，第 174 页。

②　新华社：《太行通讯报导会议闭幕决定根据大会精神贯彻查阶级查立场》，《人民日报》1947 年 8 月 29 日第 2 版。

③　王培义、杨柯等：《北流通讯组的介绍》，《人民日报》1947 年 11 月 20 日第 4 版。

④　《工农通讯员的条件》，原载 1948 年 1 月 19 日《盐阜大众》，载《盐阜大众》报编辑部编《盐阜地区报史资料（第 2 辑）》，1983 年印行，第 22 页。

⑤　《河北日报》社《冀南日报史》编辑室：《冀南日报史（1939—1949）》，1999 年印行，第 179 页。

⑥　罗玉琳、艾国忧：《东北根据地战略后方报业简史》，1987 年印行，第 68 页。

骨干通讯员，结果也是难以实现。①

从 1948 年 5 月开始，中央在纠正土地改革中的"左倾"错误时，也意识到新闻通讯工作中的过火行为。随后各家报纸以及党政组织调整了一些过于极端的做法，有利于通讯工作恢复正常化。《人民日报》对此反思："在过去一年中，我们思想上及工作上曾犯了左倾的错误。首先表现在对于通讯网的组织路线上的错误认识。由于我们对'建立农村工农通讯网、知识分子与工农结合'的精神，在最初一个时期没有能够仔细体会掌握，加上小资产阶级思想方法上的片面性，我们曾对知识分子发生了轻视甚至排斥的情绪。……如果不发挥知识分子的在文化方面的特长（当然工农好的思想作风他们应该虚心学习，不断改造自己），农村工农通讯网的建立是很难想象的。何况今天解放区的知识分子，绝大部分都是我们的政民干部、革命职员，及为新民主主义社会服务的自由职业者。"② 河北《冀南日报》也对此作出检讨，"土地会议后，由于我们存有小资产阶级的偏激思想，错误估计通讯组织的不纯，在整顿通讯组织问题上，片面强调贫雇成分，重政治（这是对的），取消技术（这是不对的），以致打击了不少同志的写稿热情。……之后，根据中央领导同志讲话的精神，认真改进工作。为使报纸加强与群众和与实际的联系，积极恢复党政军各界过去一些热心写稿通讯员的资格，进一步发展一批新的通讯员，改正了'自毁桥梁'的错误做法"③。《晋察冀日报》在一份通知中说，"必须纠正左倾关门主义，凡是过去的通讯员，一律恢复……并着重工农劳动人民中积极分子的培养，同时吸收中小学教职员、独立劳动者、工商业者、开明士绅，一切赞成反对美蒋、赞成土改的民主分子作为党报的通讯员。通讯员的条件，就是愿为党报写稿，取消其他的任何限制"④。1948 年东北辽东地区在开展通讯运动时指出："在贫雇农通讯运动时期，我们的发展对象，只能是真正又劳又苦，积极正派，自

---

① 冯诗云：《新大众报四个月》，《人民日报》1948 年 5 月 15 日第 3 版。

② 《在整顿队伍中发展通讯网　本报一年来的通联工作》，《人民日报》1948 年 5 月 15 日第 1 版。

③ 河北日报社《冀南日报史》编辑室：《冀南日报史（1939—1949）》，1999 年印行，第 180 页。

④ 《中共中央冀鲁豫区党委宣传部关于恢复发展党报通讯工作的通知》，原载 1948 年 7 月 10 日《冀鲁豫日报》，载《冀鲁豫日报史》编委会编《冀鲁豫日报史》，贵州人民出版社 1993 年版，第 211 页。

愿为贫雇农上报说话而又为贫雇农阶级所拥护和批准的贫雇农积极分子。在发展上必须通过贫雇农阶级公开的真正的民主讨论、选举或批准。"但是，为了防止绝对化的偏向，又作了谨慎的补充："在一定时期内，先开展一个贫雇农通讯运动，然后再根据具体情况吸收中农，经过相当时间以后，某些新富农，也可慎重吸收。"①

三　利用新闻写作促进文化翻身

中共通过工农通讯员机制鼓励工农群众投身新闻传播，寄望他们通过新闻写作推动土改并实现文化翻身，那么，工农群众的实际作为又是如何？通过实践他们又感知了什么？

工农通讯员生活在基层、工作在基层，他们提供的信息不仅有利于上情下达，也有利于下情上传，推进了土改工作。1946 年，山西黎城全县有 144 个农村通讯小组、817 名通讯员。他们对黎城的大生产运动与土地改革运动曾作了连续不断的报道，反映了各个时期运动的面貌，同时也连续地报道了运动发展经验，对工作推动起到了很大作用。② 河北《冀南日报》曾设立《大众通讯》专版，专门指导工农通讯员的土改新闻写作。该报先后发表了通讯员向东所写《临清新区发动群众的三件法宝》经验报道和《不要放过反奸的一个过程》短评，明德所写的《努力发动新区群众》《外来干部要与当地干部密切结合》《反奸要结合减租》《及时合理分配斗争果实》等短评，还突出地介绍了为扫清农民翻身障碍的一些做法，刊登了《威县放手发动群众的钥匙》《永智是怎样打开反奸局面的》等文章。运动迅速展开后，又及时综合了 40 多位通讯员对各分区 200 多个村庄 7 万多人参加反奸清算斗争的报道。③《辽东日报》工农通讯科也很注重这方面的发动，该报 1948 年 1 月做过一个总结，反映了工农通讯员的来稿情况：

---

①　辽东日报工农通讯科：《下乡开展工农通讯运动总结（摘要）》，原载 1948 年 3 月 14 日《辽东日报》，载《丹东日报》编辑部编《丹东报史资料（第 1 辑）》，1984 年印行，第 49—50 页。

②　杨克虹：《黎城健全通讯小组培养通讯骨干的经验》，《人民日报》1947 年 3 月 12 日第 2 版。

③　河北日报社《冀南日报史》编辑室：《冀南日报史（1939—1949）》，1999 印行，第 145 页。

内容	深入斗争	参军优属	支前纳粮	整顿组织	管理地主	批评公家人	读报写稿	节约备荒	生产劳动	感谢共产党	诉苦	互助友爱	其他	总数
篇数	171	54	36	56	64	26	32	15	21	34	16	26	14	565
比例	30.3	9.6	6.4	9.9	11.3	4.6	5.7	2.7	3.7	6.0	2.8	4.6	2.5	100

由上表可见，工农通讯员的来稿涉及土改运动的方方面面。该总结还特别指出一月份报上登载的工农通讯员 26 篇批评性的稿件都很有意义，例如："副区长曲洪一太糟糕，应该撤职交群众处理""咱们队伍都是讲纪律，办事不要发态度""王排长不该拿咱们斗争果实""林事务长为啥骂人""请问吴汉章你为什么说坏话，破坏我们翻身？""我们给后勤兵站部提个意见"等。总结认为翻身农民敢于公开在党报上批评公家人，这确实是一种有力的监督，也是在土地改革中极其珍贵的一种成果。①

在革命环境中，鉴于地理环境和交通条件的限制，中共特别倚重利用报纸来传递党政信息，所以，工农通讯员的大量报道也改善了党政系统内部的信息流通状态。河北涞水的一份报告认为开展工农通讯的好处在于：过去在土改中由于执行政策不够端正，下面发生的问题也相当复杂，再加上一般干部都不识字，不能把发生的问题随时记载下来，只是凭脑子里记住一点算一点，往往在汇报工作时便把重要问题忽略了，使上级部门不能彻底了解下边的问题，为此受了很多批评。通过建立会议汇报制度和加强与通讯员的书面联系后，及时了解和掌握了各区的工作情况以及不同阶段的不同工作重点，随之向各区各通讯员要各种典型材料的报道，因而提高了工作的效率。② 工农通讯员的报道也密切了新闻媒体与群众之间的联系，促成媒体更好地发挥指导生产实际工作的效用。"如各地发生了病灾，通讯员把病状写信告诉了报社，报社就请名医研究医治的良方，在报上介绍给大家。……各地庄稼生了病告诉报社后，报社也介绍了许多有效的防除方法，达到了增产的目的。"③

----

① 辽东日报工农通讯科：《下乡开展工农通讯运动总结（摘要）》，原载 1948 年 3 月 14 日《辽东日报》，载《丹东日报》编辑部编《丹东报史资料（第 1 辑）》，1984 年印行，第 46—47 页。

② 隗介兰：《涞水通讯工作的几点经验》，《新闻工作》第 1 期，山西省档案馆藏编号 Z1 - G2 - 18。

③ 赵洪水：《对开展农村通讯运动的几点意见》，《新闻工作》第 1 期，山西省档案馆藏编号 Z1 - G2 - 18。

中共之所以要发展工农通讯员，不仅是配合土改运动有效地开展，同时也是对工农群众实现文化翻身的期待。1947 年冀鲁豫书店编辑部编的《为什么要当工农通讯员》一书中对此有明确的表述：

> 当党报的工农通讯员，大胆的在报上说话，使咱的报纸让工农自己来办，自己来使用，像大炮机关枪一样，咱们工农要拿在自己的手里，用文字，用讲道理的办法来打敌人，同时，要使咱的报纸，像咱的一条大牛一张犁耙一样，咱们工农要用它种地生产，兴家立业。真正使咱党报成为咱们工农大家自己的，为咱自己出力办事，那就必须有工农通讯员努力，先从文化上翻身，来参加办报纸的工作。①

> 那么（通讯员）到底是给谁当的呢？是给工农当的，也是给自己当的，我们工农不但在经济上政治上翻身，而且要在文化上翻身，只要咱们有了知识，懂了道理，会办报纸，反动派就不能欺骗咱们，咱们也就有办法当家了。所以说当了工农通讯员，不但自己可以提高文化，还可以替工农大众说话、争气、讲道理，所以说这是一件很光荣的事情。②

那么，这种期待的实现程度如何？从具体实践看，一些工农通讯员通过努力，初步了解或掌握了新闻写作的技能，实现了在报纸上"说话"的可能。也有一部分工农群众自身并不具备写作能力，但通过与别人的合作，用"我说他写"的方式完成新闻报道。种种实践催发了工农通讯员高涨的写作热情和激动的内心情绪。《人民日报》通讯员梁马斗自己不会写字，就求别人代写给《人民日报》的回信："你们给我捎的信收到了，我很高兴，旧社会我话说不在人前头，没人把我当人看待，在人家脚底下活了三十多年，共产党把我救活成了人。你们来信，叫我当党报的通讯员，我早就愿意……以后我一定要把我村群众在生产运动中的一切活动，有一点写一点，'怎样做怎样写'，老老实实把群众的创造给党报写去。"③ 1948 年 2 月 16 日的《人民日报》曾经刊登了冀南一

---

① 冀鲁豫书店编辑部：《为什么要当工农通讯员》，冀鲁豫书店 1947 年印行，第 2—3 页。

② 同上书，第 6 页。

③ 《双英雄梁马斗当本报通讯员》，《人民日报》1947 年 9 月 23 日第 2 版。

专区元朝县二区金东村贫农郑重之的来信，表达了一位工农通讯员的内心世界：

> 人民日报社负责同志：
>
> 我自新年以来，看到的报纸，使我精神上很痛快，内心里也很喜欢。我为谁喜欢？为的一部分老实基本群众，由于他们的不会说话，也是不敢说话，加上那些不会作土改工作的人，也不知道为谁土改，还不知道为谁要群运，故而将他们扔到一边忘掉他们，仍是受压迫。我所喜欢的就是他们今后有不挨饿、不受冻、不受压迫的希望了。有学会说话的希望了。这样引起我想当他们一个拐杖，在这土地大改革的运动中，给报纸当一个通讯员。这是我满腔热火，是否可以呢？要求报社答复。再我看到报纸上材料，边区各地都见到些，惟我县区村对土改以来的"好""坏"材料，一点也没看到过。大概许是缺少通讯员的缘故吧？今天我要求要补这个通讯员的缺。①

新闻写作有助于工农通讯员的文化翻身，而文化翻身又进一步加深了他们的阶级意识，并把新闻写作当成阶级斗争的武器。《为什么要当工农通讯员》一书中说："照咱土改工作的经验，地主坏蛋是不甘心白白把东西拿出来，在咱面前低头的，他们一定想各种办法来应付'复查'。……咱们群众已经有了觉悟和斗争经验，也一定会想各样好办法来打垮地主坏蛋。这些事，都是写稿的好材料。"这些稿件的震慑作用也是显而易见的。书中还列举了这方面的其他一些事例："有的地主，他不执行政府法令还整天盼国民党中央军上来，到处造谣，说破坏话，大伙儿可商议商议，写篇稿子，登在报上揭露他让大家都知道，以后这个坏地主就不敢再活动了。"②

工农通讯员通过新闻媒体实现"说话"，"说话"的内容呼应了党的方针政策，顺合了党的意识形态，无疑是对土改运动的有效运作起到推力作用的。而且，工农通讯员是工农群众的一部分，即使所占人数比例不

---

① 郑重之：《通讯往来第十号》，《人民日报》1948年2月16日第1版。
② 冀鲁豫书店编辑部：《为什么要当工农通讯员》，冀鲁豫书店1947年版，第17—18、第22页。

高，但这种"自己人说话""身边人说话"产生的接近性、辐射性效应，能够感召更多的工农群众理解、追随党的意愿，以更加虔诚、坚定的心态投身革命的行动。

通过土改运动，老解放区的人们不仅实现了政治上、经济上的翻身，同时在党的组织导引下，这种翻身意识还尝试进一步向文化领域发展，谋求翻身之后还要"翻心"。在老解放区的土改运动中，工农通讯员制度的推广，得以让工农群众的经济翻身、政治翻身、文化翻身互以为补地展开，使原先处于文化边缘的劳苦大众有资格分享到新闻传播资源，获得表达话语的平台，初步改变了被动的文化地位。

第三章

黑板报：群众"办"报

黑板是随着近代教育的兴起而普及的一种教学媒介。在我国，黑板不仅是一种教学媒介，也是一种新闻传播媒介。作为教学媒介的黑板如今继续在教学活动中发挥作用，而作为新闻传播媒介的黑板报，虽然在一些农村、工厂、社区、学校还能看到它们的身影，但在媒介形态日新月异的现实社会情境中，黑板报渐渐隐退已是一个明晰的趋势。

黑板由一种教学媒介延伸到新闻传播媒介，也就是黑板发展到黑板报，主要是在中国共产党的新闻体系内、在党的新闻事业要走群众路线的理念导引下得以实现并发扬光大的。群众路线在党的新闻事业中的体现就是"全党办报、群众办报"。按现有理解，"全党办报、群众办报"首要的内容就是指新闻媒体要开门办报，要依靠党组织、党员和人民群众办报；其次它还有另外一层意思，就是要把办报作为机关工作的一种工作方式，即各级组织都要办报。然而，历来的研究对后一层意思的解读是"忽视甚至漠视"的。① 那么，除此之外，是不是还可能有什么被"忽视甚至漠视"呢？一个值得注意的问题是，两个层面所涉及的办报，都是针对由专业新闻人员主办的专业新闻媒体（如通讯社、报纸、广播）而言，那么，在"全党办报、群众办报"的理论指导下，在各组织层层办报的过程中，专业媒体的实践是不是能够代表"全党办报、群众办报"的全部？恐也不尽然。历史和现实提醒我们，在党领导下的新闻传播实践中，存在着大量由基层群众自己主办的非专业新闻媒体，如墙报、壁报、黑板报

---

① 黄旦：《党组织办报与"手工业"工作方式——"全党办报"的历史学诠释》，《新闻大学》2004 年第 3 期。

等，它们同样也属于"报"的范畴。① 这些非专业的"报"不仅数量庞大，而且"大家办、大家看"的"群众办报"特征也表现得更加鲜明，促进了党的新闻事业真正大众化、普及化。② 所以当时人们就已经有这样的认识：黑板报与全国性的报纸、地方性的报纸一起被称为三种类型的报纸。③ 如果说党中央的报纸是神经中枢，地方性的报纸是躯干脉络，那么墙报、黑板报等就是基层支柱，它们共同构筑了党领导下的新闻传播体系。④ 因此，"全党办报、群众办报"的理论指导着墙报、黑板报等非专业新闻媒体的传播实践，同样，墙报、黑板报等也应该是"全党办报、群众办报"的重要实现方式。

与前述相应，以往对"全党办报、群众办报"的研究，仅局限于以专业新闻媒体为对象，对非专业新闻媒体基本上是"忽视甚至漠视"。⑤ 这种研究现状表明，从非专业新闻媒体的传播实践角度来研究"全党办

① 1931 年，针对苏区报纸缺少不利于开展宣传工作，毛泽东专门提出各地要兴办《时事简报》这种壁报；延安时期，毛泽东明确指出，墙报也算是一种报，办墙报也可以当作重要的工作方式。虽然黑板报和墙报有区别，但也可以把黑板报作为墙报的形式之一。（具体可参见《毛泽东新闻工作文选》，新华出版社 1983 年版，第 26、114 页）毛泽东对黑板报的功能十分看重。1944 年夏末秋初的一天，毛泽东派秘书惠中权请延安市委书记张汉武来枣园谈工作，其中讲到延安的文化教育工作时，鼓励把黑板报继续办下去。毛泽东说：为什么不把黑板报算报纸呢？应当算，而且是最好的报纸！一个人办报，东南西北的群众都参加，干部、领导、小学教员写稿，这样的方向是好的，办法是好的，来自群众又到群众中去。既宣传党的政策，又宣传时事。既有表扬，又有批评。比《解放日报》活泼得多。文章又没有教条主义，几十个字、一百多字一篇，简单明了，所以要积极办下去。（参见刘益涛《十年纪事：1937—1947 年毛泽东在延安》，中共党史出版社 2007 年版，第 322 页）

② 范长江认为，解放区的报纸一种是办给干部、知识青年和地方绅士看的，另一种是通俗的大众化报纸。即使是通俗的大众化报纸，对象也是乡村干部，因此，面向基层群众的非专业媒体是专业媒体的一种延伸和补充。（详可参见范长江《范长江新闻文集》，新华出版社 2001 年版，第 1108 页）

③ 刘漠冰：《边区文教工作的阵容》，《解放日报》1944 年 11 月 16 日第 2 版。

④ 余光生、艾思奇、陈克寒：《悼念我们的社长和战友博古同志》，《解放日报》1946 年 4 月 20 日第 5 版。

⑤ 以黑板报研究为例，就笔者有限目力所及，方汉奇主编的《中国新闻事业通史》（第二卷）第 747—750 页（中国人民大学出版社 1996 年版）对延安时期的墙报和黑板报有所涉及。李文《群众办报思想的重要实践基础——黑板报》（《新闻知识》2008 年第 3 期）一文对陕甘宁边区的黑板报做了考察，该文引用的绥德分区葭县档案馆的部分资料尤显珍贵。这说明对"全党办报、群众办报"背景下的非专业媒体的研究正在进入人们的视野。

报、群众办报"，不是说它有多重大的意义，但缺少这一环，至少也是不完整的，会影响到一种事实的建构和价值评判。在这些非专业新闻媒体中，名不上经传的黑板报融内容采集、编排出版、传播接受于群众一体，发挥的作用非常显著。由此，本章试图以黑板报这种非专业媒体为焦点，具体考察根据地的基层群众如何把黑板报作为一种新闻传播的媒介、如何参与办报活动等问题，通过一个微观的窗口回观历史，用具象的描述复原"全党办报、群众办报"的另一种实现路径，使"全党办报、群众办报"显现出更立体、更饱满的图谱，并以此阐明黑板报作为一种传播媒介在中共新闻传播史上的地位。

第一节　作为媒体的黑板报

作为教育工具的黑板在我国的出现与近代教育的转型相关。"鸦片战争后，教育走出了家庭，'学校'代替了'私塾'，课堂教学形式代替了个别教学的方式，这时黑板应运而生。"① 于是，黑板也就随着近代教育的兴起而普及。但是，黑板由一种教学工具转变为新闻传播工具，由课堂走向社会，由黑板发展到黑板报，却主要得益于中共所倡导的"群众办报"实践。中国共产党自有革命根据地之始，在重视报纸、广播等专业媒体的同时，也非常重视黑板报等非专业媒体的工作。在井冈山革命根据地时期，"为了大造土地革命的舆论，各地宣传队以读报、印传单、办黑板报、文艺演出和唱革命歌谣等形式，宣传歌颂土地革命"②。抗日战争时期，由于党中央明确提出"全党办报、群众办报"的口号，加之大兴文化学习的背景，黑板报迅速兴盛。当时在各抗日根据地的城镇、农村、学校、机关、部队，大多都有黑板报，它成了基层组织的舆论阵地。"墙报（壁报）、黑板报，当时在延安也是一种重要的新闻舆论工具，是延安报刊的必要组成部分……延安的墙报、黑板报几乎到处可见"。③ 据统计，到1944年11月，陕甘宁边区已经办了黑板报668块，④ 主要分布于区乡

---

① 黄成栋、黄阿英、周家健：《小学语文教师手册（下册）》，贵州人民出版社1984年版，第794页。

② 林之达：《中国共产党宣传史》，四川人民出版社1990年版，第113页。

③ 方汉奇：《中国新闻事业通史》（第二卷），中国人民大学出版社1996年版，第747页。

④ 刘漠冰：《边区文教工作的阵容》，《解放日报》1944年11月16日第2版。

政府所在地，主要集镇、完全小学、普通小学、中心小学所在地以及较大的乡村。[①] 解放战争时期，黑板报同样是重要的传播媒介：1946 年的山东省解放区有黑板报 18532 处；[②] 1946 年的太岳区有黑板报 1759 处，过半数的行政村都有黑板报；[③] 1946 年晋冀鲁豫解放区的黑板报有 3174 处；[④] 1947 年的山西太行地区 12 个已经解放的县市有黑板报 3850 处；[⑤] 1946 年初冀晋区黑板报"几乎普遍了每个农村，全区达 3988 处，四分区百分之八十四的村庄"；[⑥] 1948 年的华中解放区设立黑板报 2300 多处[⑦]……由此观之，在中国共产党领导人民进行的长期革命斗争中，黑板报一直是一种重要的传播工具。"黑板报为宣传革命理论，为唤起人民群众，为夺取革命的最后胜利，是起了一定的积极作用的"。[⑧]

黑板报是一种简单的"报"，与报纸相比，有它独特的媒介特点和优势：

1. 经济可行

在革命根据地所处的广大经济落后、物质匮乏的农村地区，用纸张办报困难较大，而用黑板来办报具有较强的现实性，因为它取材容易、成本低廉，又可以反复利用。中央苏区的《红色中华》曾经介绍过以石灰、煤和桐油为原料，以墙壁为介质制作黑板报的方法，[⑨] 甚至连如何制作在黑板上书写的粉笔也有指导。[⑩] 1940 年陕甘宁边区的子长县民众教育馆曾

---

① 李文：《群众办报思想的重要实践基础——黑板报》，《新闻知识》2008 年第 3 期。

② 赵承福：《山东教育通史》（近现代卷），山东人民出版社 2002 年版，第 482 页。

③ 《太岳文教鸟瞰》，《人民日报》1946 年 8 月 12 日第 2 版。

④ 新华社：《经过生产建设及土地改革 解放区教育事业大发展》，《人民日报》1947 年 2 月 20 日第 2 版。

⑤ 《广播台黑板报普遍建立民校农村剧团大大发展 太行大众文化教育事业猛进》，《人民日报》1947 年 10 月 28 日第 2 版。

⑥ 《冀晋宣联会议总结提纲（1946 年 1 月 30 日）》，河北省档案馆馆藏编号 108－1－34－2，转引自朱志伟《解放战争时期晋察冀边区宣传民众工作述论》，河北师范大学硕士论文 2007 年，第 29 页。

⑦ 新华社：《华中召开宣教会议 总结两年艰苦斗争中的巨大成绩解决了宣传工作中政策统一问题》，《人民日报》1948 年 9 月 24 日第 2 版。

⑧ 白江：《怎样办黑板报》，湖南教育出版社 1982 年版，第 1 页。

⑨ 王昌期：《用壁作黑板的新发明》，《红色中华》1933 年 11 月 2 日第 4 版。

⑩ 贺坚：《又一个新发明石灰作粉笔》，《红色中华》1933 年 11 月 29 日第 4 版。

办过用粉莲纸出版的壁报《老百姓报》，1941年因物价上涨，发的经费还不够买纸，从7月份起改为黑板报《大家看》。① 当时有人做过计算，用纸张出报的成本最起码是用黑板出报的两倍以上。② 而制作黑板报的材料非常简单，"只要制一块黑板或刷一片黑墙，买一些粉笔就成了。在（晋察冀边区）阜平、灵丘等山地，有的地方用锅烟子和很软的柿子来刷黑

3-1　晋察冀根据地的黑板报

墙，用白干子土或黄土来代替粉笔，更是一点钱都不要花"③。所以，经济上的低准入门槛是黑板报的一大优势，也正因如此，贫困的根据地农村流行着这样的"村报"。20世纪40年代，当美国人李敦白④徒步经过晋北时，他发现一些小村子没有大马车靠驴运输，没有电灯、煤油灯，甚至连蜡烛都没有，只能用土制的灯芯浸在自制的麻油里照明，可是这样的村庄

————————

① 赖伯年：《陕甘宁边区的图书馆事业》，西安出版社1998年版，第212页。

② 杨家岭机关壁报委员会：《杨家岭新型壁报》，《解放日报》1944年11月26日第4版。

③ 刘松涛：《华北抗日根据地的农民教育工作》，原载《人民教育》1952年7月号、8月号、1953年6月号，载《人民教育》社编《老解放区教育工作经验片断》，上海教育出版社1979年版，第236页。

④ 李敦白，美国学者，曾加入美国共产党，1942年参军，被派往斯坦福美军语言学校学习中文；1944年—1979年期间长居在中国，后前往延安，加入中国共产党；中华人民共和国建立后，在中央人民广播电台任职；1980年，李敦白携家人离开中国回国定居。著有《红幕后的洋人：李敦白回忆录》一书。

也都有自己的"黑板报"。①

2. 出版方便

作为专业媒体，以报纸为例，除了采访、写作、编辑，还要经过排字、制版、校对、印刷、发行等一系列复杂的制作流程，需要各类专业人员来从事这些工作，还需要纸张、油墨等原材料和相应的印刷设备以及办公、生产用房等。报纸生产的这些专业设备要求显然对最大程度地开展群众办报形成制约。相比之下，办黑板报只需一块或几块黑板、几支粉笔、几个人甚至一两个人就可以在较短的时间里完成制作工作，提高了信息传播的便捷性。此外，报纸是以纸张为载体，按一定规范、标准，定期、连续公开发行的一种媒介，而黑板报则以黑板为载体，既可以出"旬报""周报"，甚至也可以办"日报"。"有的互助组在地里做活发现模范人物，组长就先跑到黑板跟前，给教员一说，当下就编出来写到黑板上，这样下午发现的材料，傍黑就能使群众都知道，有的群众觉得莫名其妙，说：'人家消息真灵通，和安着无线电一样，咱在地里做活，人家在家就知道了。'"② 这种流程简单、出版机动的非专业的办报方式适宜基层群众的办报能力。

3. 传播灵活

在信息到达受众方面，黑板报也有它的特点。从展出形式来看，黑板报有固定和流动两大类：固定的黑板报多以涂黑的墙壁为载体，不便移动，设置在人流比较大的地方；流动的黑板报多以黑木板为载体，便于移动，可以迎合读者需要动态设置展出地点。淮北根据地的黑板报"逢集时出版，挂在人多热闹的地方，有时也可以移动，例如内容与粮食问题有关的，就挂在粮行门口；如有重大问题必须着重宣传时，可以'重挂'几天"③。山西阜平的一些黑板报是活动的，可以搬来搬去，被群众叫作黑板长腿。当群众开渠时，黑板搬到了沙滩里；群众上山种地，黑板就摆在

① ［美］安娜·路易斯·斯特朗著，刘维宁等译：《中国人征服中国》，北京出版社1984年版，第157页。

② 王兰榜：《后池村的生产宣传》，《人民日报》1947年8月11日第4版。

③ 戴邦：《淮北黑板报》，原载《新华日报》（华中版）1946年2月17日，载中央教育科学研究所编《老解放区教育资料（三）：解放战争时期》，教育科学出版社1991年版，第532页。

了山岗上。① 由于黑板报的辐射范围有限，一些地方为顾及读者不能远离工作地点，同样的内容就多出几块黑板报，便于读者阅读。② 在阅读方式上，黑板报也具灵活性。与时间固定的广播相比，受众接收信息在时间选择上更加主动；与报纸相比，虽然报纸可以随时、反复阅读，但在当时的历史条件下，报纸的数量、读者的数量限定了报纸消费毕竟属于少数人，大多数人不可能随时看报，而置于公共场所的黑板报，人人可以随时看、反复看、同时看。

4. 受众明确

黑板报绝大部分是由基层组织主办的，它可以是一个村庄、一个工厂、一个学校、一个班级、一个部门、一个连队等，与报纸相比，它的受众面要窄很多，受众数要少很多，但是受众指向却非常明确，通常就是本组织内的农民、工人、学生、战士等。"村里的黑板报……它的对象应当是村中群众。弄不明白这个目的，黑板报是办不好的。"③ 以基层组织内的群众为出发点，报道内容紧密结合本组织的实际活动，使信息传播更具接近性和贴近性，由此产生的参与感和亲切感，促进了黑板报与读者之间的"零距离"接触，这又是报纸、广播等大众化媒体难以具备的优势。

在中国共产党领导的革命历程中，黑板报以其自身的特点和优势，发挥了作为新闻传播媒介形态的存在价值。从媒介发展的视角看，其意义也是深远的。众所周知，中国共产党领导下的新闻传播活动"以俄为师、注视俄国——世界上第一个社会主义国家的革命思想和经验，包括其办报的理论还是实践，既是时势所然，也是自己所需"。④ 因此，不论是新闻传播的理论还是实践，都受到苏联的广泛影响。有关如何办报纸、办广播等专业媒体，苏联都有很多做法被先后介绍到中国。如何办墙报、办壁报等非专业媒体，虽然目前尚不见党的文献中有专文介绍，但相关的实践在苏

---

① 许世平：《如何办黑板报》，《时代青年》1946 年 6 月 5 日，山西省档案馆馆藏编号 Z1 - J3 - 98。

② 《曲子民众教育馆办得好 成了群众文化活动核心》，《解放日报》1944 年 5 月 21 日第 2 版。

③ 毛茂春、赵德新：《对大众黑板的几点意见》，《人民日报》1947 年 7 月 25 日第 4 版。

④ 黄旦：《中国百年新闻思想主潮论》，复旦大学博士论文 1998 年，第 115 页。

联时期应该是普遍的现象。① 而黑板报这种媒介形态，在苏联时期应该说也有，但在中文文献中仅见零碎资料，② 因而是不是可以做这样的推断——黑板报在苏联时期可能是一种次要的、能见度不高的新闻传播形态。而在中国革命根据地，党结合革命实际，在贯彻落实新闻事业走群众路线的过程中，把黑板报作为一种重要的传播媒介，某种程度上也可以说是新闻传播的形式创新。

黑板报的特点和优势，决定了作为传播媒介形态存在的独特价值。从媒介创新的视角看，其意义也是深远的。中国共产党领导的革命历程是一条从农村走向城市的有中国特色的革命道路，是理论和实践相结合的创新之路。因此，在探索新闻传播的方式上，也必须一切从实际出发，不断进行形式创新。革命根据地建立在广大贫困、落后的农村地区，基层群众文化素质很低，要让他们了解信息、提高觉悟进而参加革命行动，"必须善于使用一切宣传鼓动的方式，从通俗的形式到高级的形式，以及由这种形式过渡、转变到另种形式"③。黑板报就是一种符合根据地实际的传播方式。在陕甘宁根据地，黑板报"是现有条件下几经摸索到的群众办报的最好形式"，④ 作家周而复曾评价，"这（黑板报）是一种新型的报纸，它的发展前途是无限的"。⑤ 范长江同志也认为，黑板报是为广大工农直接服务的报纸，将来我们的报纸，由于读者对象水平不同，要采取梯形的、分级的配备，最下面为墙报或黑板报，这是最大众化的报纸。黑板报是解放

---

① 如哥尔洛夫著，何纪华译的《苏联"战士"集体农庄中先进经验的宣传和应用》（时代出版社 1956 年版）中有"壁报宣传新的、先进的经验的工作"；狄雅娜·李文著，田乃钊译的《充满动力的苏联儿童教育——在苏教学生活回忆录》（中华书局 1951 年版）第 86 页有专门章节介绍关于墙报的知识。

② 如张宝梁主编的《汉俄翻译词典》（商务印书馆 1995 年版）第 826 页有黑板报词条；斯列波夫等著的《思想领导与工作方法》（生活·读书·新知出版社 1949 年版）第 138 页提到鼓励生产竞赛的"荣誉黑板报"。但苏联的黑板报是不是形态上与我国一样，尚无从考。

③ 《中央宣传部关于党的宣传鼓动工作提纲》（1941 年 6 月 20 日），载解放军报社编《新闻工作文集》，1979 年印行，第 10 页。

④ 李鼎铭：《关于文教工作的方向》，载《陕甘宁边区教育资料（教育方针政策部分下）》，教育科学出版社 1981 年版，第 509 页。

⑤ 周而复：《难忘的征尘》，文化艺术出版社 2004 年版，第 159—160 页。

区新闻事业的一项创造。①

第二节 群众成为黑板报的传播者

传播者的存在是任何一种传播活动的前提。既然黑板报是体现群众办报的一种媒介形态，沿着"大家办、大家看"的群众办报思路，其传播者就是"大家"。黑板报的"大家"就是基层的群众。陕甘宁边区政府对此有明确规定："为了能发扬群众的积极性，在可能条件下，各地黑板报应由群众主办，政府则尽量予以帮助指导。"② 然而，所有以媒介为载体的传播行为，不管是专业的还是非专业的媒体，都需要一定的专业素养，只不过要求的程度有高低之别。黑板报虽然是一种简单的"报"，但就其制作而言，也同样要求参与其中的办报者具备起码的专业技能。随之而来的问题是，革命根据地的基层群众普遍文化水平不高，更遑论具备相关的专业知识，那么，他们如何可能参与以文字传播为主体的黑板报的办报实践？

黑板报面临的问题实际上也是所有革命根据地传播媒体所面临的共通问题。在党报群众路线的理论指导下，专业报刊的做法为黑板报提供了效仿的路径：

1. 依靠通讯员办报

通讯员是报纸、广播等新闻媒体聘请的提供各种信息的非专职新闻工作人员。通讯员制是无产阶级报刊理论中的一项重要内容，从中国共产党领导的新闻传播活动自有之始，就高度重视并得到实施。依靠通讯员工作，党的新闻媒体很好地解决了新闻传播"从群众中来，到群众中去"的办报理念，为取得强大的传播效果奠定了基础。

黑板报作为非专业媒体，不可能拥有一支信息采集的专职队伍，因此，依靠广大通讯员办报同样成为解决问题的主要方式。如晋察冀边区行唐县芦家庄的黑板报有 15 个通讯员，在 1944 年 10 月到 1945 年 6 月的时

---

① 戴邦：《回首反思话当年》，载王芝生编《中国当代名记者小传（第二辑）》，山西人民出版社 1989 年版，第 185 页。

② 边区文教大会：《关于发展群众读报办报与通讯工作的决议》，《解放日报》1945 年 1 月 11 日第 4 版。

间里就写稿 152 篇。为了提高写作质量，他们召集了 14 次通讯员会议，专门讨论写稿和找材料的办法。① 对此，当时有人曾做判断："这些通讯员是代表各方面的，如此，各方面的意见都能够反映到报上。可以看出这个黑板报，真正成为了群众的报纸。"② 实践中的多种方式也激发了群众参与黑板报通讯员队伍的积极性。"（山西黎城北流）妇女通讯员刘三虫、张双英连写了六篇登了三篇，就给记了一功，谁能组织与培养三个通讯员也给记一功。"③ 山东莒南金沟官庄评出了模范的黑板报通讯员，"一等的三名，二等的五名，三等的六名，而且当场给了奖品。（一等奖前进日记一本，铅笔一支；二等奖日记一本，粉笔一支；三等奖日记本一本；其余每个通讯员发粉笔一支。）这给了通讯员们一种很大的鼓舞"④。这样，越来越多的基层群众成了黑板报的传播者。"金沟官庄的黑板报是群众自己办的，也可以说是群众性的，这是办得成功的第一个原因。我们只要看一看通讯员的投稿统计，就可以知道七八十人给它写稿。拿投稿次数来说，也很踊跃，一个月中有投稿到廿多次、卅多次，甚至四十次以上的。"⑤ 陕甘宁边区的边区被服厂在 1944 年 9 月至 1945 年 9 月一年中，共出版 187 期黑板报，登稿 1149 篇，其中职工写稿 950 篇，占了 80% 以上。⑥ 大量的群众来稿"真确地反映了每个村子的情况，使黑板报成为群众自己的喉舌"。⑦

黑板报是报纸的延伸和补充，在通讯员的组织上也同样如此。"黑板报是组织通讯员，团结通讯员的核心，是报纸的基础。必须懂得报纸是流

---

① 张勇、朱沃之等：《芦家庄黑板报帮助村里开展工作》，《晋察冀日报》1945 年 7 月 5 日第 2 版。

② 周而复：《难忘的征尘》，文化艺术出版社 2004 年版，第 158 页。

③ 王培义、杨柯、王东魁等：《北流通讯组的介绍》，《人民日报》1947 年 11 月 20 日第 4 版。

④ 白桃：《从一个村看解放区的文化建设》，"商务印书馆"（香港）1949 年版，第 84 页。

⑤ 杭苇：《黑板报怎样和实际相结合——介绍一个办得成功的黑板报》，原载《山东教育》1947 年第二卷第一期，载《莒南县教育志》编纂委员会编《莒南县教育志（1840—1997）》，山东人民出版社 1999 年版，第 364 页。

⑥ 《边区被服厂的黑板报》，载陕西省总工会工运史研究室编《陕甘宁边区工人运动史料选编（下）》，工人出版社 1988 年版，第 511 页。

⑦ 《边区黑板报迅速发展》，《解放日报》1944 年 11 月 15 日第 1 版。

动的'黑板报',黑板报运动开展了,报纸便能深入和办好。"①陕甘宁边区的延安桥镇乡"积极发动群众给黑板报写稿。好的稿子在黑板报刊登后,还推荐到《延安通讯》《边区群众报》《解放日报》去"②。很多地方的黑板报每期稿件抄一份送给报社,作为向报社的投稿。在淮北根据地,"黑板报逐渐在各地普遍发展,《淮北大众》在7月、8月份的稿件中,黑板报的稿件占相当大的比重"③。因此,黑板报的通讯员和报纸的通讯员是联通的。这样做的好处是:不适合在报纸上刊登的稿件,尽可能在黑板报上刊用,有利于保护通讯员的积极性。晋察冀边区平县郭苏镇的一位通讯员因为屡次给报社投稿都没有采用,就抱怨"我写的稿子日报总是不给登,这次如果黑板报也不登,以后就发誓不写"。结果黑板报登了他的稿件之后,便又恢复了写作情绪。④ 在江苏盐阜地区的《盐阜大众》报,"当时工农通讯员每月来稿来信二千多到三千份,《盐阜大众》只能登一部分。乡村黑板报办了起来,工农通讯员写的稿子,就有了更好的发表机会"。⑤

　　基层群众要成为通讯员,面临的最大障碍还是文化水平的制约,毕竟黑板报的传播符号主要是文字。那么,如何解决这一问题呢?"能写的人就自己写在一片纸上交给编报的,不会写的就用'捎话''报信'的办法告诉编报的人,让他们编写。行唐县芦家庄的村长刘福聚担任黑板报编委会主任,他只新学了几十个字,但每月投稿最多,他常告别人说:我和校里教员是好伙计,我知道事多,他认得字多。"⑥"用纸条或'捎话'通讯的方式在黑板报上发表言论,这可说是新闻学上的新创造。"⑦

---

　　① 李寿山:《〈齐市新闻〉述旧》,《新闻研究资料(第23辑)》,中国社会科学出版社1984年版,第189页。

　　② 赖伯年:《陕甘宁边区的图书馆事业》,西安出版社1998年版,第196页。

　　③ 戴邦:《淮北黑板报》,原载《新华日报》(华中版)1946年2月17日,载中央教育科学研究所编《老解放区教育资料(三):解放战争时期》,教育科学出版社1991年版,第532页。

　　④ 旭光:《郭苏怎样把黑板报办好的》,《晋察冀日报》1945年2月17日第2版。

　　⑤ 王阑西:《驰骋华中——和少奇同志在一起的日子》,中国文联出版公司1995年版,第212页。

　　⑥ 刘松涛:《华北抗日根据地的农民教育工作》,载《人民教育》社编《老解放区教育工作经验片断》,上海教育出版社1979年版,第237页。

　　⑦ 李鼎铭:《关于文教工作的方向》,载《陕甘宁边区教育资料(教育方针政策部分下)》,教育科学出版社1981年版,第509页。

　　要鼓励文化素质低的基层群众积极参与办报，客观上可以用"捎话""报信"等方式解决一些困难，但主观上还需要通过各种途径给他们传授办报知识，提高他们的办报水平。各革命根据地先后出版《大众黑板报》（绥德分区文教大会秘书组 1944 年 8 月编印）、《怎样办黑板报》（鲁中大众社 1946 年编印）、《怎样办好黑板报》（张坚白等著，冀南行署教育处1947 年编印）、《农村广播台和黑板报》（李春兰编，冀鲁豫书店 1947 年出版）、《黑板报》（丁毅著，中原新华书店 1949 年版）等书籍，[①] 广泛指

3－2　《怎样办好黑板报》一书封面

导基层群众办黑板报。一些报纸也利用版面对黑板报工作予以指导，如察哈尔地区的《新察哈尔报》从 1946 年 8 月 18 日起开辟"怎样办黑板报"专栏，较系统地介绍了为什么要办黑板报，怎样成立办黑板报的组织，应有什么内容等，受到群众的热情欢迎。[②] 值得补充的是，根据地学校中也

①　林德海：《中国新闻学书目大全（1907—1987）》，新华出版社 1987 年版，第 19 页。

②　《张家口日报》社报刊史编写组：《察哈尔报刊史》，1983 年印行，第 25 页。

有大量的黑板报，一些学校还在课堂中专门开展黑板报知识的教育。①

　　2. 依靠组织办报

　　早期的黑板报多由民众教育馆、学校主办，为使黑板报更具"报"的特征，或者说是"全党办报"理论指导下"报"的特征，需要加强党组织对黑板报的管理，以完成组稿、编辑、审稿、出版等工作。关于黑板报的组织形态，在陕甘宁边区，"有的是由乡文化工作委员会编，有的成立编辑委员会来编，参加编委的人，大半是小学教员、乡文书、农民和工人等，从投稿到出版，纯粹由群众自己动手办的"②。1945 年，《关于发展群众读报办报与通讯工作的决议》提出，"应吸收当地群众中的公正积极分子组织编委会，经常搜集群众意见，以求不断地改进"③。这种要求在各地的实践中得到落实。如晋绥边区兴县市的黑板报由群众选举成立了12 个人组成的编辑委员会，成员包括模范干部、劳动英雄、民兵英雄和纺织英雄，还吸收了 120 多位通讯员，结果 4 个月出版了 26 期黑板报。④而在山东莒南县金沟官庄，黑板报属本村文教委员会领导，设社长一人，他又是文委会委员。下设四个股：编辑股 3 人，决定稿子采用与否；出版股 5 人，负责抄写通讯稿，每人写一块黑板；采访股 2 人，负责搜集和督促写稿；统计股 1 人，负责登记稿件与月终统计。"这个组织很切实，分工很清楚。"⑤ 在淮北根据地，"由乡级党政军民学干部组织黑板报编辑委员会，人数 3 人至 7 人不等。编辑委员会之下设编写、通讯、读报三部分。编写工作由小学教员在技术上多负责，政治上由编辑主任负责"⑥。山东临沂水磨头村为了办好黑板报，专门成立了黑板报委员会，5 位委员中有 4 个党员，村支书任黑板报委员会主任，小学教师负责编写黑板报，

---

① 《边区中等教育资料》1946 年 10 月 1 日第十期曾刊登潘开沛的"学生在教员的辅导下自学，教员在学生的自学中辅导——中等学校教学法的研究和试验"一文（载《陕甘宁边区教育资料（下册）》，教育科学出版社 1981 年版，第 304—305 页）就专门介绍如何办黑板报。

② 周而复：《难忘的征尘》，文化艺术出版社 2004 年版，第 158 页。

③ 《关于发展群众读报办报与通讯工作的决议》，《解放日报》1945 年 1 月 11 日第 4 版。

④ 阮迪民、杨效农：《晋绥日报简史》，重庆出版社 1992 年版，第 89 页。

⑤ 杭苇：《黑板报怎样和实际相结合——介绍一个办得成功的黑板报》，原载《山东教育》1947 年第二卷第一期，载《莒南县教育志》编纂委员会编《莒南县教育志（1840—1997）》，山东人民出版社 1999 年版，第 365 页。

⑥ 戴邦：《淮北黑板报》，原载《新华日报》（华中版）1946 年 2 月 17 日，载中央教育科学研究所编《老解放区教育资料（三）：解放战争时期》，教育科学出版社 1991 年版，第 532 页。

稿件由全村5个工农通讯员投写。① "各地经验证明：不管是哪一种组织形式，一定要推定专门负责的人，不然就会流于形式。"② 健全的组织对黑板报实行有效的管理，山西阳泉市平潭街工农会就是一个鲜活的个案：

> 当黑板报出到第十二期的时候，为了使它进一步成为贫农掌握的言论机关，特别召开了一次全村扩大干部会，来健全黑板报的组织，选举了当过二十多年长工的牛惇万担任黑板报社的社长，更提出了一个时期的编辑方针。确定荆意、杨达生、王科举（斗争委员会的委员，都是煤矿工人）组成审查委员会，郝廷寿（小学教师）、王义（民兵）、王化探（高小学生）等组成编委会，又聘请了贫农小组的王引弟、杨文源、牛玉梅等十余人为采访员，他们在群众中搜集了材料，交编辑来编写，编写好了，再念给社长和审查委员们听。起初好些人都信心不高，认为当长工的、挖煤的一个字也不识，怎么会审查稿子呢？但这些日子的事实证明了，翻身的工人农民不但会掌握文化，而且比"客里空"的文化人实际得多，立场坚定得多。比如当黑板报的编辑把贫农谢成荣偷矮瓜的消息念给他听的时候，牛惇万思索一会说："谢成荣是个老老实实的贫农呀！偷矮瓜的事，又不是吕先金亲眼看见的，咱们跟他说说让他改了就得了，不要再在黑板报上批评了。"斗委会贷麦种的时候，写黑板报的写了句"大家领了麦种……"他说，"快把'领'字改成'借'字吧，不然人家领了怕不肯还呢。"③

最后，黑板报也有严格的分级管理制度。县委所在地之城镇的黑板报主要稿件，须经县宣传部长审阅，重要者经县委书记审查。区委所在地之黑板报主要稿件，须经区宣传科长审阅，重要者经区委书记审查。乡政府所在地之黑板报重要稿件，须经过支书、乡长审查批准，如果支书、乡长

---

① 《地委关于出版〈滨北大众〉的决定附件之六水磨头的黑板报》，山东省临沂市档案馆馆藏编号001－01－0045－010。

② 刘松涛：《华北抗日根据地的农民教育工作》，载《人民教育》社编《老解放区教育工作经验片断》，上海教育出版社1979年版，第236页。

③ 齐明：《记一个村农会的机关报》，原载《教育阵地》1947年11月第八卷第3期，载人民教育社编《老解放区教育工作经验片断（第二辑）》，上海教育出版社1959年版，第81页。

不识字时，应采取念审的办法。① 即使是村里的黑板报，也有一些审查环节。如山西北流在处理黑板报稿件时，"村宣联会设有编辑与审查两股，小教及义教任编辑，村长和政治主任负责审查，并有生产大队中选出来的评判员，稿子先经他们评判批准，以免出错"②。群众也是审稿环节的参与者。太行地区龙华葛存村的黑板报，每个材料都经过宣教委员会讨论，并听取群众意见。这样经过一个时期之后，群众就不断自动找编辑的人来："给××出个报吧！"如果有的材料不够真实，有的群众就来说了："那个材料先别出吧，他还不够那么模范。"如要表扬妇女学习的模范，有人写来她的材料，还没有等到出版，妇救会员们好些人建议就来了："可别出她，她可不模范……"这样，黑板报就真正代表了群众的意见，成为群众的舆论机关。③

3. 依靠报纸办报

黑板报虽然简陋，辐射范围有限，但它也是传播新闻的一种"土媒体"，传播党的声音也是它的重要任务。如果仅仅依靠地方上的工农通讯员，那么采集的信息就会十分有限。为此，专业的新闻工作者就主动为黑板报提供报道素材。在黑板报内容的提供方面，专业媒体提供了具体的帮助。如《晋察冀日报》专门开辟《国内外一周》和每日的《国内外大事》栏目，供各地黑板报采用。④《晋绥日报》从 1948 年 9 月 25 日起，在报纸副刊上增办了《黑板报外》专栏，每周一期，约占四分之一版面。前面刊登一两条解放战争的消息，中间刊登一篇有关当前工作和群众生活的短文，后面刊登一首多为民歌体的小诗。⑤ 这些做法为黑板报及时、准确、广泛地传播信息提供了内容支持。1947 年 11 月，英国记者柯鲁克夫妇曾经到河北武安十里店考察，晋察冀边区的一切都让他们感到新鲜，后来在他们撰述的《十里店：中国一个村庄的群众运动》一书中这样描述：

---

① 《绥德地委关于宣传制度的指示》，转引自祁媛《延安时期陕甘宁边区新闻体制研究》，兰州大学硕士论文 2007 年，第 24 页。

② 王培义、杨柯、王东魁等：《北流通讯组的介绍》，《人民日报》1947 年 11 月 20 日第 4 版。

③ 《龙华葛存区的歌谣黑板报》，《教育阵地》1945 年第 6 期。

④ 晋察冀日报史研究会：《晋察冀日报史（1937—1948 年）》，人民出版社 1993 年版，第 219 页。

⑤ 阮迪民、杨效农：《晋绥日报简史》，重庆出版社 1992 年版，第 90 页。

"坐着骡车，通过别致的南城门，我们进入了十里店。考究的拱门上面写着粗大醒目的白字：'毛泽东是中国人民大救星'，这是一首填上新歌词的流行民歌里的一句歌词。有的标语则是痛斥蒋介石的。在另一堵墙上有一块黑板报，用粉笔抄出当天的新闻。这些新闻是从党的机关报《人民日报》上抄下来的。这家报纸还常常为供黑板报采用而刊登一些通俗易读的短文。"① 可见，柯鲁克夫妇不仅留意到黑板报这种地方上的"土媒体"，而且对其内容也做了一番了解。他们的见闻是真切的，当时的《人民日报》确实开设过"大众黑板"栏目，刊登一些已经改编的文章，供各地办黑板报者参考采用，不妨择取几例：

1948 年 1 月 6 日《大众黑板》：全村农民兄弟姐妹们，眼下不是过阳历年吗，咱们军队都打了大胜仗，给毛主席和咱们拜年。先说咱边区子弟兵吧，从西边说起，在山西打下了运城，消灭胡宗南军队一万多。在河南、河北搭界的地点，打下了考城和东明两县城，活捉了大土匪头丁树本。在山东西南，打下了东平县城。冀鲁豫全区，已联成了一片，往南看，在河南打下了商水县城和周家口。再往南，咱刘司令员、陈赓将军和陈毅军长的三路大军会了师，大破平汉、陇海铁路，打下了安徽潜山和湖北沔阳两县城，到了长江边，离武昌不远。别的解放区，也打了大胜仗，在江苏盐城南边，咱们军队也开始反攻了，一家伙消灭他七千多。在山东，老蒋想再占莱阳城，八个旅被咱打得稀烂、消灭他四千多。在关东，咱林彪将军的部队，十来天一气打下七座县城，消灭敌人两万多，眼下已把沈阳包围起来了。

1948 年 1 月 9 日《大众黑板》：边区政府下了一道命令：谁也不能破坏咱们平分土地、财产，比如说有的地主不想拿出土地，便挑拨咱农民内部闹意见，或者制造假斗争，有了这条法令，咱们就要给他办罪。如果他们组织反动武装，实行暴动，杀害咱们，他就犯了死罪。还有一种人是过去在斗争中，多占了果实，现在不想退，便杀牲口、伐树、抽股子，破坏农具、房子，有的还想趁平分前把东西偷偷埋藏起来，有的故意浪费，大吃大喝，还想压住咱们，咱们有意见也

① ［加］伊莎贝尔·柯鲁克、［英］大卫·柯鲁克著，安强、高建译：《十里店——中国一个村庄的群众运动》，北京出版社 1982 年版，第 2—4 页。

不叫咱们在大会上说话。所有这些，现在都要按他们办的错大错小来处罚。咱们老百姓可要留心呀！留心地主、富农、坏家伙干了什么坏事情。如见他们干坏事情，立时就卡住他，卡住人，卡住证据，送到农会、政府、人民法庭去。

　　1948 年 7 月 22 日《大众黑板》：各地已落透雨，抢种补种，是当前顶重要的事情。没种的要抢种，苗不齐的要补齐，草长起来了也要快锄……一点不能放松。太岳区阳城有些村在下雨时，就抓紧抢种准备，各互助组讨论了抢种办法，准备农具调剂种子，组织劳力，雨一停止，马上干，一点不误事。咱们也应学习这个作法，种得快种得好，锄草也及时，雨后草长猛似虎，可不敢马虎荒了地。

4. 依靠知识分子与工农群众结合办报

　　客观地说，要让文化素养不高的工农群众创办黑板报确实面临很多困难，要办好黑板报，除党组织推动、行政上号召、报社进行业务指导外，还必须得有文化人的帮助。事实上，很多地方的黑板报都是由当地的知识分子积极参与的结果，并在这一过程中努力实现知识分子与工农群众的结合。老报人戴邦在回忆淮北根据地黑板报时说，先由小学教师办几星期黑板报，给乡村干部做个榜样。黑板报出版后，强调黑板报之效用，搜集黑板报之反映，以便加强工农干部对黑板报之重视，使工农干部自动参加办黑板报。在办报过程中发挥知识分子的桥梁作用，强调知识分子与工农分子相结合，积极发展工农通讯员，但又要避免知识分子代替包办现象，纠正知识分子轻视工农的偏向，启发工农分子在文化上翻身，使工农分子与知识分子互相学习、互助办报。[①] 作家丁玲在她的代表作《太阳照在桑干河上》中有一段刘教员与村民吴老头的对话描写，虽然是文学作品，但也应该能辅证知识分子与工农群众相结合办黑板报的情形：

　　　　（吴老头）"人家说那黑板报是九娘娘的天书，谁也看不懂，这还能像炸弹么？同咱们就没关系。"

　　　　（刘教员）"那上面全是解释什么叫个土地改革的文章，就那么

　　① 戴邦：《淮北黑板报》，原载《新华日报》（华中版）1946 年 2 月 17 日，载中央教育科学研究所编《老解放区教育资料（三）：解放战争时期》，教育科学出版社 1991 年版，第 533 页。

几篇，已经不容易啦，你看，村子上又没有人写，光靠我一个人，我都送给李昌和胡同志去看过，怕胡同志说写得不好。"老吴摇了一摇头，说道："你要写文章，咱是擀面杖吹火——一窍不通；假如要黑板报像个炸弹，像一把火，那么，你那些之乎者也的不是倒成了一瓢凉水。咱有这么一个意思，你琢磨琢磨看，对也不对。黑板报要使人爱看，得写上那么几段唱的，把人家心事写出来，比如咱打锣一样，一开会就打锣，一打锣咱就喊：'开会啦，开会啦。'这有啥意思？咱就编上几段，一面敲，一面唱，大家听你唱得怪有味，就都知道了。"

"是的，哪一次你都编了些新的，你打着锣在街上走过去，常常后边跟了一堆人，笑呵呵的。说实在话，拣些老乡们平日说的编几句，比写文章还容易，就怕干部们不同意。"老吴显得有些着急了，他说："唉，李昌叫你写，就是说你行，叫你拿主张，你怕三怕四干什么？你要不满意，他自己来写。咱说你这个人呀，可是个好人，就是六月里的梨疙瘩，有点酸。要是你肯听咱的话，咱不怕你笑话，咱还能编上几段，咱念，你写，村上的事，咱全知道，把张三压迫李四的事编上一段，又把王五饿饭的事也加上一段，他们听说他们自己上了报，谁也愿意看。只要是讲到他们心里了，他们就会伤心，一难受，看见仇人就眼红了，你说这不好？再说，日本鬼子在村上，咱们庄稼人受的压迫，咱们统统算算账，叫那些汉奸狗腿子给吐出来，这岂不好？好，咱就念上一段，你听听，看行也不行。"于是他停了一停，咽了下口水，便念起来了："共产党，人人夸，土地改革遍天下！穷乡亲，闹翻身，血海冤仇要算清。想当兵，受压迫，汉奸地主好欺诈。苛捐杂税不得完，田赋交了交附加。附加送到甲长家，公费杂费门户费，肥了咱村八大家。西头逼死李老汉，张真送儿铁红山，侯忠全到一贯道里受欺骗，疯疯癫癫傻刘乾……你说怎么样？"老头儿得意的蹲下去，用火石打燃了火，抽他的烟去了，又歪着个头，对教员眨了几眨眼，呵呵的笑开了。

刘教员也眯着他那双近视眼，笑了起来，陪着他蹲了下去，指指画画着说："老吴呀！你真成！咱可想开了，咱编黑板报是写给老百姓看呀！不是给那几个干部看呀！要那么一停一顿的写个啥文章，把我这脑筋都想痛了。咱们不管写个什么，能唱不能，总要像咱们自己说话，要按照大伙的心思，咱们得诉诉咱们的苦情，想想咱们的冤仇，三十年河东，三十年河西，鹅卵石子也有翻身日，咱们得团结起来推倒五通庙，打碎五通神，拔了胡槎享太平！哈，老吴呀！你今天可当了我的老师，来，咱们就照刚才说的闹吧。这些鬼文章，去他妈的。"他从怀里掏出几张稿子，把它扯得粉碎，又哈哈的笑了起来，那种愉快的笑，简直和他那长年被生活所围困得极抑郁的面容不相调和。①

第三节　黑板报的传播内容

传播内容是否被受众所接受是能否取得传播效果的关键。黑板报是一种为基层群众而办的"报"，既然如此，就有两方面的要求：一是传播的内容要与基层群众密切相关；二是传播的形式要被基层群众所喜闻乐见。相比一张报纸读者数量多而模糊的特点，黑板报的读者倒是数量少而明晰，因此，黑板报的传播在内容和形式上更容易做到以基层群众为中心。从各革命根据地的实践来看，主要包含以下传播内容：

政策宣传："全党办报、群众办报"的一个主要目的就是通过政策宣传加强对基层群众的工作指导。比如中共中央进驻延安后，建立了延安市民众教育馆。该馆在延安市新市场口设置了黑板报。截至1945年9月，黑板报登载的327篇稿件中，其中配合与推动政府各时期中心工作的稿件145篇，占44%强。② 1944年陕甘宁边区减征公粮的决定一出台，葭县城关完小的黑板报就刊登出相关政策，并在当地的老百姓中产生了较大的反响。刘先耀的爷爷说："现在出款只出一次，并且征得很公平，今年又减少了那么多，和国民党的苛捐杂税一满不一样，国民党时代，你的税就出不清，出不完。"③ 1948年，晋绥根据地"春耕时，农民中对生产有些顾虑，黑板报上就登春耕动员令（摘要）、纠正成分、工商业政策等，看的

---

①　丁玲：《太阳照在桑干河上》，人民文学出版社1956年版，第147—149页。

②　张孝雍、申玮：《延市市场口的黑板报》，《解放日报》1945年9月23日第2版。

③　《绥德分区文教会议材料之六 大众黑板报（1944年8月13日）》，转引自李文《群众办报思想的重要实践基础——黑板报》，《新闻知识》2008年第3期，第9页。

3－3 延安新市场黑板报

人很拥挤，不识字的要求读了再读"。① 通过黑板报的传播，党的政策得以迅速、广泛地同基层群众见了面。

重大时事：在战争环境中，根据地交通落后，传播媒介不发达，所以，"黑板报的读者较其他报纸的读者多"②。用黑板报传播时事新闻，不但可以帮助基层群众认清形势，更可以提高政治认识、坚定胜利信心。因此，陕甘宁边区的黑板报尽量"登载胜利新闻，表扬八路军及民兵的英勇故事，以及各地群众参军参战等生动材料"。③ "时常摘登新华社发的消息，如光复延安，宜川大捷，击毙匪军长、匪师长，攻克洛阳，活捉敌魁等，是用号外的形式以特大新闻登出来的，催人精神振奋。"④ 1945 年 8月 15 日日本投降的消息一公布，延安新市乡街头的黑板报当天下午就用红色粉笔大字书写特讯，还画了日本侵略者狼狈投降的漫画，观看的人群

---

① 林实仁：《怎样办好黑板报》，原载《晋绥日报》1948 年 9 月 25 日，载中央教育科学研究所编《老解放区教育资料（三）：解放战争时期》，教育科学出版社 1991 年版，第 488 页。

② 陈西：《志丹黑板报检讨工作 今后要调查读者反映 力求改进以适合群众需要》，《解放日报》1944 年 7 月 25 日第 2 版。

③ 《陕甘宁边区战时教育方案》（1946 年 12 月 10 日），载中央教育科学研究所编《老解放区教育资料（三）：解放战争时期》，教育科学出版社 1991 年版，第 6 页。

④ 萧铁：《在革命的摇篮里成长》，载北京育才学校编《从延安到北京——北京育才学校校史资料选》，1983 年印行，第 147 页。

顿时堵塞道路，掀起了欢腾的热浪。① "在全冀中，几乎村村都有黑板报，摘要抄写着《冀中导报》上的重要新闻。"② 阜平县下平阳村的黑板报在欧洲战场快结束的时候，一天一次传递了相关的消息，群众很兴奋地说："这可不错，刚有消息我们就知道了。"黑板报也吸引了外村的人们，他们四下赶来看，于是"希特勒自杀""墨索里尼被毙"等消息当天就传出二三十里。③ 完县解放后在一些集市上办起了黑板报，上面写着国内外大事。赶集的人从上午到下午都有很多人围着黑板报谈论。有人说：我从黑板报上知道了鬼子在太平洋上打败仗的消息。有的说，不赶集就不知道德国鬼子快完了。很多人都为看黑板报来赶集。④

3 – 4   捷报

本地新闻：接近性是黑板报最重要的优势。"黑板报的内容，要以表扬、批评本村事实为主，少登或不登读报组已经讲过的新闻（特别显要的

①   海棱：《当胜利到来的时刻》，载方蒙、午人、田方编《延安记者》，陕西人民教育出版社 1993 年版，第 448 页。

②   萧红：《〈冀中导报〉的办报实践及其对社会心理的研究》，载杜敬、肖特、展青雷编《冀中导报史料集》，河北人民出版社 1990 年版，第 128 页。

③   刘毅：《下平阳的山头广播和黑板报》，《晋察冀日报》1945 年 7 月 13 日第 4 版。

④   石杰：《完县新解放区集市黑板报搞起来了》，《晋察冀日报》1945 年 2 月 1 日第 3 版。

例外）。"[1] "黑板报的内容，我们觉得首先就当多登出村中的工作和运动……材料越和群众的实际生活连（联）系的紧，群众就越爱看。"[2] 黑板报大量报道身边人、身边事，增强了基层群众的阅读兴趣和参与热情。晋察冀边区平山县郭苏镇早在 1942 年就已经设立了黑板报，但当时的内容基本上都是摘自报纸，很多地名人名又搞不清，所以老百姓慢慢地也就失去了兴趣。1944 年，郭苏镇重新创办了把时事新闻与本地消息相结合的《群众生活》黑板报，用五分之四的版面反映本区群众学习、工作及斗争的情况，每五天出版一次，大家都非常爱看。[3]

服务信息：黑板报还"登一些农业生产上的具体办法、经验，村中解决的各种具体问题"。[4] 在冀中地区，"完县南峪村鸡闹传染病的时候，登了《治鸡病的办法》，过去不大注意黑板报的人，也要求编黑板报的人讲具体做法了"[5]。在陕甘宁边区，"赤水完小在本村三天出一次黑板报，介绍了治牛瘟的办法，受到群众最大欢迎……他们写了治牲口病的单方，当时就有一伙群众跑到黑板前来，大家急着找了一个识字的人读"[6]。1945 年，晋绥边区兴县一区因为雨水大，到秋分时棉花还未碰开，兴县市黑板报专门出版了一期针对棉花的催碰专号，附近村子里的群众看完黑板报回去，都对棉花进行催碰，从此对黑板报更关心起来。兴县的刘晋德说："黑板报是给咱们出主意的地方。"[7] "有些有集的村子，在黑板上更设了

① 刘松涛：《华北抗日根据地的农民教育工作》，载《人民教育》社编《老解放区教育工作经验片断》，上海教育出版社 1979 年版，第 237 页。

② 毛茂春、赵德新：《对大众黑板的几点意见》，《人民日报》1947 年 7 月 25 日第 4 版。

③ 旭光：《郭苏怎样把黑板报办好的》，《晋察冀日报》1945 年 2 月 17 日第 2 版。

④ 林实仁：《怎样办好黑板报》，原载《晋绥日报》1948 年 9 月 25 日，载中央教育科学研究所编《老解放区教育资料（三）：解放战争时期》，教育科学出版社 1991 年版，第 488 页。

⑤ 刘松涛：《华北抗日根据地的农民教育工作》，载《人民教育》社编《老解放区教育工作经验片断》，上海教育出版社 1979 年版，第 237 页。

⑥ 《关中广泛设立夜校半日班、读报组、小先生制亦颇盛行》，《解放日报》1944 年 7 月 17 日第 2 版。

⑦ 山西省教育史晋绥边区编写组、内蒙古自治区教育史志办公室编：《晋绥革命根据地教育史资料选编》，1986 年印行，第 268 页，转引自陈波《晋绥革命根据地社会教育研究》，华中师范大学硕士论文 2011 年，第 39 页。

'行情栏'和'招寻启事栏',由集市委员会及时刊布,颇受群众欢迎。"① 晋察冀十一专区一商店办的黑板报每个集市出一期,内容有报道附近各市场行情,简要解释行情变化的原因和趋势,对重要的敌伪经济信息也加以刊登。因为及时发布了市场行情信息,使得人们可以选择更便宜的货物,免受奸商的欺诈,得到群众的交口称赞。② "(延川)城内木铺把斧头丢了,一个多月想尽一切办法找不出来,贺木匠即托人在黑板报上写了一篇寻斧头的启事,第二天便有人把斧头送去。高兴得贺木匠说:'黑板报比人还能行!'"③ 有的黑板报还登一些学习通知。山西榆社桃杨村的黑板报常常预先报告民校的活动内容。这个方法对于动员群众上学起了很大作用。许多人到民校之前总要先到黑板前看看当夜民校的学习内容,然后决定是否参加学习。④

反映问题:黑板报也是群众反映问题的"喉舌"。"群众有意见会利用黑板报来发表,黑板报成了大家发表意见的工具……对政府工作起着监督的作用。"⑤ 延安被服厂的黑板报编写者听到工友们对工厂管理有不满意的地方,就鼓励他们把稿子写出来,在黑板报上刊登之后,厂方与这些问题有关系的负责立即在报上表示感谢并立即改进工作。如工人提出要开水喝、要修路的建议登出后,马上就得到实现,提高了大家对黑板报的拥护。⑥ 子长瓦市丝工厂炊事员刘世昌在稿子上要求瓦市驻军办的同志不要把洗澡水放到河里,"因为瓦市城里有四分之三的人口吃河水,刘世昌每天去担水,看到这情形很担心,就出来替群众说话。这篇稿一登出来,群众就高兴的议论开了,他们第一次看到黑板报讲公道话"。"商人张维垣因觉得商会布置营业税有些不公平,要求民教馆同志把他的意见写在黑板报上。这篇稿子发表后,两天内,黑板报前没有间断过人,商人称赞黑板

① 刘松涛:《华北抗日根据地的农民教育工作》,载《人民教育》社编《老解放区教育工作经验片断》,上海教育出版社1979年版,第237页。

② 朱田显:《一个办得很好的集市黑板报》,《晋察冀日报》1945年2月6日第2版。

③ 张弗予:《延川城内以夜校为基础 群众自办黑板报收效大》,《解放日报》1945年10月21日第2版。

④ 赵正晶:《榆社桃杨村读报通讯组》,《解放日报》1945年11月4日第2版。

⑤ 葛洛:《延市桥镇乡的黑板报》,《解放日报》1944年11月14日第4版。

⑥ 《边区被服厂的黑板报》,载陕西省总工会工运史研究室编《陕甘宁边区工人运动史料选编(下)》,工人出版社1988年版,第510页。

报能说公道话。"① 晋绥根据地临南一中队把黑板报作为战士发扬民主的园地，战士对工作上有意见，可以通过黑板报提出来，使上下意见沟通，收到很好效果。② 保定解放后，与群众联系最密切的是黑板报，全市一百块黑板报设有政策问答栏，因为黑板报上的材料经常根据群众提问改换实际问题，所以常有些市民拿着小本子抄录。③

文艺娱乐：黑板报也刊登一些符合基层群众口味的文艺内容。某学校黑板报有时也登几条谜语，如："火车进站"（谜底：徐向前），"耕三余一"（谜底：粟裕）。④ 也有反映土地改革的歌谣："天晴了，雨停了，地主变成狗熊了。""孩子孩子好好睡，妈妈今天去开会，开会干什么，斗争大恶霸……"⑤ 这些生动的文艺内容丰富了基层群众的文化生活。

在黑板报传播内容的形式上，有以下三个特点：

1. 内容具体实在：具体的人、具体的事对基层群众最有说服力和感召力。"把行政号召或枯燥的数目字，通过具体事实去宣传。黑板报上很少有条文决定和数字。"⑥ 晋察冀边区平山讲里村的黑板报就把党的政策与具体的人和事结合在一起，避免空洞的说教。如在推动大生产时，黑板报就出现这样一条报道："全村老少抬头看，民主幸福生活得改善，这快乐全靠大生产，共产党领导人民干，如果有人不劳动，坐吃山空受饥寒，不信请看黄金秀，今年秋冬活不干，现在天寒下大雪，身无棉衣着破单，冻得连门不敢出，你看可叹不可叹。"⑦ 晋绥边区河曲上养仓村的黑板报登出本村民兵吕及虎积极扫硝的消息后，群众便争着看，立时就传开了，被表扬的人也更积极了。"小神头做公粮工作时，黑板报上批评了不实报不应当，有些没实报的人，看见就说：'这才是丢人咧，这不是说我是说

　① 张映雪：《大家来办自己的报——介绍子长瓦市黑板报》，《解放日报》1945 年 10 月 21 日第 2 版。

　② 松江军区第二军分区政治部翻印：《怎样实行群众路线》，1946 年印行，第 31 页。

　③ 《保定市的民众教育馆》，《人民日报》1949 年 5 月 17 日第 4 版。

　④ 萧铁：《在革命的摇篮里成长》，载北京育才学校编《从延安到北京——北京育才学校校史资料选》，1983 年印行，第 147 页。

　⑤ 同上书，第 145 页。

　⑥ 《边区被服厂的黑板报》，载陕西省总工会工运史研究室编《陕甘宁边区工人运动史料选编（下）》，工人出版社 1988 年版，第 513 页。

　⑦ 康旭：《讲里村的黑板报》，《晋察冀日报》1945 年 1 月 10 日第 4 版。

谁呢?'终于实报了。用这些具体的事实做表扬与批评,对推动工作与生产是最有效用的。"①

2. 语言通俗简洁:黑板报的传播以文字符号为主,但是,"群众的文化程度是低的,原封的抄个社论和新闻,他们接受不了。应该把它变成群众容易听懂的字句"②。晋察冀边区平县郭苏镇的经验是,消息必须编成简单明了的庄户话,特别是开头的"这里讯""那里讯"很容易把读者赶跑。③ 为此,黑板报经常采用群众喜闻乐见的小调、快板、诗歌、短句等写作方式。河北涉县后池村的黑板报"形式以快板为最多,因为快板顺口易记易传,群众爱听,也能发挥群众的创作智慧"④。行唐县芦家庄的黑板报曾以"懒汉刘法子"为题,登了这样一段话:"法子法子你再懒,到了秋天瞪了眼,积极生产打满囤,你的打了不大点,要再好吃不干活,叫你饿着没人管。"结果轰动了全村,男女老少都挤着来看,得到了很好的评论。⑤ 山西阳城城关的黑板报表扬纺织模范的快板,这样写着:"南关新成妈,织布是行家,她给人织布,人给她纺花,变工互助好,落得人人夸。七十五匹布,今年新计划,除了织布外,还要种庄稼,有吃有穿有钱花,喜得全家笑哈哈。"⑥ 有时采用生动的比喻,能把国内外消息说得活灵活现。山西壶关西山后村的第二期黑板报这样描述当时的天下大势:日本原来三弟兄,大哥名叫希特勒,打不过苏联他自杀。二哥本是墨索里尼,又被人民枪毙了他。剩下一个小日本,还不够全世界人民一人一个拳头打死他。⑦ 曲子民众教育馆曾经总结过办黑板报的几条经验,其中之一就是"最好每期不超过五百字"。⑧

---

① 林实仁:《怎样办好黑板报》,原载《晋绥日报》1948 年 9 月 25 日,载中央教育科学研究所编《老解放区教育资料(三)解放战争时期》,教育科学出版社 1991 年版,第 488 页。

② 毛茂春、赵德新:《对大众黑板的几点意见》,《人民日报》1947 年 7 月 25 日第 4 版。

③ 旭光:《郭苏怎样把黑板报办好的》,《晋察冀日报》1945 年 2 月 17 日第 2 版。

④ 《广播台黑板报普遍建立民校农村剧团大大发展 太行大众文化教育事业猛进》,《人民日报》1947 年 10 月 28 日第 2 版。

⑤ 张文芳:《芦家庄的黑板报》,《晋察冀日报》1945 年 11 月 19 日第 4 版。

⑥ 文著:《阳城城关的街头黑板报》,《人民日报》1947 年 7 月 25 日第 4 版。

⑦ 石云:《介绍一个大众黑板报——壶关西山后村的大众小报》,《新大众》1945 年第 3 期,山西省档案馆馆藏编号 Z1－G1－350。

⑧ 《曲子民众教育馆办得好 成了群众文化活动核心》,《解放日报》1944 年 5 月 21 日第 2 版。

3. 编排活泼生动：黑板报在编排方面也作了很多尝试：西华池村的黑板报"用方寸正楷字书写，颜色粉笔标题，颇引人注目"。① 阳城城关的街头黑板报"字体很工整，版面设计艺术，干净醒目，每次换版时，总要用水把上期的洗刷干净，用毛笔写上很整齐的白字，并有清楚的标点附（符）号，战争消息还附有简明的插图，用红、蓝等色描绘，所以群众都愿意看"。② "除了采用直写、横写及题目的变化外，群众最欢迎的是画报、连环画、画像等。它不仅使群众发生美感，还能使内容更加形象和生动。"③ "龙华一位著名的劳动英雄葛存在村里出了个黑板报，目的是推动大家好好生产。谁生产好，在村生产委员会讨论决定后，就在黑板报上给他画个像，写上名字，号召大家都学习他。谁是懒汉，经过讨论也画个像，但不写名字。"④ 河北邯郸南大街口的黑板报"把本街发现的模范人物、事情及时写成快板歌谣送到中心组发表，并配合漫画，引起群众很大兴趣"。⑤ "王志元是一个不识字的农民，他说：'春上我到城里（绥德）卖菜，看见南关黑板报上有画画，一看我就懂得是送移民上延安，登些画画，咱们不识字的也能解下。'"⑥ 冀中区温塘村在征收公粮时，就在黑板报上画了架飞机，上写"看谁座""争取坐第一把交椅"的浅显口语，号召群众自觉履行交粮义务，结果"鼓励起很多人很快的把公粮送到村公所"。⑦ 图文并茂、色彩鲜艳、形象生动的黑板报版面编排提高了读者的阅读兴趣。

关于黑板报的形式和内容，也要注意倾听老百姓的意见。如行唐县芦家庄村长亲自担任该村黑板报编辑委员会主任，其他"四个编辑委员很注意采纳群众的意见，经常研究群众的反映"。⑧ 张家口解放后，七区营城

---

① 崇横：《西华池黑板报成为群众的学习园地》，《解放日报》1944 年 6 月 19 日第 2 版。

② 文著：《阳城城关的街头黑板报》，《人民日报》1947 年 7 月 25 日第 4 版。

③ 张孝雍、申玮：《延市市场口的黑板报》，《解放日报》1945 年 9 月 23 日第 2 版。

④ 李华：《老解放区怎样改造乞丐小偷》，《人民日报》1949 年 5 月 18 日第 2 版。

⑤ 赵寒：《邯郸市南关的黑板报》，《人民日报》1947 年 7 月 7 日第 4 版。

⑥ 昌之：《群众对黑板报的意见》，《解放日报》1944 年 11 月 21 日第 4 版。

⑦ 《冀中区党委青联会文教工作参考材料》，河北档案馆馆藏编号 3－1－338－2，转引自朱志伟《解放战争时期晋察冀边区宣传民众工作述论》，河北师范大学硕士论文 2007 年，第 31 页。

⑧ 《冀中青联文教参考材料》，河北档案馆馆藏编号 3－1－338－2，转引自朱志伟《解放战争时期晋察冀边区宣传民众工作述论》，河北师范大学硕士论文 2007 年，第 29 页。

子黑板报在报旁设置了一个意见箱，谁对它有意见都可以提。于是有人提议要增加国内外大事，又有人提议要增加本地的消息，有人提议要增加漫画……办报的人都尽量去改进。他们还经常与群众挤在一起看报，听到百姓对黑板报的意见，就记录下来备作参考。①

第四节　黑板报的一个典型个案

1944 年 11 月 16 日，《解放日报》曾经发表过一篇文章，介绍了边区靖边县镇靖乡群众创办黑板报的事迹，从中可以了解黑板报的整体运作情形：

群众自选的编委会

镇靖城劳动英雄和民办学校的事情被张家畔的黑板报登出以后，镇靖城的群众兴奋地说："咱们村上的事情登上了人家的黑板报，咱们也来办个黑板报吧。"

七月间，在讨论民办学校的群众会上，劳动英雄秦彦林把这个意见正式提出来，立即被通过了。当场共选六个人的编委会，这六个人都是群众中活动分子：有民校教员姚以壮、手工业工人刘少邦、小商人鲍荣华、左德板、绳匠杜芝栋（出席边区文教大会的艺术代表）、乡长李目成。

而且就在当天散会后，这几个人把县政府的一扇大门抬了出来，用黑烟灰和胶水刷成了黑板。一面商量着第一期的内容，等到下午黑板晒干后，写上五条消息，黑板报就这样出现在镇靖城了。

群众通讯员

也就在那天群众会上，他们讨论了组织通讯员问题。群众热情很高，都愿意把黑板报搞得美美的。但是全乡识字的人很少，大家都觉得心有余而力不足，经过讨论，就讨论出两个新办法来，第一个办法是捎话，就是将材料用捎话方式捎给编辑。这样不识字的人也可以当通讯员了。第二个办法是写条条，将材料写在便条上，寄给编辑选用。于是，就有好些群众都报名担任通讯员，后来发展到三十七人。全乡一百八十户，平均每五家

---

① 凤×：《营城子黑板报怎样办好的》，《晋察冀日报》1946 年 7 月 30 日第 2 版。

一个通讯员。三行政村群众百分之九十住在镇靖城内，通讯员最多——十三人，平均每三家有一个通讯员。通讯员的成分：富农二人，中农十三人，贫农十人，小商人三人，半工半农二人。文化程度：中学肄业的二人，识千字以上的三人，识八百字以下三百字以上的六人，识一百字以内的六人，不识字的十三人。这三十个通讯员中有村主任四人，乡政府委员三人，支部干事二人，变工队长四人，区上干部二人，民校委员五人，俱乐部演员八人，完小学生二人。从上述统计中，可以看出这个黑板报真正成了群众的报纸。

编委会又接受了群众的意见，要通讯员投稿多，内容好，有经常性，就必须有组织。随后又召开一次通讯员会议，每个行政村都成立了一个通讯小组，民主选举组长。一村组长为班存章（锄奸主任），二村组长为郝海旺（民校委员），三村组长由编委鲍荣华兼任，四村组长由秦彦林兼任，规定每个通讯员，每二十天要投稿一次——捎话或写纸条条。

由于这个黑板报是群众自己发起，组织起来的，所以各通讯组长都能积极地收集附近群众的意见，经常捎话或写条条给编辑。编辑把材料记在"来稿登记簿"上，等到出报那天编委讨论决定取舍，最后由一人写报，写报的人是轮流担任的。

实际上捎话的稿子最多，从古历六月初八到八月二十日止，七十天中，共收到稿子一百十四篇，捎话的就占七十九篇，占来稿总数百分之七十。口捎的好处是不需要笔墨纸张，稿子来得快，比写纸条条详细，所以这个办法很适合农村办的黑板报。其缺点是捎话的人可能忘记或记错，但这是可以预防或事后改正的。

每个消息下面都注明着投稿人的姓名，以资鼓励。如群众朱保山看见黑板报上登了师德功的稿子，他说："咳！他不识字能投稿，我就不能投吗？"回去后，他也用捎话来了一个稿子。

群众对自己的黑板报愈来愈关心了，有一次群众捎话要表扬民校教员姚以壮，恰巧那一期写报的人是姚以壮，他没有写上那一条，后来被群众发觉了，他们就推定一个识字的人在空白上添上了一条：

"民办校教员姚以壮对小孩热烈和平（和平是和爱之意）。"

每期写报时，总是围满了群众，他们还帮助改正错字、错误，甚至修改文字，如第五期一条消息原来是这样写的：

——赵万民、杨生华家中十余年来未请巫神，也没得过疾病，因为他们讲卫生。

后来群众提议改为：

——赵万民、杨生华家，十来年没请巫神，也没得过病，是由于他们讲卫生。

这样修改后就顺口通俗了，这是大家办报的结果。

从六月初八到八月二十日止，黑板报一共出了十四期，平均每五天出一期。每期约登五六条消息，每条只有十几字到四五十字，每期字数最少一百字，最多二百八十个字。这样内容不单调、字数少，字体端正，重要消息字体大，或用红蓝粉笔写，极为醒目，因此很受群众欢迎。

批评、奖励、推动工作

老商人左掌柜，是一位黑板报的经常读者，每期总要从头到尾的读一遍，五期以后，他逢人便说："咱们这黑板报是说公道话的。"

因为黑板报在说服群众上有很大的效力，消息一上报，很快就传到别乡、别区，甚至别县去了。因此做坏事情的人就怕把他上报，而慢慢转变过来了。有个何锦荣的婆姨，常常打街骂巷，群众都讨厌她，劝也劝不下，后来大家一商量，捎话给黑板报登上了，人们一传开，使她自己感到丢脸，大哭了一场，要求委员会把这条消息擦了，并发誓以后保证改过。编委会接受了她的请求，以后她果然变得老实起来了。宗文秀家里人畜同居，满窑满院都是牲畜粪，卫生委员劝他打扫，他不理，上报后第二天，他就连忙打扫干净。

黑板报也表扬了好人，推动了生产，帮助了政府工作。黑板报上登了"贺子才家中新做纺车四架，弹毛弓一个，现在正在做手拉机，动员全家妇女纺织，成为家庭纺织工厂"。贺子才看了以后，高兴地说："我还要做一架弹毛机，将全村纺织搞起来。"

"工厂收买烂鞋底、破麻绳和老麻油。"这条消息登出后，二村有八家收集了破麻绳和烂鞋底，送到政府去。

二乡许海潮领导二十八犋牛开秋荒，准备明年种公粮田的消息上了报，城市乡群众看了，也自动要求集体开荒。

这样的例子还可以举出不少。证明这个黑板报在群众中已经建立了威信。它成为镇靖乡经济建设工作最有权威的指导力量。在这次文教大会上，它被发现为边区最典型的群众自己创办的黑板报。①

第五节　儿童与黑板报

在革命根据地，不仅鼓励儿童接触报纸、阅读报纸，同样也给他们提供了可能的办报机会，黑板报就是其中之一。

要让儿童参与新闻传播的实践，首先得让他们具备相关的知识。在胡乔木的公开倡导之前，革命根据地的学校已经专门在有关教材中安排了新闻写作的内容。1945 年 5 月陕甘宁边区出版发行的《中等国文》第一册中专门有如何写新闻和办黑板报的章节。② 有关学校如何开展新闻写作的教育，陕甘宁边区延安中学给我们提供了一个范例。在该校第三年二学期国文教学中，专门有新闻通讯单元，其中消息《子长同志灵榇移葬》选自 2 月 27 日《解放日报》第二版。通过对消息的学习，同学们不仅了解了消息的写作特点，同时，"子长同志和群众的密切关系对他们思想上也大有启发"。③ 在当时的写作训练中，新闻写作已成为一个重要部分。④ 有关黑板报的教学也非常详细，具体到黑板报的作用、内容、形式和文章体裁、与群众的联系以及与专业报纸的区别等。⑤

课堂的教学活动增强了儿童对新闻传播知识的了解，为他们参与新闻实践创造了条件。那么，儿童参与媒体实践的具体形式是怎样的呢？在"全党办报、群众办报"的背景下，革命根据地存在着大量的非专业新闻媒体如墙报、壁报、黑板报等，这些经济实用、出版灵活的新闻媒体数量众多而且发挥了极大的影响力。正是这些非专业报的存在，为儿童开辟了媒体实践的广阔天地。

---

① 张潮：《群众创办的黑板报》，《解放日报》1944 年 11 月 16 日第 4 版。

② 李亚洲：《陕甘宁边区语文教育研究》，西北师范大学硕士论文 2002 年，第 9 页。

③ 郭绳武：《读写结合的国文教学的一个实验——延中级第三年二学期国文教学总结》，原载《边区中等教育资料》1946 年 8 月 20 日 8、9 期合刊，载陕西师范大学教育研究所编《陕甘宁边区教育资料（中等教育部分下册）》，教育科学出版社 1981 年版，第 192 页。

④ 值得注意的是，直到今天的中小学语文教材中，依然有新闻单元的内容。

⑤ 潘开沛：《学生在教员的辅导下自学，教员在学生的自学中辅导——中等学校教学法的研究和试验》，原载《边区中等教育资料》1946 年 10 月 1 日第 10 期，载陕西师范大学教育研究所编《陕甘宁边区教育资料（中等教育部分下册）》，教育科学出版社 1981 年版，第 304—305 页。

　　革命根据地儿童参与黑板报是非常积极的。在陕甘宁边区的八路军抗属子弟小学，黑板报的主编和编辑都由同学担任，并且成立了报纸编辑部，"以后他们就用心把字写得端正，并且想出办法，把他们的报装潢得好看，他们用颜料把粉笔染成红色、黄色、蓝色、绿色、紫色，每期都画一个新鲜的报头，又征求同学们的意见，给他们的刊物取了名字，每期出来，都是红红绿绿、花花草草，很合乎小读者的口味"①。学校积极鼓励儿童为黑板报投稿、参与制作黑板报。绥德吉镇完小的黑板报上，登了谁的稿子，就在底下写上谁的名字，并在放学站队时，将登出的稿子向同学宣读，结果同学投稿非常踊跃，仅1945年下半年，学校黑板报共收到五百来篇稿子，登出来的有二百篇。每期三两天一换，保持了内容的新鲜与活泼。②刘家岭"保小"还对黑板报的积极投稿者实行奖励：一等奖为十张雪白的麻纸，二等奖为五张雪白的麻纸。在当时纸张极其缺乏的情况下，这种奖励是非常珍贵的。③

　　同学们把黑板报作为传播新闻时事等各类政治信息的一个阵地。陕甘宁边区的绥德吉镇完小的黑板报在1945年发表的时事就有"该杀的反动派，勾结美国反动派打内战""惊人的消息""毛主席回来了"等内容。④刘家岭"保小"的黑板报《小战士》时常摘登新华社发的消息，如光复延安、宜川大捷、击毙匪军长匪师长、攻克洛阳、活捉敌魁等，还经常用号外的形式以特大新闻登出来的，催人精神振奋。⑤通过黑板报的传播，扩大了一些重要政治信息的覆盖面，而且由于其采用生动活泼的传播形式，也强化了政治信息的传播效果。

　　黑板报还以大量报道身边人、身边事，以表扬批评的形式进行同学群

　　①　程今吾：《延安一学校——一九四四年九月到一九四六年三月的八路军抗属子弟学校》，新华书店华东总分店1950年版，第45页。

　　②　萧云：《吉镇完小的娃娃报》，原载《边区教育通讯》1946年第一卷第6期，载《陕甘宁边区教育资料（小学教育部分下）》，教育科学出版社1981年版，第371—372页。

　　③　萧铁：《在革命摇篮里成长》，载北京育才学校编《从延安到北京——北京育才学校校史资料选》，1983年印行，第146—147页。

　　④　萧云：《吉镇完小的娃娃报》，原载《边区教育通讯》1946年第一卷第6期，载《陕甘宁边区教育资料（小学教育部分下）》，教育科学出版社1981年版，第373页。

　　⑤　萧铁：《在革命摇篮里成长》，载北京育才学校编《从延安到北京——北京育才学校校史资料选》，1983年印行，第147页。

体之间的自我教育。在绥德吉镇完小的黑板报上，谁的行为应当表扬，同学们就写出来投到报上。如："竞赛改变了他""三年没说话，现在合好了""见钱不爱，拾物送还""桂英是读报模范""一组坐了飞机，大家赶快追""抢捞英雄得奖，多光荣"等。还有一些批评性的稿件。如一篇"对不起同学"的文章这样写道："我叫思聪，昨晚上自习时，我见墙上有个蜈蚣，我就用灯去烧，一下子把灯弄熄了，影响了大家，多时不能学习，真对不起同学们。"[①] 显而易见，黑板报传播的这些信息所蕴含的"团结友爱""热爱集体""争取先进""拾金不昧"等主题，都是与当时革命根据地倡导的主流意识形态相符的。这些既贴近生活又生动的信息，为儿童之间的交流提供了具体的事例，并通过典型模范的示范，强化了他们政治心理、政治价值观的塑造，进一步实现了儿童的政治社会化。

根据地的儿童不仅在学校里积极参与媒体实践，还积极承担社会学校外的黑板报、墙报、壁报等非专业新闻媒体的出版工作，发挥了重要的社会传播者作用。他们以墙报、黑板报等为阵地，用生动、通俗的形式，及时向民众传播一些重大的政治时事，宣传形势和党的方针政策。在土地革命战争时期的根据地，很多村庄都有墙报，"列宁小学的师生和工农群众都参加编写。墙报的内容主要是配合中心任务和反映群众的生产和生活，像扩大红军、生产计划、介绍经验、批评表扬等，对群众的教育作用很大"[②]。如1930年第一次反"围剿"胜利的消息传到列宁小学后，学校领导和教师组织学生开庆祝胜利大会。同学们以龙岗大捷为内容，写文章、出墙报。有的学生在墙报上写道："龙冈战鼓响连天，白匪蠢动龙江边；红军奋勇冲上前，罪魁辉瓒把头献；头漂赣江往下流，流向南昌入灵柩；胖子闻讯大恐慌，哭肿眼皮断肝肠。"另外还另配上一幅大漫画"鲁胖子哭头"（鲁涤平当时任伪江西省政府主席，外号鲁胖子），路人见了都开心大笑。[③] 曾经担任人民日报文艺部副主任的石英小时候参加村黑板报的编辑工作，及时把《大众报》的新闻转载到黑板报上。[④] 山东抗日根据地

---

① 萧云：《吉镇完小的娃娃报》，原载《边区教育通讯》1946年第一卷第6期，载《陕甘宁边区教育资料（小学教育部分下）》，教育科学出版社1981年版，第372—373页。

② 陈元晖：《老解放区教育简史》，教育科学出版社1981年版，第35页。

③ 谢兰庭、甘奎锡：《莲花列宁学校》，载《湘赣革命根据地》党史资料征集协作小组编《湘赣革命根据地》，中共党史资料出版社1991年版，第1197页。

④ 石英：《最初的读报"爱好"》，《传媒》2001年第6期。

曾经出现过一名出色的黑板报主编苗得雨。他在抗小学习的时候，接受了革命思想的熏陶，于是走出学校来到社会这所大学校，像大人一样积极投入抗日战争。他还成为儿童工农通讯员，给报纸写稿，因而被大家推荐出

2－5　黑板报主编苗得雨

任村黑板报的小主编。他的回忆给我们提供了一个儿童面向社会传播信息的生动例子：

> 为了改变原先的单调死板，我们照着大报，把四块黑板报变成四个版，学校旁的一块为一版，专登国内外大事；村中心的一块为二版，专登本村新闻；后街西口的一块为三版，专登文艺；前街西口的一块为四版，专登经验介绍（工作、生产、治病等）。我动脑筋琢磨办好板报。后街西口的一块版面最大，作为文艺版也与我业务对口，我可以白黑在上面用功夫。每次出版时，有花边，有报头题图，标题并用红色。有一段还在旁边配上了用纸张贴的《街头报》。因而这

里的读者常常比别处多。

但也有时四个版全是文艺，像报纸出文艺特辑；有时四个版全是本村新闻，像报纸出某个典型村庄某个典型人物的专号。有一次表扬抗联主任苗永林的变工组他们分担的给军属苗奎清的地耕好了，又自动给别的军属刘占美等家耕耙了三四亩地，种好麦子。四个版全登了这个消息。并画上画，配上歌谣道："军属儿子在前方，打仗保卫咱家乡，出力全为大家伙，帮助军属理应当，你看苗永林变工组，连耕带耙全都帮，咱们应当跟着学，争个模范多荣光。"别的变工组的人看了，都很羡慕："看吧！人家都上黑板报了，脸上多光彩！咱也不能做乌龟！"当晚全庄六个变工组一齐开会，提出帮助军属竞赛，很快把军属的地都耕种好了。军属们纷纷给前方写信，鼓励子女们多打胜仗。①

综上可见，革命根据地时期，黑板报作为一种新闻传播媒介形态，已经广泛存在于许多学校之中，成为对儿童进行思想政治教育的重要园地。②

第六节　群众成为黑板报的接受者

考量任何一种传播活动的存在价值，都要以其传播效果为依据。那么，在革命根据地的特定历史情境中，黑板报有没有被群众所接受？他们对待黑板报的评价又是如何？

要保证黑板报的传播效果，首先要保证传播信息能够到达基层群众。那么实际情况如何呢？史料的碎片呈现给我们提供了一些情景复原："（延安桥镇乡）只要黑板报一出来，就围满了人，会认字的念，不会认字的听，黑板报上的消息，立刻传遍了全村。"③ "黑板报每天报导解放区大进军的消息，还画着大地图。那几天，十字街道成了群众自由集合的会

---

① 杨四平：《世纪回眸：苗得雨研究初探》，中国国际广播出版社 1998 年版，第 11—12 页。

② 萧铁：《在革命摇篮里成长》，载北京育才学校编《从延安到北京——北京育才学校校史资料选》，1983 年印行，第 144 页。

③ 《延安市两个较好的黑板报》，《解放日报》1944 年 9 月 23 日第 2 版。

场，成天议论着时局，甚至天很晚了，还有群众去看黑板报。"① 在延安新市口，"因为读者大部分是小市民、商人，他们对于时事新闻关心。很多商人自己订了解放报，群众报，但因政治常识差，文化程度低，对报纸的理解能力有限。黑板报登出重要时事新闻及总结性的时事常识，很受欢迎"②。在毛泽东赴重庆谈判的日子里，"陕甘宁边区城乡的黑板报前，成了人们汇聚的中心，只要是报道毛主席在重庆的消息，没等写完，人们就围上抢着看。不识字的听人念，总担心漏掉什么没听全"③。"（山西黎城北流村）的申花狗担粪还一直看。又如在黑板报上登出了谁的稿子，他在黑夜还去看报。"④（陕甘宁边区被服厂）伙夫白润德，"他的进步和黑板报是息息相关的……因为他觉得黑板报对他有好处，引起他的关心和爱护的感情。他看到黑板报丢了字就填上，下雨落雪时，就把黑板报抬到屋檐下，听到别人就好的或不好的批评，就夜间来谈（白天忙）。报上每一篇稿子他都看，并且仔细地抄下来"⑤。由于黑板报紧密地和工作需要、群众需要相结合，所以大家就乐于接受这种传播媒介。延安桥镇乡曾经对夜校学员做过一次调查，十个能看下黑板报的学生中有九个看过了当天的黑板报。⑥

　　在革命根据地，虽然先后有过几次大规模的文化教育运动，但文化水准毕竟还处在初级阶段。要把黑板报的内容传递给广大群众，还需要多级传播的辅助。在山西兴县市，"每期新的板报出来，就挤满了人，由识字的人念，其他人听，大家都感到津津有味"⑦。"（后池村的）大众黑板除平时在街头饭市一般的进行宣传外，在农忙时候就把大众黑板放在村口大路上，每天下午群众从地里往回走时，学校的大学生和教员在那里负责宣

　　① 张映雪：《大家来办自己的报——介绍子长瓦市黑板报》，《解放日报》1945 年 10 月 21 日第 2 版。

　　② 张孝雍、申玮：《延市场口的黑板报》，《解放日报》1945 年 9 月 23 日第 2 版。

　　③ 红岩革命纪念馆编写组：《毛主席赴重庆谈判》，四川人民出版社 1978 年版，第 92 页。

　　④ 王培义、杨柯、王东魁等：《北流通讯组的介绍》，《人民日报》1947 年 11 月 20 日第 4 版。

　　⑤ 《边区被服厂的黑板报》，载陕西省总工会工运史研究室编《陕甘宁边区工人运动史料选编（下）》，工人出版社 1988 年版，第 508 页。

　　⑥ 葛洛：《延市桥镇乡的黑板报》，《解放日报》1944 年 11 月 14 日第 4 版。

　　⑦ 阮迪民、杨效农：《晋绥日报简史》，重庆出版社 1992 年版，第 89 页。

传，因此每天黄昏报旁都是围着群众在听，甚至有的听得忘了回去吃饭。"① "杜家石沟黑板报登着蒋介石卖国的十大罪状，其中一条是蒋让日本人在中国海面上随意打鱼。第一次这样解释时，群众觉得很平常。第二次又换了一个说法：'住在海边的老百姓就指望打鱼过日子，我们这里的老百姓是指望种庄稼过日子，蒋介石让日本人在海上捉鱼，就和让日本人在我们田上收割成熟了的庄稼一样。'这一下就打动了群众的心，班家沟一位姓王的老百姓生气的说：'肏他娘的！蒋介石真是中国的大弄子（意即败家子）。'"②

基层群众还在实践中注意把黑板报传播与其他形态的传播相结合，延伸传播效果。如在太行根据地，"把黑板报和广播台结合起来。凡登出的稿子，都要由广播筒广播一次，使不识字的人也能不出户而知天下事"③。陕甘宁边区的延安被服厂还发明了一种"喜报"。"因为女工有孩子牵累，以及一部分不识字的男工，难以去看黑板报。于是就用红绿纸，把被表扬或受批评（批评也是对自己有好处的）的人报告他们……一件事经过喜报全厂都知道了。工友们说：'上了黑板报、还来报喜，真美死啦！'"④晋察冀边区阜平县下平阳村为了使黑板报上的内容让全村的人知道，就建立了"山头广播"，黑板报上登什么，广播就播什么。声音洪亮清脆的村教师张法典在村西坡头上建立总台，治安员、青救主任、武委会主任各自在西南、正东、东北适中的屋顶上设分台。每次广播以有点数的锣鼓为计，总台处锣鼓一响，分台处即马上上房交流广播。群众一听到锣鼓声，马上就鸦雀无声地开始聆听。⑤云彪县北山羊村创造出黑板报、房顶广播和口头宣传三种形式结合运用的办法对宣传生产很有效。有一次《群众报》上发表了爬子草染黑布的知识，晚上在房顶广播时又通知大家："想穿黑布的人注意：现在有个染黑布的好法子，省钱又省事，详细办法，明天在黑板报上登录。"第二天人们都去

① 王兰榜：《后池村的生产宣传》，《人民日报》1947 年 8 月 11 日第 4 版。

② 刘书亭、郑忠良：《怎样利用庙会宣传时事》，《解放日报》1946 年 9 月 6 日第 2 版。

③ 常江河：《黑板报与广播台　农村来信之二》，《人民日报》1947 年 8 月 15 日第 4 版。

④ 《边区被服厂的黑板报》，载陕西省总工会工运史研究室编《陕甘宁边区工人运动史料选编（下）》，工人出版社 1988 年版，第 508 页。

⑤ 刘毅：《下平阳的山头广播和黑板报》，《晋察冀日报》1945 年 7 月 13 日第 4 版。

看黑板报，当场有人负责讲解，于是新的办法就推广出去了。① 1947
年，冀鲁豫边区为宣传推动参军，也借用了黑板报和广播的组合传播。
"博平九区各村，凡出现有参军模范人物，马上由村通讯组写成新闻送
到区，区的负责同志则把这一新闻按工作组抄下四份，以快速交通队
（学生与民兵组成），立即送到各组，再按行政村抄写数份，送到各村。
村里接到捷报，即时写在黑板报上，晚上又用喇叭筒广播，一直传播到
全区，大大鼓动了群众参军情绪。宣传中出现了无数的模范人物和模范
事迹，茌平郎口大村在村中心设有大黑板报及广播总台，四个寨门设四
个小黑板报和四个广播分台，每天晚上，四个分台转播总台参军的消
息，使全村每个角落，每个人都知道。"②

种种传播方式的组合使用，使黑板报传播的信息尽可能地被更多的基
层群众知晓，产生了引导观念进而影响行动的积极传播效果。黑板报的传
播效果得到根据地人民的充分肯定。如濮县三区荣庄的黑板报，群众赞扬
说："有了黑板报真是好处多，不出村，国家大事就知道了；村里的好
事，得到表扬，也能推动工作。"③ "真正成为当地群众有威信的善于表扬
而慎于批评的舆论机关，成为推动乡村生产、卫生、识字、娱乐、传播新
闻与改革旧习的武器。"④ 对此，陕甘宁边区政府副主席李鼎铭先生曾在
1944 年的边区参议会上总结："（黑板报、读报组等）这些做法不仅推动
生产和卫生工作，而且使'农民不出门，能知天下事'，把闭塞的农民开
始改造为先进的农民。"⑤ 实践证明，黑板报是一种"自己做工作、自己
写、自己办报、自己看、自己用报，自己教育自己，自己提高的一种最理
想的办法"，"是符合工农群众的切身利益和政治上、文化上迫切要求的，
所以它能发展、巩固、持久，能为工农群众所接受、所欢迎"⑥。也正是
借助黑板报这一媒介形式，工农群众有了自己的发言机关，以致有人如此
评价，"它代表着农民全部利益，不仅是文化学习的新园地，而且是历史

① 张文芳：《办黑板报》，《教育阵地》1945 年第 6 期。
② 《冀鲁豫运用各种形式深入宣传推动参军》，《人民日报》1947 年 12 月 18 日第 4 版。
③ 赵紫生：《冀鲁豫老区教育史》，山东教育出版社 1990 年版，第 149 页。
④ 边区文教大会：《关于发展群众读报办报与通讯工作的决议》，《解放日报》1945 年 1 月
11 日第 4 版。
⑤ 赖伯年：《陕甘宁边区的图书馆事业》，西安出版社 1998 年版，第 194 页。
⑥ 戴邦：《淮北根据地的黑板报》，《安徽新闻史料》1991 年第 3 期。

上从未有过的奇迹。只有在共产党领导下，农民——翻身后的农民，才有发言权，才有言论自由的资格"①。

3 - 6 随时随地学文化

在中国共产党领导下的新民主主义革命取得胜利的过程中，党利用各种传播媒介宣传、鼓动群众参与革命活动，可以说，没有党的新闻事业，党所领导的革命事业就无以成功地宣传、鼓动和组织群众，就无以有效地反映、表达和引导舆论，就无以顺利地指导、推动和开展工作。和报纸、广播等专业媒体一样，作为非专业媒介的黑板报同样是在党报理论指导下的一种传播实践，它以基层组织为依托，发动基层群众参与办报，强调信息到达基层群众，因此是当时中共传播体系中的重要一环。诚如当时的一篇文献所提："如果没有地方小报，《冀晋豫日报》就要裸体跳舞。正规军裸体跳舞不中，报纸也不中。地委县委的小报，就好像地方兵团县大队，村黑板报好像民兵。正规军必须有地方武装和民兵配合，才能在军事斗争上取胜。大报必须有小报和黑板报的配合，才能把宣传斗争做好，道理是相同的"。② 黑板报是报纸、广播等专业媒体的有益延伸和补充，在传播媒体不发达、媒介形态不丰富的革命根据地时期扮演了重要的新闻传播角色，它是建立在群众基础上，"到处结合着群众需要，真正做到'群

---

① 钟志仁：《村报——农民群众教育的堡垒》，《中华教育界》1950 年复刊第 4 卷第 2 期。

② 《怎样办地方小报 怎样开展写稿运动》，冀鲁豫宣联社《宣教通报》第十六号（1947 年 3 月 6 日），山东省菏泽市档案馆馆藏编号 001 - 002 - 8。

众自己办的'，'群众为自己办的'"。① 在当时的情境下，这种传播主体与接受主体之间的交融，容易达成行为上的一致，是新闻传播的深层目的和理想境界。② 黑板报产生的社会影响，其作为一种传播媒介的辐射力，甚至延伸到新中国成立以后的很长一段时期。

3－7　农村宣传员

　　革命根据地的黑板报实践表明：首先，"全党办报、群众办报"的内容是非常丰富、非常具体的，我们应该以更宽阔的视野对其展开研究；其次，在中共新闻传播史上，黑板报是体现"全党办报、群众办报"、体现中国特色的传播实践，它使群众大规模参与办报活动成为可能，由此产生的信息沟通、社会动员的作用和意义应该得到肯定；再次，从最一般的信息传播层面来看，黑板报拉近了大量普通人接触媒介、使用媒介、参与传播的距离，让人们亲身感受到传播媒介在社会生活中的存在价值，因此可以视为一种具有现代意义的实践。普通人和他们参与的黑板报实践，在新闻传播的历史星河中虽不是恒星，但曾经耀眼，只要发过光，就同样应该享受到后人的尊重。

第四章

群众办报的成效

前文以革命根据地时期的"群众办报"实践为焦点，具体从组织读报、参与写稿、直接办报三个环节展开考察，展现了革命根据地民众与大众传媒联结的多层图景。那么，这种联结又促成了哪些成效？

第一节 群众办报推动报纸普及

大众传播事业的发展，既是现代化的结果，又是现代化的推力，因此在走向现代化的过程中，大众传媒与普通民众的联结至关重要。在近代中国，不少贤人志士已经认识并表达了类似的观念，但是限于种种社会现实条件，其推进的脚步却是迟滞而蹒跚。在中国共产党的领导下，革命根据地虽然处在缺乏现代经济、社会、文化条件，特别是缺乏现代化动力的乡村社会，但就是在这样一种非常艰苦的环境中，共产党以革命为动力，以远远溢出今人常理想象的各种努力，加速了大众传媒与普通民众（实际上基本是农民）的关联，使报纸成为"今天根据地干部与群众最主要最普遍最经常的读物"，[①] 从而有力地启动了传统乡村社会的全面转型，这显然是一条迥别于以市场为驱力的大众传播事业发展路径。

报纸进入乡村民众的日常生活是"群众办报"的一个重要结果。由于共产党在苏维埃时期已经开始有意识地组织读报活动，所以，报纸从那时起就慢慢地走近根据地民众，曾经有不少歌谣描述了当时读报的情形。时任中央工农大学宣传科副科长的洪水同志，在团中央机关刊物《青年实话》上发表了一首题为《在列宁室（生活素描）》的诗歌："你看《红色

---

① 中共中央宣传部：《关于执行党的文艺政策的决定》（1943 年 11 月 7 日），《解放日报》1943 年 11 月 8 日第 1 版。

中华》，我看《青年实话》，他跑来笑哈哈，列宁室真好呀！"① 这是部分苏区群众在列宁室看报的生动写照。中央苏区流传的另一首诗歌《俱乐部里听新闻》，同样反映了读报的情况："太阳下山有红云，革命的日子乐开心，早上出去忙支前，夜了归来听新闻。"② 在 20 世纪 30 年代的湘鄂西苏区，报刊受到根据地民众和士兵的欢迎，报纸一到，大家就争相阅读。当时，《墩台湾村都读报》这首歌谣流传广泛："苏维埃政府领导好，报纸印得多精巧，晚风吹来动树梢，墩台湾村都读报。"③ 在湘鄂西革命根据地的周老嘴、瞿家湾地区，也同样流传着一首类似的歌谣《街头巷尾听读报》："苏维埃的领导好，报纸印得多精巧。生产练兵搞完了，街头街尾听读报。"④ 歌谣的传唱至少已经表明，读报在苏区已经不是稀罕事，而是一种比较常见的日常行为了。

　　抗战时期，由于中共明确提出"群众办报"的口号，因此读报活动作为一项制度化的行为得到更大规模地开展，参加读报的民众遍布各个根据地，而陕甘宁边区则毫无疑义地成为其中的样板。当时，正在延安的作家周而复在一篇文章中提到，全边区组织了一万人读报，所读的是《解放日报》《群众报》和各分区的报。⑤ 那时流传下来的很多文字，记载了陕甘宁边区民众积极参加读报活动的情形，从中可以展现他们参与读报活动的热情。在绥德县崔家湾区王梁家川村，有一次开村民大会讨论制定村民公约，最后有人提议再添上一条："变工队员都要参加读报组，如果有事不能到，要先向组长请假。"结果，大家一致赞成并立刻通过。在读报实际开展过程中，实际上请假的人很少，5 个读报组总共 31 个人，经常来听报的不下二十七八位。⑥ 关中赤水一区一位名叫卢金财的青年有次到桃渠河小学里玩，看见教员桌上放着一张报纸，他就问教员报上登些啥。教员读了一节给他听，卢金财感到很有兴趣，就对教员说准备把本村六个小伙子每晚叫到学校里来读报识字、学习文化。两天以后，卢金财就领着全

① 潘振武：《战歌春秋》，解放军出版社 1984 年版，第 21 页。

② 危仁晸：《江西革命歌谣选》，江西人民出版社 1991 年版，第 159—160 页。

③ 李玉珍：《墩台湾村都读报》，载谢作华主编《殷红的诗篇》，中国民间文艺出版社 1988 年版，第 208 页。

④ 古源：《扛起梭标跟贺龙》，中国民间文艺出版社 1988 年版，第 80 页。

⑤ 周而复：《难忘的征尘》，文化艺术出版社 2004 年版，第 160 页。

⑥ 昌之：《一个农村读报组的创办》，《解放日报》1944 年 9 月 24 日第 2 版。

村六个年轻小伙子来听报了。① 曲子县民众教育馆领导的南街读报组每次读报半个小时，结束之后听众总是恋恋不舍，不肯散去。他们都说："过去咱们以为报纸是糊糊墙、包包东西的，谁想到它就是给咱们拉话的，教咱们知道不少事情。"② 赤水县铁王镇民教馆读报组在集市时开展读报，很受大家欢迎，连离铁王镇十来里路的群众不管有事无事，都要前来听讲。其中，一位六十岁的吴吉友老汉说："我每集都来听讲报，听惯了，一次不听，觉得睡也睡不住。"③ 在关中地区，通俗报纸《关中报》《群众报》已成为夜校、半日班最重要的教科书。淳耀庙湾街上成立了五个读报组，原订六份《群众报》还嫌不够，铁匠宁学诗为了本组读报方便，又特地订了一份。④ 关中地区新正二区狼牙洼读报组马黑子说："《关中报》是我增加知识的好课本，关于做庄稼讲卫生的事实和道理登得很多，我每天到地里生产，都带着《关中报》，歇下了就爱看它。"⑤ 新正二区九乡甘木沟村民魏得富，在开始听读报时还埋怨："别村都不读，光咱村读怎行？"听了几次读报纸后，他高兴地说："大事情也懂下了，字也识下了，药方子也学得了，真是好事情！"⑥ 延安城区梁圈村的读报组有一次读了一个二流子转变的秧歌剧——《动员起来》，结果大家兴趣很浓，纷纷要求再读一遍。这篇万字长文虽然耗时一个半小时，但听报的人聚精会神，丝毫没有疲倦的样子。⑦ 延安第九行政组的读报员张健红工作非常用心负责，受到大家的欢迎，读报第一天到了 13 人，第三天到了 17 人，第五天到了 50 人。由于读报时天气太热，一个小听众居然给张健红扇起了扇子，

---

① 《关中广泛设立夜校、半日班、读报组 小先生制亦颇盛行》，《解放日报》1944 年 7 月 17 日第 2 版。

② 《曲子县民众教育馆办得好 成了群众文化活动核心》，《解放日报》1944 年 5 月 21 日第 2 版。

③ 陕甘宁边区教育厅：《三年来边区社教工作总结》（1946 年 12 月），载《陕甘宁边区教育资料（社会教育部分上）》，教育科学出版社 1981 年版，第 206 页。

④ 《关中广泛设立夜校、半日班、读报组 小先生制亦颇盛行》，《解放日报》1944 年 7 月 17 日第 2 版。

⑤ 《关中报创刊六年 坚持报纸与实际结合 深得干部和群众欢迎》，《解放日报》1946 年 5 月 4 日第 2 版。

⑥ 马方正、孙廉：《新正一区重视读报》，《解放日报》1945 年 1 月 24 日第 2 版。

⑦ 苏奋：《定边城区梁圈村成立农民读报组》，《解放日报》1944 年 6 月 12 日第 2 版。

张健红再三制止他都不肯停扇。① 边区群众积极参加读报的情景也感染了艺术创作者。当时，在延安的画家式廓曾经画过一幅《延安农民读报》的素描，反映的是延安桥儿沟农民在劳动休息时读报的情况。"读报的农民兴奋地举起一只手，他正谈到前方打了一个大胜仗的喜讯，打死打伤多少日本鬼子，抓了多少俘虏，缴获了多少武器……；正捧着罐子喝水的农民也不喝了，旁边的农民喜悦地和他议论着什么；其他农民坐着的、站着的、抽烟的都用兴奋的眼睛盯着读报的人。"② 画面形象生动地反映了边区农民生气蓬勃的新生活和精神面貌。

4－1　延安农民读报

　　其他根据地民众参与读报活动的情形也很常见。1943 年的时候，晋察冀抗日根据地北岳区的每个行政村甚至自然村都成立起了读报小组。每个农民甚至六七十岁的老太婆都慢慢地关心时事了，"《晋察冀日报》已经真正的成为广大人民的教科书"。③ 而在晋察冀定县司仓村，"不管青

---

　　① 《第九行政组的读报识字组》，载中央教育科学研究所编《老解放区教育资料（二）抗日战争时期（下册）》，教育科学出版社 1986 年版，第 66 页。

　　② 孙新元、尚德周：《延安岁月——延安时期革命美术活动回忆录》，陕西人民美术出版社 1985 年版，第 233 页。

　　③ 新华社：《北岳区读报工作普遍深入民间》，《解放日报》1943 年 8 月 29 日第 2 版。

年、壮年、老年，都养成了听报的习惯"。① 易县猫儿岩村读报小组经过一年读报，使得全村男女老少每到夜晚就去听读报已经成为一种习惯，一位老先生说："一天听不到报纸上的消息，就闷得发慌啊！"他们把一年的报纸都订起来，一张也不肯丢失。② 曾经在冀中抗日根据地《冀中导报》工作过的老报人石坚这样描述当时读报组的场景："每天早晨两小时的学习，主要是读报，房东老大娘也旁听。""夜晚，村小学的教室里，聚集了上百人。在一盏小小油灯下，人们聚精会神地听我们读报，每念完一段，就是一阵热烈的讨论。""如果用'如饥似渴'形容读报，是一点也不夸张的。""人们进行政治学习，离不开它；了解世界大事，离不开它；指导工作，离不开它；进行生产、文化、教育等各项工作，离不开它……"③ 作家周而复到晋察冀根据地考察后，在《晋察冀行》一文中这样感叹："从来和农民不发生关系的报纸，现在他们的生活却成了报纸上的重要新闻，这是翻天覆地的一个大变动啊。人民和报纸有了血肉关系，他们从报纸上得到许多农业上的知识，全边区生产经验的交流，人民的成长……读报已开始成为他们日常生活之一了。有的人，很忙的时候，也不忘记去听读报，不听听报上的事，仿佛生活中缺少一点什么似的，不能好好安心去休息。"④ 到1945年，读报已经是晋绥边区群众必不可少的文化活动，"从田间地头到工厂车间，从部队连队到机关单位，一到工余休息时间，到处都可以看到人们在读报"⑤。在苏中抗日根据地，射阳县第三区智谋乡将读报与夜校相结合，百姓闻风而动，读报运动开展得蓬蓬勃勃。白天，乡里的4名小学老师教好三个班的学生，晚上他们把小黑板和报纸一带，又忙着到夜校上课。夜校没有专门教室，大都设在群众家里。一盏煤油灯照亮了客堂间，大家围拢在一起，静听着老师讲课。讲课没有现成的教材，主要是读报、讲报。夜校一读到《盐阜大众》报，喧哗声马上就宁静下来，"他们聚精会神地听老师读，听老师讲，完全忘记了白

　　① 《群众教育的"民办公助"》，载中央教育科学研究所编《老解放区教育资料（二）抗日战争时期（下册）》，教育科学出版社1986年版，第147页。

　　② 张峰：《一天听不到读报就闷得慌》，《晋察冀日报》1943年4月2日第4版。

　　③ 石坚：《往事琐忆》，载杜敬编《冀中报刊史料集》，河北教育出版社1995年版，第361页。

　　④ 周而复：《难忘的征尘》，文化艺术出版社2004年版，第170页。

　　⑤ 阮迪民、杨效农：《晋绥日报简史》，重庆出版社1992年版，第90页。

天的疲劳"①。由于《盐阜大众》报的广泛影响，得到了当地百姓的喜爱，一首歌谣这样评价："《盐阜大众》一到，满庄老小直跳，识字的抢着看报，不识字的拉住要读报；看报、读报、听报，人人欢喜乐笑；欢喜乐笑，开了心窍，天下大事全明了，本地新闻，样样谈到，人民翻身个个大笑，还有快板、小调，说说唱唱，真有味道。"② 1947 年《盐阜大众诗歌选》也刊载过一首题为《读报小组》的歌谣来反映根据地群众读《盐阜大众》报的情形："大众报，大家读，读报小组组织好。不会读报不要紧，会读的讲把大家听。大众报，大家看，世界大事样样有。讲讲故事趣味好，看罢图画唱小调。"③ 这些流传甚广的歌谣表明，听读《盐阜大众》报已经在当地民众中深深扎根，成为了他们不可缺少的精神食粮。

通过参加读报活动，民众了解了报纸的好处，也增进了他们对报纸的感情，增强了读报的主动性。延安新市场后街上有位铁匠铺学徒郭贯之，由于参加读报组喜欢上了报纸，结果每当黄昏，他趁着铁未烧红的片刻，抓紧时间对着火炉里的火光念报纸，被人称为"放下报纸拿锤，丢下锤子抓报纸"。④ 在陕甘宁边区的安塞县马家沟村，读报组的三间平房成为了劳动者的俱乐部，四壁张贴着各种发动生产的标语。每到黄昏读报时间，农民三三两两地从窑洞里走出来，互相吆喝着："走呵！读报去了。"⑤ 大众化、通俗化的《边区群众报》在陕甘宁边区人民中深深地扎了根，人们亲切地称它是"咱们的报纸"。在群众中还流传着一个谜语："有个好朋友，没脚就会走；七天来一次，来了不停口；说东又说西，肚里样样有；交上这朋友，走在人前头。"谜底就是《边区群众报》，这充分表明边区人民对它的热爱。⑥ 面对此种情形，难怪当时有人肯定："读报已成

---

① 陈明西：《忆射阳县第三区的抗日民主教育》，载中国人民政治协商会议江苏省盐城市委员会文史资料研究委员会编《盐城文史资料选辑（第 1 辑）》，1984 年印行，第 89 页。

② 严锋：《新四军与盐城报业文化》，载施建石主编《盐城特色文化》，苏州大学出版社 2006 年版，第 112 页。

③ 江苏省文联资料室：《江苏革命根据地文艺资料汇编（诗词·歌谣苏北部分）》，1983 年印行，第 325 页。

④ 一云：《延市新市场铁工读报组》，《解放日报》1944 年 8 月 20 日第 2 版。

⑤ 《安塞陈德发模范乡组织劳动力达百分之九十七 读报组将续在各村成立》，《解放日报》1944 年 3 月 31 日第 2 版。

⑥ 杨锦章：《周文对大众化报纸的杰出贡献》，载张大明编《情钟大众——周文纪念暨学术讨论会论文集》，中国文联出版公司 1996 年版，第 127 页。

为边区群众日常生活中的重要一项。"① 晋察冀抗日根据地左权、武乡等地的群众反映，"不听时事，闷得不行"。② 当时的一篇报道称："在今天，无论是群固区或者是游击区，人民对日报莫不当作每日必有的饭食一样在需要着。报纸这次增价后，他们就说：'报纸就再贵一点，我们也是要看的'。"在雁北繁峙游击区的村子里，人民对报纸同样是热爱着，他们经常在村外放上岗哨，进行集体读报。敌人来了，就把报纸藏起来，敌人走后再继续读。③ 一些民众把听报当作是一天中的乐事。晋察冀边区涞水县六区××村的一位村民每当有读报时，就在村里喊："今天晚上读报了，大家都去听吧。天下大事都有，希特勒快完了，人家冀西四十三岁的丫头一天纺一斤线，都去听呀！"④ 其兴奋之情溢于言表。在鄂豫边区，民众把报纸当作是自己的代言人。新报纸一到，人们竞相围观、传阅，传烂了、磨破了也舍不得丢掉。安陆县钱家冲响堂湾一个姓孙人家的墙上，糊有许多《七七报》，日、伪、顽军进犯该村前，群众为了保护这些报纸，就在上面刷上一层泥浆和石灰，⑤ 由此可见老百姓对报纸的爱惜。晋察冀根据地一村民致信给《新华日报》（华北版）编辑部，称自从与报纸结缘后，不看报便会不舒服、不痛快，他以报纸的指示为武器不断取得进步，于是当选为村中的农会主任。⑥ 解放战争时期，山东军区的士兵通过阅读《民兵》报，对报纸的认识与运用上大有提高，一位名叫张成全的排长说："我感到《民兵》报上的文章……对我的帮助很大，因为那些都是实际的，并且我亲眼看到的也不少，同时又能提高阅读能力，因此我越看越有兴趣，每次报纸来了，我就先找《民兵》报看，如一星期不来《民兵》报就感到苦闷，每张《民兵》报我都看了好几次，看人家怎样写文章，

① 周而复：《难忘的征尘》，文化艺术出版社 2004 年版，第 160 页。

② 《太行区 1948 年冬学总结》，山西省档案馆馆藏编号 A52 - 4 - 41，转引自郭夏云《教育的革命与革命的教育——冬学视野中的根据地社会变迁》，山西人民出版社 2009 年版，第 238 页。

③ 《北岳群众热爱报纸 读报工作普遍开展》，《解放日报》1943 年 9 月 12 日第 2 版。

④ 安克成：《在乡村，人们是怎样传阅与热爱着报纸》，《晋察冀日报》1943 年 9 月 7 日第 3 版。

⑤ 鄂豫边区革命史编辑部、《湖北日报》社：《楚天号角：抗日战争和解放战争时期鄂豫边地区的革命报刊》，武汉大学出版社 1990 年版，第 110 页。

⑥ 林火：《往事堪回首 重忆太行山——回忆华北新华日报的通联采访工作片断及五月反"扫荡"》，载山西省新闻工作者协会、太行新闻史学会编《太行新闻工作回忆录（第九辑）》，1986 年印行，第 5 页。

这对我的文化程度有很大提高。……每次来报都好好的保存，如在管理上犯了毛病，就找报看看，拿反军阀主义倾向与山头主义对照来作斗争，这些都是我的好老师，我以后还要和民兵报更密切，把它当成我的政治课本和教材，使我有更好的方法去教育战士和提高战斗力！"战士石员华也说："我感觉民兵报对我的帮助好比进学校一样快，因为它能使我在思想上、工作上、生活上完全改变了过去的一套，它告诉了我许多经验教训和方式方法，对我的帮助真是太多了！使我一时说不完，更无法描写，我只有更多的感谢它！"① 1947年，《人民日报》发起创刊一周年纪念活动，结果有一位名叫刘子久的读者撰写了一首诗加以歌颂："每天看报成习惯，不看就像没吃饭。报纸好处说不尽，它的作用更显然。"②

4－2　1945年邯郸解放后人们在阅报

当报纸开始渗入人们的日常生活之后，其作用就开始显现了。对于人们普遍接触媒介、使用媒介的结果，中外已经有诸多学者从现代化的角度作出阐释。那么，报纸普及会如何有益于传统乡村社会的改造呢？

这种作用一方面体现在大众传媒催动革新的作用。大众传媒所释放的能量，带动了生产、交往、生活方式的改变，构成了社会变革的张力，成

① 万里云：《我们的〈民兵〉报》，载临沂地区报史志编纂办公室编《临沂地区报史资料汇编》，1988年印行，第68—69页。

② 刘子久：《人民日报周年纪念祝词》，《人民日报》1947年5月15日第4版。

为社会变迁的一种诱因。① 美国学者查尔斯·霍顿·库利认为，进化中的现代社会离不开"交流"，人们之间的影响取决于传播的广度和深度。所以传播的历史是所有历史的基础，社会改革机车的发动机是传播。② 当人们开始使用一种新的媒介时，"社会接触的空间扩展了，时间加快了，而且在相同的程度上，它们所意味的精神协调性变得更为广泛和活跃。个人通过与更大范围和更多样化的生活发生关系而头脑开扩，而且这种生活给他带来的大量的不断变化的启发，使他保持兴奋，有时甚至兴奋过度"。③ 大众传媒对个体的"开扩"和"激励"催生了对现代性的向往和追崇："大众传播媒介给人们带来有关现代生活诸多方面的信息；给人们打开了输入新观念的大门；向人们显示新的行事方式；显示有助于增进效能感的技能……"④ 因而，"信息状况的重大变化，传播的重大牵连，总是伴随着任何一次重大社会变革的"⑤。特别于革命时期的"群众办报"而言，其实施的地区主要是地广人贫的乡村地区，这对乡村民众的现代化启蒙也很有意义。近代许多志士仁人认识到改造中国必须重视国民性的改造与农民教育，但其影响层面还仅限于知识界，远未触动一般民众。中国共产党领导的农民运动和革命战争及其对农民的教育，成为荡涤农民落后的文化心理与习性、形成新的思想意识和人格、推动农民现代化的最强大动力。⑥ 因此，当大众传媒滋渗到乡村民众的日常生活之后，显然提升了他们运用信息的能力。而人的现代化与个人处理复杂信息的能力之间存在着直接的联系，"亲身或通过媒介进行的文化接触使个人增强了能力，对现代生活产生了共鸣，提高了处理信息的能力，还提供了有助于个人选择新

① 俞旭、郭中实、黄煜：《探索新闻传播与社会变迁互动的真谛》，载俞旭、郭中实、黄煜主编《新闻传播与社会变迁》前言，香港中华书局1999年版。

② 董建萍：《西方政治制度：传承与变革》，经济日报出版社2002年版，第347—348页。

③ ［美］梅尔文·德弗勒、桑德拉·鲍尔－洛基奇著，杜力平译：《大众传播学诸论》，新华出版社1990年版，第27页。

④ ［美］阿列克斯·英克尔斯、戴维·H.史密斯著，顾昕译：《从传统人到现代人——六个发展中国家中的个人变化》，中国人民大学出版社1992年版，第224页。

⑤ ［美］威尔伯·施拉姆、威廉·波特著，陈亮等译：《传播学概论》，新华出版社1984年版，第19页。

⑥ 刘锋：《中国现代化进程中的农民问题》，陕西人民出版社1994年版，第26页。

生活方式的其他因素"。① 这种变化，驱动了传统乡村社会的现代改造。传播学的奠基人施拉姆曾有断论：

> 在一个传统的村庄，像其他地方一样，知识就是力量，但是在有媒介之前的文化中，力量的形式往往存在于能记住过去的智慧、神圣的文字、法律、习俗和各家族史的老人的记忆之中。在广播和印刷品进入一个传统的村庄，甚至修了一条通往那里的公路之后，变化往往是惊人的。首先，可以得到的信息的数量大大增加。传播来自更远的地方。地平线几乎一夜之间向远处退去。世界越过最近的山头或看得见的地平线延伸到了更远的地方，村民们关心别人是怎样生活的。力量从那些能记住很久以前的事的人那里，传到了那些掌握遥远地方有关信息的人那里。把过去的事写下来就成了共同的财产。人们的注意力转向可以用于实现变革而不是维持一成不变的信息。新的观念和想象在传播渠道中流通——农作物轮作、农药、疫苗、选举、计划生育、工程技术……于是，正如哈罗德·英尼斯精辟地指出的，村庄的生活从口传文化发展为媒介文化之后，就以空间而不是以时间、以将来可能怎样而不是以过去怎样为中心了，变更的轮子从此转起来。②

另一方面，大众传媒也体现出强大的社会整合作用。传播媒介之所以能产生如此强大的效果，是因为它发出的信息建构了一个社会现实，提供人们一种世界观。人们依据媒介日积月累提供的"参考架构"，来阐释社会现象和事实，并对受众形成了现成而最有力的解释。媒介提供信息，告诉受众什么是社会上所赞同或认可的规范、信仰与价值，人们受到这一套"定义"或"解释"的约束，尽量"从众"，迁就社会文化所共同认可的行为。③ 所以，"我们永远不可能知道，也不可能想象，报纸在多大程度上改变了个人的谈话，既使之丰富多样，又抹平其差异，使人们的谈话在空间上整合、在时间上多样化；即使不读报但和读报者交谈的人也会受到

---

① ［美］米格代尔著，李玉琪、袁宁译：《农民、政治与革命——第三世界政治与社会变革的压力》，中央编译出版社1996年版，第5页。

② ［美］威尔伯·施拉姆、威廉·波特著，陈亮等译：《传播学概论》，新华出版社1984年版，第16—17页。

③ 李金铨：《大众传播理论》，台湾三民书局2009年版，第150页。

影响，也不得不追随他们借用的思想，一支笔足以启动上百万的舌头交谈"①。这种整合功能，也正是革命动员需要借用的力量。

第二节　群众办报促进知识启蒙②

通过群众办报的机制，革命根据地的民众通过读报、写稿、办报等环节，拉近了大众媒体与民众的距离，并借此习得了各种生产技能，改变了社会观念，提高了文化素养，从而加速了根据地民众的知识启蒙。

一　改进劳动生产

生产劳动不仅是维持根据地民众生活的必要行为，也是对革命事业提供支持的基础支撑。对于物质匮乏的革命根据地来说，鼓励民众积极投入生产劳动，"自己动手、丰衣足食"，始终是一项不敢懈怠的重任。因此，如何通过"群众办报"的机制，让报纸对生产劳动产生推动作用就是一个必须面对的问题。

根据地的报纸非常注重农业生产的报道，通过读报活动的中介，根据地的民众增进了生产劳动的很多知识，仅仅在陕甘宁边区就有很多这方面的事例。1944 年 11 月 26 日的《解放日报》曾经刊登了陕甘宁边区华池县柔远区五乡赵志义读报组的事迹。该读报组自成立以来，按照报纸上介绍给牛羊治病的药方，为群众共治愈了病牛 5 头，羊一百余只。全庄种棉花，也是听了报纸的介绍才种的，而且根据报纸上介绍的种植办法，棉花

---

① ［法］加布里埃尔·塔尔德著，［美］特里·N. 克拉克编，何道宽译：《传播与社会影响》，中国人民大学出版社 2005 年版，第 235 页。

② 张孝芳在《革命与动员：建构"共意"的视角》（社会科学文献出版社 2011 年版）一书中对陕甘宁边区的社会教育进行考察，在分析其效果时，提出了知识启蒙和身份建构两个层面的作用。一方面是新知识、新观念的导入，包括日常生产生活的各种知识技能、风俗习惯的改良、观念的更新等，这可以被视之为智识启蒙过程；另一方面则是对行为体进行某种形式的革命化教育，使其从革命的、政治的乃至民族的视野和高度来认知身边的事物、来看待当前时代所发生的一切，并以某种被期待的身份和角色选择相应的行动，投入其中，成为其中一分子，这即是一种身份建构的过程（参见该书第 164—191 页）。本人赞同这种归纳，故依样采纳，特此说明，不敢掠美。

桃子长得像鸡蛋一样大。[①] 定边县二区苏文焕和小学教员高俊杰组织的读报组，第一次读了《三边报》介绍魏幸统种荞麦的方法，结果大家听了之后都说好，于是就动手赶在清明前十天把荞麦地揭了一次，立夏后十天又翻第二次，这样种荞麦一垧能收大石一石多。[②] 关中地区新宁三区三乡某村读报组组员听了《关中报》上写的"种苜蓿的好处"后，全村就订计划种下两亩苜蓿。[③] 陇东庆阳三十里铺小寨村读报组读到用清水灰水治羊瘟的药方时，在听报的人中就引起热烈的反响。有的问清水灰水咋做法，有的问骨灰粉咋搞的，七嘴八舌，活像一窝蜂。连四个过路的客人，听了《治羊拉黑水病》的药方，也要求读报员给他们抄一份药方。[④] 关中地区新宁四区五乡行持村王万杰到本村学校里听了《群众报》上治羊瘟药方，回去就照报上的办法灌羊，把两个拉黑水的瘟羊治好了，于是，他对读报发生了更高的兴趣。[⑤] 为了解决群众的染布困难，陕甘宁边区一位乡长就把《关中报》上用橡树壳子染布的方法，抄下发给本村妇女，又讲给她们听。开始大家怕不保险，没人敢染，乡长就自己先动手试验，结果染的颜色很好看，于是示范效应产生了，别人也都照样染起来，节省了很多染料钱。[⑥] 《冀鲁豫日报》曾经登过栽红薯的文章，这张报传到观城一区舍庄后，"农民要求教员把这个消息念了好几遍，都恐怕自己记性不好，记不住，等着全记住了，才不叫再念"。群众异口同声地说："听报真有大好处，连栽好红薯的事也登着，哪个地方用了啥好法，报上一登，大伙都能学学，这法再好没有啦！"[⑦]

通过报纸，民众不仅学习生产技术，还学习了更先进的生产组织模

① 马古荣：《华池柔远区区政府奖励赵志义读报组》，《解放日报》1944年11月26日第2版。

② 《三边各地开展生产与读报识字结合运动 贺保元召开读报会检查各户生产》，《解放日报》1944年6月4日第2版。

③ 《关中广泛设立夜校、半日班、读报组 小先生制亦颇盛行》，《解放日报》1944年7月17日第2版。

④ 华山：《不识字的贫农宣传队》，《解放日报》1944年10月3日第4版。

⑤ 《关中广泛设立夜校、半日班、读报组 小先生制亦颇盛行》，《解放日报》1944年7月17日第2版。

⑥ 《薛乡长利用报纸推动工作，事事自己做榜样》，《边区群众报》1946年6月2日第2版。

⑦ 周川：《冀鲁豫日报在农村》，原载《冀鲁豫日报》1947年8月1日，载《冀鲁豫日报史》编委会编《冀鲁豫日报史》，贵州人民出版社1993年版，第231页。

式。陕甘宁边区绥德县崔家湾区王梁家川读报组有一次读到《辛店并地变工的办法》，读完后大家就立刻讨论起来。积极分子首先说："这个办法好，对咱村很适用，咱村里地少人多，许多人家，只种几垧地，除去务庄稼，还要赶牲口，寻些赚头，弥补开销，可是一个人不是误了赶脚，就是耽搁了锄草。辛店这个办法好，两头都能顾到，咱们马上就照着做。"最后决定，王家川、梁家川各成立一组，并定出毛驴草料标准。并地变工运输的办法就实行了。① 陕甘宁边区曲子县的南街读报组读到关中冯云鹏组织放羊合作社时，周围的群众说："好办法，我们也能办得到。②"山东莒南县十字路镇读报组有一回念到戴家扁山变工队的生产情形时，大家接着就讨论起合伙养牛的好处，检讨了过去变工组的缺点，马上有三个变工组愿意合伙养牛。③ 太行地区的邢台水门在春耕时，互助组因计工发生困难，模范义教赵景元在报上看到武乡工票法很好，就在冬学时讲工票好处和用法，很受群众欢迎，许多互助组都采用了工票。④ 因此，读报对各类生产组织的推广作用也是十分明显的。

报纸对生产劳动的指导作用，自然赢得了民众的接受。曾经在晋绥边区工作过的老报人穆欣回忆如此评价：报纸不但使他们知道了国家大事，而且告诉他们许多扩大生产和进步的耕作方法，怎样搞肥料，怎样精耕细作、如何选种，报纸都把各地最好的经验加以报道和介绍，因此人民对报纸有了很好的感情。⑤ 如晋察冀边区临县五区一个老乡把《抗战日报》《大众报》称为"劳动英雄报"，兴县劳动英雄白玖玉评价报纸对于推动"生产作用实在大"。⑥ 解放战争时期的一篇文章曾经形象地记载了河北宁晋县东河庄老百姓因为生产劳动的报道而增进了对报纸的好感：

---

① 昌之：《一个农村读报组的创办》，《解放日报》1944 年 9 月 24 日第 2 版。

② 《曲子县民众教育馆办得好 成了群众文化活动核心》，《解放日报》1944 年 5 月 21 日第 2 版。

③ 《莒南十字路庄户学分散教学 每家门口或炕头上设立识字牌》，《解放日报》1945 年 2 月 11 日第 2 版。

④ 人民日报研究室：《太行冬学运动回顾》，《人民日报》1946 年 11 月 25 日第 2 版。

⑤ 穆欣：《晋绥解放区鸟瞰》，山西人民出版社 1984 年版，第 125 页。

⑥ 《晋绥边区社会教育概况》，载中央教育科学研究所编《老解放区教育资料（二）抗日战争时期（下册）》，教育科学出版社 1986 年版，第 161 页。

　　一天清晨，华北东河庄头上一堆老年人，在啦着闲呱，有的说："风大地干麦子不好搆。"有的说："去年麦子长了乌霉，少打了粮食。"小学教师梁发进和张修海也跑去凑了堆，啦着搆地深了好，还是浅了好？……大家啦的很热闹的时候，梁发进接着插嘴说："我听着人家沂南种麦子还选种，临搆地前先把麦种用盐水捞捞，把浮上的漂出来，晒干了搆上能撑旱，又能除虫，还不长乌霉。"一个老头梁奉菊说："这是哪里听来的法子？"梁发进说："我从报上看来的。""报上看来的？报上还登咱庄户地里的事吗？"大家七嘴八舌的啦起来。张修海就告诉他们，"今天的报纸，和过去国民党的报纸不一样，好多稿子都是咱庄户人写的，登的都是咱庄户人的事……"一个老头笑着说："希（稀）奇！希（稀）奇！庄户人的事都能上报了。"这里有些人好像还不大相信。梁发进就从怀里掏出《鲁中日报》来，把劳动模范刘曰文选种和拿蝼蛄的办法，念给他们听，他们都笑嘻嘻的说："现今的报纸变啦。"①

　　黑板报作为民众身边的"报纸"，对生产劳动的推动作用也很大，1944年春天，陕西米脂县卧羊区出现了羊瘟，群众非常着急，卧羊区中心小学的黑板报上就刊登了一个治疗羊瘟的办法，治好了一百多只羊，群众高兴地说："大众黑板报真是美，把咱的羊搭救下了。"②黑板报不仅提供生产知识，还以其地方性的舆论监督力量，来批评落后，表扬先进，鼓动人们投入生产活动的热情。人们普遍在思想上认为受黑板报表扬最光荣、做了坏事登上黑板报最丢人。③陕甘宁边区延安桥镇乡"街上的杨老婆受到黑板报的表扬后，像遇到喜事一样，为表示她内心的欢喜，她打发她的儿子送一斤豆腐（她家是豆腐店）到山上的乡政府去，并再三嘱咐她儿子，一定要乡干部将豆腐收下。街上的寡妇武九贞由于生产好受到黑板报的表扬，很久以后她的妹妹武九龄和人谈起她时还总说：'我姐姐登过黑板报呢。'"④在太行根据地黎城北流村，黑板报促进生产的成效也非

　　① 玉华：《东河庄的读报小组》，载华北人民政府教育部教科书编辑委员会编《小学教育典型经验介绍》，新华书店1949年版，第159页。

　　② 李文：《群众办报思想的重要实践基础——黑板报》，《新闻知识》2008年第3期。

　　③ 赵寒：《邯郸市南关的黑板报》，《人民日报》1947年7月7日第4版。

　　④ 葛洛：《延市桥镇乡的黑板报》，《解放日报》1944年11月14日第4版。

常显著。如军属老婆申麦花，群众叫她"夹核桃"，很难共事，可是她却希望别人说她好。村干部就抓住这点给她说："只要好好劳动生产发家，就能上黑板报与广播台。"于是她思想通了，不但自己生产而且还帮助别人家。她常对人说："动弹了，不是立功就是上报上广播，真光荣。"① 龙华县葛存村一位妇女说什么也不肯参加打蒿运动，村干部劝她，她回答："人家说我，你这么模范那么模范，为什么不给上黑板报呀！我不去！"后来在黑板报上登了她的事迹："崔学玉也模范，鞋子破得没法办，穿上破鞋去打蒿，决心争取好模范。"后来这位妇女就积极打蒿了。② 龙华县龙王庙村有一些妇女不肯参加劳动，结果村里的黑板报就登了一首打油诗："懒婆娘，不做活，抱着儿子门口坐，东家道道西家说，乱七八糟瞎啰嗦，看见人家打蒿去，羞的自己没话说。"不仅如此，还发动小学生来猜，有的说是东沟谁谁，有的说是西沟谁谁，弄的所有的懒婆娘都互相猜测，结果大家都不敢偷懒了，积极投入了生产。③

二　转变社会观念

民众通过读报、写稿、办报等行为，接受了许多新的知识，有助于涤荡乡村社会中封建、落后、愚昧的生活观念。

为了民众的身体健康，革命根据地提倡改进卫生观念、改善卫生条件、改变卫生习惯，而"群众办报"的开展，助推了此项工作的开展，在陕甘宁边区就有很多读报改变卫生观念的事例。鄜县太安读报组读了《解放日报》上延安县疫病流行的消息和看到本区一二乡因病死人的实际例子后，他们就把院子都彻底打扫了一遍，并且提醒大家饮水饭菜都要注意清洁。④ 绥德县崔家湾区王梁家川村读报组，有一次读到《延安县的传染病》的报道，不等读完，大家就热烈地讨论起来。有人抢着说："传染病可厉害，民国十七年咱村曾发生过，死了几个人，现在要赶快准备，村里的井太脏，婆姨们在跟前洗衣服，牲口也进去饮。我提议赶快修理一

---

①　王培义等：《北流通讯组的介绍》，《人民日报》1947 年 11 月 20 日第 4 版。

②　《龙华葛存区的歌谣黑板报》，《教育阵地》1945 年第 6 期。

③　洪仿：《葛存区黑板报有成效 经验值得各地学习》，《晋察冀日报》1944 年 11 月 5 日第 1 版。

④　《鄜县群众教育工作活跃 组织识字读报组廿个 没有课本与缺少报纸是目前两大困难》，《解放日报》1944 年 7 月 17 日第 2 版。

下，打个围墙，免得吃了脏水生病。"大家一致赞成，立刻推选出几个人马上去修井。① 安塞县马家沟的村民通过参加读报组的活动，在卫生意识方面有了很大的变化。为了防止夏季疾病，他们在听了延安卫生清洁模范村的消息后，就讨论在全村大搞卫生建设。结果，大家动手挖了七个垃圾坑，用于填埋粪便。妇女们每天除了把自家的窑里打扫干净外，每天还要早晚两次打扫院子。大人娃娃勤洗手脸，饭菜都盖好，免得苍蝇叮。养成卫生习惯后自然生病就少了。村民陈德发对此深有感触："咱们好好讲卫生，不要生病，看咱村迩刻就没有请巫神和看病先生的。"② 因此，讲卫生对破除封建迷信显然也大有好处，不信迷信信报纸成了新风尚。1945年，关中地区春瘟严重流行时，群众请不到医生，报纸上连续刊载了各种治病的药方，新正三区一名群众按报上药方治好了二三十人，于是大家遇到困难即在《关中报》上找寻解决办法。③ 鄜县太乐区羊泉镇街上的一个铁匠生病后，请来一位山神爷来医治，结果引起了读报组的讨论。大家一致认为，请神不是治病的办法，于是就去说服病人，把山神爷抬走，另请医生来看病。那位病人病好后感动地说："多亏大家讨论，要不然就要命了！"④ 卫生观念的转变也改造了一些巫医。新正县一区新庄子村的赵守信，原来用"送神捉鬼"给人"看病"，读了一个时期的报纸后，他就将"送神捉鬼"的一套取消了。⑤ 读报能使大家了解卫生方面的知识，而黑板报也有同样的功能。陕甘宁边区米脂县印斗中心小学的黑板报登了细家沟卫生总结，群众看了非常羡慕，回到家里，都叫老婆把被褥给拆洗了。⑥ 黑板报不仅是介绍卫生知识的工具，还是对不讲卫生现象进行监督的有力武器。晋察冀边区行唐县芦家庄黑板报登过一篇"不讲卫生的张葱

---

① 昌之：《一个农村读报组的创办》，《解放日报》1944 年 9 月 24 日第 2 版。

② 午人：《安塞马家沟读报组成为团结全村的中心》，《解放日报》1944 年 5 月 15 日第 2 版。

③ 《关中报创刊六年 坚持报纸与实际结合深得干部和群众欢迎》，《解放日报》1946 年 5 月 4 日第 2 版。

④ 苏光、徐培武：《鄜县太乐区通过学生、读报组推行卫生运动》，《解放日报》1944 年 8 月 11 日第 2 版。

⑤ 马方正、孙廉：《新正一区重视读报》，《解放日报》1945 年 1 月 24 日第 2 版。

⑥ 《绥德分区文教会议材料之六 大众黑板报（1944 年 8 月 13 日）》，转引自李文《群众办报思想的重要实践基础——黑板报》，《新闻知识》2008 年第 3 期。

妮"："张葱妮，真不行，衣服脏了她不洗，真是'窝囊'不卫生，人人见了都'格腻'。她的衣裳'各渣'一大层，脸上的糟真是多，黑的好像个'合折'锅。她的手，更邋遢，脏的好像个拾粪叉。她的头，也不梳来也不刮，好像一棵沙蓬棵。不卫生的条件实在多，做活上头是懒婆。她家里，刷不净碗洗不净锅，一做饭屋里好像薰狼窝。有人要是不'待听'，见了她的面就证明。因为这样不卫生，她哪年也要害上几回病。咱大家谁像这样都要改，谁也不要像她这样不卫生。"① 这种指名道姓的批评，当然会引起左邻右舍的蔑视，从而成为当事人转化的动力。

　　读报、办报还推动了对男女平等的认识。在解放战争期间的河南濮阳地区，当昆吾二区中小区黄仙云听到报上登着自己被选为小区行政联合会主任后，就对别的妇女说："咱当了干部，报上也给登，以后无论如何也要好好为大伙办事。"×村女村长生产积极被表扬后，更加带劲，从前三个人一晌锄一亩半地，现在一晌即锄二亩半。有的群众说："等上报，你看能体面死了不？"她说："只要能登报，工作、生产累死也甘心！"南乐四区张巧云被选为女区长、昆吾陈墨芝被选为女乡长的消息传播开来后，在广大妇女中引起了热烈的反应，对农村妇女的思想起到了深刻的教育作用。妇女们说："咱女的也能当官替咱妇女办事啦！眼前咱这世道，真是平等啦！"② 黑板报也成为宣传男女平等观念的阵地。山西壶关西山后村的生产主任李马有在黑板报上写了一篇稿子："妇女要解放，就得把地上，男人要教育，应该道理劝。随便在家打，违犯新法令，夫妇要检讨，有错快改正。男女要合作，生产才能过，现有两句话，请你记心下：误——娶来妻买到马，由我骑由我打。正——妻是人不是马，不能骑不能打。"③

　　报纸还有力地改造了人们的消极落后的思想。陕甘宁边区合水县城区曾经组织过五个读报识字组，其中有一个读报组由各家药店店员组成。以前他们给病人抓药时用小戥子，不称足分量。通过读报，他们思想觉醒了，在读报组上表态："我们卖药是治病救人做良心事的，不能因药少价

　　① 张文芳：《办黑板报》，《教育阵地》1945 年第 6 期。

　　② 周川：《冀鲁豫日报在农村》，原载《冀鲁豫日报》1947 年 8 月 1 日，载《冀鲁豫日报史》编委会编《冀鲁豫日报史》，贵州人民出版社 1993 年版，第 231 页。

　　③ 石云：《介绍一个大众黑板报——壶关西山后村的大众小报》，《新大众》1945 年第 3 期，山西省档案馆馆藏编号Z1－G1－350。

高就亏人。"因此这个读报组就马上讨论了四条卖药公约，大家一致通过并表示遵照执行：第一，把所有药铺量药戥子都集中起来，大家互相评出公平合理的戥子，卖药要够量。第二，所有药铺要配合城区卫生委员宣传夏天要讲卫生防预疾病。第三，不能用的药不给病人抓。第四，按月统计病症，帮助政府搜集材料。① 黑板报也是改造思想的好形式。"因为黑板报在说服群众上有很大的效力，消息一上报，很快就传到别乡、别区，甚至别县去了。因此做坏事情的人就怕把他上报，而慢慢转变过来了。"② 在陕甘宁边区，"绥（德）市黑板报登载'拾物不昧''路不拾遗'之类的消息，发生良好的效果。如黑板报登了郝玉亮拾得手镯和郝老婆拾钱都交还了原主的消息后，好些人拾到东西都归还原主，现在已成为一种风气，从前有人偷东西，现在也没有了"。③ 有的妇女平日爱与邻人吵嘴打架、玩弄是非、妨碍生产，被黑板报一登，她立即跑到编辑那里要求把那段消息擦掉，并答应马上就改正。编辑答应去擦掉她还不相信，硬要拉他跑到黑板前面亲眼看着擦掉。④ 有位妇女吸大烟、不务正业，家里经常逗留很多闲人，村里的黑板报编辑就写了"二流子婆姨半夜不睡觉"的稿子准备在黑板报上登出，结果这位妇女怕得到处乱跑找人说情："我宁愿背地里受任何处罚，请你不论怎样不要登报。"此后，她就变好了。⑤ 晋察冀边区完县司苍村的黑板报登过一个人偷了别人的三个玉米棒子，于是当事人就好长时间不敢到黑板报这个地方来，连出门挑水都要绕很大的弯子避开黑板报。⑥

　　思想观念的转变对社会治理的改善是十分有帮助的。陕甘宁边区子洲县苗区五乡小苗家沟村过去内部不团结，很多工作都做不好，乡村干部总是怪这村子风气不好，老百姓思想落后。后来该村积极分子苗子兴带头建

---

① 　新垣：《合水城区读报组办得好　按行分组改进业务》，《解放日报》1944 年 8 月 3 日第2 版。

② 　张潮：《群众创办的黑板报》，《解放日报》1944 年 11 月 16 日第 4 版。

③ 　昌之：《群众对黑板报的意见》，《解放日报》1944 年 11 月 21 日第 4 版。

④ 　《边区妇女在文教运动中》，载重庆市妇女联合会妇运史研究组编《新华日报副刊——妇女之路（下）》，1983 年印行，第 32 页。

⑤ 　陕甘宁边区教育厅：《三年来边区社教工作总结（1946 年 12 月）》，载《陕甘宁边区教育资料（社会教育部分上）》，教育科学出版社 1981 年版，第 208 页。

⑥ 　建勋等：《完县司苍村读报黑板报的成就》，《晋察冀日报》1944 年 10 月 22 日第 2 版。

立读报组后，发动别人识字读报，各项工作即随之有了转变。村民有什么纠纷，也不再到乡政府去控告，通过识字读报组就调解了。过去爱说怪话妨碍工作的部分村民，自参加识字读报后思想认识开始转变，积极配合村里的工作。① 子洲县周家圪崂村从前赌博、打架、自杀、打官司、闹离婚等现象很多，造成全村生活极不安宁。民主建政后，开始改造村风，特别是 1944 年更加发展了生产、文化运动，全村 8 岁以上、50 岁以下的占总人数 75% 的人都已入学，通过读报认字，成为该乡的文化模范村。② 小小的黑板报由于它在舆论监督方面建立的威信，就自然而然地成为当地社会治理的有效工具，以至于有时两人吵嘴时也会威胁："我给你上黑板报去！"③ 山西晋中芦家庄村对黑板报进行阶段性的总结时作过一个统计：教育了两个懒汉和三个好骂街的懒婆；解决了夫妇不合、姑嫂不合事三件；培养了一个优抗模范、两个清洁模范、三个模范学习者，教育与改造了两个巫婆。④ 从中可以反映出黑板报已经成为根据地农村改造中的权威媒体。

传播学者施拉姆认为，许多社会规范对个人来说很不方便或纯系累赘，所以许多人都懂得阳奉阴违之道，只要这种阴违之道保持私下性，就不会采取什么社会行为来惩罚背离规范的行为，但是一旦它被公开揭露出来，人们就被迫采取公开的支持或反对规范的立场，于是，团体往往采取行动来解决背离的问题。在现代社会里，承担宣传规范和揭示背离规范的任务被赋予大众传媒。⑤ "群众办报"活动中的媒体通过倡导先进、鞭策落后的举动，显然为民众廓清了新的观念、新的规范，从而明晰了社会改造的指向。

---

① 李清桂、李蓬旺：《子洲苗区五乡识字读报推动了工作》，《解放日报》1945 年 8 月 27 日第 2 版。

② 阎树声、胡民新等：《毛泽东与延安教育》，陕西人民出版社 1993 年版，第 279 页。

③ 许世平：《如何办黑板报》，《时代青年》（1946 年 6 月 5 日），山西省档案馆馆藏编号 Z1 - J3 - 98。

④ 马杰：《目前冀晋地区的黑板报读报组和屋顶广播》，《新群众》1946 年第 1 期，山西省档案馆馆藏编号 Z1 - G1 - 286。

⑤ ［美］韦尔伯·施拉姆著，金燕宁、蒋千红、朱剑红译：《大众传播媒介与社会发展》，华夏出版社 1990 年版，第 144 页。

三 提高文化素养

报纸是以文字作为传播符号的大众媒介，"群众办报"机制引发的民众与报纸的关联，其最直接的影响就是大大提高了根据地民众的文化素养。通过读报可以阅读文字，通过写稿、办报可以运用文字。文字工具的使用，对工农群众从社会边缘向中心的位移来说意味深远。

从前面读报和工农通讯员的相关章节中，已经可以感知大量读报和写稿活动促进民众文化素养提高的事例，此不复引。而作为与民众联系最直接、最密切的黑板报，由于它兼具"看"和"用"文字的功能，所以其作用也就更加明显。黑板报是在根据地群众加强文化学习的背景下兴起的，其办报、读报的实践反过来又推动了基层群众的文化学习：一方面通过黑板报的报道来形成积极学习文化的氛围，另外一方面也通过写稿、读稿的方式实实在在地提供学习的途径，因此黑板报本身就是一种文化普及活动。

黑板报的表扬与批评对促进群众学习文化作用很大。一些学习文化的先进典型自然就成为黑板报的宣传对象。陕甘宁边区甘泉桥镇乡第34期黑板报登了这样的内容："延水河，弯又弯，妇女识字称模范，中庄有个高清秀，洋芋渠有个慕金兰。高清秀是模范，一月识字一百三，慕金兰，真能干，又织布，又纺线，刁空还把书来念，能文能武两双全。"① "（关中淳耀庙湾黑板报）登出六十岁的萧老汉学习成绩后，宁铁匠的徒弟张成看见了，他便立即加了油，到第三期他就上了黑板报。后黑板报又登载了韩村长阻止老婆学习一文，以后老韩走在街上，帽子拉得低低的，头也不抬，而且自己也就用心学习了。"② 出黑板报也是一个文化学习的互动过程。在陇东西华池，"每次在写黑板报的时候，许多读者就围拢来看，办报者一边写，群众就一边读，句子很适合群众的口语。但有时群众也被生字挡住了，或因不通顺而读不下去，这时写稿的人马上就给他们解释，或设法换一个字使他们读得下去，懂得意思。更有趣的是当写落了字的时候，群众就成为文章的校对者"③。在靖边张家畔，"每期写报的时候就围

---

① 江超中：《解放区文艺概述（1941—1947）》，百花文艺出版社 1958 年版，第 52—53 页。

② 焦一平：《淳耀庙湾黑板报大部为群众投稿》，《解放日报》1944 年 11 月 13 日第 2 版。

③ 崇横：《西华池黑板报成为群众的学习园地》，《解放日报》1944 年 6 月 19 日第 2 版。

几十人看，如果你写错了字，群众就当时参加修改意见"①。黑板报有助于基层群众提高文化学习的成效。在延安边区被服厂，"关于黑板报推动工人的文化学习，在突击后最为显著。因为很多工友喜爱阅读黑板报，从中学习了很多生字，有时就学自己所要投稿的句子。能识一二百字的人自己写稿子，编者帮他们修改，发表以后，把原稿退还本人，又可学习生字和造句。后来发展到一些工友把自己要写的稿子写成日记，编者帮他们修改日记，其中大部分可作为稿子在报上发表"②。晋察冀边区的孟平合河口村还开创了看黑板报和学识字相结合的模式。他们在黑板报底下放了一块长木板，上面摆了 13 块磨平的大方砖和一个盛满黄土水的碗，碗里还摆着一支破毛笔。结果，时常有三三两两来往的人肩上扛着农具，看着黑板报，拿起毛笔学写字。③ 特别是为黑板报写稿的通讯员，不仅是文化翻身的学习模范，而且还成了思想觉悟的先进者。④ "写稿对自己思想也有改造，如：靳金枝以前表现不甚好，家庭也弄得不和，自学习写稿后，她常对人说：'我成天写稿写人的好处，我要是再不好就对不起群众了'。"⑤

把一些好的黑板报稿件推荐到报纸上刊登，对写稿的人也是一种鼓励，许多人就是由此成为了工农通讯员。山西晋中桃阳村的黑板报在通讯员的努力下办得有声有色，不知不觉地写稿变成了习惯。他们开始还不敢给《新华日报》和县里小报写，后来干部将他们在黑板报上登的好稿子抄给县小报，小报登出来了，他们非常高兴，觉得"咱们写稿也能登出来"了，于是劲头越来越大了。他们说："谁家工作好坏，全凭报上让别人知道，不写稿人家谁也不知道。"于是，村里的通讯小组立刻就成立起来了。⑥ 山东临沂尤家埠子原来有五个向《鲁中大众》投稿的工农通讯员，自从黑板报得到了群众的信任以后，通讯员写稿的热情提高了，还发展了十个新通讯员并成立工农通讯大队。在成立大会上，大家提出保证每

---

① 鲁直：《靖边的识字组和黑板报》，《解放日报》1944 年 10 月 6 日第 4 版。

② 《边区被服厂的黑板报》，载陕西省总工会工运史研究室编《陕甘宁边区工人运动史料选编（下）》，工人出版社 1988 年版，第 510 页。

③ 文昭、福明等：《孟平合河口黑板报又有新创造》，《晋察冀日报》1945 年 6 月 14 日第 2 版。

④ 常江河：《黑板报与广播台 农村来信之二》，《人民日报》1947 年 8 月 15 日第 4 版。

⑤ 王培义等：《北流通讯组的介绍》，《人民日报》1947 年 11 月 20 日第 4 版。

⑥ 赵正晶：《桃阳村的读报通讯组》，《通讯工作》，山西省档案馆馆藏编号 Z1－G2－36。

月每人写两篇。结果一个月完成了 32 篇，上鲁中报的 15 篇，上黑板报的

4-3 山东解放区青年劳动模范高洪安当上了《鲁中日报》
通讯员并经常给大家读报

有 17 篇。① 工农通讯员通过黑板报成长起来，对报纸实行"群众办报"
也是一个推动。报社也认识到黑板报在这方面的作用。1948 年，黑龙江
《齐市新闻》报的一份总结认为："黑板报是组织通讯员、团结通讯员的
核心，是报纸的基础。必须懂得报纸是流动的'黑板报'，黑板报运动开
展了，报纸便能深入和办好。我们的通讯员第一个擂台是黑板报和墙报，
第二个较力场是《齐市新闻》。"②从这里也可以看出当时黑板报对工农群
众的成长所发挥的文化助推作用。

共产党在发动革命的过程中，充分认识到文化素养是提高群众的政治
素养的基础，所以会不遗余力地以各种路径来加快对民众的文化教育。与
社会教育、戏剧等其他形式相比，"群众办报"机制所产生的文化影响不
仅表现在"看"的参与，还特别凸显了"用"的参与，这其中的意义是

---

① 刘熙：《为群众热烈拥护的尤家埠子黑板报》，《宣教通报》1946 年第 2 号，山西省档案
馆馆藏编号 Z1-B5-74。

② 李寿山：《〈齐市新闻〉述旧》，《新闻研究资料（第 23 辑）》，中国社会科学出版社 1984
年版，第 188 页。

十分深远的。五四以来，"底层民众"因其文化知识和精神拥有的匮乏，往往处于现代文明的边缘位置。在整个社会的话语层中，他们的声音不断受到统治阶级的监控、压制、同化与剥夺，不断被权力话语所肆意篡改，于是他们也就"无权"以自己的话语方式，参与到现代文明的建构之中。① 在共产党政治权力的运作下，工农群众逐步走向文化的中心舞台，比如"群众办报"就给他们提供了写作、编辑的"说话"空间，正是在这些空间中的实践，工农群众学到了一定的知识，提高了个人的文化素质，初步改变了"无法表述自己""只能被别人表述"的被动文化地位。② 正如一位工农通讯员所言："在报纸上说出自己的话真是光荣"，"今天的报纸是工农的了"。③ 这样的感受应该也是许多工农通讯员的共同体会。从这个意义上来看，"群众办报"所带来的文化参与，对工农群众身处文化边缘的境况来说是一种积极的修正。

由上可见，"群众办报"为乡村民众铺设了一条源源不断地传递信息的孔道，它"极大地改变了人们的体验与意识，改变了人们兴趣和感觉的构成，改变了通常人们对活着与对所处的社会关系的认识"。④ 更重要的是，这些方面的变化不断地冲刷着旧的道德体系和旧的社会规范，为根据地民众的物质和精神层面建构起了一个与以往迥然不同的全新境界，为中共推进民众思想的改造与更新提供了必要的心理准备。毕竟，"已经接受某种价值体系，并赖以生活的人是不可能对周围纷繁嘈杂的世界不闻不问，一心为自己设置一个长久与世隔绝的领域，并在这个领域中遵循一套相反的价值观来思考和行动的。他们总是试图尽可能地去适应环境。他们为自己的行动提供某些共同的依据和共同的动机"。⑤ 而且，通过读报、写作等环节，又提升了乡村民众的读写能力，这种能力，是使生活各个方

① 巫洪亮：《"文化翻身"的可能及限度——1958 年"新民歌运动"中"工农创作"现象研究》，《海南大学学报》2010 年第 2 期。

② ［美］萨义德著，王宇根译：《东方学》扉页，生活·读书·新知三联书店 1999 年版。

③ 《我当上了工农通讯员以后》，原载鲁中文协编印《工农通讯工作（1944 年 5 月）》，转引自吕伟俊等《山东区域现代化研究》，齐鲁书社 2002 年版，第 589 页。

④ ［美］詹姆斯·W. 凯瑞著，丁未译：《作为文化的传播——"媒介与社会"论文集》，华夏出版社 2005 年版，引言第 1 页。

⑤ ［美］本尼迪克特著，孙志民、马小鹤、朱理胜译：《菊花与刀——日本文化的诸模式》，浙江人民出版社 1987 年版，第 10 页。

面现代化的主要动力，潜藏着全部现代化序列的基本的个人技能。①

第三节　群众办报实现革命动员

作为一个革命型政党，中共把政治动员看作是革命的杠杆，一直都非常重视。革命早期，囿于党的实际状态和苏俄的革命经验，共产党动员的重点放在工人阶级和军队身上，直到国共第一次合作时期，才逐渐地把重心向农运倾斜。但是，在传统的中国乡村社会里，农民并没有充分的阶级意识，也缺少革命的动力。所以，在长期的革命斗争中，如何创造一套将农民纳入到革命体系中去的办法去夺取革命的胜利，是共产党一直努力破解的问题。② 因此，对共产党来说，对民众实行知识启蒙只能是其目标之一，如果要让他们在革命的过程中承担更大的责任，发挥更大的作用，则需要借用"群众办报"的机制，来提高民众的革命觉悟。在此种背景下，"群众办报"作为动员方式之一而存在，在此过程中焕发了民众的参与意愿，不断赢取"单独个人的积极的和直接的同意"③，从而自觉汇入革命的滚滚洪流。

一　唤醒斗争意识

列宁曾经特别强调大众传媒与革命斗争的关系。他认为，对革命斗争来说，地方性鼓动、游行、抵制、追查奸细、攻击资产阶级和政府中个别的人、示威式的罢工等都是重要的，"但是，如果不通过全党机关报把它们结合起来，所有这些革命斗争的形式就会失去十分之九的意义，就不能创造党的共同经验，树立党的传统和继承性。党的机关报不但不会同这些活动对抗，反而会给这种活动的扩展、加强和系统化以极大的影响"。④因此，报刊就成为革命斗争的重要工具。

对广大民众来说，报纸给他们打开了一个新鲜神奇的精神世界。"他

---

① ［美］韦尔伯·施拉姆著，金燕宁、蒋千红、朱剑红译：《大众传播媒介与社会发展》，华夏出版社 1990 年版，第 21 页。

② 孙远东：《政治动员与政策过程》，苏州大学博士论文 2008 年，第 166 页。

③ ［意］安东尼奥·葛兰西著，葆煦译：《狱中札记》，人民出版社 1983 年版，第 232 页。

④ 列宁：《我们的当前任务》，载杨春华、星华编译《列宁论报刊与新闻写作》，新华出版社 1983 年版，第 65—66 页。

们对那许许多多闻所未闻的知识如饮甘露般地全盘接纳，尽管其间不无生
吞活剥，却实实在在地使他们的内心得到了充实和舒适。这就使向来对政
治并不闻问的工农群众，表现出了惊人的知识水平。"1930年苏区赣西南
特委刘士奇给中央的一份报告中称："苏府范围内的农民，无论男女老
幼，都能明白国际歌、少先歌、十骂反革命、十骂国民党、十骂蒋介石、
红军歌及各种革命的歌曲。尤其是阶级意识的强，无论三岁小孩，八十老
人，都痛恨地主阶级，打倒帝国主义，拥护苏维埃及拥护共产党的主张，
几乎成了每个群众的口头禅。最显著的是许多不认识字的工农分子，都能
作很长的演说，国民党与共产党，刮民政府与苏维埃政府，红军与白军，
每个人都能分别解释。"①

4-4　《红色中华》的出现

这种革命斗争的意识不仅在言语中表达，也在日常生活中流露。在陕
甘宁边区，过年过节就贴上了很多新对联，如"自由平等除旧岁，民主政
治过新年""过新年坚持抗战到底，除旧岁反对妥协投降""炸弹底下加
强政治认识，炮火声中提高文化水平""过新年力求全面进步，除旧岁反

---

① 《赣西南特委刘士奇给中央的综合报告（1930年10月7日）》，转引自何友良《中国苏维
埃区域社会变动史》，当代中国出版社1996年版，第148页。

对倒行逆施"等。① 特别是在解放战争期间，通过读报使得民众的阶级意识大为增强。陕甘宁边区郝家桥模范村的读报组三年没有间断，1946 年 8月，当他们读了陇东花豹湾地主张定芝打死佃户妻儿的消息后，八十多个读报组员一面写稿慰问齐祥，一面向本村地主刘永明算旧账，要求他退出十多石地租。② 《冀鲁豫日报》刊登了一批地主变天账的稿件后，当地群众觉悟大大提高一步，昆吾三区某村支书说："参军前清查地主时候，我给俺村地主×××介绍了两个避难所，一个是上堤我的老家，一个是滑县×村我亲戚家，现在地主还在我亲戚家藏着。地主既然对咱们这样狠，我才知道上了大当，回村后我马上领着民兵，就把地主抓来，交群众处理他。"听了干部在会上讲到报上登的各地地主的阴谋诡计后，昆吾三区兰庄农会长做了反省："俺村地主李勤义走亲戚，叫我给他使车，路上，他给我说：'以后别干怹红啦，你已经四十多啦，也有了老婆，老老实实过一家人家吧。'最后，他又要我参加国民党，我马上回去把他捆起来交群众处理。"③ 在《冀中导报》工作的孙立民曾经参加过河北献县周家村的土改工作队，当他根据诉苦会上的材料写了一篇通讯登报后，村民"人人扬眉吐气，斗争的劲头更足了。每取得一点胜利就要'登报'，好像报纸就是他们自己的"。村里一位五十多岁的杨大娘，有一天傍晚发现一个地主想逃跑，就赶忙报告民兵拦截，结果《杨大娘站岗》的通讯又见报了，轰动了附近的很多村庄，推动了对地主的斗争。④ 河北津武县郝家场村民张仲良上了冬学之后被选为村长，他在土改运动中热心读报，组织了三个读报组，晚上回家还给家人读报，连不满两周岁的小女儿也因为常常听报知道的事情多了，"当你问她谁是'贼'的时候，她会慢吞吞地噘起小嘴回答：'是蒋介石呗！'"⑤ 东北土改期间，《辽东日报》曾经开辟过"翻

---

①　毕凯：《新延安的民众教育》，原载《新华日报》1941 年 3 月 3 日，载延安时事问题研究会编《抗战中的中国文化教育》，上海人民出版社 1961 年版，第 197 页。

②　《郝家桥读报顶开村民会，三年不断成绩大》，《边区群众报》1947 年 2 月 22 日第 1 版。

③　周川：《冀鲁豫日报在农村》，原载《冀鲁豫日报》1947 年 8 月 1 日，载《冀鲁豫日报史》编委会编《冀鲁豫日报史》，贵州人民出版社 1993 年版，第 232 页。

④　孙立民：《我到〈冀中导报〉以后》，载杜敬编《冀中导报史料集》，河北人民出版社1990 年版，第 333 页。

⑤　李冷：《张仲良读报》，载杜敬编《冀中导报史料集》，河北人民出版社 1990 年版，第414 页。

身农民"的专版，很多农民的来信反映出阶级意识已经融入他们的心头，这其中听报起到很大的作用。通化大泉涌街于文泉说："要想把身翻的牢实，必须要多听报，就像俺听了新立屯坏蛋翻把的报，俺心里就核计俺村这些地主坏蛋都没死心啊！得使劲管着他们。心中就有个底啦！"辑安三区台上村田培良称赞："我以前只以为报纸没啥用，自成立读报小组以后，我们每晚上都念报听，才知道报纸有大用处，是我们穷人翻身的帮手！"辑安四区东岔村邵泽永感叹："我五十多岁啦！头一回听说穷人还能上报，穷人还能办报，这可真是穷人的天下啊！"……①这种革命斗争

4－5　保卫延安

意识的普及，报纸无疑起到很大的导引功用。难怪 1944 年 7 月访问延安的美国观察员谢伟思在其发回国内的报告中就已经这样描述："那里有惊人的政治觉悟。无论人们向谁——理发员，或是农民，或是管理房间的服务员——提出问题，他都能很好地说明共产党坚持抗战的纲领。我们注意到，大多数服侍我们的苦力都在读报。"② 这是他在延安停留了六天之后得出的印象，可见报纸对革命斗争的鼓动作用是非常显著的。

　　当工农通讯员、办黑板报不仅是增进革命斗争意识的手段，同时又往往是革命行动的直接体现。如 1943 年夏收前后，一些生活在游击区的工农通讯员给山东《大众日报》写稿，反映日军正在增兵、抓民夫，有向根据地进行"扫荡"的迹象。山东军区司令部经过与掌握的情况核校，证明敌人果然要对滨海地区进行扫荡，于是立即作出了紧急部署。报纸还

---

　　① 辽东日报工农通讯科：《下乡开展工农通讯运动总结》，载《丹东日报》编辑部编《丹东报史资料（第 1 辑）》，1984 年印行，第 45、46 页。

　　② ［美］约瑟夫．W. 埃谢里克著，罗清、赵仲强译：《在中国失掉的机会——美国前驻华外交官约翰·S. 谢伟思第二次世界大战时期的报告》，国际文化出版公司 1989 年版，第 183 页。

发表了社论，号召群众积极备战。由于提前做了戒备，致使日军突袭企图未能得逞。①《大众日报》还收到很多通讯员的来稿，反映地方上频频发生粮食走私现象。山东分局据此进行调查，结果发现日军正在收买根据地的粮食，于是立即针锋相对地采取了措施。② 1946 年 10 月间，土改运动提出"耕者有其田"的口号后，山西河曲县开始调查登记土地，一区南园村一些地主便欺骗农民偷卖土地。在区上同志未给县上写信报告以前，南园工农通讯员谭旺蛇等同志已将此事写成稿子投给县油印小报，结果引起上级的重视，制止了情况的蔓延。③ 黑板报也在土改运动中发挥着积极的作用。山西阳泉市平潭街工农会的黑板报是在土改时期建立起来的，村民看到地主们虽说被斗倒了，可是他们仍旧坐吃山空不肯下地生产。有的地主还说："反正不能常年叫咱们要饭，边区可不能让人饿死！"于是黑板报上马上在显著的地方写了下面的大标题："地主不生产就是不低头，群众要重新斗争他！""哪个地主不下地，就是还想剥削人，坚决斗垮他！""这样一连发表了两次，地主恶霸们才往地里去生产了……只有半月工夫，几个被斗户就开了三亩四分荒地种麦，又开了两亩六分荒地种了蔓菁。"④ 解放战争期间，察哈尔地区满城六区的刘家庄 1945 年 11 月开始对村里的恶霸高占鳌和贪污分子刘仁进行清算，在斗争会的前一天，村里的黑板报就登出了这样一篇稿子："老乡们，要记清，土皇恶霸逞过凶，敌人在时当村长，仗着敌伪欺负咱们老百姓。不说理，太豪横，咱们不敢抬头，有冤没处诉！如今日本鬼子已完蛋，老乡们，起来吧！该看咱们翻身啦！有冤有仇说说吧！有咱政府给做主，咱们还有啥可怕！"黑板报连续登了两天，群众反响很大。村民马洛起听别人读过黑板报的内容后气愤地说："高占鳌当村长，硬叫我当财政，我不识字，他叫我拿钱，叫

---

① 秦风：《战争年代的通联工作》，载《大众日报》社史编纂委员会编《大众日报回忆录1939—1999（第一集）》，山东人民出版社 1998 年版，第 307 页。

② 王中：《〈大众日报〉和我》，载《大众日报》社史编纂委员会编《大众日报回忆录1939—1999（第二集）》，山东人民出版社 1998 年版，第 37 页。

③ 朱元：《通讯工作帮助了领导工作》，《通讯研究》1947 年第 11、第 12 期合刊，山西省档案馆馆藏编号 Z1 - G2 - 80。

④ 齐明：《记一个村农会的机关报》，原载 1947 年 11 月《教育阵地》第 8 卷第 3 期，载《人民教育》社编《老解放区教育工作经验片断（第二辑）》，上海教育出版社 1960 年版，第79—80 页。

刘仁拿账，账亏了，硬挖我三百多块钱。"干部们一听马上抓住这个素材登在黑板报上启发大家发言，结果群众的意见就多起来了，这些意见也同样选登在黑板报上，掀起了斗争高潮。在控诉大会时，黑板报又表扬了积极分子，打击了不坦白的"坏蛋"："马洛起，真模范，大会发言起骨干，带起大家来诉冤!""刘志奎，太不沾，不坦白，当坏蛋，今天大家来救你，你反倒往泥里钻，不醒悟，太危险。"① 河北邯郸解放后，对地主们开展了激烈的批斗。每当诉苦大会开完时，十字路口上的黑板报就及时编写出当天大会的"快报"，看的人非常拥挤，连车马都没法通过。②

可见，"群众办报"各个环节的实施，改变了根据地民众对现实社会缺少认知的状况，"农民不仅开始意识到自己正在受苦，也认识到能够想办法来改变自己的苦境。没有什么比这种意识更具革命性了"③。随着阶级和阶级斗争等政治文化被导入，政治术语不断渗透进日常语言，民众的信仰、心理发生了剧烈的变化，阶级斗争意识被唤醒，最终外化为革命的行为。于是，乡村民众作为关键性的"钟摆"群体，从保守形象转向了推翻现有政治制度和政府的革命形象。

二　培塑政治认同

政治认同其实就是对"政权"合法性和理论合理性的全部接纳，也是对"政权"的一种尊重和服从。④ "新闻媒体通过信息提供、意见表达、榜样示范和方向引导等方式，直接地影响个体政治知识的获取、政治态度的形成与改变、政治技能的强化和政治行为模式的取向。"⑤ 因此，革命根据地时期中共不仅把报纸看成是宣传者，同时还是组织者，通过读报、办报等活动，不仅达到告知信息的目的，还提高了民众的政治觉悟，加深他们对中共的政治认同，从而提高参加革命的自觉性。

---

① 陈宝柱：《黑板报要办好必须配合实际工作》，《晋察冀日报》1946 年 1 月 11 日第 3 版。

② 张香山：《邯郸漫步》，载黄钢主编《中国解放区文学书系（报告文学编第 3 册)》，重庆出版社 1992 年版，第 1648 页。

③ ［美］塞缪尔·P. 亨廷顿著，王冠华等译：《变化社会中的政治秩序》，上海人民出版社 2008 年版，第 245 页。

④ 巫洪亮：《"文化翻身"的可能及限度——1958 年"新民歌运动"中"工农创作"现象研究》，《海南大学学报》2010 年第 2 期。

⑤ 张昆：《大众媒介的政治社会化功能》，武汉大学出版社 2003 年版，第 53 页。

土地革命时期，苏区民众通过读报提高了阶级意识和政治意识。《红色中华》报曾经报道过苏区群众听报的情形："读报课，差不多隔二天就轮流一次（红色中华报出版的那一天），他们最喜欢听前方的胜利消息，和各地的动员情形，每当读到红军在前方不断地击溃白匪，缴获大批自动步枪、机关枪，和各地妇女节省粮食，争（增）加生产等消息，他们总要兴奋得跳起来。"① 经常化的参加读报活动逐渐加深了民众的政治素养，"痛恨地主阶级，打倒帝国主义，拥护苏维埃及拥护共产党"的主张，几乎成了每个群众的口头禅，许多不识字的工农分子，都能做很长的演说，对于苏维埃的每一具体施政，"简直如同铁屑之追随于磁石"②。抗战时期更是不乏印证此种效果的案例。陕甘宁边区陇东庆阳三十里铺小寨村读报组组长谢恩洲对报纸特别有感情："报是延安毛主席那搭来的嘛！""毛主席材料大着哩！又是减租减息，又是生产开荒；而今又叫咱人财两旺，啥都替咱想周全了，一心把老百姓提得高高的。""延安来的报，都说的是毛主席的意思嘛；咱读报好处大，还不是毛主席的功劳！"这个翻了身的老贫农还好不容易找到一张毛主席的大像，端端正正地挂在正窑里，每天细细地看上三四遍。③ 1944 年 11 月，在华北龙华县召开的全县学习模范大会上，全体学习模范提笔写了《给毛主席的信》，感谢毛主席让他们有机会学会识字读报，信中说："毛主席！真的，没有你，我们哪能有今天，我们一定在你的领导下，响应你的号召，三年里把全县的'睁眼瞎'扫光。"④ 解放战争时期，随着国共纷争的加剧，阶级斗争的意识更加强化，也加深了民众对共产党以及中共主要领导的认同。毛泽东去重庆谈判引起了许多老百姓的关心。赤水县四区枣林村张福财老汉每天都要向读报的人打听谈判的进展。同村的张登稳老汉得知黑板报上登出毛主席回来的消息后，激动地说："一听黑板报上登着毛主席回来啦，我心立时就放下啦！""毛主席不回来，把我眼窝都愁烂啦，我呀是上火的眼，心里不合

① 《介绍中央劳动部的红属夜校》，《红色中华》1934 年 7 月 21 日第 3 版。

② 张昭国：《试析中央苏区群众运动模式的运作》，《武汉科技大学学报》2008 年第 1 期。

③ 华山：《不识字的贫农宣传队》，《解放日报》1944 年 10 月 3 日第 4 版。

④ 刘松涛：《华北抗日根据地的农民教育工作》，载《人民教育》社编《老解放区教育工作经验片断》，上海教育出版社 1979 年版，第 225—226 页。

适，眼就烂啦！"① 当《冀鲁豫日报》登载了濮县五千翻身农民参加共产党的消息，内黄干部就把这个消息向碾头村群众宣读讲解，结果，七十八岁的吴兰孟老人就站起来说："从前，我是个画匠，供奉着财神，天天磕头祷告，'叫我发财吧！'这也没挡住我受苦挨饿，多少群众烧香烧了几十年、几辈子，终究还是穷人，这几年咱有了个救命恩人——共产党毛主席来了，没地的给地，没粮的给粮，穷人不挨饿，不受苦啦！我这个老画匠也不画神，也不敬神啦！我以后要画毛主席像，画的很多很多……"他又说："我要求参加共产党，全家都参加。"在他的引领之下，接着全场百多农民都站起来要求参加共产党。②

4－6　胜利鼓舞着群众的心

　　工农通讯员的新闻写作也是增进政治认同的重要一环。在中国共产党看来，在无产阶级领导的革命事业中，工农群众不仅需要政治身份、经济基础的合法性，也要赋予他们文化地位上的正当性，让他们具备为自己"说话"的能力。因此，党就要创造条件让工农群众投身文字写作活动。正如山东《滨海农村》创刊之初在《积极开展工农通讯运动》一文中所宣示，"从文化上翻身的最好的办法之一就是给报纸写稿"，工农群众要

---

① 佚名：《陕甘宁边区人民谈论毛主席》，转引自丁晓平、方健康编《毛泽东印象》，中国青年出版社 2011 年版，第 334 页。

② 周川：《冀鲁豫日报在农村》，原载《冀鲁豫日报》1947 年 8 月 1 日，载《冀鲁豫日报史》编委会编《冀鲁豫日报史》，贵州人民出版社 1993 年版，第 230 页。

"当报纸的通讯员，给报纸写稿，而且，要和减租减息一样，成为群众运动"，为什么要开展工农通讯运动呢？文章指出，"国民党的报纸，是专门替资产阶级、封建势力说活的，是帮他们压迫咱老百姓的工具，而咱们的报纸呢？是替咱工农说话的，告诉咱们，怎样翻身，怎样生产，怎样懂道理最好的工具，是由工农自己来办的"。① 当然，工农群众"说话"并非随意而为，至少在公开发表的作品中，通过新闻生产各个环节的筛滤、导引和修饰，必须得显现和党的意识形态话语高度吻合的基本状貌。因此，依托工农通讯员制度，大量工农群众被赋予新闻传播者的身份。通过新闻写作的实践，他们及时了解党的意图、响应党的号召，潜移默化中宏观的意识形态也深深地穿透到微观的乡村社会中，从而达到"建构共意"的效果，打通了历史上国家与民众上下隔绝的状态。另一方面，被扶植起来的工农群众因为拥有新闻媒体的资源而逐步获得话语权力，"大胆的在报上说话，使咱的报纸让工农自己来办，自己来使用，像大炮机关枪一样，咱们工农要拿在自己的手里，用文字，用讲道理的办法来打敌人"。② 通过这种方式，工农群众理直气壮地走向了权力的中心，而原先掌控乡村秩序的士绅阶层却因话语权力的旁落而日益丧失社会权威的身份，由此也深刻地影响了传统乡村社会结构的再造。写稿活动培养了一大批忠诚于中共的工农通讯员，如1946年"九一"记者节的时候，鲁中工农通讯员朱富胜表示："咱们纪念工农文化翻身节，应该打个电报给毛主席，感谢他帮助咱们工农文化的翻身。"③ 工农通讯员中的一部分还成长为基层干部，有一些甚至级别更高。"不少通讯员后来成了县委宣传部长、县委书记。解放后许多成了省、地级干部。"④ 在这些人身上，写稿和工作成为互为推进的因素。老报人王维回忆："凡是经常写稿的干部，都认真读报，学习党的政策，了解党的领导意图，关注客观形势的变化和发展，从比较中看出自己工作中哪些做得比较好，走在别人的前头，哪些做得差，掉队了，要努力赶上。"因此就得出一条经验：培养通讯员是培养干部的一个

----

① 《积极开展工农通讯运动》，原载《滨海日报》1945年11月11日第33期，转引自管庆霞《〈滨海农村〉研究》，山东大学硕士论文2013年，第67页。

② 冀鲁豫书店编辑部：《为什么要当工农通讯员》，冀鲁豫书店1947年版，第2—3页。

③ 《鲁中工农通讯员回忆"文化翻身"》，《解放日报》1946年9月4日第2版。

④ 张光：《继往开来》，转引自陕西日报社编《五十年华（1940—1990）》，1990年印行，第6页。

重要途径。① 这些从工农通讯员中成长起来的干部，在各级党组织的培养提拔下，名义上被赋予了在基层社会中的话语支配权，但其文化根基的孱弱，又使得他们为稳固自身话语地位而不得不寻求组织上的支撑。于是，这些新的乡村精英对国家政权和意识形态的依赖加大，就会更加自觉地融入中共的话语体系，无形中加强了对中共的政治认同。

"群众办报"机制显现了中共赢取政治认同的作用。一方面，政治意识通过各种文化路径渗透于民间，另一方面，民众由于亲身参与而形成的对于中共权威的认同、接受以及支持程度，也逐渐超越了以往任何政府。② 此种情形的结果，学者张鸣有过断言："虽然，我们也很难说根据地的农民懂得了多少政治常识、了解了多少革命的道理，但至少有一点是十分明确的：共产党已经成功地在根据地的农民心目中确立了自己牢不可破的正统感，等于是瓦解了当时还是正统国家政权的代表者国民党政府的权威，到了1945年抗战胜利时，在根据地农民心目中，蒋委员长的地位已经被毛主席完全取代了。更重要的是，落后、分散而且自治力很强的根据地农村，就此被注入了类现代的民族国家意识，甚至建立了对中国共产党和国家政权的某种崇拜。"③ 因此，"群众办报"的活动有助于民众接受中共政权倡扬的价值体系以及配套设计的政治行为模式、生产组织模式和社会生活模式，中共政权对乡村社会的全面辐射开始变为现实。

三　推进政策响应

从传播的效果角度考察，大众媒体之所以能对社会变迁产生影响，原因在于所传递的信息能改变人的观念，最终影响人的行动。通过与报纸的关联，民众对中共意识形态、政权组织的高度认可也就最终体现出对中共政策的积极响应。

通过读报，根据地的民众了解了上级的政策号召。革命根据地时期，由于客观条件的限制，各种党政组织之间的信息流通有诸多困难，因此，报纸就成为向各级组织传达上级指示的最重要的信息载体。"我们的政

① 王维：《把心扑在新闻上：王维新闻作品选》，上海人民出版社2004年版，第22页。

② 王荣花：《中共革命与太行山区社会文化的变迁（1937—1949）》，河北大学硕士论文2011年，第379页。

③ 张鸣：《乡村社会权力和文化结构的变迁（1903—1953）》，广西人民出版社2001年版，第223—224页。

策，不光要使领导者知道，干部知道，还要使广大的群众知道。……报纸的作用和力量，就在它能使党的纲领路线，方针政策，工作任务和工作方法，最迅速最广泛地同群众见面。"① 于是，革命根据地就出现了这样的现象："地方党政机关的指示、决定、工作部署等，需要传达到广大干部群众中去的，常常登在报纸上，并注明'不另行文'，这是最及时、最有效的办法。"② 即使是党中央的很多决策，也是通过报纸予以发布。在这种情况下，读报活动所期待的效果不仅仅是有益于生产劳动，还希望根据

4－7　区政府办公室

地民众能够通过读报对中共的各种号召予以回应并积极投身其中。如陕甘宁边区吴堡刘家沟区的区干部为了通过读报更好地领会上级的方针政策以及工作部署，还对读报要求作出细化，凡是在家的干部早饭前一律参加读报。重要消息文章（社论、专文、边区消息、政策法令等）需要集体研究选读，《解放日报》要集体读，读完之后大家漫谈。读了政策法令，就立即讨论决定本区执行办法。这种读报小法的实行结果，使大家都关心了

① 毛泽东：《对晋绥日报编辑人员的谈话》，《毛泽东新闻工作文选》，新华出版社1983年版，第149页。

② 杜敬：《抗日战争时期冀中的262种报刊》，载杜敬编《冀中报刊史料集》，河北教育出版社1995年版，第10页。

时事，并结合报道内容在上级指示没有来到之前就马上安排自己的工作，如生产工作、选举劳动英雄工作、秋收工作、掏谷茬等工作都是这样进行。① 安塞县的区乡干部经常在挎包里装着《边区群众报》，随时向群众宣讲政策、介绍生产经验，把报纸当作"时事老师""随身跟上指导工作的上级"。② 在苏中抗日根据地的 1944 年秋征工作中，大丰县的读报组读了关于秋征的政策后，老百姓晓得秋征标准是为了反攻，都说"新四军吃了打鬼子的，多出些没事"。"保证缴好公粮、好公棉"。读报组读了捐助优抗基金的重要性，结果大家当场就承领了数字。妇女班读到民兵地雷战的胜利消息，大家就决定要纺纱打绳送给民兵拉地雷，当场就收集了七八斤纱。③ 冀中抗日根据地束鹿二区郭庄读报组，"读了统累税的征收，便联系说明支援前线，保证供给是每个人的义务"④。读报也提高了民众对节约政策的响应。在晋察冀抗日根据地的曲阳县北宋家庄，过去人们不讲节约，村里的酒店、馒头店、豆腐店里总是挤满许多人。自从村上建立读报组后，讲了上级生产节约的号召，乱吃乱喝的人很快就减少了。读报组讲了"要整理村财政"，大家在挖地道时连灯头都点得很小，他们说："羊毛出在羊身上，省下了是咱们村里的。"⑤ 通过读报，根据地的民众加深了对报纸作用的认识。陕甘宁边区安塞县马家沟村的村民诚恳地说："尔格读了报，可解下了许多劳动英雄的好办法，咱们都要学习人家。""过去不读报，一满黑洞洞的，尔格读了报，毛主席给咱老百姓指示的什么，咱们都知道了。"⑥ 广大民众对中共方针政策的理解和支持，大大促进了各项工作的开展。

通过读报，根据地的民众了解先进、学习先进，推进了对政策的贯彻

① 吴克强：《吴堡刘家沟区级干部读了报就进行工作检讨》，《解放日报》1944 年 12 月 25 日第 2 版。

② 午人：《〈边区群众报〉回忆片断》，载陕西日报社、延安时期新闻出版工作者西安联谊会编《延安时期新闻出版工作者回忆录》，2006 年印行，第 127 页。

③ 效中、象耕：《垦区祥丰乡推动工作的读报组》，原载《江海报》1944 年第 261 期，载中共大丰县委党史工作委员会等编《大丰党史资料（第 4 辑）》，1988 年印行，第 105 页。

④ 《束鹿郭庄模范读报组 读报方法值得学习》，《晋察冀日报》1946 年 2 月 24 日第 4 版。

⑤ 刘松涛：《华北抗日根据地的农民教育工作》，载《人民教育》编《老解放区教育工作经验片断》，上海教育出版社 1979 年版，第 236 页。

⑥ 午人：《安塞乌家沟村的读报组推动了生产提高了群众的文化水平》，《解放日报》1944 年 3 月 24 日第 1 版。

和落实。陕甘宁边区安塞县马家沟村是一个生产模范村，但是这里的群众都很想了解别处模范村的生产活动以及他们的生产经验。在区委的帮助下，马家沟村成立了读报组。通过读报，马家沟村的生产更加积极、工作更有创造。比如他们读了《组织起来》一文后，不仅在道理上认识到组织起来进行生产的重要，而且在讨论中又具体地研究了如何组织本村的变工队以及互相展开竞赛的办法；他们读了报上一个模范乡的计划，便讨论了本村的春耕准备情况，马上全村加紧了砍柴，以前一天砍一次，后来一天跑一二十里路外砍两次，晚上清早还要拾粪肥；他们读了别处合作社的好经验，大家更进一步认识到合作社是真正为民谋利的，于是立即自动提出了加入股金的数目；他们读了部队去年的生产运动与成绩后，认识到军队生产是为了减轻人民的负担，讨论今后怎样更好地拥护军队和优待抗属；他们读了毛主席也要变工生产的消息，在讨论时更感动了大家，"领袖都（要）生产，咱们更要努力"，于是就提出为毛主席和中央首长代耕五石细粮的数目。这些事例表明，马家沟村的读报和讨论，能紧密地联系本村的生产实际。通过了解上级的指示以及其他村庄的做法，推动了本村的生产劳动。正如村干部们说的："大家在听报时常说，听人家的，要反省反省咱庄的，怎样把模范村搞得更好。"① 在延县丰富区，边区劳动模范吴满有、杨朝臣的事迹经过报纸宣传，对当地的群众产生很大的影响，很多人总是要向读报员打听："吴满有的庄稼怎么了，《解放日报》上发出什么了？"当有人把吴满有加紧开荒的消息带回去时，变工队的队员们就喊起来："咱们午上也不休息，再上一次报吧！"区、乡干部和农民们都把在《解放日报》上发表名字看成是一件大事。② 又如晋绥边区的岚县实行把读报组与变工组结合起来的办法后，利用休息时间和变工队开会时间进行谈读报。当劳动英雄王七月后所在村的变工队在开荒中集体读到"贾挨碰组织起来了"的消息时，王七月后说："贾挨碰我认得，咱们大家努力也能和他竞赛，马上就提高开荒的效率。"听了段兴玉组织砍柴大队消息后，全村变工队第二天即上山砍柴，而且展开竞赛，当时就产生了

---

① 午人：《安塞乌家沟村的读报组推动了生产提高了群众的文化水平》，《解放日报》1944年3月24日第1版。

② 《延县各区宣传科长重视阅读本报》，《解放日报》1943年6月12日第2版。

一背能背一百八十余斤的砍柴英雄胡三虎。①

　　解放战争土改期间，报纸在传达政策、推动执行方面发挥了重要作用。其间，中共土改政策出现波折，群众对土改政策也了解不够、理解不深，结果在实际运作中产生了一些偏差。为此，通过读报起到了积极的正面作用。如山西左权县三区的东隘口村，在土地法大纲颁布以后，中农和村干部思想上曾有过一些波动。因为经常阅读党报，了解了党的政策，波动迅速消除，大家团结起来搞生产。村干部和群众成立了读报小组，经常在闲时、饭场读报，随时解决思想顾虑。村干部经常依照党报提出的方针、任务来研究工作，并从读报中了解了"只有积极工作，才能以功抵过；躺倒不干是错上加错"的道理。村长张通和支书皇甫琇说："报上登的清，学习下就能照着办事。咱不信党报还信啥哩！"他们为了把报纸上的消息深入到群众中去，便在村里组织了四个读报组，每组选出专人负责念报。到民校上课时，将没弄清的消息提出帮助大家继续研究。如报上登

4-8　学习土地改革法令

出补偿错斗中农与安置地富等问题，起初大家弄不通，后来结合报纸讲明，如果现在不安置，不组织他们生产，秋天他们没吃的，就要偷人、讨饭，还不也是咱农民的事？于是大家就想通了。② 在太行解放区涉县、沙河的一些村里，因为1947年三查时追三代，乱定成分、错斗中农，以致

---

　　① 晋绥边区财政经济史编写组、山西省档案馆：《晋绥边区财政经济史资料选编（农业编）》，山西人民出版社1986年版，第725页。

　　② 启文、甫温、世民：《经常学习党报了解我党政策　东隘口全村团结生产》，《人民日报》1946年6月28日第1版。

1948 年生产时大家情绪都不高。中共中央二月一日指示公布后，当地的《新大众》报把指示里的划阶级、团结中农等问题一个个提出来作了具体解释。当读报组读了"必须细致划阶级"这篇文章后，村里的中农情绪就慢慢安定下来。同样，在冀南肥乡这些地方，当群众听完宣传土地法的文章后，就要求把这张报纸留下，他们说："这就有了底，留下来，以后就好照这底办事。"念了划阶级的文章，群众听说是中央定下的，纷纷表示："这可好了，过去来的工作员，一人一个尺子，咱也弄不清；如今都按毛主席给的尺子做，老百姓也懂得，就不会出错了。"于是，《新大众》报在土改中发挥了重要的作用，从开始的一万份迅速增加到将近五万份，老百姓把它当作"底"，按照报上说的去办事。①

工农通讯员写稿也是推动落实政策的重要手段。1944 年，在太行根据地的剿蝗运动中，干部和广大群众都直接参加打蝗行动，报社就发动他们随做随写，因此能有头有尾地从各方面反映出整个运动。② 利用通讯员网络，党政领导部门可以迅速地把当前的生产指示传达下去，也可以把生产劳动的实际情况及时反馈回来。陕甘宁边区庆阳三十里铺区通讯小组为真正做到写稿与工作相结合，提出"工作中心即写稿中心"，每次布置工作时，就布置收集工作材料，这些材料为了研究工作也为了写稿，总结工作时也就总结出了写稿的材料。③ 在山东胶东根据地，每当一项中心工作开始后，报纸能迅速收集到情况，反映工作动态，介绍经验并指导工作。1947 年，山西黎城在健全通讯组织的过程中，涌现了一批写稿和生产相结合的模范，如粗通文字的三区农民干部韩开心在召集生产小组会讨论工作时，把大家的办法写成稿子。写好以后念给大家听，请大家提出意见，然后再寄给报社，这样他写的稿子内容很实际，把生产和通讯结合起来，既培养了通讯核心，也推动了工作。④ 黎城为了做好秋收秋耕突击工作，

---

① 《新大众报四个月》，《人民日报》1948 年 5 月 15 日第 3 版。

② 总社：《关于通讯社工作致各地分社与党委电（1944 年 3 月 4 日）》，载新华社新闻研究部编《新华社文件资料选编（第一辑）1931—1949》，1978 年印行，第 16—22 页。

③ 于维明：《庆阳卅里铺区提出工作中心即写稿中心》，《解放日报》1945 年 6 月 8 日第 2 版。

④ 杨克虹：《黎城健全通讯小组培养通讯骨干的经验》，《人民日报》1947 年 3 月 12 日第 2 版。

还提出"做一村,报导一村","做一件工作,报导一件工作"。① 由此可见生产与写作互动的热烈程度。

黑板报也对政策宣传产生了积极的作用。在陕甘宁边区曲子县民众教育馆门口,"黑板报上宣布了一条边区政府减征救国公粮的消息,人们抢着看,有的并去把乡下的亲戚朋友召来看,虽然时间过了几天,但是群众们还阻止别人把它擦掉。它又登载过一个曲子驻军某连开荒的消息,这时群众开荒尚未开始,然而黑板报上却已把某连已开荒两百亩的消息告诉群众,把市区居民的开荒热潮马上掀起来了"。② 山东临沂水磨头村黑板报也办得很有成效。第二期登了崔学述变工组和崔有德变工组发起生产竞赛的消息,结果全村十二个组都发起了挑战。第三期登了崔之放的兴家计划,结果大家反映说订计划很好,一个是工作有头绪,一个是工作不脱节,随后即有十二户订了春耕增产计划。第四期登了参加一把米运动(每天节省一把米),得到妇女们的积极响应,应该吃三天的米吃四天。③ 1947 年,在邯郸涉县后池村突击锄苗时,"男劳力病了很多,只有把妇女组织起来上地才能完成计划。有一天,一组妇女郑荣德在民校里汇报工作时说:'我今天锄了六七分苗。'教员就把这个材料编成快板登到黑板报小报上,民校再到处一一宣传鼓励了妇女,除有病及生育的以外都卷入了这个运动。刘土英的六十岁的母亲也参加了,三天锄苗一亩半。这样有的组就提前完成了计划。参加的妇女八十六人锄苗三百二十亩"。④ 因为黑板报推动了各种工作,它的威信大大提高。每提出一件工作,都会引起群众的积极响应。"比如号召儿童们搜集敌伪遗弃的子弹来换盐(二两盐一粒子弹),不几天就搜集了六十多粒;号召妇女纺线的工夫,只六七天,就有一百四十人报名编了小组;宣传生产节约的时候,提出叫大家最好不要喝酒吸纸烟,西阁儿外开小铺卖纸烟的吴二和见了黑板报的编辑就说:

---

① 丁洲:《黎城的通讯工作是怎样搞起来的?》,《通讯工作》新年特大号,山西省档案馆藏编号 Z1 - G2 - 26。

② 《曲子民众教育馆办得好 成了群众文化活动核心》,《解放日报》1944 年 5 月 21 日第 2 版。

③ 《地委关于出版〈滨北大众〉的决定 附件之六:水磨头的黑板报》,山东临沂市档案馆馆藏编号 001 - 01 - 0045 - 010。

④ 王兰榜:《后池村的生产宣传》,《人民日报》1947 年 8 月 11 日第 4 版。

'我的买卖都让黑板报赶跑了。'"[1] "一个铁匠工人，看过黑板报登载南区大众卫生合作社成立的消息时，即自动入股一万元，作为卫生合作社的股金。"[2] 因此，当时曾经有这样的结论："凡是有好的读报组和黑板报的地方，那里对政府政策法令和上级号召就容易贯彻，生产卫生教育各项工作就容易开展，而且可以少开多少会。"[3] 陕甘宁边区镇靖乡的黑板报甚至被认为是"经济建设工作最有权威的指导力量"，[4] 在开展群众卫生、反对巫神、改造二流子等运动中发挥了极大的效力。张家口解放之后，开展了选举运动，市区的所有黑板报都围绕本区本街的选举工作进行报道。明德南大街的黑板报用韵文来推荐候选人："王力民同志真是强，他是人民的好区长……"署名的竟然有市民120人，体现了选民对候选人的强烈支持。[5] 冀晋区孟县为了让黑板报在土地改革运动中起到应有的作用，所办的黑板报除了有的"专载时事消息"外，"其他各块专为土地改革服务，再隔两天更换一次"，[6] 由于密切和上级方针政策结合，"黑板报真正成为开展推动村上工作的火车头"。[7]

通过"群众办报"的诸个环节，中共的各项政策实现了对乡村的垂直渗透，诚如有国外学者指出的那样，共产党政权"把中央政权的权限和影响拓展到史无前例的范围"：在中国的传统中，至少在国家存在强大统一政权的时期，中央的权力经过完善的官僚机构，可以有效地传递到县一级。但是在县级以下的"非政府层面"上，传统的精英集团如"士绅"以及各种非官方的机构团体把持着整个局面。共产党则从根本上改变了这

---

① 齐明：《记一个村农会的机关报》，原载1947年11月《教育阵地》第8卷第3期，载《人民教育》社编《老解放区教育工作经验片断（第二辑）》，上海教育出版社1960年版，第80—81页。

② 本报讯：《延市开展文教卫生工作 出版黑板报成立识字组》，《解放日报》1944年5月29日第2版。

③ 边区文教大会：《关于发展群众读报办报与通讯工作的决议》，《解放日报》1945年1月11日第4版。

④ 张潮：《群众创办的黑板报》，《解放日报》1944年11月16日第4版。

⑤ 《张市黑板报活跃》，《晋察冀日报》1946年7月16日第2版。

⑥ 《冀晋教育厅孟县新解放区土改宣教工作（1947年3月15日）》，河北档案馆馆藏编号110-1-64-2，转引自朱志伟《解放战争时期晋察冀边区宣传民众工作述论》，河北师范大学硕士论文2007年，第30页。

⑦ 毛茂春、赵德新：《对大众黑板的几点意见》，《人民日报》1947年7月25日第4版。

种情形，基本上摧毁了旧的精英集团和绝大部分传统的社会团体，代之以新的共产党精英和新型的共产党建立、控制的群众组织，把党和政府的影响扩展到乡村一级。① 自此，传统社会的乡村自治开始被国家控制取代了。

四　扩展空间认知

报纸为身处封闭乡土空间的民众打开一扇扇睁眼看外界的窗口，从这扇窗口，民众建立了对"民族—国家—世界"的空间认知。

大众传媒在形塑民族精神方面具有无法替代的功能。对于建立现代民族国家这一巨大的现代工程来说，传播整合可以说是文化整合或意识形态整合的重中之重，是最具有操控实施性的部分，没有现代传播媒介，高度组织化社会的建立几乎就不可能实现。② 本尼迪克特·安德森在他的《想象的共同体：民族主义的起源与散布》一书中认为，民族是一种想象的共同体，在想象的共同体形成的过程中，印刷媒介的作用非常重要。阅读相同的报纸使消费者将自己和他人关联起来，并确信自己想象中的共同体在生活中确实存在。阅读报纸成为一种超乎寻常的群众仪式。印刷品将各种方言相互组合，创造并不断地复制出一种新的印刷语言，赋予语言一种新的固定性，这种固定性再经过长时间之后，为语言塑造出"主观的民族理念"。③ 所以，报纸的一个突出作用是可以使"广泛而明显""突出而新颖"的民族主义情绪高涨，"激励民族活力并使之万众一心、众志成城的，正是报纸每一天的波动情况"。④ "群众办报"活动普及了民众的文化知识，特别是对文字的掌握和使用，把民众邀请进民族国家的合理想象，"最终目标便是为统治阶级生产更多的具有政治文化素质的民族族群，它们的功能是充当一个'政治上可靠、心怀感激，并且同化了的本地精英阶

---

① ［美］西达·斯考切波著，何俊志、王学东译：《国家与社会革命：对法国、俄国和中国的比较分析》，上海人民出版社 2007 年版，第 315 页。

② 赵凌河：《国统区文学传播形态》，辽宁人民出版社 2006 年版，第 11—12 页。

③ 参见本尼迪克特·安德森《想象的共同体：民族主义的起源与散布》（上海人民出版社 2005 年版）中相关章节。

④ ［法］加布里埃尔·塔尔德著，［美］特里·N. 克拉克编，何道宽译：《传播与社会影响》，中国人民大学出版社 2005 年版，第 237 页。

层’，最终促成‘中华民族’意识的成长”。① 特别是抗日战争期间，在这样一场民族国家之间的对抗中，通过报纸接受的信息，使得“脸朝黄土背朝天”的乡村民众能够跳出生存的狭隘空间，打破私人空间和公共空间的隔阂，以“家”“国”交融的视角去看待问题、决定行动，从前文的引述中已经有大量事例可以印证。老报人穆欣对此评价：“边区人民关心时局的每一变化，虽则在文化水平上和新闻常识上他们还差，但是可以说，出于他们忠于国家的坚定立场和政治的敏感，他们关于时局的见解，往往是比那些被某种偏见所围的国民党统治区报纸主笔先生高明得多。当国民党统治区某些报纸对赫尔利武装干涉中国内政的政策额手称庆时，他们表示出一个中国人所应有的义愤；而在某些大主笔高唱其反苏滥调时，这些农民知道苏联是中国人民的好朋友。”②

4-9　延安街头时事宣传

对民族国家空间的感知也顺延出对世界空间的认识，“睁开眼睛看世界”，把世界局势的发展也纳入到他们的关心范围。根据地的大量事例是此种情形的恰切注解。延市新市场后街铁铺匠读报组由于经常性地开展读报，所以大家对很多国际时事都不感到陌生，如读到“日本法西斯头子倒台了！”一句还未念完时，“东条老贼”这一声震响就会从几十个人嘴巴里先后呐喊出来。他们有时听得高声大笑，有时听得很气愤，这种情形就

① 吴果中：《〈良友〉画报与上海都市文化》，湖南师范大学出版社2007年版，第154页。
② 穆欣：《晋绥解放区鸟瞰》，山西人民出版社1984年版，第125页。

常常吸引着流动的人群，连附近的婆姨和提着担、吆着牲灵的过路人也要站住听一会儿，有些人听出味道，就索性站在街边直到讲完为止。听报的人们对报纸内容活学活用，如该读报组成员黄九河喜欢听报之后学编秧歌，他编的"希特勒这几天呜呼着难，那苏联打得他快要完蛋"，是为着自己铁工秧歌队的演唱用的。结果，他编了之后别人都学着唱起来。黄九河也就愈编愈高兴、愈想编了。① 在晋察冀抗日根据地北岳区，某村遭到敌人"蚕食"后，一个时期没有报纸。有一个工作同志去看望该村某老绅士时，这个老先生就问："好久没有看到咱们的报纸了，究竟希特勒怎样了？打垮了吗？如果再看不到报，可真要闷死人了。"② 在晋察冀束鹿县，老百姓下雨天就在地里用高粱秆支起被单，搭棚遮雨，读当地出版的《黎明》报。大家听了苏联红军取得斯大林格勒保卫战的胜利消息，都非常兴奋，感到反法西斯战争已经胜利在望了。③ 由于经常听报，晋察冀的很多民众都对世界形势相当关心。唐县三区下庄村读报组有一次读到盟军占领塞班岛的消息后，听众就提出不少问题，如汪精卫现在在干什么、欧洲第二战场何时开辟等。④ 河北晋县古营村村民听读报员讲述苏联和德国作战的消息，当听到双方在战场上投入两千架飞机、坦克和二十万挺机关枪时，"群众活跃了。有的老人说，这个仗可打大了，二十万挺机关枪响起来，还不像炒豆一样！青年们自以为内行，笑着说，比炒豆热闹多了，那像一阵风，分不清点儿了"。在这种简单而又真诚的讨论后，大家一致高呼口号：狠狠打击日本侵略者，配合苏联红军取得最后胜利。⑤ 有的群众对国际形势不了解，就把参加读报组当作改变自身的途径。晋绥解放区临南中庄有一个老汉名叫秦槐材，有一天到村外去遇见两个儿童问他："老人家，你知道咱中国的可靠朋友是谁？"没有参加读报组的秦老汉只能说："不知道。"儿童们就讽刺他说："你老人家连咱中国的朋友也不知道，还出门咧？"老汉羞愤得一句话也没有说，就回去问儿子孙子。儿孙

---

① 一云：《延市新市场铁工读报组》，《解放日报》1944年8月20日第2版。

② 《北岳群众热爱报纸 读报工作普遍开展》，《解放日报》1943年9月12日第2版。

③ 杜敬：《抗日战争时期冀中的262种报刊》，载杜敬编《冀中报刊史料集》，河北教育出版社1995年版，第10页。

④ 《各地读报小组新气象》，《晋察冀日报》1943年8月24日第1版。

⑤ 柳心：《我和〈冀中日报〉》，载杜敬编《冀中导报史料集》，河北人民出版社1990年版，第361页。

们回答是苏联。老汉说："你们怎么知道的?"儿孙们说："听读报知道的。"从此老汉就参加了读报组。① 当根据地民众把个人生存空间和民族国家空间以及世界空间通联以后,就会用一种开放的眼光来打通私人生活与公共活动之间的隔阂,并在这样的坐标中开始尝试寻找自己的言行定位。

许多学者都已经注意到,把中共所倡导的宏大意识形态和社会改造与文化素养低下的普通民众的联结是一个饶有意味的话题,并由此展开许多观测的"窗口"。透过这一扇扇"窗口",可以看到鼓动民众投入革命的种种"仪式",② 张孝芳在分析中共组织开展乡村社会改造时所采用的社会教育,实际上也是"仪式"之一,因而其所作的一些结论,同样适套于作为另一种"仪式"的"群众办报"行为,即中共通过结构性、制度性的文化框架,"以新的观念、话语和情感触动了乡村民众的内心世界,并将乡村社会的变化与共产党的形象和政治权威联系起来,进而改变民众的行为选择,实现乡村社会对共产党的认同,从而在乡村社会确立起共产党所需要的动员力量和资源"。③

第四节　群众办报实践中的偏差

在革命战争的特殊环境下,中共领导下的新闻事业具有非常典型的政治工具性特征,把新闻传播作为夺取政权的重要手段。沿着这样的逻辑,群众办报的最终目的,是让工农群众通过参与新闻传播活动,了解党的意图,响应党的号召,并借此推动军事、生产以及其他各个方面的实际工作。确实,只要依靠相信群众、依靠群众的群众路线,什么困难都容易克服,什么奇迹都可能创造。然而,按照唯物辩证论的观点,任何事物总是具有正负两面,群众办报的实践同样如此。在具体的实施过程中,出于各

---

① 叶石:《群众有了自己的文化——晋绥解放区群众文化运动介绍》,《人民时代》1946 年第 8 期。

② 郭于华认为,仪式可以是特殊场合情境下庄严神圣的典礼,也可以是世俗功利性的礼仪、做法。或者亦可将其理解为被传统所规范的一套约定俗成的生存技术或由国家意识形态所运用的一套权力技术(参见郭于华主编《仪式与社会变迁》,社会科学文献出版社 2000 年版,第 3 页)。

③ 张孝芳:《革命与动员——建构"共意"的视角》,社会科学文献出版社 2011 年版,第115 页。

种各样的原因，群众办报也存在这一些行动上的偏差。

一 实施形式化的偏差

"群众办报"试图把大量的工农群众吸纳入新闻传播活动，就需要造成群众参与读报、写稿、办报的声势，以积极、热烈的氛围来感染介乎其中的每一个个体，继而自觉卷入革命的洪流。但是，在具体实施的过程中，由于过分追求一种快速普及的效果，一些形式化的现象也随之而出。

组织读报形式化。由于读报者面对的都是文化水平相对低下的人民群众，有号召、没措施、没经验，效果就难以保证。如陕甘宁边区米脂县印斗区1943年提出"报纸下乡村"的口号，也成立了很多读报组，但有不少是形式的组织，报纸只是留在区政府或乡政府的办公桌上。[1] 镇原县三岔区4个读报组成立后没有进行读报。来自新正县的报告中说"识字组是形式的，夜校是挂名的"。吴旗县识字读报组和夜校有42处，起作用的只有乡政府和学校兼办的8个识字组、15个读报组、3个夜校。[2] 又如1944年6月，上级号召成立读报小组开展读报运动，当时华北地区东河庄小学教师梁发进便找了几个粗识文字的人成立了一个读报小组，虽然经过了一番动员，但对于读报小组的任务、怎么读法，都没有明确的规定。来了报他们读一读，再拿到夜校识字班里读读就算完成了任务。因为他们读的时候，大半好读世界大事，人名地名都那么长，又难懂又难记，大家都听不进去，再加上报上词句不通俗，大家更不感兴趣，没有读完人就跑净了，听的人也觉得是一种额外的负担，这样读报小组就慢慢地垮了台。[3] 如此情形，听报的效果自然就大打折扣。老解放区土改期间，有一位路过河北武安南丛井村的同志向《人民日报》反映了这样的事例："到一家饭铺喝水，拉起话来，掌柜叫赵成旺，他说他是一个下中农，还是民兵中一个小组长，扯到土地法上，他说：'光在冬学听说过土地什么法大纲？起高垫低。'问他土地法是干啥的？都是啥？他说：'那咱不摸，说不上来。'村

---

① 陈琪：《米脂印斗区检讨读报与通讯工作 纠正形式主义与自流现象 订出具体帮助通讯员等办法》，《解放日报》1944年5月18日第2版。

② 《关于开展冬学运动的正确方向——周家圪崂一揽子冬学介绍》，载陕西师范大学教育研究所编《陕甘宁边区教育资料（社会教育部分）下册》，教育科学出版社1981年版，第209页。

③ 玉华：《东河庄的读报小组》，转引自华北人民政府教育部教科书编辑委员会编《小学教育典型经验介绍》，新华书店1949年版，第158页。

口祠堂住着一个五十八岁的老汉曹之有，他住的屋，两个人进去就不能扭屁股。他说他就一口人过去要过十多年饭，爹做了一辈子长工，八路军来才翻了翻身，现在没房，地有五亩，除一亩近地外，都是三里开外的赖地。问他知道不知道要平分土地了。他说：'我也上冬学，听念报，不了亮念的是啥。'"① 运动式地推进读报也会使前后出现明显的落差。据陕甘宁边区 16 个县的不完全统计，在 1944 年文教大会后，参加识字读报组的 3 万多人，而到 1946 年后季只有 5480 人，其中的米脂县 1944 年有读报组 830 处，1945 年减少为 189 处，1946 年又减少到 87 处。②

　　发展工农通讯员形式化。客观上说，要把工农群众培养成工农通讯员并不容易，但是碍于上级组织的号召，又不得不大力推进这项工作，结果就出现了形式主义的倾向。如工农通讯员身份的不持续就是表现之一。晋绥边区的《晋绥大众报》从 1942 年即着手普遍建立通讯组织，发放了许多通讯员登记表格，结果填在表上的通讯员数量虽多（达四五百人），实际投稿者不及半数。到后来，所谓通讯组织几乎垮台。③ 有的地方规定基层干部必须是通讯员，结果一个单位号称有 78 个通讯员，可是一经调查，就有 29 个不能执笔，半年来用稿一两篇者有 34 人，能按期交稿的只有 10 个人，只占八分之一左右，八分之七是空架子。④ 1945 年，陕甘宁边区鄜县关于通讯工作的检讨中透露，1944 年全县有通讯员 71 名，一年之后就减少了 33 人，而其中大部分是工农通讯员。⑤ 邓拓在 1947 年的一次报告中也指出，对工农通讯员工作，口头上不敢否认轻视，而思想上抱着消极与轻视的观念，"当着大家都呼喊培养工农通讯员的时候，马上找到几个'工农通讯员'以为点缀"，结果培养一批、垮掉一批这种现象是存在

---

① 李山：《村里黑板报要经常换写 土地法要叫每人都嘹亮》，《人民日报》1948 年 2 月 16 日第 2 版。

② 梁星亮、杨洪：《中国共产党延安时期政治社会文化史论》，人民出版社 2011 年版，第 349 页。

③ 晋绥大众报通讯科：《关于通讯员的联系与我们所需要的稿子》，《通讯研究》1946 年第 1 期，山西省档案馆馆藏编号 Z1 – G2 – 70。

④ 华丁：《部队写作运动中的一些经验》，《解放日报》1943 年 5 月 24 日第 4 版。

⑤ 祖武：《鄜县检讨通讯工作，今后要加强领导，培养工农通讯员》，《解放日报》1945 年 10 月 23 日第 2 版。

的。① 工农通讯员写稿也存在形式化现象。陕甘宁边区曾采取摊派数字的办法规定工农通讯员的写作数量。如安塞县由区书记或区长亲任通讯组长，曾规定每月每人最少写稿一篇。每个县委同志下乡时必须写三篇稿子，并明确说明这是党的任务。同时规定，每区平均每天写稿一篇，每乡平均每周写稿三篇。志丹县规定每位通讯员每月为解放日报供稿两篇。能否完成规定的数量，要作为考核成绩的标准。② 盐阜地区的工农通讯工作做得很好，但是在通讯运动竞赛中，单纯强调"文化翻身""全民动手"，以致产生数量主义的追求写稿篇数，这种任务观点导致滥竽充数，如射阳曾提出"家家办报""人人写稿"，该县合德镇竹川村还发生过"敲锣打鼓，挨户要稿"的行政命令办法。③ 结果，动手写稿的人数和稿子虽多，但质量不高，报道上普遍存在着严重的"表面""空洞"，缺乏"深刻""具体""细腻"，对工作指导显出软弱无能，④ 而竞赛运动一过，群众写稿也随之消沉。1947 年，《中共冀鲁豫区党委宣传部关于提高写稿运动的指示》中批评的情况，也大体反映了在写稿运动中暴露出来的问题，很多人只求写多数量，不注意写好质量，结果稿件被采用不多，影响了写作情绪，导致写稿运动"一活跃、二疲塌、三垮台"。⑤

办黑板报形式化。作为一种组织化行为，黑板报在发展过程中也存在着一些形式主义的问题：某些地方的黑板报只是迎合上级号召，为办而办，不注重传播效果。在太行区有不少大众黑板，不是由教员一手包办，便是包而不办。该表扬的没表扬，该批评的也没批评，登出的材料一月两月不换，或单纯地转抄报上的国际国内大消息，以致黑板报不能在群众中生根，与群众的现实斗争脱节，成为形式主义的东西。⑥ 陕甘宁边区教育

---

① 邓拓：《三论如何提高一步》，《晋察冀日报》1945 年 7 月 15 日第 1 版。

② 李秀云：《工农通讯写作："全党办报"的缩影——以延安〈解放日报·新闻通讯〉为中心的考察》，载陈信凌主编《新闻春秋第 11 辑中国红色新闻事业的理论与实践》，江西高校出版社 2009 年版，第 110 页。

③ 严锋：《盐城区通讯运动的发展概况及其基本经验》，原载《盐阜大众》1949 年 9 月 1 日，载《盐阜大众报》编辑部编《盐阜地区报史资料（第 2 辑）》，1983 年印行，第 84—85 页。

④ 盐阜大众报专论：《克服形式主义正确贯彻通讯运动》，原载《盐阜大众》1948 年 4 月 3 日，载《盐阜大众报》编辑部编《盐阜地区报史资料（第 2 辑）》，1983 年印行，第 15—16 页。

⑤ 《中共冀鲁豫区党委宣传部关于提高写稿运动的指示》，载《冀鲁豫日报史》编委会编《冀鲁豫日报史》，贵州人民出版社 1993 年版，第 199、202 页。

⑥ 常江河：《黑板报与广播台　农村来信之二》，《人民日报》1947 年 8 月 15 日第 4 版。

厅的"三年来边区社教工作总结"中提到，清涧县的十九块黑板报都是形式的，城关区石台寺乡政府办的黑板报去年登的稿子今年八月才擦掉。① 某些时期对黑板报特别重视，而某些时期又放任自流。陕甘宁边区的十六个县当中，1944 年有黑板报 337 处，1945 年减少到 243 处，1946年减少到 228 处。② 某些地方黑板报特别兴繁，而某些地方的黑板报比较冷清。1947 年 7 月 25 日《人民日报》第 4 版毛茂春、赵德新的"对大众黑板的几点意见"一文载："最近在乡间走了几趟，看见不少黑板报，这表明村干们是注意了文化宣传工作……同时也有不少村庄，就根本没有见到过黑板报。"

二　新闻低质化的偏差

革命战争时代，出于宣传鼓动的需要，党的新闻工作强调"政治第一、技术第二"，对工农通讯员的要求更是如此。如范长江在一次讲话中就提出，"工农通讯运动，是整个通讯运动的方向，是工农在文化上翻身的一个重要步骤与途径。在目前通讯工作中过于求'实效'的观念，因此不敢发动群众性的通讯运动是错误的，目前不能苛求来稿的写作技术"。③ 但即便如此，新闻工作也还是要讲技术的，新闻写作可以被认为技术相对简单，毕竟还需要有基本的规范。让文化素养相对低下（绝大多数甚至是在党推动的大规模社会教育运动中刚刚脱离文盲）的工农群众参与"群众办报"活动，自然会显现很多问题，诸如新闻写作缺少基本要素、缺少基本原则等。

受党组织的感召，虽然根据地的绝大多数新闻从业者都很重视工农通讯员的培养，但是革命根据地专门从事新闻工作的记者编辑很少，面对成千上万的工农通讯员，要做到一一指导，有稿必复，客观上也不现实，所以一些工作难免流于形式、敷衍了事。1946 年，《晋绥大众报》在检讨联系通讯员的工作时总结，"我们对通讯员了解很少，连许多通讯员的通讯地址也不知道，更谈不到了解通讯员工作情形，按其特点，提出采访上的

---

① 陕甘宁边区教育厅：《三年来边区社教工作总结》，载《陕甘宁边区教育资料（社会教育部分上册）》，教育科学出版社 1981 年版，第 209 页。

② 同上书，第 196 页。

③ 范长江：《关于新闻工作中的三个问题》，原载《新华日报》（华中版）1946 年 2 月 17日，转引自范长江《通讯与论文》，新华出版社 1981 年版，第 297 页。

意见。有些县份，寄给我们通讯员名单，但因为数量很多，而报社通讯科人少，实际上办不到普遍的连（联）系，除了退稿提意见以外，我们一切都依靠了县上，采访要点、信件、稿费，都经过县上转（因为不知通讯处），使通讯员收到的很晚，有些有时间性的东西，常常失去它的作用。总而言之，我们对通讯员的帮助，实际上做得很不够，不能使通讯员及时地知道报社的需要，以致写来的稿件，常常抓不住特点，找不到中心，不能刊用"。① 由此产生的结果，就是新闻传播的低质化现象频频出现。

由于缺少写作经验，工农通讯员的报道容易形式单一片面。稿子多偏重于个人模范的介绍，欠缺对一个地区、一项工作的全面反映，系统介绍某项工作经验的文章更少。报道多局限于农业生产，而忽略了手工业、文化教育、卫生等方面的内容。农业生产报道方面，也大都是千篇一律的二流子转变、大同小异的生产计划、缺少特点的模范村乡生产、尽是数目字的变工队开荒……这样枯燥无味，自然不能引起读者的兴趣。② 通讯员采写的新闻八股文化现象也比较严重。《解放日报》报人杨永直在一篇《漫谈新闻八股》文章中这样批评：

> 许多报导战况的新闻常常是这样写的："某地敌若干于某日向某地进犯，经我部迎击，激战竟日，敌受重创，仓惶溃退。是役我毙伤敌若干，获武器若干若干云。"
>
> 许多报导开会的新闻常常是这样写的："某会于某日在某地开会，到某人，某人主席，如何致词，继由某人致词，末由某人讲话，直至某时，宾主尽欢而散。"
>
> 又如去年春耕的时候正好各地都下了雨，因此许多通讯员不谋而合的创造了下列一条公式："本县久旱不雨，人民焦急，某月某日忽然天降甘霖，农民无不额手相庆，雨后纷纷上山，策牛而耕耘。"
>
> 去年十月征粮开始的时候，有二十四个不同的县区的通讯员寄来二十四则报导征粮的新闻，几乎完全是这样的："目前本县已确定完

---

① 晋绥大众报通讯科：《关于通讯员的联系与我们所需要的稿子》，《通讯研究》1946 年第 1 期，山西省档案馆馆藏编号 Z1 – G2 – 70。

② 李秀云：《工农通讯写作："全党办报"的缩影——以延安〈解放日报·新闻通讯〉为中心的考察》，载陈信凌主编《新闻春秋第 11 辑中国红色新闻事业的理论与实践：1921—1949 年》，江西高校出版社 2009 年版，第 110 页。

成征粮步骤，从十一月一日至十一月底为组织、动员、宣传、调查阶段，十二月一日至廿日为征收阶段，十二月廿日至明年一月底为集中入仓阶段。"①

工农通讯员不像专职的新闻从业者，不可能花很多时间去进行采访工作，加之先入为主的价值观念，所以新闻内容的真实性、全面性往往也很成问题。在解放战争时期开展的反客里空运动中，受到批评的很多新闻报道其实都出自工农通讯员之手。② 甚至有的通讯员写过某治河工程中一位农民一天挑土七万斤、一位小学生一天挖土两万斤的"浮夸"稿件。③ 对此，曾经在《晋绥日报》工作的常芝青回忆："参加土地改革的编辑、记者，写稿并不经常，在来稿中所占比重很小。通讯干事的情况也是这样。来稿者很多是过去很少或根本没有给报纸写稿的新人。"这些来稿中有些稿件个别事实叙说不清楚，或者人名数目字写得模糊不清，稿件的真实性只能由编辑部人员自己判别。对于一些基本上认为可以采用的稿件，其事实的核对也由于通讯联络等原因而相当困难，所以编辑人员遇到有不清楚或错误的地方，往往加以删改。结果不仅改变了作者对问题的某些看法，而且往往歪曲了真实情况，或者做了片面的宣传。④

土改运动中的新闻报道因强调依赖工农群众，也容易产生因阶级成分的划分而出现过激行为的现象，这同样也带来新闻真实性的问题。为了突出阶级斗争，一些通讯员凭空想象，把普通的事情上纲上线。1948 年 2 月 20 日《人民日报》头版曾经刊登过一篇《地主倒算气死农民》的消息，因为事实经过几次转述而又未经核实的缘故，使得新闻中涉及的人名全部出现差错，事实经过也被添枝加叶、上纲上线，成为一条地地道道的假新闻。⑤《人民日报》通讯员陈瑞卿写过一篇《谁逼死俺三条人命》的

---

① 杨永直：《漫谈新闻八股》，《解放日报》1943 年 1 月 26 日第 4 版。

② 这一时期《人民日报》的一些相关报道可以得证。

③《检查思想揭发不真实新闻 冀南日报严肃自我批评 冀南太岳区党委指示改进党报》，《人民日报》1947 年 9 月 4 日第 1 版。

④ 常芝青：《在晋绥日报的年代里——1940—1949 年》，载中国人民大学新闻系编《中国新闻事业史教学参考资料（新民主主义革命时期）下册》，1981 年印行，第 584 页。

⑤ 庭栋、计元、秀峰等：《"地主倒算气死农民"消息与实际全不相符 冯庭栋等同志来信检查客里空》，《人民日报》1948 年 3 月 23 日第 1 版。

报道,他为了让人看后对地主有痛恨愤激之感,当听到王守恒家中虐待童养媳妇时,脑子一热,主观地认为除非是地主才能做出如此残忍的事情,就没有问清王守恒是否地主,在稿件中肯定地戴上了地主帽子(实际上是中农)。至于童养媳妇的死亡,也不问原因就归因为王守恒逼死。① 稿件发表后,给当事人带来很大的伤害,也影响了党报在群众中的威信。

鉴于新闻报道中违反真实性的种种乱象,从 1946 年开始,在各解放区开展了一次声势浩大的反"客里空"运动,工农通讯员也涵括其中。1947年 8 月,新华社晋冀鲁豫总分社向太行、太岳、冀南、冀鲁豫各分社及报纸发出通知,号召新闻工作者在"九一"记者节前掀起学习热潮,检查为农民服务的阶级立场及清算"客里空"现象,更好地为人民的新闻事业服务。《人民日报》《新华日报》随即召开通讯员会议并发现不少问题。② 1947 年 9月 1 日,《人民日报》发表评论《严格检查立场与作风》,要求"在这次检查运动中,通讯员也应反省检讨"。③ 此后,《人民日报》新闻通讯科还特别把这一社论及总社编辑部专论印成活页分发各地通讯员同志以资学习。9 月7 日的第 25 号《通讯往来》要求广大通讯员检查给党报写稿的态度和是否有"客里空"的作风,检查本县、本区、村有哪些新闻通讯不够真实,或完全不符事实的情形。特别注意在土地改革等报道中,有哪些歪曲事实、损害农民利益、袒护地主丧失立场的新闻报道。④

在反"客里空"运动中,一些通讯员通过学习,反思了自己之所以写作"客里空"新闻的深层原因。1948 年 1 月 16 日,山西孟县通讯员王守智给《人民日报》编辑部写信做自我批评。他认识到自己在写稿当中光听了几个同志和村干部的汇报,就写成新闻,结果脱离了实际。有些事情只是皮毛了解,写得不完全,甚至歪曲了事实。⑤ 1948 年,通讯员健华在《大众日报》社的业务刊物《青年记者》上公开了自己的检讨:"究竟为什么会产生

① 陈瑞卿:《坚决肃清"客里空"作风 王守恒不是地主 逼死人命不确实》,《人民日报》1948 年 6 月 13 日第 1 版。

② 《边区新闻工作者迎接"九一"开展检查思想运动 清算"客里空"现象》,《人民日报》1947 年 8 月 27 日第 1 版。

③ 河北日报社《冀南日报史》编辑室:《冀南日报史(1939—1949)》,1999 年印行,第165 页。

④ 新闻通讯科:《通讯往来 第二十五号》,《人民日报》1947 年 9 月 7 日第 1 版。

⑤ 《孟县一区秋屯报导通讯员做自我检查》,《人民日报》1948 年 1 月 16 日第 1 版。

这种'夸大性'的毛病呢？主要是在自己观念上存在一种不老实的想法，企图表现一个大场面，轰轰烈烈，报纸极易采用，且刊载地位亦能显著，但是材料又不足；如是就不得不东鳞西爪凑集在一起。你说它不真实吗，事情是实在的，你说它真实吗，时间、空间均各有异。如果登出来读者会以此类推，对你的许多报道都引起了怀疑，甚至影响到党报的威信。这一点基本上要从自己写作上不老实的态度做深刻检讨。"后来《文化翻身》杂志在转载这篇文章时还专门写了编后："健华同志的自我批评很好，所以特将此文从《青年记者》上转载在这里。对于通讯员和经常写稿和写工作报告的人们，这篇稿子总能起一些启发和照镜子的作用吧！"①

在土改运动的新闻报道中，工农通讯员的"客里空"现象是存在的，但值得回味的是，党的宣传领导部门发动的反"客里空"运动中，又把发展、依靠工农通讯员作为反"客里空"的重要手段。周扬曾对此有论述："必须以雇贫农中的积极分子及与他们有联系的干部为基础，重新建立通讯网，多多登载工农的稿件。过去培养工农通讯员的工作是做得很差的。有些工农干部说，我们报纸只看得起知识分子的稿子，看不起工农的稿子。并且说，知识分子写东西总喜欢多讲点；工农分子写东西，讲漏的时候多，讲多了的时候少，这些话很值得我们注意。当然，工农分子中也有'客里空'，但是比较起来，工农分子是踏踏实实的多。必须用各种方法来鼓励和帮助工农写作；知识分子一方面帮助他们，一方面向他们学习。当知识分子学习了工农朴素的作风之后，'客里空'的作风自然而然地就会少了。"②

三　认识片面化的偏差

在"群众办报"的实践中，也有对其认识、理解的片面性。

首先，中共提出"知识分子和工农群众相结合"的口号，目的是通过两者之间的双向互动来实现"知识分子工农化"和"工农分子知识化"，但在某些时段，特别是在强调阶级成分的解放战争时期，对口号的执行往往会导致工农群众对知识分子的单向教育和改造，而知识分子也表现得过分迁就和卑弱，实际上也就影响了两者结合的效用，甚至走向偏

---

① 若望：《谈客里空》，《文化翻身》1948 年第 16 期。
② 周扬：《反对"客里空"作风，建立革命的实事求是的作风》，原载《晋察冀日报》1948年 1 月 28 日，载《周扬文集》（第一卷），人民文学出版社 1984 年版，第 511 页。

差，这同样在根据地的新闻从业者和工农通讯员的关系上有所反映。特别值得一提的是，这种认识上的偏差，在新中国成立后的一段时间还得到强化，在"大跃进""文化大革命"时期极"左"思潮影响下，这种认识偏差曾经一度走到极端，"大跃进"时期的编辑部搬到田头车间由工人农民来办，"文化大革命"时期造反派对新闻媒体的"夺权"，都与这种认识偏差有若明若暗的牵连。当然这是后话了。

其次，工农群众没有认识到新闻传播所具有的舆论监督特性，也容易造成不必要的人身伤害。如黑板报的报道由于与当事人的接近性，其批评报道就会带来较大的杀伤力。虽然从道理上讲参与办报的民众也有一定认识，认为："批评的目的在于改进，所以批评一个人一件事，一定要根据群众大多数人的意见，非常公道。登载之前，还可以通知他本人，如果他愿意改变，要求不登，也可以不登。反之，如轻举妄动，随意批评，结果不但不能发生改进的作用，反而会引起群众间不团结的现象。"① 但是，在实际的操作中，这种火候却难以把握。在河北景县龙华镇的有些村庄，黑板报成为互相攻击的场所，使黑板报在群众中失去威信，并为群众冷眼看待。如对一个店主偷了客人一块肥皂，黑板报则称之为"贼店"，有的在批评一个落后者时，极其尖酸刻薄，甚至将被批评者的父母也加以嘲弄，这样不但不能帮助群众自觉地认识自己的缺点，相反还产生了惧怕黑板报的心理，结果造成与群众的脱节。② 河北唐县三区利用黑板报在十天的时间里改造了 27 个懒汉懒婆，使他们逐步养成"起早睡晚，劳苦成家"的习惯，但在这一过程中也出现了一些偏差。"××村写一个懒汉，旁边画上一个乌鸦，上头写着那个人的名字，儿童们见了那个人便说：'×××，那个就是你啊！'说得那个人连头也不敢抬了。"③

最后，"群众办报"强化了新闻媒体政治工具的认识，弱化了新闻媒体的信息传播属性。于"革命群众"的塑造而言，工农通讯员通过革命运动的历练提高了阶级意识，从而催发了革命的激情，但于新闻传播而言，过分强调新闻媒体的阶级斗争属性也会带来一些偏差。在共产党的新

① 昌之：《群众对黑板报的意见》，《解放日报》1944 年 11 月 21 日第 4 版。

② 龙华民教科：《谈谈黑板报》，《教育阵地》1945 年第 4、第 5 期合刊，山西省档案馆馆藏编号 Z1 - G3 - 9。

③ 席水林：《唐县试办黑板报的经过》，《晋察冀日报》1944 年 8 月 4 日第 2 版。

闻理论框架中，因为革命的需要，新闻媒体承担着特殊的使命。1930 年 8 月 15 日，中共中央机关报《红旗日报》在创刊词《我们的任务》中第一次明确提出"报纸是一种阶级斗争的工具"。[①] 口号虽然提出了，但考虑当时的革命状态，这个口号只是中共少数精英分子的思考和认识，对于普通民众来说毕竟太过遥远和抽象。然而，在党的主要领导者看来，既然新闻媒体是阶级斗争的工具，那么，新闻媒体显然要掌握在革命的工农群众手中，工农群众也必须掌握新闻媒体这一重要工具。所以，到了延安时期，中共领导下的新闻实践中逐步完善了"全党办报、群众办报"机制，大力倡导工农群众成为党的新闻传播者，从而使得革命阶级有可能在党的领导下掌握报纸这种宣传工具，工农通讯员开始成为中共新闻传播体制中一个蔚然成风的独特景观，只是在全民统一抗战的时代背景中，阶级斗争并不是需要突出的主题，因此当时的工农通讯员对报纸作为阶级斗争工具的体悟并不普遍。随之而来的老解放区的土改运动是一场"暴风骤雨"中的社会重构，也是一场每一个社会个体都被贴上身份标签之后的"阶级斗争"。在这种置身其中的"运动剧场"中，来自工农群体的通讯员对报纸如何成为阶级斗争工具无疑会有更加具体、微观、直接的体验，至此，"报纸是一种阶级斗争的工具"不仅是中共精英分子的普遍理念，同时也被众多工农群众通过亲身参与得以认知。客观地说，在革命的情境中，把新闻媒体看作阶级斗争的工具是一种可以理解的思维定式，但是，由此也容易导致新闻媒介就是阶级斗争的工具的片面认识，反而屏蔽了新闻媒体是作为信息传递工具而存在的本位功能，其结果就是新闻报道往往被政治需要所左右。新中国成立之后，沿袭着革命时期形成的传统，工农群众参与新闻传播热情愈发高涨，特别到了政治极"左"化时期，"报纸是一种阶级斗争的工具"的口号更加响亮，工农群众对新闻传播的极端化参与最终引发了种种乱象。在新闻从业者痛定思痛的深刻反思中，新闻媒体才逐步疏离阶级斗争工具的定论，开始回归信息本位的探索。

[①]　向忠发：《我们的任务（〈红旗日报〉发刊词）》，载中国社会科学院新闻研究所编《中国共产党新闻工作文件汇编（下）》，新华出版社 1980 年版，第 21 页。

余　论

在中共领导下的革命根据地，共产党创造性地提出"群众办报"的口号，在实际应用中以机制作为保障使其得到淋漓尽致的发挥。在此过程中，普通民众通过读报、写稿、办报等环节融入其中，从而形成了近代中国社会中的一道文化奇观。然而，这种文化奇观的出现绝非偶然，自有它的历史必然性。一方面，中国共产党作为无产阶级先锋队，代表着广大人民的利益，全心全意为人民服务，与人民群众有着不可分割的血肉联系。因此，在中共领导的革命进程中，以工人、农民为主体的人民群众自然就成为最主要的依靠力量。革命除了"枪杆子"的暴力行动之外，还必须有"笔杆子"的宣传鼓动。为了保证革命的正确指向，"笔杆子"自然不能仰仗其他阶级，因此，利用"群众办报"把农民、工人等普通民众用"笔杆子"武装起来必然就成为应势之举。另一方面，长期以来一直处于社会底层的广大民众不仅在经济上弱势、政治上弱势，在文化上更是弱势，他们对这种状况也深感不满。中国共产党提出的理想、信念、宗旨和主张，无疑点燃了社会底层民众内心深处埋植着的求解放、求翻身的主观诉求，于是投身"群众办报"成为自觉行动。

"群众办报"促成了大众媒体与根据地民众的关联，"中国新闻事业破天荒与占人口最大多数的士兵、工人、农民发生血肉联系",[①] 这从大众传播史的发展角度看是有积极意义的，因为大众媒体要真正发挥作用，其首要的前提就是要让自身能被更多的民众所接受，继而才有可能影响他们的观念和行动，最终推动社会的进步。在"群众办报"的作用下，从

---

①　石西民：《在纪念抗日战争和世界反法西斯战争胜利四十周年全国新闻学术讨论会上的讲话》，转引自中国社科院新闻研究所编《抗日战争时期的中国新闻界》，重庆出版社1987年版，第2页。

来与时政无涉的广大民众开始卷入时代浪潮的漩涡，凝聚成无数随传媒而动的受众群体。这种奇特的现象从大众传播史的角度来说其意义也深可探寻。依照大众传播发展的普遍规律，大众传媒是在市场化、民主化、都市化等社会动因的催促下逐步发育和成长的，以这样的思维定式来观照近代中国历史情境中的大众传媒，显然会做出不容乐观的评估。事实上，即使是在各方面条件都相对优越的城市环境中，大众传媒的发展也是步履蹒跚，更遑论其在传统封闭的近代中国乡村社会中的命运。① 中共鉴于农村包围城市的现实革命路径，以溢出常人想象的努力在乡村地区推广、运用大众传媒，改变了乡村社会的信息传播生态，这种努力丰满了我们对中国近代大众传播史发展过程的认知。与西方大众传媒以市场为发展驱动不同，在中共领导下的媒介生态建构中，政治力量显然扮演了更为重要的角色。

虽然我们无法精确估量"群众办报"对中国革命成功所起到的实际作用，但其观点和行为已然形成了"路径依赖"的惯性。新中国成立之后，中共在革命根据地时期取得的局部执政经验被推行到全国。"群众办报"作为经验之一，理所当然地得以大行其道，不管是组织化的读报、发展工农通讯员还是创办黑板报，这些行为在学校、工厂、村庄都成为司空见惯并且蔚为壮观的景象，而且在新中国成立初期的社会改造、抗美援朝等社会运动中仍然发挥着重要的舆论支持作用。当然，我们也无须避视"群众办报"所面临的不足。如前所述，革命时期的"群众办报"实践中已经存在种种问题，这些问题在当时巨大的正面成绩光耀之下，往往淡而化之、湮没不彰。对此，我们自然应该持以足够的同情，毕竟在当时的社会时空中，在特定的思想观念支配下，很多行为都被置身其中的行动者认为理所当然。革命形势的发展需要新闻传播的大力支持，因此以很快的速度、很大的力度来推动大量群众卷入其中势在必行。但是，新闻事业毕竟有较强的专业性，其发展也是一个积累渐进的过程，仅仅依靠"运动式"的突击发展也难以达成其功。如果"群众办报"实践没有考虑到社会情

① 20 世纪 30 年代初，以梁漱溟为代表的"乡村建设派"认为改造中国要从农村入手，并在部分地区展开试验。他们也注意到报纸在乡村建设中的作用，积极推行"送文字下乡"，出版了一部分给农民看的报纸，但由于规模小、持续时间短，因此效果并不显著（参见戴俊潭《电视文化与农民意识行为变迁》，山东人民出版社 2012 年版，第 95—97 页）。

境的变化而机械地套用，难免会产生更大的偏向并造成不良后果，特别是在"大跃进""文化大革命"等集体非理性的过程中，"群众办报"的一些做法也助长了极端思潮和极端行为的产生。

时至今日，民众个体意识、媒介生态环境、社会治理模式都发生了迥然不同的变化，大众传媒的本质属性也更多地从革命时期的宣传工具属性位移到执政时期的信息传播属性。所以，革命情境中产生的"群众办报"的具体做法自然会随之淡隐在历史的长河之中：读报早已经是个体的普遍行为，组织化读报不再作为常态现象而存在；工农通讯员在缺少阶级话语支撑的环境中早已恍若隔世，更何况在当下人人都是自媒体的时代，工人、农民参与新闻传播活动也并不需要借助通讯员的身份；至于黑板报这样的基层媒体，在日新月异的新媒体形态映衬下，更多的也就是在某些特定空间中起到点缀作用……对此，我们也无须大惊小怪、过于纠结，相反，应该为社会的发展而感到由衷的欣慰。但是，不管社会如何变迁，只要大众传媒还继续存在，其生存的合法性必然是与民众的切实关联，也只有如此，才能续葆大众传媒的青春和活力。

如果回到乡村社会的场域，革命期间形塑的传统也一直影响了新中国成立以后的实践。不管媒介形式如何变化，在传播资源相对弱势的乡村社会信息传播生态建构中，党和政府始终试图做着鼓励性、补偿性的政策努力，从新中国成立初期农村广播网的建设、改革开放之后的村村通电视工程以及当下的网络下乡，莫不显示此种意图。当下的农村、农民转型依然是中国现代化背景下一个富有挑战性的问题，如何让大众传媒在新的社会情境中发挥其应有的作用，也已经引发越来越多学者的关注，相信新的智慧、新的路径终将结成新的果实。

主要参考文献

一 报纸

《边区群众报》

《红旗》

《红旗周报》

《红色中华》

《解放日报》

《晋察冀日报》

《人民日报》

《新中华报》

二 资料汇编、档案

《安东日报》社编：《党报工作文选》，内部资料1949年印行。

北京育才学校编：《从延安到北京——北京育才学校校史资料选》，1983年印行。

《布尔什维克报刊文集》，人民出版社1955年版。

《长江日报》社编：《马克思恩格斯列宁斯大林毛主席论报刊宣传》，内部资料1976年印行。

陈元晖等编：《老解放区教育资料》（第一卷），教育科学出版社1981年版。

陈元晖、邹光威等编：《老解放区教育资料（一）土地革命战争时期》，教育科学出版社1981年版。

成安玉编：《华北解放区交通邮政史料汇编》（冀南区卷），人民邮电出版社1993年版。

成安玉编：《华北解放区交通邮政史料汇编》（太岳卷），人民邮电出版社 1993 年版。

重庆市妇女联合会妇运史研究组编：《新华日报副刊——妇女之路（下）》，1983 年印行。

丹东日报编辑部编：《丹东报史资料（第 1 辑）》，1984 年印行。

杜敬编：《冀中导报史料集》，河北人民出版社 1990 年版。

杜敬编：《冀中报刊史料集——纪念抗日战争胜利五十周年》，河北教育出版社 1995 年版。

鄂豫边区革命史编辑部编：《鄂豫边区抗日根据地历史资料（第四辑文化教育工作专辑）》，1984 年印行。

复旦大学新闻系编：《中国报刊研究文集》，上海人民出版社 1959 年版。

赣南师范学院、江西省教育科学研究所编：《江西苏区教育资料汇编 1927—1937（六）》，内部资料 1985 年印行。

赣南师范学院、江西省教育科学研究所编：《江西苏区教育资料汇编 1927—1937（七）教材》，1985 年印行。

共青团烟台市委青运史办公室编：《胶东青运史料（第 1 辑）》，1986 年印行。

管春林主编：《冀鲁豫边区宣教工作资料选编》，河北教育出版社 1991 年版。

郭正义编：《浩歌赋太行》，新华出版社 1997 年版。

河北省出版史志编辑部编：《河北出版史志资料选辑（第 3 辑）》，1989 年印行。

河北省新闻出版局出版史志编辑部编：《中国共产党晋察冀边区出版史资料选编》，河北人民出版社 1991 年版。

红安县革命史编写领导小组办公室编：《红安革命歌谣选》，武汉大学出版社 1986 年版。

华北人民政府教育部教科书编辑委员会编：《小学教育典型经验介绍》，新华书店 1949 年版。

华东师范大学《列宁教育文集》编辑组编：《列宁教育文集（下卷)》，人民教育出版社 1986 年版。

《淮南日报》史料集编纂委员会编：《淮南抗日根据地党的喉舌——

原〈淮南日报〉史料集》，黄钢主编：《中国解放区文学书系（报告文学编第 3 册）》，重庆出版社 1992 年版。

江苏省文联资料室编：《江苏革命根据地文艺资料汇编（诗词·歌谣苏北部分）》，1983 年印行。

江苏省文联资料室编：《江苏革命根据地文艺资料汇编（通讯·报告苏北部分）》，1984 年印行。

江苏省文联资料室编：《江苏革命根据地文艺资料汇编（通讯·报告苏北部分下）》，1984 年印行。

江西省档案馆编：《湘赣革命根据地史料选编（上册）》，江西人民出版社 1984 年版。

江西省档案馆编：《闽浙赣革命根据地史料选编（上）》，江西人民出版社 1987 年版。

江西省档案馆编：《闽浙赣革命根据地史料选编（下）》，江西人民出版社 1987 年版。

江西省档案馆、中共江西省委党校党史教研室编：《中央革命根据地史料选编（下）》，江西人民出版社 1982 年版。

江西省教育学会编：《苏区教育资料选编》，江西人民出版社 1981 年版。

江西省文化厅革命文化史料征集工作委员会等编：《闽浙赣苏区革命文化史料汇编》，江西人民出版社 1997 年版。

江西省文化厅革命文化史料征集工作委员会、福建省文化厅革命文化史料征集工作委员会编：《中央苏区革命文化史料汇编》，江西人民出版社 1994 年版。

教育科学研究所筹备处编：《老解放区教育资料选编》，人民教育出版社 1959 年版。

解放军报社编：《新闻工作文集》，1979 年印行。

晋绥边区财政经济史编写组、山西省档案馆编：《晋绥边区财政经济史资料选编（农业编）》，山西人民出版社 1986 年版。

联共（布）中央直属高级党校编：《联共（布）关于宣传鼓动的决议和文件》，人民出版社 1953 年版。

《联共（布）中央直属高级党校新闻班讲义汇编》，人民出版社 1954 年版。

临沂地区教育局编：《山东老解放区教育资料选辑》，1982 年印行。

《毛泽东同志论教育工作》，人民教育出版社 1958 年版。

《毛泽东文集》（第一卷），人民出版社 1993 年版。

《毛泽东新闻工作文选》，新华出版社 1983 年版。

《人民教育》社编：《老解放区教育工作经验片断（第一辑）》，上海教育出版社 1960 年版。

《人民教育》社编：《老解放区教育工作经验片断（第二辑）》，上海教育出版社 1960 年版。

《人民教育》社编：《老解放区教育工作经验片断》，上海教育出版社 1979 年版。

山东省出版总社出版志编辑室编：《山东出版志资料（第 8 辑）》，1989 年印行。

山东省地方史志编纂委员会办公室、山东省图书馆编：《山东省图书馆馆藏山东地方史文献选目》，1983 年印行。

《陕甘宁边区教育资料（社会教育部分上）》，教育科学出版社 1981 年版。

《陕甘宁边区教育资料（教育方针政策部分下）》，教育科学出版社 1981 年版。

山西省文学艺术工作者联合会编：《山西文艺史料（第二辑）》，山西人民出版社 1959 年版。

山西省新闻工作者协会、太行新闻史学会编：《太行新闻工作回忆录（第六辑）》，1986 年印行。

山西省新闻工作者协会、太行新闻史学会编：《太行新闻工作回忆录（第九辑）》，1986 年印行。

陕西师范大学教育研究所编：《陕甘宁边区教育资料（社会教育部分上册）》，教育科学出版社 1981 年版。

陕西师范大学教育研究所编：《陕甘宁边区教育资料（社会教育部分下册）》，教育科学出版社 1981 年版。

陕西师范大学教育研究所编：《陕甘宁边区教育资料（小学教育部分下册）》，教育科学出版社 1981 年版。

陕西师范大学教育研究所编：《陕甘宁边区教育资料（中等教育部分下册）》，教育科学出版社 1981 年版。

陕西省总工会工运史研究室编：《陕甘宁边区工人运动史料选编（下）》，工人出版社1988年版。

新华社新闻研究部编：《新华社文件资料选编（第一辑）1931—1949》，1978年印行。

《盐阜大众报》编辑部编：《盐阜地区报史资料（第1、2、3、5辑）》，1983年印行。

豫皖苏鲁边区党史办公室、安徽省档案馆编：《淮北抗日根据地史料选辑（第7辑）》，1985年印行。

张静庐编：《中国现代出版史料（丙编）》，中华书局1956年版。

浙东抗日根据地革命文化史料编纂委员会编：《浙东抗日根据地革命文化史料选编》，1992年印行。

中共江苏省委党史工作办公室、江苏省档案馆编：《中共中央华中局》，中共党史出版社2003年版。

中共中央档案馆编：《中共中央文件选集》（第6册），中共中央党校出版，1989年版。

中共中央党史研究室第一研究部编：《共产国际、联共（布）与中国革命文献资料选辑（1927—1931）》第12卷，中央文献出版社2002年版。

中共中央组织部等编：《中国共产党组织史资料第8卷文献选编（上）》，中共党史出版社2000年版。

中国人民解放军历史资料丛书编审委员会编：《八路军文献》，解放军出版社1994年版。

中国社会科学院新闻研究所编：《中国共产党新闻工作文件汇编1921—1949（上）》，新华出版社1980年版。

中国社会科学院新闻研究所编：《中国共产党新闻工作文件汇编（下）》，新华出版社1980年版。

钟敬之、金紫光编：《延安文艺丛书（第16卷文艺史料卷）》，湖南文艺出版社1987年版。

中央档案馆编：《中国共产党第二次至第六次全国代表大会文件汇编》，人民出版社1981年版。

中央档案馆编：《中共中央文件选集（第2册）》，中共中央党校出版社1989年版。

中央档案馆编：《中共中央文件选集》（第6册），中共中央党校出版社1989年版。

中央档案馆编：《中共中央文件选集（第7册）》，中共中央党校出版社1991年版。

中央教育科学研究所编：《老解放区教育资料（二）抗日战争时期（下册）》，教育科学出版社1986年版。

中央教育科学研究所编：《老解放区教育资料（三）解放战争时期》，教育科学出版社1991年版。

山西省档案馆、山东省菏泽市档案馆部分档案。

三　编著、论著

白江编：《怎样办黑板报》，湖南教育出版社1982年版。

白桃等：《从一个村看解放区的文化建设》，商务印书馆（香港）1949年版。

北京师范大学中国大辞典编纂处编：《学习辞典》，天下出版社1951年版。

昌沧等编：《四牛武缘》，人民体育出版社2004年版。

陈华鲁：《大众日报史话（1939—1949）》，山东人民出版社1995年版。

陈华鲁：《大众日报史话征求意见稿》，内部资料1992年印行。

陈力丹：《马克思主义新闻学词典》，中国广播电视出版社2002年版。

陈信凌主编：《新闻春秋第11辑中国红色新闻事业的理论与实践》，江西高校出版社2009年版。

陈学昭著，朱鸿召编：《延安访问记》，广东人民出版社2001年版。

陈元晖主编：《老解放区教育简史》，教育科学出版社1981年版。

陈允豪等编：《钱毅的书》，生活·读书·新知三联书店1980年版。

程今吾：《延安一学校——一九四四年九月到一九四六年三月的八路军抗属子弟学校》，新华书店华东总分店1950年版。

程沄主编：《江西苏区新闻史》，江西人民出版社1994年版。

《川陕革命根据地历史长编》编写组编：《川陕革命根据地历史长编》，四川人民出版社1982年版。

《大众日报》社史编纂委员会编：《大众日报回忆录 1939—1999（第一集）》，山东人民出版社 1998 年版。

《大众日报》社史编纂委员会编：《大众日报回忆录 1939—1999（第二集）》，山东人民出版社 1998 年版。

戴伯韬编：《解放战争初期苏皖边区教育》，人民教育出版社 1983 年版。

丁淦林：《丁淦林文集》，复旦大学出版社 2005 年版。

丁济沧、苏若望编：《我们同党报一起成长——回忆延安岁月》，人民日报出版社 1989 年版。

丁玲：《太阳照在桑干河上》，人民文学出版社 1956 年版。

丁晓平、方健康编：《毛泽东印象》，中国青年出版社 2011 年版。

董纯才主编：《中国革命根据地教育史》（第二卷），教育科学出版社 1991 年版。

《东江纵队志》编辑委员会：《东江纵队志》，解放军出版社 2003 年版。

董建萍：《西方政治制度：传承与变革》，经济日报出版社 2002 年版。

董明传等：《成人教育史》，海南出版社 2002 年版。

鄂豫边区革命史编辑部、湖北日报社编：《楚天号角：抗日战争和解放战争时期鄂豫的问题地区的革命报刊》，武汉大学出版社 1990 年版。

《鄂豫皖革命根据地》编委会编：《鄂豫皖革命根据地（第 1 册）》，河南人民出版社 1980 年版。

《鄂豫皖苏区历史简编》编写组编：《鄂豫皖苏区历史简编（1927—1937）》，湖北人民出版社 1983 年版。

《二十世纪中国实录》编委会编：《二十世纪中国实录》（第 2 卷），光明日报出版社 1997 年版。

范长江：《通讯与论文》，新华出版社 1981 年版。

范长江：《范长江新闻文集》，新华出版社 2001 年版。

方汉奇主编：《中国新闻事业通史》（第二卷），中国人民大学出版社 1996 年版。

方蒙、午人、田方编：《延安记者》，陕西人民教育出版社 1993 年版。

方志敏：《方志敏文集》，江西人民出版社 1999 年版。

房列曙：《安徽敌后抗日根据地社会史研究》，安徽人民出版社 2007 年版。

甘肃教育资料编辑委员会编：《陇东老区教育史（1934—1949）》，甘肃教育出版社 1988 年版。

高淑铭、许小明主编：《许世平纪念文集》，同心出版社 2004 年版。

古源搜集整理，湖北省监利县志编纂委员会办公室编：《扛起梭标跟贺龙》，中国民间文艺出版社 1988 年版。

郭夏云：《教育的革命与革命的教育——冬学视野中的根据地社会变迁》，山西人民出版社 2009 年版。

郭于华主编：《仪式与社会变迁》，社会科学文献出版社 2000 年版。

杭州大学新闻系编：《中国新民主主义革命时期新闻事业史》，中国地图出版社 1962 年版。

《河北日报》社《冀南日报》史编辑室编：《冀南日报史（1939—1949）》，1999 年印行。

河北省地方志编纂委员会编：《河北省志（第 82 卷新闻志）》，中华书局 1995 年版。

河北省新闻出版局出版史志编委会、山西省新闻出版局出版史志编委会编：《中国共产党晋察冀边区出版史》，河北人民出版社 1991 年版。

何友良：《中国苏维埃区域社会变动史》，当代中国出版社 1996 年版。

黑龙江日报社新闻志编辑室编：《东北新闻史（1899—1949）》，黑龙江人民出版社 2001 年版。

红岩革命纪念馆编写组编：《毛主席赴重庆谈判》，四川人民出版社 1978 年版。

胡绩伟：《青春岁月——胡绩伟自述》，河南人民出版社 1999 年版。

胡民新等主编：《论周文：纪念周文诞辰九十周年学术研讨会论文集》，1998 年印行。

《淮南日报》史料集编纂委员会编：《淮南抗日根据地党的喉舌——原〈淮南日报〉史料集》，中共党史出版社 1992 年版。

黄成栋、黄阿英、周家健编：《小学语文教师手册（下册）》，贵州人民出版社 1984 年版。

黄道炫：《张力与限界：中央苏区的革命（1933—1934）》，社会科学文献出版社 2011 年版。

黄国华、陈廷湘：《苏维埃时期中国共产党执政经验研究》，四川人民出版社 2009 年版。

黄琨：《从暴动到乡村割据：1927—1929》，上海社会科学出版社 2006 年版。

姬忠林等编：《中原革命根据地成人教育史略》，河南大学出版社 1990 年版。

江超中编：《解放区文艺概述（1941—1947）》，百花文艺出版社 1958 年版。

姜怀臣：《报纸营销学（上）》，新华出版社 2004 年版。

江苏省地方志编纂委员会编：《江苏省志（第 80 卷报业志）》，江苏古籍出版社 1999 年版。

江西省赣州地区志编纂委员会编：《赣州地区志》，新华出版社 1994 年版。

江西省文化厅革命文化史料征集工作委员会编：《江西苏区文化研究》，2001 年印行。

《晋察冀抗日根据地》史料丛书编审委员会编：《晋察冀抗日根据地第二册（回忆录选编）》，中共党史出版社 1991 年版。

《冀鲁豫日报史》编委会编：《冀鲁豫日报史》，贵州人民出版社 1993 年版。

冀鲁豫书店编辑部编：《为什么要当工农通讯员》，冀鲁豫书店 1947 年版。

金照：《怎样写新闻通讯》，东北书店 1947 年版。

《莒南县教育志》编纂委员会编：《莒南县教育志（1840—1997）》，山东人民出版社 1999 年版。

赖伯年主编：《陕甘宁边区的图书馆事业》，西安出版社 1998 年版。

蓝鸿文、许焕隆：《瞿秋白》，人民日报出版社 2005 年版。

雷阳、赵潭冰主编：《关中报回忆录》，2007 年印行。

李公朴：《华北敌后——晋察冀》，三联书店 1979 年版。

李桂林编：《中国现代教育史教学参考》，人民教育出版社 1987 年版。

李国强：《中央苏区教育史》，江西教育出版社 2001 年版。

李维汉：《回忆与研究（下）》，中共党史资料出版社 1986 年版。

李孝悌：《清末的下层社会启蒙运动：1901—1911》，河北教育出版，2001 年版。

李永璞、林治理编：《中国共产党历史报刊名录（1919—1949）》，山东人民出版社 1991 年版。

李志英编：《秦邦宪（博古）文集》，中共党史出版社 2007 年版。

梁小岑、刘立方、朱国龙编：《豫皖苏边区文艺史料选编》，1991 年印行。

梁星亮、杨洪主编：《中国共产党延安时期政治社会文化史论》，人民出版社 2011 年版。

梁怡、李向前主编：《国外中共党史研究述评》，中共党史出版社 2005 年版。

《辽宁日报》社编：《东北日报简史》，1988 年印行。

林德海等编：《中国新闻学书目大全（1907—1987）》，新华出版社 1987 年版。

林之达主编：《中国共产党宣传史》，四川人民出版社 1990 年版。

临沂地区报史志编纂办公室编：《临沂地区报史资料汇编》，1988 年印行。

刘锋：《中国现代化进程中的农民问题》，陕西人民出版社 1994 年版。

刘华蓉：《大众传媒与政治》，北京大学出版社 2001 年版。

刘江船：《建国前中国共产党新闻管理思想研究》，吉林大学出版社 2006 年版。

刘少白主编：《烟台报业志》，科学普及出版社 1993 年版。

刘文编：《魂牵淮甸（淮阴文史资料第九辑）》，1991 年印行。

刘益涛：《十年纪事：1937—1947 年毛泽东在延安》，中共党史出版社 2007 年版。

刘英杰主编：《中国教育大事典（1840—1949）》，浙江教育出版社 2001 年版。

刘云莱：《新华社史话》，新华出版社 1988 年版。

吕伟俊等：《山东区域现代化研究》，齐鲁书社 2002 年版。

罗玉琳、艾国忱：《东北根据地战略后方报业简史》，1987 年印行。

马达：《马达自述——办报生涯六十年》，文汇出版社 2004 年版。

穆欣：《晋绥解放区鸟瞰》，山西人民出版社 1984 年版。

潘晔：《中国共产党知识分子政策的变迁与创新》，武汉理工大学出版社 2008 年版。

潘振武：《战歌春秋》，解放军出版社 1984 年版。

齐红深主编：《日本侵华教育史》，人民教育出版社 2002 年版。

钱诚编：《相摩烈士作品选》，东南大学出版社 1990 年版。

钱毅：《怎样写》，山东新华书店 1947 年版。

《瞿秋白文集（政治理论编第 7 卷）》，人民出版社 1991 年版。

阮迪民、杨效农编：《晋绥日报简史》，重庆出版社 1992 年版。

山东解放军滨海军区政治部编：《滨海八年》，1982 年印行。

山东解放区教育史编写组编：《山东解放区教育史》，明天出版社 1989 年版。

山东省地方史志编纂委员会编：《山东省志第 42 卷邮电志（上）》，山东人民出版社 2000 年版。

山东省地方史志编纂委员会编：《山东省志（第 74 卷报业志）》，山东人民出版社 1993 年版。

山东省集邮协会编：《齐鲁集邮学术文选（1993—1998）》，气象出版社 1999 年版。

山东省邮电史志编纂委员会办公室编：《山东战邮回忆资料专辑（第 2 集）》，1990 年印行。

山东省邮电史志编纂委员会办公室编：《山东战邮回忆资料专辑（第 3 集）》，1991 年印行。

山东省烟台市政协文史资料委员会、《烟台文史资料》编辑部编：《烟台文史资料（第 18 辑）》，1993 年印行。

山西省史志研究院编：《山西通志（第 23 卷邮电志）》，中华书局 1996 年版。

山西省文史资料编辑部编：《山西文史资料全编第三卷（第 26 辑—第 37 辑）》，1999 年印行。

山西省新闻工作者协会、太行新闻史学会编：《太行新闻工作回忆录（第六辑）》，1986 年印行。

山西省新闻工作者协会、太行新闻史学会编：《太行新闻工作回忆录（第九辑）》，1986 年印行。

山西省新闻工作者协会、太行新闻史学会编：《太行新闻工作回忆录（第十二辑）》，1986 年印行。

《陕西报刊志》编委会编：《陕西省志（第 70 卷报刊志）》，陕西人民出版社 2000 年版。

陕西日报社编：《五十年华（1940—1990）》，1990 年印行。

陕西日报社、延安时期新闻出版工作者西安联谊会编：《延安时期新闻出版工作者回忆录》，2006 年印行。

上海教育出版社编：《老解放区教育工作回忆录》，上海教育出版社 1979 年版。

邵景元编：《鱼水情》，上海社会科学院出版社 1990 年版。

《社会学家茶座（第 14 辑）》，山东人民出版社 2006 年版。

施建石主编：《盐城特色文化》，苏州大学出版社 2006 年版。

松江军区第二军分区政治部翻印：《怎样实行群众路线》，1946 年印行。

宋恩荣、余子侠主编：《日本侵华教育全史（第二卷）》，人民教育出版社 2005 年版。

苏甫主编：《东北解放区教育史》，吉林教育出版社 1989 年版。

孙新元、尚德周编：《延安岁月——延安时期革命美术活动回忆录》，陕西人民美术出版社 1985 年版。

谭克绳主编：《中国革命根据地史（上）》，福建人民出版社 2007 年版。

唐力行主编：《国家、地方、民众的互动与社会变迁》，商务印书馆 2004 年版。

田建平、张金凤：《晋察冀抗日根据地新闻出版史研究》，人民出版社 2010 年版。

《皖江抗日根据地》编审委员会编：《皖江抗日根据地》，中共党史资料出版社 1990 年版。

皖苏鲁边区党史办公室、安徽省档案馆编：《淮北抗日根据地史料选辑（第七辑）》，1985 年印行。

王艾生编：《中国当代名记者小传（第二辑）》，山西人民出版社 1989

年版。

王传寿主编：《烽火信使：新四军及华中抗日根据地报刊研究》，合肥工业大学出版社2010年版。

王化隆、王艳玉主编：《中国邮政简史》，商务印书馆1999年版。

王敬：《延安〈解放日报〉史》，新华出版社1998年版。

王阑西等编：《中原抗战时期的新闻工作》，1987年印行。

王阑西：《驰骋华中——和少奇同志在一起的日子》，中国文联出版公司1995年版。

王瑞璞主编：《抗日战争歌曲集成·晋察冀·晋冀鲁豫》（第2卷），中国文联出版社2005版。

王时春编：《旧踪百衲：王时春文稿辑录》，军事科学出版社2003年版。

王维：《把心扑在新闻上：王维新闻作品选》，上海人民出版社2004年版。

王晓岚：《喉舌之战——抗战中的新闻对垒》，广西师范大学出版社2001年版。

王晓岚：《中国共产党报刊发行史》，中国社会科学出版社2009年版。

王友明：《山东莒南县土地改革研究：1941—1948》，上海社会科学院出版社2006年版。

王予霞等：《中央苏区文化教育史》，厦门大学出版社1999年版。

王澹如编：《新闻学集》，天津《大公报》西安分馆，1931年印行。

《文艺报》编辑部编：《文学：回忆与思考》，人民文学出版社1980年版。

危仁晟主编：《江西革命歌谣选》，江西人民出版社1991年版。

魏宏远、左志远主编：《华北抗日根据地史》，档案出版社1990年版。

吴功学、芮德法主编：《新闻写作指南》，南京大学出版社1991年版。

武广久、康文信编：《少先队队史讲话》，四川少年儿童出版社1983年版。

萧风：《八秩回顾》，人民日报出版社1991年版。

萧军：《萧军全集（12）》，华夏出版社 2008 年版。

《湘赣革命根据地》党史资料征集协作小组编：《湘赣革命根据地》，中共党史资料出版社 1991 年版。

谢济堂编著：《闽西苏区教育》，厦门大学出版社 1989 年版。

谢灼华主编：《中国图书和图书馆史》，武汉大学出版社 1987 年版。

谢作华主编：《殷红的诗篇》，中国民间文艺出版社 1988 年版。

《新华通讯社史》编写组编：《新华通讯社史》，新华出版社 2010 年版。

新四军和华中抗日根据地研究会、江苏印刷分会编：《江海激浪（第 3 辑）》，1986 年印行。

熊贤君：《湖北教育史（上）》，湖北教育出版社 1999 年版。

徐培汀、吴永文编：《资料工作与新闻》，北京广播学院出版社 1988 年版。

徐秀丽、王先明主编：《中国近代乡村的危机与重建：革命、改良及其他》，社会科学文献出版社 2013 年版。

许静：《大跃进运动中的政治传播》，香港社会科学出版社 2004 年版。

延安时事问题研究会编：《抗战中的中国文化教育》，上海人民出版社 1961 年版。

延安整风运动编写组编：《延安整风运动纪事》，求实出版社 1982 年版。

严帆：《中央苏区新闻出版印刷发行史》，中国社会科学出版社 2009 年版。

阎树声、胡民新等编著：《毛泽东与延安教育》，陕西人民出版社 1993 年版。

杨春华、星华编译：《列宁论报刊与新闻写作》，新华出版社 1983 年版。

杨保军：《新闻价值论》，中国人民大学出版社 2003 年版。

杨四平：《世纪回眸：苗得雨研究初探》，中国国际广播出版社 1998 年版。

杨源恺编：《〈大众日报〉回忆录 1939—1999（第 2 集）》，山东人民出版社 1998 年版。

姚文锦等编：《晋冀鲁豫边区出版史》，山西人民出版社 2009 年版。

邮电部邮电史编辑室编：《难忘的战斗岁月——革命战争时期邮电回忆录》，人民邮电出版社 1982 年版。

余伯流、何友良主编：《中国苏区史（下）》，江西人民出版社 2011 年版。

余红、钟瑛编著：《传播科技与社会》，华中科技大学出版社 2006 年版。

俞旭、郭中实、黄煜主编：《新闻传播与社会变迁》，香港中华书局 1999 年版。

大众报社：《怎样写新闻通讯》，1949 年印行。

张大明编：《情钟大众——周文纪念暨学术讨论会论文集》，中国文联出版公司，1996 年版。

《张家口日报》社报刊史编写组编：《察哈尔报刊史》，1983 年印行。

张昆：《大众媒介的政治社会化功能》，武汉大学出版社 2003 年版。

张鸣：《乡村社会权力和文化结构的变迁（1903—1953）》，广西人民出版社 2001 年版。

张孝芳：《革命与动员——建构"共意"的视角》，社会科学文献出版社 2011 年版。

赵承福主编：《山东教育通史（近现代卷）》，山东人民出版社 2002 年版。

赵德新：《半个世纪的报人生涯》，民族出版社 1999 年版。

赵凌河主编：《国统区文学传播形态》，辽宁人民出版社 2006 年版。

赵紫生主编：《冀鲁豫老区教育史》，山东教育出版社 1990 年版。

郑保卫主编：《中国共产党新闻思想史》，福建人民出版社 2004 年版。

中共大丰县委党史工作委员会等编：《大丰党史资料（第 4 辑）》，1988 年印行。

中共横峰县委编：《赣东北红区的斗争（第 2 集）》，江西人民出版社 1978 年版。

《中国共产党江西出版史》编写组：《中国共产党江西出版史》，江西人民出版社 1994 年版。

中国人民大学新闻系编：《中国新闻事业史教学参考资料（新民主主

义革命时期）下册》，1981 年印行。

中国人民政治协商会议宝兴县委员会文史组编：《宝兴文史资料（第 2 辑）》，1989 年印行。

中国人民政治协商会议东营市东营区委员会文史资料研究委员会编：《东营文史资料（第 2 辑）》，1989 年印行。

中国人民政治协商会议江苏省盐城市委员会文史资料研究委员会编：《盐城文史资料选辑（第 1 辑）》，1984 年印行。

中国社会科学院近代史研究所《国外中国近代史研究》编辑部编：《国外中国近代史研究（第 25 辑）》，中国社会科学出版社 1994 年版。

中国社科院新闻研究所编：《抗日战争时期的中国新闻界》，重庆出版社 1987 年版。

《中华之魂》编委会编：《中华之魂——摇篮曲》，中国民主法制出版社 1995 年版。

周而复：《难忘的征尘》，文化艺术出版社 2004 年版。

周扬：《周扬文集》（第一卷），人民文学出版社 1984 年版。

朱鸿召：《延安日常生活中的历史（1937—1947）》，广西师范大学出版社 2007 年版。

［意］安东尼奥·葛兰西著，葆煦译：《狱中札记》，人民出版社 1983 年版。

［美］阿列克斯·英克尔斯、戴维·H. 史密斯著，顾昕译：《从传统人到现代人——六个发展中国家中的个人变化》，中国人民大学出版社 1992 年版。

［美］安娜·路易斯·斯特朗著，刘维宁等译：《中国人征服中国》，北京出版社 1984 年版。

［美］巴林顿·摩尔著，拓夫等译：《民主与专制的社会起源》，华夏出版社 1987 年版。

［美］本尼迪克特著，孙志民、马小鹤、朱理胜译：《菊花与刀——日本文化的诸模式》，浙江人民出版社 1987 年版。

［美］本尼迪克特·安德森著，吴叡人译：《想象的共同体：民族主义的起源与散布》，上海人民出版社 2005 年版。

［美］C. E. 布克莱著，段小光译：《现代化的动力》，四川人民出版社 1988 年版。

［美］查尔斯·蒂利著，胡位钧译：《社会运动：1768—2004》，上海人民出版社 2009 年版。

［瑞典］达格芬·嘉图著，杨建立等译：《走向革命——华北的战争、社会变革和中国共产党（1937—1945）》，中共党史资料出版社 1987 年版。

［英］狄雅娜·李文：《充满动力的苏联儿童教育——在苏教学生活回忆录》，中华书局 1951 年版。

［美］弗里曼、毕克伟、赛尔登著，陶鹤山译：《中国乡村，社会主义国家》，社会科学文献出版社 2002 年版。

［苏］哥尔洛夫著，何纪华译：《苏联"战士"集体农庄中先进经验的宣传和应用》，时代出版社 1956 年版。

［苏］葛烈勃涅夫著，李龙牧译：《怎样组织报纸编辑部的工作》，三联书店 1954 年版。

［法］加布里埃尔·塔尔德著，［美］特里·N. 克拉克编，何道宽译：《传播与社会影响》，中国人民大学出版社 2005 年版。

［苏］加里宁著，陈昌浩译：《论共产主义教育》，中国青年出版社 1950 年版。

［美］迈克尔·埃默里等著，展江、殷文译：《美国新闻史：大众传播媒介解释史》，新华出版社 2001 年版。

［美］梅尔文·德弗勒、桑德拉·鲍尔 - 洛基奇著，杜力平译：《大众传播学诸论》，新华出版社 1990 年版。

［美］米格代尔著，李玉琪、袁宁译：《农民、政治与革命——第三世界政治与社会变革的压力》，中央编译出版社 1996 年版。

［美］萨义德著，王宇根译：《东方学》，三联书店 1999 年版。

［美］塞缪尔·P. 亨廷顿著，王冠华等译：《变化社会中的政治秩序》，上海人民出版社 2008 年版。

［美］S. N. 艾森斯塔得著，阎步克译：《帝国的政治体系》，贵州人民出版社 1992 年版。

［美］斯坦因著，李凤鸣译：《红色中国的挑战》，新华出版社 1987 年版。

［美］王国斌著，李伯重、连玲玲译：《转变的中国——历史变迁与欧洲经验的局限》，江苏人民出版社 1998 年版。

　　〔美〕威尔伯·施拉姆、威廉·波特著，陈亮等译：《传播学概论》，新华出版社1984年版。

　　〔美〕韦尔伯·施拉姆著，金燕宁、蒋千红、朱剑红译：《大众传播媒介与社会发展》，华夏出版社1990年版。

　　〔美〕西达·斯考切波著，何俊志、王学东译：《国家与社会革命：对法国、俄国和中国的比较分析》，上海人民出版社2007年版。

　　〔加〕伊莎贝尔·柯鲁克、〔英〕大卫·柯鲁克著，安强、高建译：《十里店——中国一个村庄的群众运动》，北京出版社1982年版。

　　〔美〕约瑟夫·W.埃谢里克著，罗清、赵仲强译：《在中国失掉的机会——美国前驻华外交官约翰·S.谢伟思第二次世界大战时期的报告》，国际文化出版公司1989年版。

　　〔美〕詹姆斯·W.凯瑞著，丁未译：《作为文化的传播——"媒介与社会"论文集》，华夏出版社2005年版。

四　论文

　　本报通采部：《捎信》，《工农通讯》1948年总第2期。

　　陈波：《晋绥革命根据地社会教育研究》，华中师范大学硕士论文2011年。

　　陈业劭：《为工农兵服务是党报的传统》，《新闻战线》1962年第5期。

　　淳风：《"群众办报"与新闻改革》，《苏州大学学报》1994年第2期。

　　戴邦：《淮北根据地的黑板报》，《安徽新闻史料》1991年第3期。

　　邓江：《盐阜区工农通讯员工作的几个主要经验》，《江淮文化》1946年创刊号。

　　董锦瑞：《从"群众办报"思想看毛泽东的亲民性》，《毛泽东思想研究》2005年第5期。

　　龚汉：《"解放区"的报纸状况》，《新希望》1949年第9期。

　　顾泰来：《学校增设读报科之商榷》，《教育杂志》1919年第2期。

　　管庆霞：《〈滨海农村〉研究》，山东大学硕士论文2013年。

　　郭夏云：《简论抗战时期晋冀农村冬学教育的意义》，《晋阳学刊》2007年第2期。

海棱：《延安初期记者生活回忆片断》，《新闻纵横》1985 年第 6 期。

胡采：《有关〈大众习作〉的一些情况》，《延安文艺研究》1984 年第 1 期。

黄旦：《中国百年新闻思想主潮论》，复旦大学博士论文 1998 年。

黄旦：《党组织办报与"手工业"工作方式——"全党办报"的历史学诠释》，《新闻大学》2004 年第 3 期。

金耀云：《〈红星报〉编辑部与通讯员》，《光明日报通讯》1981 年第 1 期。

黎志辉：《苏区革命的传播媒介——中国苏维埃革命的传播史研究》，《江西师范大学学报》2012 年第 4 期。

李华：《"群众路线"与中国现代国家构建》，复旦大学博士论文 2012 年。

李金铮：《向"新革命史"转型：中共革命史研究方法的反思与突破》，《中共党史研究》2010 年第 1 期。

李俊：《中国共产党党报通讯员制度的历史演变》，《新闻研究资料（第 49 辑）》，中国社会科学出版社 1990 年版。

李里峰：《土地改革与村社话语空间的重塑》，《长白学刊》2007 年第 4 期。

李里峰、王明生：《革命视角下的中国农民政治参与研究》，《江海学刊》2008 年第 6 期。

李麦：《艰苦备尝办小报——冀中游击区办报的回忆》，《新闻研究资料（第 4 辑）》，新华出版社 1980 年版。

李寿山：《〈齐市新闻〉述旧》，《新闻研究资料（第 23 辑）》，中国社会科学出版社 1984 年版。

李文：《群众办报思想的重要实践基础——黑板报》，《新闻知识》2008 年第 3 期。

李宇：《中国革命中的情感动员——以 1946—1948 年北方土改中的"诉苦"与"翻身"为中心》，复旦大学硕士学位论文 2008 年。

廖井丹：《〈抗战日报〉的战斗岁月》，《新闻研究资料（第 29 辑）》，中国新闻出版社 1985 年版。

凌坚：《"乳娘"情——著名作家陈登科和培育他的〈盐阜大众〉报》，《传媒观察》1998 年第 12 期。

刘国云：《试述毛泽东关于群众办报的新闻思想》，《南昌职业技术师范学院学报》1994 年第 1 期。

刘莹：《〈晋察冀日报〉传播效果分析》，《采写编》2009 年第 2 期。

祁媛：《延安时期陕甘宁边区新闻体制研究》，兰州大学硕士论文 2007 年。

秦加林、陈允豪：《回忆〈盐阜大众〉（续）》，《新闻通讯》1985 年第 11 期。

任健：《〈大众读物社〉与〈大众习作〉》，《中国通俗文艺》1981 年第 3 期。

石英：《最初的读报"爱好"》，《传媒》2001 年第 6 期。

孙瑜：《在〈江潮大众〉报工作片断》，《新闻研究资料（第 37 辑）》，中国社会科学出版社 1987 年版。

孙远东：《政治动员与政策过程》，苏州大学博士论文 2008 年。

巫洪亮：《"文化翻身"的可能及限度——1958 年"新民歌运动"中"工农创作"现象研究》，《海南大学学报》2010 年第 2 期。

万京华：《延安时期的新闻业务刊物——〈通讯〉》，《新闻与写作》2007 年第 3 期。

王敬修：《看看人家看看咱》，《新大众》1946 年第 24 期。

王绍光：《毛泽东的逆向政治参与模式——群众路线》，《学习月刊》2009 年第 23 期。

王晓梅：《建国初党报领导下的"读报组"发展探析——以建国初〈解放日报〉"读报组"发展为基本脉络》，《新闻与传播研究》2010 年第 6 期。

午人：《报社是我们的新闻函授学校——延安〈解放日报〉对业余通讯员的热情指导》，《新闻研究资料（第 33 辑）》，中国新闻出版社 1985 年版。

萧和、子江：《〈江南〉〈大众报〉及其抗日救国宣传》，《苏州大学学报》1987 年第 3 期。

熊易寒：《文献综述与学术谱系》，《读书》2007 年第 4 期。

徐弋生、陈家鹦：《方志敏和赣东北苏区的群众文艺》，《江西社会科学》1988 年第 4 期。

许锡良：《〈新路东报〉与"稿"字邮票》，《集邮博览》2005 年第 11 期。

佚名：《龙华葛存区的歌谣黑板报》，《教育阵地》1945 年第 6 期。

尹韵公：《党与党报》，《新闻与传播研究》2001 年第 3 期。

于岸青：《记者工作实质是一种群众工作——战争时期大众报人的群众观》，《青年记者》2011 年 8 月上。

郁启祥：《回忆解放战争时期的〈盐阜大众报〉》，《新闻研究资料（第 28 辑）》，中国社会科学出版社 1984 年版。

詹永媛：《从政治社会化视角论抗日民主根据地的教育》，《广西师范大学学报》2005 年第 3 期。

詹永媛：《抗日根据地的文化建设与政治社会化》，《广西大学学报》2005 年第 4 期。

张春林：《群众办报思想的源流及其延伸》，《重庆社会科学》2008 年第 8 期。

张贵：《抗联报纸的编辑通联工作》，《军事记者》2004 年第 4 期。

张静如：《以社会史为基础深化党史研究》，《历史研究》1991 年第 1 期。

张菊香：《新民主主义革命与中国现代化》，复旦大学博士论文 2008 年。

张瑞兰：《论知识分子与工农相结合——对一种重要政治观念的发生背景与成因的考察》，《湖北行政学院学报》2010 年第 2 期。

张素民：《中国之阅报人数》，《商兑》1933 年第 7 期。

张文芳：《办黑板报》，《教育阵地》1945 年第 6 期。

张孝芳：《中国共产党对乡村社会的政治动员：一种建构主义分析》，《中共宁波市委党校学报》2008 年第 2 期。

张昭国：《试析中央苏区群众运动模式的运作》，《武汉科技大学学报》2008 年第 1 期。

赵可师：《赣西收复区各县考察记（四）》，《江西教育旬刊》1934 年第 8 期。

赵振国：《把〈新大众〉作教本》，《新大众》1946 年第 29 期。

钟志仁：《村报——农民群众教育的堡垒》，《中华教育界》1950 年复刊第 4 卷第 2 期。

朱民：《抗日战争中的〈大众日报〉》，《新闻研究资料（第 39 辑）》，中国社会科学出版社 1987 年版。

朱志伟：《解放战争时期晋察冀边区宣传民众工作述论》，河北师范大学硕士论文 2007 年。

后　记

在本书的结尾，想说几句有关或无关的话。

我的童年时光，是 20 世纪 70 年代在浙江武义的一个称为麻田的小山村度过的。对生活在那个年代的成年人来说，也许至今还有种种不如意的回忆。但是，在我的记忆中，上山捡柴火，下溪捉小鱼，太阳未下山就等着看露天电影，东家西户地借几本破烂的连环画……这些画面并不是对田园牧歌的矫情幻想，而是实实在在地串联了我的童年印象。时光的流逝让人感知更多的人生无奈，于是，童年的快乐、清纯也就愈发散发着令人回味的绕梁醇香，而曾经生活过的山青水澈的麻田村，也便成为心灵存放的一个看得见的"想象场域"。这种由"童年记忆"引发的"乡村情结"或多或少地影响了我的择业取向。我也曾经在喧嚣的大都市折腾，学习、工作都曾染指传媒业，然始终未觉进退有序的从容感。之后转身来到浙江金华这样一个中等城市里的一所大学，总算找回了一些衔接地气的惬意，一个小时的车程，就可以让我实现从成年到童年、从现代到传统、从焦躁到闲适的穿越。

这种"乡村情结"也诱引了我的学术旨趣。关注传媒业的发展，显然把它置放于都市环境、当下生态中更有探讨的话题。而我却自甘冷路，试图从故纸堆里寻觅大众传媒与近代社会的互动，其中大众传媒如何步入民众的日常生活这一话题特别令我兴趣盎然。依我看来，在经济、文化等因素俱不发达的近代社会情境中，以报纸为代表的大众传媒趋向普通民众的努力是值得考量的一个过程。尤其是乡村民众与大众传媒的关联，简直如同一个待解的谜团。脑海里依稀存记的"树上的大喇叭""家里的小广播""路边的黑板报""大人们记工分前读报"等场景，冥冥之中不断驱使我去进一步探源乡村民众与大众传媒的关系。

多年的资料沉积和感思盘整，使我逐步确定择取中共领导组织的"群众办报"作为观测窗口，其醉翁之意不在探析新闻从业者如何面向群众办报，而在乎发现此中的群众如何与报纸发生联系。本研究选题最早酝于2004年，其时在复旦园与周保华、张健、魏金城共居一室，问学攻博，相互砥砺，念头始生。2005年回浙江师范大学工作后，一直对此保持时断时续的留意，"上穷碧落下黄泉，动手动脚找材料"，乐中有苦，自不当提。此后，在教育部项目的支持下，研究工作加速推进，相关论文承蒙《新闻与传播研究》《新华文摘》《新闻记者》《编辑之友》等刊物的厚爱，已经先示于众。如今在这些论文的基础上，增扩内容，通合成书，接受大家检视。然惶恐则多于喜悦，学者李孝悌先生在《清末的下层社会启蒙运动》一书序言中流露过这样的话："虽然我在写这本书的时候，根据的是细琐的实证资料，但写完后，却颇有一种无中生有的感觉。书中描写的事情，都实际存在过，也被报道过，但经由资料的串联、编织，而出现这样的图像，不能不说是一种'创造'。"此种心境，对李先生而言可能是自谦，而对我而言，则是实情。非但如此，囿于学识功力，在理论开掘、立意点睛等方面，均自感缺憾丛杂，但也只能如此了。因此，我会怀着实诚之态度，洗耳恭听方家的批评与建议。

　　一项研究似如一段旅程，一路重逢旧友，喜交新友。在我赴访延安期间，延安大学郭小良先生、陕西师范大学许加彪先生提供搜检《解放日报》《边区群众报》《新中华报》的便利，大大减少了查阅资料的劳顿。河北大学的张进红先生和李肖雅同学不辞辛劳，代我翻拍《晋察冀日报》相关报道，免我亲临之累。多方寻觅的1947年出版的《为什么要当工农通讯员》一书，终于在博士班同学张健先生的帮助下于苏州大学图书馆特藏部目睹真容。浙江师范大学农村研究中心鲁可荣教授慷慨赠阅《红色中华》电子版，使得资料检索大为提速。在写作过程中，中央党校的罗平汉先生、卢毅先生，浙江师范大学的高玉先生、宣炳善先生、林晓珊先生、陈钢先生都对本书的有关章节发表意见和建议，真知灼见，受益良多。亦生亦友的上海师范大学岳钦韬先生、浙江财经大学的沈勇先生、浙江东阳市委党校祝一先生以及在校研读的李晓旭、余波、郭凯云同学也为本书付出辛劳，在此一并致谢。博士班同学王晓梅，是与我的研究兴趣多有交集的"小同行"。多年来，她一直浸身学术，心无他扰，研业日精。感谢她为本书作序，也感谢她"精准"的批评。

　　一项研究的完成也是对自己的一个交代。随着年岁的增长，年轻时的澎湃激情慢慢褪去，人生的感喟却在悄然地堆积，于是，过往岁月中幸福、快乐日子的记忆碎片就愈加清晰地显影出来。研究内容中涉及的读报、办黑板报等行为，自己读中小学的时候竟然也是时介其中。作为任课老师眼中的一名"好学生"，我曾屡屡扮演这些场景中的"主角"：晚自修第一节课站在讲台上给全班同学读报，踮着脚拿着五颜六色的粉笔在出黑板报……那是一段无忧无虑的时光，笑脸远远多于伤叹。尽管物质相对匮乏，但是，不用背过去的包袱，也没有对将来的惶惑，松弛就是心灵的主基调。所以，这项研究的过程应该说是劳碌的，但心境却是清朗的。

　　踉踉跄跄地走在学术研究的路上，却越发催生对问学的恐惧。对曾经无知无畏的羞愧，山穷水尽时的困陷无奈，总是不时摧折自己并不坚强的学术信心。如果说过往还勉强做了点不成样子的研究的话，最应该感谢的就是家人的如一支持，是他们，不断鼓励我一路走下去。

作者于浙江师范大学

2016 年 10 月